Vollmuth • Controlling-Instrumente von A–Z

Controlling-Instrumente von A–Z

von

Prof. Dr. Hilmar J. Vollmuth

5., erweiterte Auflage

wrs Verlag

Die Deutsche Bibliothek – CIP-Einheitsaufnahme

Vollmuth, Hilmar J.:
Controlling-Instrumente von A – Z / von Hilmar J. Vollmuth. – 5., erw. Aufl. –
Planegg/München : WRS Verl., 2000
(WRS-Betriebs-Praxis)
ISBN 3-8092-1426-4

ISBN 3-8092-1426-4 Bestell-Nr. 01007-0003

1. Auflage 1992 (ISBN 3-8092-0816-7)
2. Auflage 1994 (ISBN 3-8092-1080-3)
3., erweiterte Auflage 1997 (ISBN 3-8092-1241-5)
4., überarbeitete und erweiterte Auflage 1998 (ISBN 3-8092-1331-4)
5., erweiterte Auflage 2000

Postanschrift: Postfach 13 63, 82142 Planegg
Hausanschrift: Fraunhoferstraße 5, 82152 Planegg
Telefon (0 89) 8 95 17-0, Telefax (0 89) 8 95 17-2 50
Internet: http://www.wrs.de, E-Mail: online@wrs.de

Lektorat: Dipl.-Betriebswirt (FH) Günther Lehmann

Satz: Satzstudio »Süd-West« GmbH, 82166 Gräfelfing
Umschlaggestaltung: Christian Mentzel, 65203 Wiesbaden
Druck: Schoder Druck GmbH & Co. KG, 86368 Gersthofen

Vorwort zur 5. Auflage

Die Unternehmen sollten die bewährten Controlling-Instrumente in Zukunft konsequenter einsetzen, um die Unternehmen effizienter steuern zu können. Ein weiteres Controlling-Instrument stellt die Balanced Scorecard dar, die bereits in großen Unternehmen mit gutem Erfolg eingeführt wurde. Deshalb wird dieses Instrument in die neue Auflage aufgenommen.

Fulda, im Frühjahr 2000 *Hilmar J. Vollmuth*

Vorwort zur 1. Auflage

Jeder Unternehmer muß sich heute intensiver mit Planungs-, Kontroll- und Steuerungsinstrumenten auseinandersetzen. Deshalb ist der Auf- und Ausbau eines gut funktionierenden Informationssystems eine Grundvoraussetzung für jedes effizient geführte Unternehmen.

Um die Unternehmen transparenter zu machen, müssen weitere Analysen durchgeführt und zusätzliche Instrumente in den Unternehmen eingesetzt werden. Mit Hilfe der Controlling-Instrumente sind die Unternehmer in der Lage, ihre Unternehmen besser in den Griff zu bekommen.

Die Unternehmer stehen vor immer größeren und komplexeren Problemen. In den nächsten Jahren wird eine massive Wettbewerbsverschärfung insbesondere als Folge der Verwirklichung des europäischen Binnenmarktes erwartet. Die einzelnen Vorgänge in den Unternehmen werden auch laufend undurchsichtiger.

Deshalb müssen zusätzliche Instrumente in den Unternehmen eingesetzt werden, die es der Unternehmensleitung und den Führungskräften ermöglichen, ihre Unternehmen zukünftig erfolgreicher zu führen. Die Leistungen und Kosten sollten transparenter gemacht werden. Das heißt aber, daß die erbrachten Leistungen und verursachten Kosten noch stärker als bisher geplant und kontrolliert werden müssen.

Eine marktorientierte Unternehmensführung erfordert von den Mitarbeitern eine höhere Flexibilität und ein größeres Engagement. Die Motivation der Mitarbeiter entscheidet vor allem darüber, wer im Konkurrenzkampf vorne liegt.

Wir unterscheiden zwischen operativen und strategischen Instrumenten, die für eine effiziente Steuerung der Unternehmen notwendig sind. Durch den Einsatz dieser Instrumente erhält die Unternehmensführung einen besseren Einblick in die Zusammenhänge, Querverbindungen und Abhängigkeiten im Unternehmen. Aufgrund schnellerer, genauerer und aussagekräftigerer Informationen können dann bessere Entscheidungen getroffen werden, um die Existenz der Unternehmen langfristig zu sichern.

In diesem Buch werden wichtige operative und strategische Instrumente behandelt, die in den Unternehmen angewendet werden sollten, um die Wettbewerbsfähigkeit der Unternehmen in Zukunft zu erhöhen. Durch den Einsatz der Controlling-Instrumente werden die Unternehmen durchschaubarer. Die Unternehmer wissen dann schneller, wo alles gut läuft und welche Probleme in einzelnen Verantwortungsbereichen bestehen.

Die einzelnen Instrumente, die für die Unternehmer von größerer Bedeutung sind, werden in diesem praxisorientierten Buch beschrieben. Praktische Beispiele, Tabellen und graphische Darstellungen erleichtern das Verständnis. Auf theoretische Ausführungen wird weitgehend verzichtet. In diesem Buch wird systematisch aufgezeigt, wie die einzelnen Instrumente in den Unternehmen sinnvoll und wirksam eingesetzt werden können.

Frankfurt/Main, Frühjahr 1992 *Hilmar J. Vollmuth*

Inhaltsverzeichnis

B Strategische Analysen und Werkzeuge

A Operative Analysen und Werkzeuge

Zu den wesentlichen Zielen der Unternehmen gehören die Verbesserung der Rentabilität, die Sicherung der Liquidität und die Erhöhung der Wirtschaftlichkeit. Um diese Ziele im Unternehmen zu erreichen, müssen operative Instrumente systematisch eingesetzt werden.

Tabelle 1: Operative und strategische Ziele

1. Verbesserung der Rentabilität — Verhältnis Gewinn/Kapitaleinsatz
2. Sicherung der Liquidität — Zahlungsfähigkeit
3. Erhöhung der Wirtschaftlichkeit

Die Unternehmensleitung und die Führungskräfte sollten operative Analysen öfter durchführen und operative Werkzeuge effektiver einsetzen, um gemeinsam festgelegte Ziele schneller zu verwirklichen. Deshalb ist es notwendig, zusätzliche Instrumente in den Unternehmen einzuführen und mit ihnen zu arbeiten.

Der Inhalt eines jeden Controlling-Systems liegt in der Ziel-, Zukunfts-, Engpaß-, Markt- und Kundenorientierung.

Tabelle 2: Inhalt des Controlling-Systems

1. Zielorientierung
2. Zukunftsorientierung
3. Engpaßorientierung
4. Marktorientierung
5. Kundenorientierung

Mit Hilfe der operativen Instrumente können Abweichungen vom Kurs des Unternehmens frühzeitig erkannt werden. Dadurch sind die Unternehmensleitung und die Führungskräfte in der Lage, zielgerichtete Maßnahmen in den einzelnen Verantwortungsbereichen einzuleiten, um die festgelegten Ziele doch noch zu erreichen.

Tabelle 3: Hauptaufgaben des Controlling

1. Planung 2. Kontrolle 3. Steuerung	Regelkreis

Das Controlling besteht aus den Hauptaufgaben Planung, Kontrolle und Steuerung. Durch die Planung wird der Kurs für das folgende Geschäftsjahr festgelegt. Ein aussagefähiges Berichtswesen ermöglicht es, genauere Kontrollen während des

Geschäftsjahres durchzuführen. Für die Abweichungen werden Ursachenanalysen erstellt. Es müssen Lösungen gefunden werden, um in Zukunft die Abweichungen zu vermeiden. Maßnahmen sind zu beschließen und deren Auswirkungen zu untersuchen. Die Steuerung dient dazu, den festgelegten Kurs einzuhalten. Die Planung, Kontrolle und Steuerung sind also durch einen Regelkreis ständig miteinander verbunden.

Die operativen Instrumente sollten während des Geschäftsjahres systematisch verwendet werden. In vielen kleineren und mittleren Unternehmen muß oft erst dafür gesorgt werden, daß die Unternehmensleitung und die Führungskräfte auch das Instrumentarium beherrschen.

Bei der operativen Planung, Kontrolle und Steuerung gehen wir von den vorhandenen Möglichkeiten (Ressourcen) aus. Dazu gehören das existierende Produktions- und Verkaufsprogramm, die maschinelle Ausstattung des Unternehmens, die momentane Qualifikation der Mitarbeiter und das zur Verfügung stehende Kapital.

Tabelle 4: Vorhandene Ressourcen

1. Produktions- und Verkaufsprogramm
2. Maschinelle Ausstattung
3. Qualifikation der Mitarbeiter
4. Kapitalausstattung

Das operative Controlling befaßt sich mit den Vorgängen für ein Geschäftsjahr. Die kurzfristige Betrachtung geht also von vorhandenen Ressourcen aus. Die Steuerung des Betriebsablaufs erfolgt durch den permanenten Soll-Ist-Vergleich. Die geplanten Daten werden mit den effektiven Größen möglichst pro Monat verglichen, um schnell Abweichungen zu ermitteln.

Die operativen Analysen und Werkzeuge sind wichtige Bestandteile der Controlling-Konzeption. Diese Instrumente eignen sich besonders zur Lösung der anstehenden Probleme in den Unternehmen.

Schwerpunkt des operativen Controlling stellt die Gewinnsteuerung dar. Mit Hilfe der operativen Instrumente sind die Unternehmensleitung und die Führungskräfte in der Lage, bessere Entscheidungen zu treffen. Der Einsatz dieser Instrumente soll der Unternehmensleitung dazu verhelfen, die festgelegten kurzfristigen Ziele der Unternehmen nicht aus den Augen zu verlieren.

Der steigende Konkurrenzdruck, die zunehmende Dynamik der Umwelt, die sich schnell ändernden Märkte, die Einengung der Handlungsspielräume durch neue Gesetze stellen immer höhere Anforderungen an die Unternehmensleitung. Um die Gewinne sicherzustellen oder zu erhöhen, muß also die Planung, Kontrolle und Steuerung in den Unternehmen verbessert werden.

Neue oder zusätzliche Instrumente sind einzusetzen, um die Unternehmen in Zukunft besser führen zu können. Die zunehmende betriebswirtschaftliche Komplexität der Unternehmen muß transparenter gemacht werden. Das Gleichgewicht aus Umsatz, Kosten und Gewinn ist aufrechtzuerhalten. Die Abweichungen sollten rechtzeitig ermittelt werden, so daß die Unternehmensleitung unverzüglich Maßnahmen zur Gegensteuerung einleiten kann.

Die Unternehmensleitung und der Controller haben die Aufgabe, das Instrumentarium problembezogen einzusetzen. Die Führungskräfte müssen mit den einzelnen Instrumenten vertraut gemacht werden, damit sie ihre Funktionsbereiche möglichst selbständig steuern können. Durch ihre eigenen Entscheidungen sollten die Führungskräfte dazu beitragen, daß der festgelegte Kurs des Unternehmens eingehalten wird.

Die operativen Analysen und Werkzeuge stellen die Basis des operativen Controlling-Systems dar. Je besser und konsequenter die einzelnen Instrumente eingesetzt werden, desto wirkungsvoller ist das Controlling in den Unternehmen.

Ein effizientes Controlling entlastet den Unternehmer und seine Führungskräfte und schafft Freiräume, die für strategische Überlegungen zu nutzen sind.

Die folgenden Analysen und Werkzeuge sollten in den Unternehmen verwendet werden, um die Probleme besser in den Griff zu bekommen. Durch die Vielfalt der Einsatzmöglichkeiten der einzelnen Instrumente profitieren alle Verantwortungsbereiche im Unternehmen.

1 ABC-Analyse

1. Was verstehen wir unter der ABC-Analyse?

Die ABC-Analyse ist ein wichtiges Instrument, um Schwerpunkte im Unternehmen zu bilden und um Prioritäten festzulegen. Für das Controlling hat die ABC-Analyse eine besondere Bedeutung, da sie ein zielgerichtetes und wirtschaftliches Vorgehen ermöglicht. Wenn die Strukturen erkannt sind, können für wichtige Vorgänge unverzüglich Korrekturmaßnahmen durchgeführt werden, die sofort ihre Wirkung zeigen.

Bei der ABC-Analyse werden Mengen und Werte miteinander verglichen. Während der Untersuchungen in den Unternehmen kann immer wieder festgestellt werden, daß relativ kleine Mengen einer Gesamtmasse einen relativ großen Wert ausmachen. Die Unternehmensleitung muß sich also bemühen, im Unternehmen die *kleinen Mengen zu identifizieren, die einen großen Wert darstellen.* Dann sind die Gesamtmassen relativ schnell entsprechend den Zielvorstellungen beeinflußbar.

Die ABC-Analyse kann besonders in der Materialwirtschaft, in der Produktion und im Vertrieb eingesetzt werden. Im Rahmen der ABC-Analyse werden in der Materialwirtschaft Mengen und Werte der Teile und Lieferanten analysiert. In der Produktion können die fixen Kosten auf diese Weise untersucht und geändert werden. Beim Vertrieb interessieren die Aufträge, die bearbeitet, und die Produkte, die verkauft werden.

Die Kostenarten, Kostenstellen und Kostenträger sollten mit Hilfe der ABC-Analyse untersucht werden. Die Ergebnisse dieser Analysen erlauben einen guten Einstieg in dieses Betätigungsfeld. Dadurch können zielgerichtete Maßnahmen eingeleitet werden. Die Unternehmensleitung muß sich dann nicht mit Rundumschlägen begnügen, die meist nicht viel bringen und den Ärger der Mitarbeiter erhöhen.

Die ABC-Analyse kann auch schnell und erfolgreich im Vertriebsbereich angewendet werden. Die Produktgruppen-, Verkaufsgebiets- und Kundengruppenanalysen sollten mit Hilfe der ABC-Analyse genauer durchgeführt werden.

MERKE

Die ABC-Analyse vergleicht Mengen und Werte. Dabei stellt sich heraus, daß in vielen Unternehmen kleine Mengen große Werte repräsentieren. Wenn sich die Unternehmensleitung und die Führungskräfte intensiv mit diesen kleinen Mengen befassen, können schnell große Wirkungen erzielt werden.

In der Materialwirtschaft kommt es auf die A-Teile und A-Lieferanten an. Im Produktionsbereich interessieren die fixen Kosten. Der Vertrieb muß sich besonders um die A-Produkte und A-Kunden kümmern.

Die Unternehmensleitung hat die Aufgabe, Prioritäten zu setzen. Eine in der Praxis bewährte Methode zum Erkennen von Prioritäten stellt die ABC-Analyse dar. Durch eine Klassifizierung kann die Wichtigkeit von Aufgaben, Vorgängen, Material, Lieferanten, Produktgruppen, Verkaufsgebieten und Kundengruppen festgestellt werden.

2. Wie können die Lieferanten und Teile klassifiziert werden?

Dem Einkäufer und dem Lagerverwalter muß das Instrument der ABC-Analyse zur Verfügung gestellt werden. Mit Hilfe der ABC-Analyse sind in diesen Verantwortungsbereichen die wesentlichen von den unwesentlichen Beschaffungs- und Lagervorgängen zu trennen. Die Aufmerksamkeit und Aktivitäten sollten *auf Materialien mit hoher wirtschaftlicher Bedeutung konzentriert* werden, um die Kosten durch gezielte Maßnahmen zu senken. Effizienz und Wirtschaftlichkeit können im Einkauf und im Lager dadurch erheblich erhöht werden.

Genaue Informationen über die Lieferanten und über das benötigte Material sind im Einkauf von großer Bedeutung. Hinsichtlich der Wirtschaftlichkeit haben nicht alle Lieferanten und Teile die gleichen Auswirkungen. Deshalb ist es sinnvoll, sich mit den umsatzstärkeren Lieferanten intensiver zu befassen. Auch das *Material und die Teile, die regelmäßig in größeren Mengen benötigt werden,* müssen *genauer überprüft* werden.

Die Bedeutung der einzelnen Lieferanten und Teile ist vielen Mitarbeitern in der Materialwirtschaft nicht bekannt. Daher ist es notwendig, die Wichtigkeit der Lieferanten und Teile mit Hilfe der ABC-Analyse möglichst objektiv zu ermitteln. Die ABC-Analyse erleichtert die Klassifizierung der Lieferanten und Teile nach ihrer Bedeutung für das Unternehmen.

MERKE

Beim Einkauf und im Lager kann die ABC-Analyse wirkungsvoll eingesetzt werden. Die bedeutenden Lieferanten, die meist auch die A-Teile produzieren, müssen anders bearbeitet werden als die Lieferanten, die oft nur die C-Teile herstellen.

Durch die Konzentration auf die A-Lieferanten und die A-Teile kann in den Unternehmen viel Zeit eingespart werden. Dadurch ist es möglich, daß sich die Führungskräfte im Einkauf und im Lager viel intensiver mit den wichtigen Aufgaben im Unternehmen befassen.

2.1 Klassifizierung der Lieferanten

Die Klassifizierung der Lieferanten wird folgendermaßen vorgenommen:

1. Alle Umsätze pro Jahr mit den einzelnen Lieferanten müssen der Finanzbuchhaltung oder der Lieferantenkartei entnommen werden.
2. Die Umsätze sind je nach Höhe in absteigender Reihenfolge in der ersten Spalte der Aufstellung festzuhalten.
3. In der zweiten Spalte errechnen wir den Umsatz der Lieferanten in Prozent des Gesamtumsatzes.
4. In der dritten Spalte wird der Umsatz der Lieferanten in Prozent kumuliert.

Tabelle 5: ABC-Analyse für Lieferanten

Lieferanten	Umsatz in TDM	Umsatz in % des Gesamtumsatzes	Umsatz in % kumuliert
1 Müller & Co	400	10	10
2 Meyer GmbH	200	5	15
3 Schulze OHG	40	1	16
·			
·			
n Huber & Co	4	0,1	100
Summe	4000	100	–

Wir unterscheiden normalerweise drei Klassen. Die A-Lieferanten sind diejenigen, mit denen das Unternehmen etwa 75% des Umsatzes macht. Dieser Umsastz verteilt sich auf etwa 5% der Lieferanten. Mit den B-Lieferanten (20%) werden in der Regel

20% des Umsatzes getätigt. Der Umsatz mit den C-Lieferanten (75%) beträgt etwa 5%.

Tabelle 6: Klassifizierung der Lieferanten

Klasse	%-Anteil am Umsatz	%-Anteil an der Anzahl der Lieferanten
A	75	5
B	20	20
C	5	75

Die Klassifizierung sollte auch graphisch dargestellt werden, denn die Mitarbeiter im Unternehmen verstehen graphische Darstellungen oft schneller als den Inhalt von Tabellen. Die normalen Ergebnisse der ABC-Analyse werden in der *Abb. 1* deutlich gemacht.

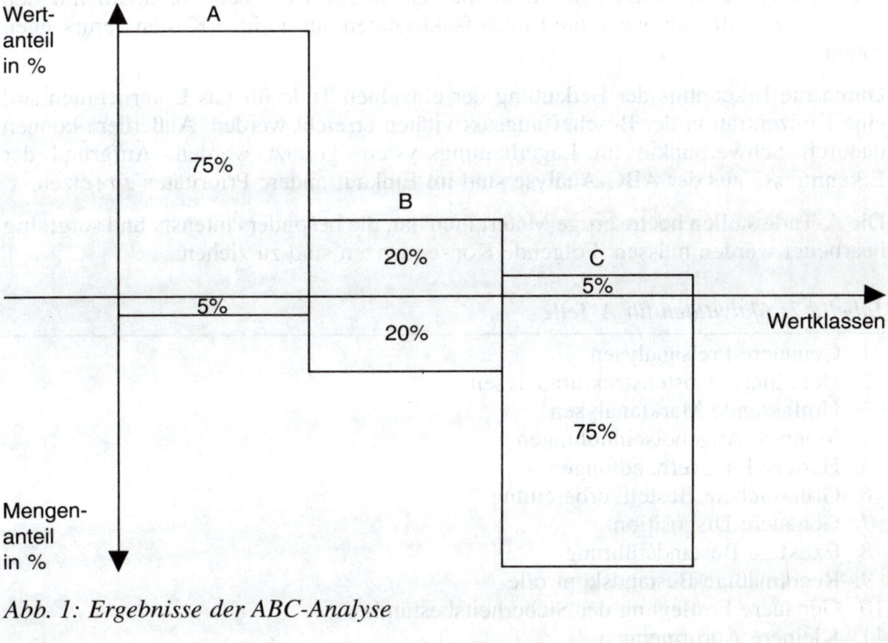

Abb. 1: Ergebnisse der ABC-Analyse

MERKE

Aufgrund der ABC-Analyse können wir erkennen, mit welchen Lieferanten sich das Unternehmen besonders intensiv befassen sollte. Wenn die Einkaufsaktivitäten nur geringe Kosten verursachen sollen, dann ist es sinnvoll, sich vor allem mit den A-Lieferanten zu beschäftigen, denn durch die intensivere Bearbeitung der A-Lieferanten (5%) können 75% des Umsatzes mit den Lieferanten beeinflußt werden.

2.2 Klassifizierung der Teile

Die Klassifizierung der Lieferanten kann auch für die Teile durchgeführt werden, die das Unternehmen einkauft. Die Erfahrungswerte für die A-, B- und C-Teile betragen ebenfalls 75%, 20% und 5%. Auch hier ist es sinnvoll, sich vor allem mit den A-Teilen zu befassen, wenn die Einkaufsaktivitäten nur geringe Kosten verursachen sollen.

Durch die Erkenntnis der Bedeutung der einzelnen Teile für das Unternehmen soll eine Konzentration der Beschaffungsaktivitäten erreicht werden. Außerdem können dadurch Schwerpunkte im Lagerhaltungssystem gesetzt werden. Aufgrund der Erkenntnisse aus der ABC-Analyse sind im Einkauf andere Prioritäten zu setzen.

Die A-Teile stellen hochwertige Materialien dar, die besonders intensiv und sorgfältig bearbeitet werden müssen. Folgende Konsequenzen sind zu ziehen:

Tabelle 7: Aktivitäten für A-Teile

1. Genauere Preisanalysen
2. Detaillierte Kostenstrukturanalysen
3. Umfassende Marktanalysen
4. Mehrere Angebotseinholungen
5. Härtere Preisverhandlungen
6. Gründlichere Bestellvorbereitung
7. Genauere Disposition
8. Exaktere Bestandsführung
9. Regelmäßige Bestandskontrolle
10. Genauere Festlegung der Sicherheitsbestände
11. Kleinere Abrufmengen
12. Bevorzugte Anwendung der Wertanalyse

B-Teile sind Materialien, die nur mittlere Werte darstellen. Je nach der Bedeutung sind die B-Teile wie A- oder C-Teile zu bearbeiten.

Die C-Teile sind geringwertige Materialien, die anders als die A-Teile zu behandeln sind. Wegen der großen Anzahl und der geringen Werte liegt der Schwerpunkt der Rationalisierung bei der Kostensenkung für die Bestellung und Lagerhaltung. Folgende Maßnahmen sollten durchgeführt werden:

Tabelle 8: Maßnahmen für C-Teile

1. Vereinfachte Bestellabwicklung
2. Sammelbestellungen
3. Verwendung einfacher Bestellsätze
4. Telephonische Bestellungen
5. Monatliche Abrechnung
6. Vereinfachte Lagerbuchführung
7. Abbuchung von Monatsbedarf
8. Große Bestellmengen
9. Einfachere Kontrolle der Bestände
10. Festlegung höherer Sicherheitsbestände

Die Konzentration auf die A-Lieferanten und die A-Teile darf allerdings nicht bedeuten, daß die B- und C-Lieferanten sowie die B- und C-Teile vernachlässigt werden. Die wirtschaftlichen Auswirkungen werden allerdings nicht so entscheidend sein wie bei den A-Klassen.

Für die A-Teile sollte eine Angebotsauswertung vorgenommen werden. Der Einkaufsgegenstand, die Typenbezeichnung, die Zeichnungsnummer und/oder das Material müssen genau spezifiziert werden. Die Angebote für A-Teile sind von 3 bis 5 Firmen in regelmäßigen Abständen einzuholen. Alle Preise in der Tabelle 9 müssen auf der gleichen Basis errechnet werden. Auch die anderen Kriterien wie Qualität, Termintreue und Service sind genau zu beachten. Die Einzelheiten können aus der *Tabelle 9* entnommen werden.

Tabelle 9: Angebotsauswertung

Einkaufsgegenstand: Typenbezeichnung: Zeichnungsnummer: Material:					
Firma					
Datum der Anfrage					
Datum des Angebots					
Netto-Preis					
Werkzeugkosten					
Lieferung ab Werk					
Zahlungskonditionen					
Qualität					
Termintreue					
Zuverlässigkeit					
Lieferzeit					
Service					
Gegengeschäfte					
Entscheidung für					
Begründung der Entscheidung:					

MERKE

In jedem Unternehmen sind die zu beschaffenden Materialien mit dem größten Anteil am Lagerwert (A-Teile) zu ermitteln. Den A-Teilen muß die größte Aufmerksamkeit gewidmet werden. Für diese ist der Lagerbestand aus Kostengründen möglichst niedrig zu halten. Kostenvorteile können ausgeschöpft werden, wenn für die A-Teile besonders häufig Angebote eingeholt und verglichen werden. Durch eine intensivere Kontrolle der Lagerbestände werden die Bestände an A- und B-Teilen abgebaut. Zweckmäßigerweise sollte nur noch für A-Teile eine 100%ige Rechnungsprüfung durchgeführt werden. Die B- und C-Teile können entsprechend nach einem Stichprobenverfahren kontrolliert werden.

2.3 Materialdisposition

Zu den Aufgaben der Materialdisposition gehören die Planung der Vorräte und die Entscheidungen über die Materialbestellungen. Dabei sollten die gewünschte Lieferbereitschaft und die erforderlichen Sicherheitsbestände in Abstimmung mit der Kapitalbindung nach Materialgruppen und gegebenenfalls auch für einzelne Teile geplant werden.

Bei der Materialdisposition handelt es sich um einen dynamischen Prozeß. Bedarfsänderungen am Absatzmarkt sowie Änderungen am Beschaffungsmarkt erfordern eine laufende Überprüfung der Bestellungen.

Für die wichtigen Materialpositionen sollte also

- ein Bestellpunkt,
- eine Bestellmenge und ein
- Bestelltermin

ermittelt werden. Wegen der Sicherung eines reibungslosen Produktionsablaufs und einer fristgerechten Belieferung des Marktes müssen laufend Kontrollen und Anpassungen vorgenommen werden.

Es gibt qualitativ unterschiedliche Dispositionsverfahren. Sie reichen von Zuruf über konventionelle Karteien bis hin zu EDV-unterstützten Bedarfsvorhersagen. Eine sinnvolle Materialdisposition muß sich nach der wirtschaftlichen Bedeutung der zu disponierenden Teile und nach der Teileverwendung richten.

Zur Ermittlung der wirtschaftlichen Bedeutung der einzelnen Teile sollte die ABC-Analyse eingesetzt werden.

Tabelle 10: Dispositionssysteme

Teilverwendung / Wirtschaftliche Bedeutung	Wiederholteile, Mehrfachverwendung, ausgeglichener Verbrauch	Spezifische Teile, Einfachverwendung, unausgeglichener Verbrauch
A-Teile	bedarfsgesteuert	bedarfsgesteuert
B-Teile	verbrauchsgesteuert	bedarfsgesteuert
C-Teile	verbrauchsgesteuert	verbrauchsgesteuert

Bedarfssteuerung
Die A-Teile sollten nach Bedarf disponiert werden, während die C-Teile generell nach dem Verbrauch gesteuert werden sollten. Wie die B-Teile zu behandeln sind,

hängt von den speziellen Bedingungen im Unternehmen und von der zur Verfügung stehenden Kapazität im Einkauf ab.

Die bedarfsgesteuerte Disposition geht davon aus, daß ein Beschaffungsplan für die einzelnen Teile besteht. Bei hochwertigen Teilen ist die bedarfsgesteuerte Disposition besser geeignet, eine wirtschaftliche Lagerhaltung zu erreichen.

Verbrauchssteuerung

Der Einsatz des verbrauchsgesteuerten Verfahrens ist bei geringwertigen Teilen (C-Teilen) sinnvoll. Durch den Verbrauch wird der Bestand im Lager laufend vermindert. Wenn dieser den Bestellpunkt unterschreitet, muß eine neue Bestellung erfolgen. Die Höhe der Bestellmenge kann mit Hilfe des Verbrauchs und der Beschaffungszeit ermittelt werden. Die Bestellmenge ist die Menge, die durch die Bestellung angefordert wird und die dann eingehen soll, wenn der Bestand bis zum Sicherheitsbestand abgebaut ist. Der Sicherheitsbestand ist auch als eiserner Bestand anzusehen, der das Versorgungsrisiko abdecken soll.

Zwischen dem Bestellpunkt, der Beschaffungszeit, der Bestellmenge und dem Wareneingangstermin bestehen enge Verknüpfungen. Diese Zusammenhänge gehen aus der Abbildung 2 hervor.

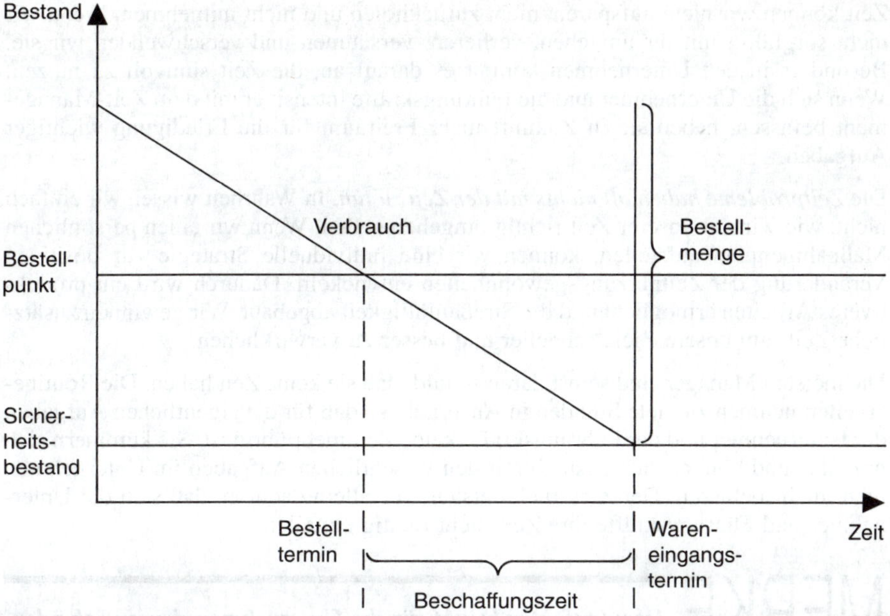

Abb. 2: Verbrauchsgesteuerte Disposition

MERKE

Die Materialdisposition für A-Teile darf in Zukunft nur noch bedarfsorientiert erfolgen. Für die C-Teile dagegen ist eine Verbrauchssteuerung erforderlich, um Kosten einzusparen. Da die A-Teile das meiste Kapital im Lager binden, sollten für die A-Teile Rahmenverträge mit Abrufmöglichkeiten abgeschlossen werden. Die Materialdisposition muß sich also nach der wirtschaftlichen Bedeutung der einzelnen Teile richten.

3. Wie sollte das Zeit-Management aussehen?

Viele Unternehmer und Führungskräfte leiden unter Zeitdruck. Sie beklagen immer wieder, daß sie zu wenig Zeit haben. Manche könnten ihre Führungsaufgaben wesentlich besser bewältigen, wenn sie nicht immer so gestreßt und überarbeitet wären. Das Zeit-Management muß also anders gestaltet werden.

Zeit können wir nicht aufsparen, nicht zurückholen und nicht mitnehmen. Wenn wir nicht sorgfältig mit ihr umgehen, verlieren, versäumen und verschwenden wir sie. Besonders in den Unternehmen kommt es darauf an, die Zeit sinnvoll zu nutzen. Wenn sich die Unternehmer und die Führungskräfte intensiver mit dem Zeit-Management befassen, haben sie in Zukunft mehr Freiraum für die Erledigung wichtiger Aufgaben.

Die *Zeitprobleme haben oft nichts mit der Zeit zu tun.* In Wahrheit wissen wir einfach nicht, wie wir mit unserer Zeit richtig umgehen sollen. Wenn wir einen persönlichen Maßnahmenplan aufstellen, können wir eine individuelle Strategie zur positiven Veränderung der Zeitnutzungsgewohnheiten entwickeln. Dadurch wird ein produktiveres Arbeiten ermöglicht und die Streßanfälligkeit abgebaut. Wir gewinnen zusätzliche Zeit, um unsere Ziele schneller und besser zu verwirklichen.

Die meisten Manager sind selbst daran schuld, daß sie keine Zeit haben. Die Routinearbeiten nehmen zu viele Stunden in Anspruch, so daß für die eigentlichen Aufgaben der Unternehmer und der Führungskräfte keine Zeit mehr übrig ist. Sie kümmern sich um alles und können sich deshalb mit den wesentlichen Aufgaben im Unternehmen nicht mehr befassen. Der Zeitdruck entsteht vor allem dadurch, daß sich die Unternehmer und Führungskräfte ihre Zeit nicht richtig einteilen.

MERKE

Der Zeitfaktor bringt für die Unternehmen den entscheidenden Wettbewerbsvorteil. Die Zeit ist eine operative und strategische Waffe und kann zur Verbesserung der Qualität, der Produktivität und der Innovation systematisch eingesetzt werden. Die Methoden des Zeit-Managements sind wirksame Mittel, um Wettbewerbsvorteile zu erzielen. Der Erfolg oder Mißerfolg der Unternehmen hängen meist davon ab, die Möglichkeiten der Zeitreduzierung auszuschöpfen.

Durch das Zeit-Management kann die Arbeitseffektivität gesteigert werden. Freiräume für kreative Tätigkeiten werden geschaffen. Wesentliche Entscheidungen können schneller getroffen werden. Die Schnelligkeit ist ein wichtiger Faktor auf den Märkten der Zukunft. Das konsequente Zeit-Management erlaubt auch den Abbau von Streß und dient damit ebenfalls der Gesundheit.

3.1 Erstellung eines Zeitkontos

Jeder Mitarbeiter im Unternehmen kann sich positiv ändern. Dies sollte insbesondere für die Unternehmer und Führungskräfte gelten. Bevor eine Änderung im Verhalten vorgenommen wird, ist eine Analyse des Ist-Zustandes durchzuführen. Dafür ist es sinnvoll, ein Zeitkonto zu erstellen.

Die Unternehmer und die Führungskräfte schreiben eine Woche lang genau auf, was sie wann gemacht haben, wie oft sie von wem unterbrochen wurden und wozu sie wieder nicht gekommen sind. Die Aufzeichnungen müssen in Minuten festgehalten werden.

Werden die einzelnen Aufzeichnungen über eine Woche nachträglich überprüft, kann schnell deutlich gemacht werden, mit welchen Vorgängen die knappe Zeit vertan wurde und welche Mitarbeiter öfter die Zeit der Führungskräfte in Anspruch genommen hatten. Es zeigt sich auch, daß *ein großer Teil des täglichen Kleinkrams delegiert* werden könnte.

Das Zeitkonto dient dazu, den Unternehmern und Führungskräften dabei zu helfen, ihre Zeit in Zukunft besser einzuteilen. Sie sind dann in der Lage, zu erkennen, wann sie relativ ungestört arbeiten können und zu welchen Tageszeiten sie besonders häufig gestört werden. Außerdem wird klar, daß die einzelnen Aufgaben eine unterschiedliche Bedeutung für das Unternehmen haben.

MERKE

Die Unternehmer und Führungskräfte sollten ein Zeitkonto erstellen und eine Woche lang genaue Aufzeichnungen machen, wie sie ihre Zeit verbringen. Die Tätigkeiten müssen in Minuten festgehalten werden. Dann wird schnell deutlich, daß die Zeit oft nicht sinnvoll eingesetzt wurde. Nach der Analyse des Ist-Zustandes können die Unternehmer und Führungskräfte Änderungsansätze erkennen, um ihre Zeit besser einzuteilen.

3.2 Setzen von Prioritäten

Wenn die Unternehmer und die Führungskräfte sich einen Überblick über die anfallenden Aufgaben in einem Monat geschaffen haben, müssen Prioritäten gesetzt werden. Neue Ziele sind festzulegen (Management by Objectives). Die Einteilung der Aufgaben während des Tages nach Prioritäten ist deshalb wichtig, weil im täglichen Arbeitsleben viele verschiedene Aufgaben erledigt werden müssen. Wir können immer wieder am Ende eines Tages feststellen, daß sehr wichtige Aufgaben liegengeblieben sind, während unwichtige Aufgaben erledigt wurden. Die weniger wichtigen Aufgaben sollten in Zukunft delegiert werden (Management by Delegation).

Um die anstehenden Aufgaben konsequent zu erledigen, ist es ratsam, eindeutige Prioritäten zu setzen. Dieses Verfahren bringt folgende *Vorteile* mit sich:

1. Zielorientiertes Denken und Arbeiten
2. Konzentration auf die wichtigsten Aufgaben
3. Erledigung der dringlichsten Aufgaben
4. Delegation unwichtiger Aufgaben

MERKE

Sobald ein Überblick über die anfallenden Aufgaben im Monat geschaffen ist, müssen eindeutige Prioritäten gesetzt werden. Die Ziele sind neu festzulegen. Es sollte ein Zeit-Planbuch verwendet werden. Dieses Zeit-Planbuch ist dann ein Instrument zur Kontrolle des Tagesablaufes und ein Werkzeug für die Umsetzung der Ziele. Dadurch ist ein zielorientiertes Denken und Handeln möglich. Die wichtigsten und dringlichsten Aufgaben werden sofort erledigt. Die unwichtigen Aufgaben sollten dagegen delegiert werden.

3.3 Durchführung einer ABC-Analyse

Zur Bewertung der wichtigen und weniger wichtigen Aufgaben eignet sich vor allem die ABC-Analyse. In der Praxis zeigt sich immer wieder, daß beim Prozeß der Leistungserstellung mit den ersten 5–20% des Einsatzes (Input) etwa 75–80% der Ergebnisse (Output) erzielt werden können. Dagegen bringen die restlichen 80–95% des Einsatzes nur noch etwa 5–20% der Gesamtleistung.

In vielen Unternehmen stellen wir beispielsweise fest, daß mit etwa 20% der Kunden etwa 80% der Umsätze gemacht werden. Daraus können wir schließen, daß nicht alle Kunden gleich wichtig sind. Da die Zeit der Außendienst-Mitarbeiter zu wertvoll ist, sollten sich diese Vertriebsleute nicht um jeden Kunden gleich intensiv kümmern. *Nur die A-Kunden dürfen persönlich besucht werden.* Die Kontakte mit C-Kunden dagegen sollten nur telefonisch gepflegt werden, weil die Kundenbesuche der C-Kunden viel zu viel Geld kosten. Für die tägliche Arbeit bedeutet dies, daß nicht die leichtesten Tätigkeiten, sondern *die wichtigsten Arbeiten zuerst erledigt* werden sollten.

Die Tätigkeiten der Unternehmer und aller Führungskräfte müssen also anhand der ABC-Analyse untersucht werden. Diese Analyse geht davon aus, daß die tatsächliche

Zeitverwendung nicht dem Wert einer Tätigkeit entspricht. Das Ergebnis der ABC-Analyse macht deutlich, daß wir zwischen A-, B- und C-Aufgaben unterscheiden müssen.

Die A-Aufgaben sind sehr wichtig und nehmen etwa 5% der Zeit in Anspruch. Der Wert der A-Aufgaben als Beitrag zur Zielerreichung liegt aber bei etwa 75%, wie aus der *Abb. 3* hervorgeht.

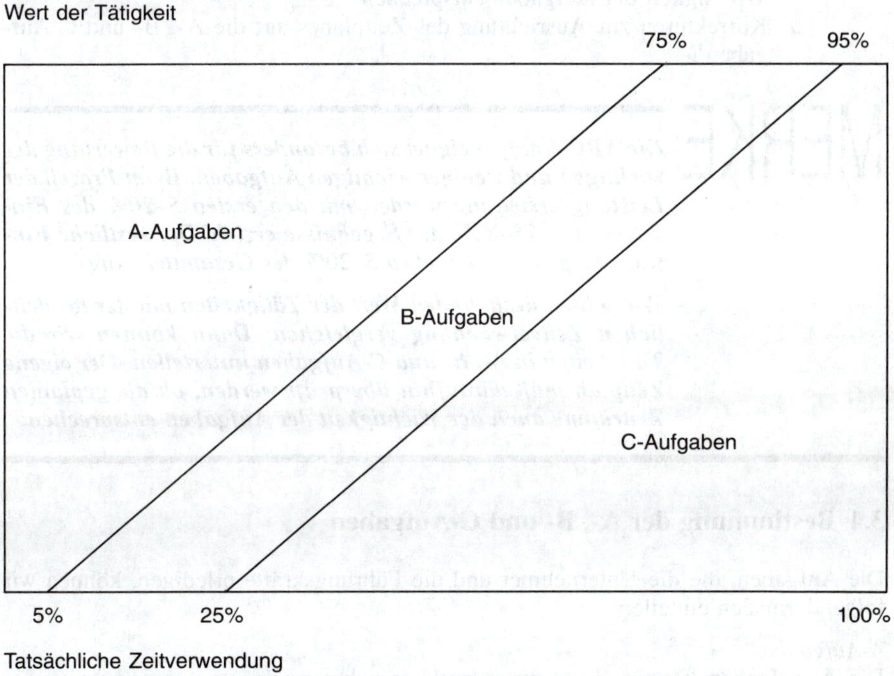

Abb. 3: ABC-Analyse der Aufgaben

Die wichtigen Aufgaben machen etwa 20% der Menge aus und liegen etwa bei 20% des Wertes. Diese Kategorie nennen wir B-Aufgaben.

Die C-Aufgaben haben einen Anteil von etwa 75% an der tatsächlichen Zeitverwendung und tragen nur etwa 5% zu den betrieblichen Erträgen bei. Diese Aufgaben sollten möglichst delegiert werden.

Die *Vorgehensweise für die ABC-Analyse* sieht wie folgt aus:

1. Auflistung aller entstehenden Tätigkeiten für den entsprechenden Planungszeitraum von einem Monat
2. Ordnen aller Aufgaben nach der Wichtigkeit, d. h. nach dem Wert für die festgelegten Ziele
3. Bewertung der erfaßten Tätigkeiten nach dem ABC-Raster
4. Überprüfung des eigenen Zeitplanes, ob die geplanten Zeiträume auch der Wichtigkeit der Aufgaben entsprechen
5. Korrekturen zur Ausrichtung des Zeitplanes auf die A-, B- und C-Aufgaben

MERKE

Die ABC-Analyse eignet sich besonders für die Bewertung der wichtigen und weniger wichtigen Aufgaben. Beim Prozeß der Leistungserstellung werden mit den ersten 5–20% des Einsatzes etwa 75–80% der Ergebnisse erzielt. Der restliche Einsatz bringt nur noch etwa 5–20% der Gesamtleistung.

Wir sollten deshalb den Wert der Tätigkeiten mit der tatsächlichen Zeitverwendung vergleichen. Dann können wir die Tätigkeiten in A-, B- und C-Aufgaben unterteilen. Der eigene Zeitplan muß daraufhin überprüft werden, ob die geplanten Zeiträume auch der Wichtigkeit der Aufgaben entsprechen.

3.4 Bestimmung der A-, B- und C-Aufgaben

Die Aufgaben, die die Unternehmer und die Führungskräfte erledigen, können wir folgendermaßen einteilen:

A-Aufgaben
Die A-Aufgaben können meist nur vom Unternehmer oder von einer bestimmten Führungskraft alleine erledigt werden. Diese Aufgaben, die nicht delegiert werden können, sind oft sehr anspruchsvoll und komplex. Die A-Aufgaben haben meist auch starke Wechselwirkungen mit anderen Aufgaben. Die Nichterfüllung oder die zu späte Erledigung der A-Aufgaben führen meist zu viel Ärger und verursachen oft erhebliche Probleme. Gespräche mit Großkunden sollte beispielsweise der Unternehmer selbst führen.

B-Aufgaben
Die B-Aufgaben sind zwar wichtige Aufgaben, sollten aber häufiger an kompetente Mitarbeiter delegiert werden. Mittlere Kunden kann der Unternehmer selbst besu-

chen. Es ist aber nicht nötig, mit all diesen Kunden persönlich in Kontakt zu stehen. Jeder Unternehmer sollte auch einige fähige Mitarbeiter neben sich dulden oder aufbauen, denen er die Erledigung von B-Aufgaben anvertrauen kann.

C-Aufgaben
Bei den C-Aufgaben handelt es sich meist um tägliche Routinearbeiten, die nur einen geringen Anteil zur Zielerreichung beitragen. Diese Aufgaben sollten generell delegiert werden, um mehr Zeit für die Erledigung von sehr wichtigen Aufgaben zu haben.

Zu den C-Aufgaben gehören insbesondere die Verwaltungsarbeiten oder ein Teil der Korrespondenz. Diese Aufgaben sollten möglichst delegiert werden. Der Unternehmer, der dies nicht schafft, nimmt sich vielleicht zu wichtig. Manche Unternehmer schätzen die Fähigkeiten ihrer Mitarbeiter auch zu niedrig ein.

Ein Arbeitstag läßt sich auch mit A- und B-Aufgaben voll belegen. Dieses Vorgehen wäre aber nicht sinnvoll. Der Unternehmer darf seinen Arbeitstag nicht mehr als 60% fest verplanen. 20% sollte der Unternehmer für Unerwartetes reservieren. Dazu gehören Besuche, Anrufe und plötzlich auftretende Problemfälle. Die restlichen 20% der Zeit sind möglichst für kreative Tätigkeiten zu nutzen.

MERKE

Die A-, B- und C-Aufgaben müssen genau voneinander getrennt werden. Sowohl die Unternehmer als auch die Führungskräfte sollten für die einzelnen Aufgaben unterschiedliche Prioritäten setzen. Die C-Aufgaben sind möglichst an andere Mitarbeiter in der gleichen Abteilung zu delegieren.

3.5 Aufteilung der Aufgaben nach Wichtigkeit und Dringlichkeit

Die Aufgaben können auch nach den Kriterien der Wichtigkeit und Dringlichkeit beurteilt werden, um schnell herauszufinden, welchen Aufgaben der Vorrang gegeben werden sollte. Wenn wir nach diesen Kriterien vorgehen, können wir vier logische Möglichkeiten unterscheiden (Vgl. Abb. 4):

A-Aufgaben
Die A-Aufgaben stellen sehr wichtige und sehr dringliche Aufgaben dar. Diese Tätigkeiten müssen sofort und von der betreffenden Person selbst erledigt werden. Die Prioritätenstufe ist für diese Aufgaben am höchsten.

B-Aufgaben
Die B-Aufgaben sind sehr wichtig und dringlich. Diese Aufgaben müssen in Angriff genommen werden, sobald die A-Aufgaben erledigt sind. Da die B-Aufgaben sehr wichtig sind, sollten sie terminiert werden. Wenn keine Zeit zur Erledigung gegeben ist, muß der Unternehmer versuchen, die B-Aufgaben zu delegieren, damit auch diese zügig bearbeitet werden.

C-Aufgaben
Die C-Aufgaben sind sehr dringlich, aber weniger wichtig. Diese Aufgaben können meist leicht erledigt werden. Deshalb sollten sie möglichst delegiert werden.

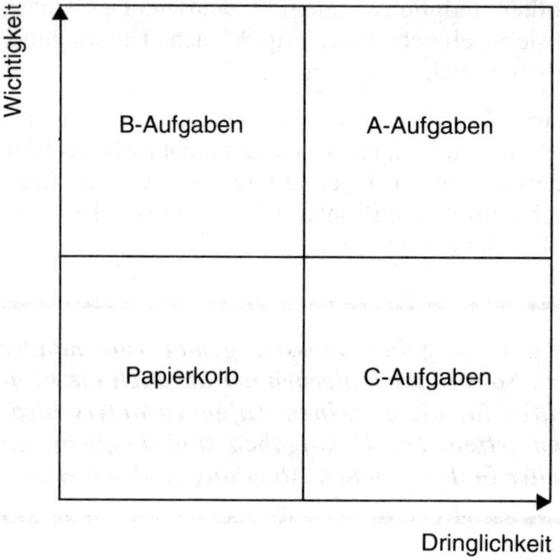

Abb. 4: Aufteilung der Aufgaben nach Wichtigkeit und Dringlichkeit

Papierkorb
Es gibt auch viele Aufgaben im Unternehmen, die weder wichtig noch dringlich sind. Unternehmer sollten sich mit diesen Aufgaben nicht beschäftigen, da ihre Zeit dafür zu kostbar ist. Einige dieser Arbeiten erledigen sich auch von selbst. Deshalb sollten sie eher für den Papierkorb bestimmt sein.

MERKE

Wir können die Aufgaben auch nach den Kriterien der Wichtigkeit und Dringlichkeit einteilen. Dann unterscheiden wir neben den A-, B- und C-Aufgaben auch noch weitere Aufgaben, die weder wichtig noch dringlich sind. Mit diesen Aufgaben sollten sich Unternehmer und Führungskräfte überhaupt nicht befassen, da ihre Arbeitszeit dafür zu kostbar ist. Die unbedeutenden Aufgaben sind für den Papierkorb bestimmt.

3.6 Delegation von Aufgaben

Unternehmer und Führungskräfte haben in Zukunft mehr Zeit für die wichtigsten und dringlichsten Aufgaben zur Verfügung, wenn sie insbesondere die B- und C-Aufgaben delegieren. Unter Delegation verstehen wir die Übertragung von Aufgaben und Verantwortung der Unternehmer und der Führungskräfte auf andere Mitarbeiter im gleichen Verantwortungsbereich. Dabei ist zu beachten, daß nicht nur die Aufgaben und die Verantwortung, sondern auch die damit verbundenen *Kompetenzen ebenfalls delegiert* werden müssen.

Die Delegation von Aufgaben führt zu einer besseren Motivation und einer höheren Qualifikation der Mitarbeiter. Grundsätzlich sollten die Aufgaben aber nur an die direkt unterstellten Mitarbeiter delegiert werden. Allerdings ist darauf zu achten, daß die Ausführung der delegierten Aufgaben regelmäßig kontrolliert wird. Wenn die Mitarbeiter die ihnen übertragenen Aufgaben gut ausgeführt haben, sollte auch eine entsprechende *Anerkennung ausgesprochen* werden. Dadurch wird der Lernprozeß beschleunigt und die Motivation der Mitarbeiter verbessert.

Die Delegation von B- und C-Aufgaben führt zur Arbeitsentlastung der Unternehmer und der Führungskräfte. Sie haben dann mehr Zeit, sich mit den A-Aufgaben intensiver auseinanderzusetzen. Die zusätzlich gewonnene Zeit sollte dazu verwendet werden, sich mit strategischen Überlegungen zu befassen und kreativ tätig zu werden.

MERKE

Wenn die C-Aufgaben und ein Teil der B-Aufgaben delegiert werden, haben Unternehmer und Führungskräfte mehr Zeit für die wichtigsten und dringlichsten Aufgaben zur Verfügung. Bei der Delegation ist darauf zu achten, daß neben den Aufgaben und der Verantwortung auch die entsprechenden Kompetenzen delegiert werden müssen.

Die Aufgaben sollten nur an die direkt unterstellten Mitarbeiter delegiert werden. Dadurch wird eine bessere Motivation und eine höhere Qualifikation der Mitarbeiter erreicht. Die Ausführung der delegierten Aufgaben ist regelmäßig zu kontrollieren. Für eine gute Ausführung der übertragenen Aufgaben sollte auch Anerkennung ausgesprochen werden. Dadurch wird der Lernprozeß beschleunigt und die Motivation der Mitarbeiter weiter verbessert.

Unternehmer und Führungskräfte sollten sich dann intensiver mit den A-Aufgaben befassen. Die zusätzlich gewonnene Zeit kann für strategische Überlegungen und für kreative Tätigkeiten eingesetzt werden. Die Produktvielfalt, die Kundenorientierung und die Flexibilität bringen Wettbewerbsvorteile, die eine erfolgreiche Unternehmensführung möglich machen.

2 Auftragsgrößen-Analyse

1. Was können wir von einer Auftragsgrößenanalyse erwarten?

Die Zielsetzung der Auftragsgrößenanalyse besteht darin, die Auftragsgrößenstruktur regelmäßig zu überprüfen und zu verbessern. Deshalb sollte pro Monat oder pro Jahr der durchschnittliche Auftragswert errechnet werden. Besondere Bedeutung kommt dem Anteil der *Kleinaufträge* zu, die *systematisch reduziert* werden müssen.

Bei der Auftragsgrößenanalyse sind die Aufträge zunächst nach bestimmten Größenordnungen aufzuteilen. Danach ist die Anzahl der Aufträge und der Umsatzerlöse für die einzelnen Größenordnungen zu ermitteln. Neben den absoluten Zahlen sollten auch die kumulierten Zahlen errechnet werden. Die *Tabelle 11* gibt Aufschluß über die Aufteilung der Aufträge.

Tabelle 11: Auftragsgrößen-Analyse

Aufträge mit einem Wert von bis (Angaben in DM)	Aufträge				Umsatz-Erlöse			
	Zahl	%	Kumuliert	%	TDM	%	Kumuliert	%
bis 50								
51 100								
101 300								
301 500								
501 1000								
1001 und mehr								

Wird der Vertriebsbereich genauer untersucht, so stoßen wir schnell auf das Problem der Kleinaufträge. Mit Hilfe der Auftragsgrößenanalyse können aussagefähige Kennzahlen erarbeitet werden, die zur besseren Steuerung des Vertriebs verwendet werden sollten.

Der Erfolg des Unternehmens hängt wesentlich von der *Auftragsgrößenstruktur* ab. Zwischen der Unternehmensgröße und der durchschnittlichen Auftragsgröße muß eine gesunde Relation bestehen. Wenn dieses Verhältnis nicht ausgewogen ist, ergeben sich Probleme im Vertriebsbereich.

Mit dem Wachsen der Unternehmensgröße sollte auch ein Anstieg der Auftragsgröße einhergehen. Wächst die Anzahl der Kleinaufträge im Unternehmen schneller als die größeren Aufträge, dann sinkt das Betriebsergebnis relativ schnell. In größeren Unternehmen verursachen die Kleinaufträge viel zu hohe Kosten.

Kleinere Unternehmen können generell Kleinaufträge wesentlich wirtschaftlicher ausführen als größere Unternehmen, da die fixen Kosten in Großunternehmen höher sind. Die Deckungsbeiträge für Kleinaufträge werden, insbesondere wegen der höheren Verwaltungs- und Vertriebskosten, in größeren Unternehmen negativ beeinflußt. Die Kosten der Auftragsbearbeitung sind nämlich von der Größe der Aufträge weitgehend unabhängig.

Wenn wir die *Kosten der Auftragsbearbeitung analysieren,* stellen wir fest, daß sie sich vor allem aus den Personalkosten für die Sachbearbeiter in der Auftragsbearbeitung und den Sachkosten (kalkulatorischen Abschreibungen, kalkulatorischen Zinsen, Instandhaltung, Büromaterial, Porto, Telefon) zusammensetzen. Diese fixen Kosten pro Auftrag sind für Kleinaufträge meist genau so hoch wie für große Aufträge. Da der Zeitaufwand für beide Auftragsgrößen oft gleich ist, entsteht durch die Kleinaufträge eine starke Belastung in der Verwaltung und im Vertrieb.

Auch in der Produktion stellen die Kleinaufträge eine erhebliche Belastung dar. Die Produktivität sinkt durch häufige Umstellungen der Maschinen. Es kann auch Schwierigkeiten in der Terminplanung geben.

Bevor eine Verbesserung der Auftragsgrößenstruktur versucht wird, ist eine Analyse der Aufträge im Unternehmen erforderlich. Die Aufträge sind in bestimmte Größenklassen aufzuteilen. Neben der Zahl der Aufträge sind die Umsatzerlöse separat zu erfassen.

Bei der Durchführung der Analyse werden normalerweise die Daten eines gesamten Geschäftsjahres verwendet. Wenn sich aber herausstellt, daß die Auftragsgrößenstruktur über das gesamte Geschäftsjahr etwa gleich bleibt, kann die Analyse auch nur für einen Monat durchgeführt werden (vgl. Tabelle 12).

Tabelle 12: Analyse der Auftragsgrößenstruktur

Aufträge mit einem Wert		Zahl der Aufträge				Umsatzerlöse				Ø DM/Auftrag
		Januar		kumuliert		Januar		kumuliert		DM
von	bis	Anzahl	%	Anzahl	%	DM	%	DM	%	Anzahl
0 –	1.000	1.515	19,6	1.515	19,6	92.991	0,2	92.991	0,2	61,4
1.001 –	2.500	2.169	28,1	3.684	47,7	3.739.848	9,0	3.832.839	9,2	1.724,2
2.501 –	4.000	1.340	17,3	5.024	65,0	4.281.735	10,3	8.114.574	19,5	3.195,3
4.001 –	7.000	1.281	16,6	6.305	81,6	6.763.602	16,3	14.878.176	35,8	5.279,9
7.001 –	10.000	546	7,1	6.851	88,7	4.574.380	11,0	19.452.556	46,8	8.378,0
10.001 –	15.000	381	4,9	7.232	93,6	4.604.765	11,1	24.057.321	57,9	12.086,0
15.001 –	20.000	145	1,9	7.377	95,5	2.513.480	6,1	26.570.801	64,0	17.334,3
20.001 –	30.000	156	2,0	7.533	97,5	3.810.292	9,2	30.381.093	73,2	24.425,0
30.001 –	50.000	117	1,5	7.650	99,0	4.473.477	10,8	34.854.570	84,0	38.234,9
>	50.000	80	1,0	7.730	100,0	6.625.931	16,0	41.480.501	100,0	82.824,1
		7.730	100,0			41.480.501	100,0			Ø 5.366,2

Die Analyse der Auftragsgrößenstruktur in einem Unternehmen ergab, daß die durchschnittliche Auftragsgröße der verkauften Produkte 5.366,– DM betrug. Die Aufträge bis 2.500,– DM machen 47,7% aus und bringen Umsatzerlöse von insgesamt nur 9,2%. Die restlichen Umsatzerlöse in Höhe von 90,8% werden mit 52,3% der Aufträge erzielt. Die durchschnittliche Auftragsgröße von 5.366,– DM erreichen etwa 80% der Aufträge nicht.

Die Anzahl der Aufträge in Prozent und der Auftragswert in DM sollten auch graphisch dargestellt werden, da für viele Mitarbeiter im Unternehmen graphische Darstellungen verständlicher sind als Tabellen. In der *Abb. 5* wird die Anzahl der Aufträge in Prozent und nach dem Auftragswert in DM wiedergegeben.

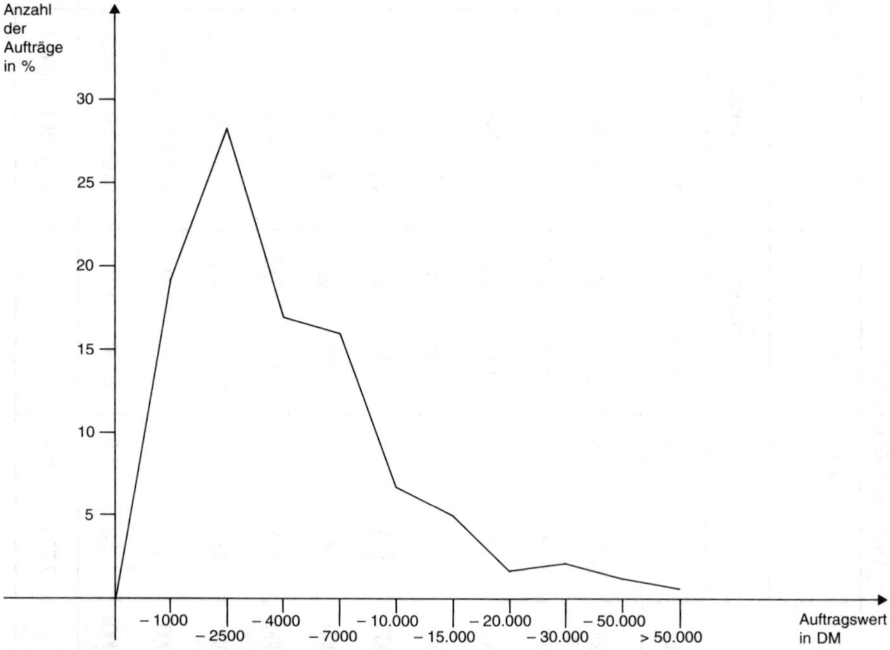

Abb. 5: Anzahl der Aufträge in Prozent

Neben der Erstellung einer Tabelle ist für die Mitarbeiter im Unternehmen eine graphische Darstellung der Auftragsgrößenanalyse sehr aufschlußreich. Die Zusammenhänge zwischen der Anzahl der Aufträge und der Höhe der Umsatzerlöse werden dadurch deutlicher, wie aus den *Abb. 5* und *6* hervorgeht.

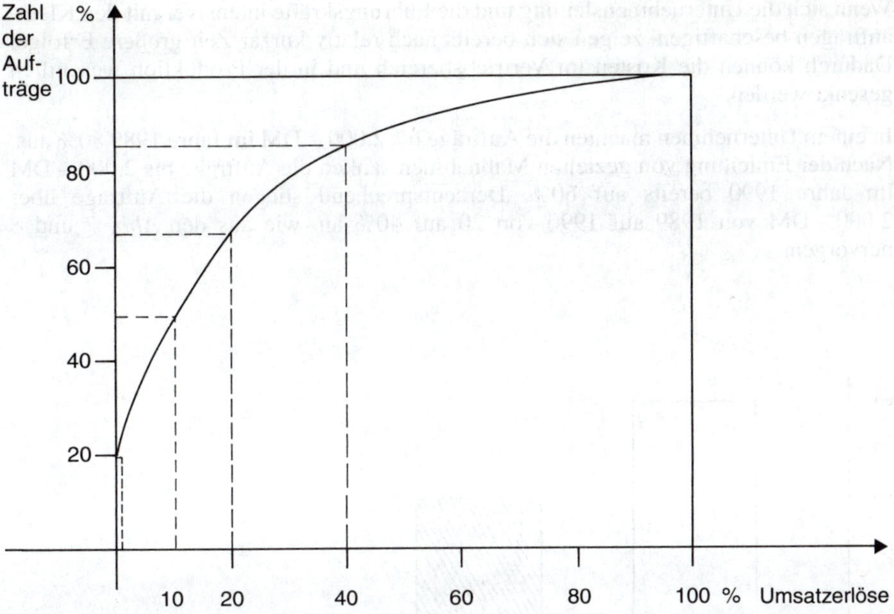

Abb. 6: ABC-Analyse der Auftragsgrößen

In unserem Beispiel werden mit 19,6% der Aufträge nur 0,2% der Umsatzerlöse erzielt. Mit 65,0% der Aufträge, die alle Aufträge bis 4.000,– DM umfassen, werden 19,5% der Umsatzerlöse realisiert. Auch in diesem Unternehmen stellen die Kleinaufträge ein großes Problem dar. Die ABC-Analyse der Aufträge in Abbildung 6 zeigt deutlich, daß in diesem Unternehmen die Kleinaufträge reduziert werden müssen.

Aus der *Abb. 6* geht auch hervor, daß in diesem Unternehmen 50% der Aufträge nur 10% der Umsatzerlöse bringen. Mit 85% der Aufträge machte dieses Unternehmen 40% der Umsatzerlöse. Noch deutlicher wird die Situation in diesem Unternehmen, wenn wir feststellen, daß mit nur 15% der Aufträge 60% der Umsatzerlöse erzielt wurden.

Die Kosten in der Verwaltung und im Vertrieb steigen in etwa proportional mit der Anzahl der Aufträge, aber nicht mit dem Wert der Aufträge. Mit der Verbesserung der Auftragsgrößenstruktur können daher *erhebliche Kosten* insbesondere im Vertrieb und in der Produktion *eingespart* werden. Wenn das Unternehmen beispielsweise auf alle Aufträge bis 1.000,– DM verzichten würde, ergäbe diese Maßnahme nur eine Umsatzeinbuße von 0,2%. Die Anzahl der Aufträge würde sich aber um 19,6% verringern.

Wenn sich die Unternehmensleitung und die Führungskräfte intensiver mit den Kleinaufträgen beschäftigen, zeigen sich bereits nach relativ kurzer Zeit größere Erfolge. Dadurch können die Kosten im Vertriebsbereich und in der Produktion wesentlich gesenkt werden.

In einem Unternehmen machten die Aufträge bis 2.000,– DM im Jahre 1989 80% aus. Nach der Einleitung von gezielten Maßnahmen sanken die Aufträge bis 2.000,– DM im Jahre 1990 bereits auf 60%. Dementsprechend stiegen die Aufträge über 2.000,– DM von 1989 auf 1990 von 20 auf 40% an, wie aus den *Abb. 7* und *8* hervorgeht.

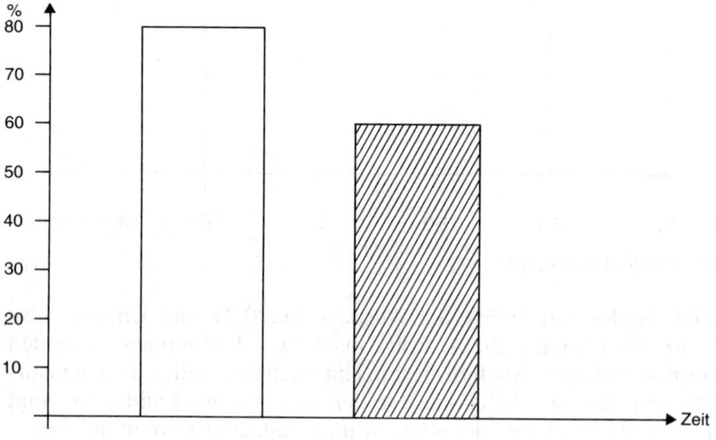

Abb. 7: Zahl der Aufträge bis 2.000,– DM

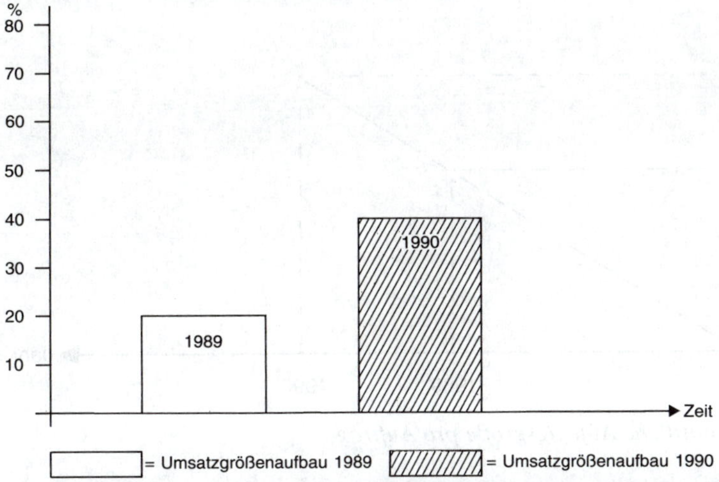

Abb. 8: Zahl der Aufträge über 2.000,– DM

Die positive Änderung der Auftragsgrößenstruktur schlägt sich auch in einer Erhöhung der durchschnittlichen Auftragsgröße pro Auftrag nieder. Während die durchschnittliche Auftragsgröße 1989 noch 1.800,– DM betrug, stieg diese Kennzahl auf rund 2.300,– DM im folgenden Jahr. Aus der Abbildung 9 ist die positive Entwicklung der durchschnittlichen Auftragsgröße deutlich zu erkennen.

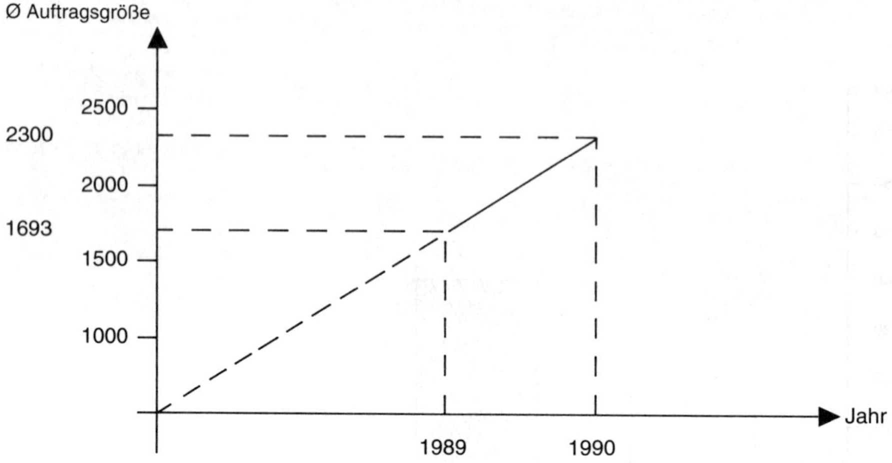

Abb. 9: Durchschnittliche Auftragsgröße pro Auftrag

MERKE

Eine Auftragsgrößenanalyse sollte in jedem Unternehmen durchgeführt werden. Für viele Mitarbeiter im Unternehmen sind die Ergebnisse überraschend. Mit Kleinaufträgen werden nur minimale Umsätze erzielt. Da die Kosten pro Auftrag etwa gleich sind, müssen Kleinaufträge reduziert werden. Die positive Änderung der Auftragsgrößenstruktur ergibt auch eine Erhöhung der durchschnittlichen Auftragsgröße. Damit tritt eine Senkung der Kosten insbesondere in der Produktion und im Vertrieb ein.

2. Welche Maßnahmen sind zur Reduzierung der Kleinaufträge durchzuführen?

Durch die Reduzierung der Kleinaufträge kann der Vertrieb sich um neue und lohnendere Aufträge bemühen. Da die Kleinaufträge in der Verwaltung, im Vertrieb sowie in der Produktion viel höhere Kosten als Großaufträge verursachen, hat der Vertrieb die Aufgabe, größere Aufträge zu beschaffen.

Nach der Analyse der Auftragsgrößenstruktur sollten im Unternehmen Maßnahmenpläne erstellt und verabschiedet werden, um die Struktur der Aufträge in Zukunft zu verbessern. Diese Aufgaben können in einem *internen Führungsseminar* durchgeführt werden. Etwa drei Gruppen sollten unabhängig voneinander Vorschläge erarbeiten, die dann der ganzen Gruppe vorgestellt und begründet werden müssen. Diese Vorgehensweise hat sich in vielen Unternehmen bewährt.

In einem Unternehmen wurde das Problem der Kleinaufträge in einem internen Seminar behandelt. Drei Gruppen beschäftigten sich mit der Reduzierung der Kleinaufträge und erstellten einen Maßnahmenplan. Die Ergebnisse dieser Gruppenarbeit gehen aus der *Tabelle 13* hervor.

Tabelle 13: Ergebnisse einer Gruppenarbeit über die Reduzierung von Kleinaufträgen

1. Einführung von Mindestabnahmemengen
2. Festlegung von Mindestmengenzuschlägen
3. Ermittlungen von Mindestauftragswerten
4. Angebot von Boni für größere Aufträge
5. Kleinaufträge nur gegen Barzahlung
6. Selbstabholung von Kleinaufträgen
7. Kleinaufträge nur gegen Nachnahme
8. Einschaltung des Handels für Kleinaufträge
9. Kleinaufträge nur gegen Vorkasse
10. Separate Erfassung der Ersatzteile
11. Frachtfreie Lieferung ab bestimmter Bestellmenge
12. Keine Vertreterbesuche bei C-Kunden mehr
13. Untersuchung der Potentiale bei Kleinkunden
14. Festlegung der Mindestverpackungsgröße
15. Betreuung der C-Kunden nur über das Telephon
16. C-Kunden wegen der geringen Kapitalbindung sofortige Bestellung für mehrere Monate vorschlagen
17. Einfachere Abrechnung bei Kleinaufträgen
18. Durchführung einer Sortimentsbereinigung
19. Staffelung der Provisionssätze nach Auftragsgrößen
20. Festlegung einer neuen Mengenrabattstaffel
21. Ermittlung der fixen Kosten pro Auftrag
22. Errechnung der Deckungsbeiträge pro Auftragsgrößenklasse
23. Staffelung der Verwaltungs- und Vertriebskosten pro Auftragsgrößenklasse für die Kalkulation

Wenn die beschlossenen Maßnahmen im Unternehmen konsequent durchgeführt werden, kann die Auftragsgrößenstruktur relativ schnell positiv beeinflußt werden. Es zeigt sich dann auch, daß die durchschnittliche Auftragsgröße stetig ansteigt. Durch die intensivere Schulung der Mitarbeiter im Vertrieb ist es möglich, eine positive Umschichtung der Auftragsgrößen vorzunehmen. Da die Kosten pro Auftrag dadurch gesenkt werden, wird sich der Gewinn im Unternehmen verbessern.

MERKE

Für die Reduzierung der Kleinaufträge müssen Maßnahmen beschlossen und durchgeführt werden. In vielen Unternehmen hat sich die Gruppenarbeit für die Erstellung eines Maßnahmenplanes bewährt. Die Auftragsgrößenstruktur kann relativ schnell positiv beeinflußt werden. Durch die Senkung der Kosten pro Auftrag werden sich die Gewinne schnell erhöhen.

3 Bestellmengen-Optimierung

1. Wie kann die optimale Bestellmenge errechnet werden?

Die Ermittlung der Bestellmenge und des Bestellzeitpunktes hängt von folgenden Faktoren ab:

1. *Materialbedarf der Produktion*
2. *Erfordernisse der Lagerhaltung*
3. *Gegebenheiten am Beschaffungsmarkt*

Bei der Festlegung der Bestellmenge gibt es zwei Möglichkeiten:

Beschaffung großer Mengen in großen Zeitabständen
Die Beschaffung großer Mengen ist nicht nur wegen der günstigen Preise und der geringeren Beschaffungskosten bei Großeinkäufen vorteilhaft, sondern auch wegen der relativ größeren Sicherheit für die laufende Produktion sinnvoll. Diesen Vorteilen stehen aber eine hohe Kapitalbindung mit starker Zinsbelastung und erhöhte Lagerkosten gegenüber.

Beschaffung kleiner Mengen in geringen Zeitabständen
Bei der häufigen Beschaffung kleiner Mengen in geringen Zeitabständen kehren sich die oben genannten Vor- und Nachteile um. Durch den schnellen Lagerumschlag wird weniger Kapital gebunden. Deshalb fallen niedrigere Zinsen und geringere Lagerkosten an.

Daneben werden auch die Risiken des Verderbs, des Schwunds und der Veralterung der Lagergüter wegen der kürzeren Lagerzeiten vermindert. Durch die Verringerung der Lagerhaltung wird ebenso Raum frei, der für andere Zwecke genutzt werden kann.

Als Nachteil erweist sich, daß durch die kleineren Bestellmengen oft günstige Preise und Lieferbedingungen wegfallen und durch viele Bestellungen zusätzliche Kosten anfallen. Vor allem ist dann aber die Sicherheit einer kontinuierlichen Produktion nicht immer gewährleistet.

Das Problem der Optimierung der Bestellmenge beruht also darin, zwei gegensätzliche Kostenentwicklungen auszugleichen.

a) Fixe Beschaffungskosten

Sie fallen bei jeder Bestellmenge unabhängig von der Größe der Bestellung an. Zu diesen Kosten gehören die Kosten der Bestellabwicklung, die Buchungskosten, die Schreibkosten, die Kosten der Materialannahme sowie die Meldekosten. Die fixen Beschaffungskosten steigen mit der Anzahl der Bestellungen im Planungszeitraum.

b) Lagerhaltungskosten

Diese Kosten sind überwiegend von den Lagermengen und Lagerwerten abhängig. Zu den Lagerhaltungskosten zählen insbesondere die Raumkosten, die Personalkosten, die kalkulatorischen Abschreibungen, die kalkulatorischen Zinsen für das im Lager gebundene Kapital, der Verschleiß oder der Schwund sowie die Kosten für das Handling. Nach detaillierten Untersuchungen wurde festgestellt, daß die Lagerhaltungskosten in Industriebetrieben zwischen 20% und 30% liegen.

Die Lagerhaltungskosten nehmen mit steigenden Bestellmengen zu. Je häufiger bestellt wird, desto kleiner sind die einzelnen Bestellmengen bei einem gegebenen Gesamtbedarf pro Planungsperiode. Kleinere Bestellmengen haben zur Folge, daß die Lagerbestände im Durchschnitt niedrig gehalten werden können.

Ziel der Optimierung muß es sein, die Bestellmenge für einen geplanten Gesamtbedarf zu ermitteln, bei der die Summe der fixen Beschaffungskosten und der Lagerhaltungskosten am günstigsten ist. Dabei ist zu berücksichtigen, daß sich die *fixen Beschaffungskosten und die Lagerhaltungskosten gegenläufig entwickeln.*

Um die Kosten der Bestellung möglichst niedrig zu halten, muß die optimale Bestellmenge ermittelt werden. Zur Bestimmung der optimalen Bestellmenge sind die fixen Beschaffungskosten sowie die Lagerhaltungskosten zu überprüfen.

Die optimale Bestellmenge wird durch den Zuwachs der Lagerhaltungskosten und durch den Rückgang der Beschaffungskosten bestimmt. Wenn die Summe der Beschaffungskosten und der Lagerhaltungskosten am geringsten ist, dann ist die optimale Bestellmenge gegeben.

Diesen Zusammenhang können wir auch graphisch darstellen. Die optimale Bestellmenge wird durch den Schnittpunkt der fixen Beschaffungskosten und der Lagerhaltungskosten bestimmt. Aus der *Abb. 10* sind die Kostenentwicklungen der beiden Kostenelemente klar zu erkennen.

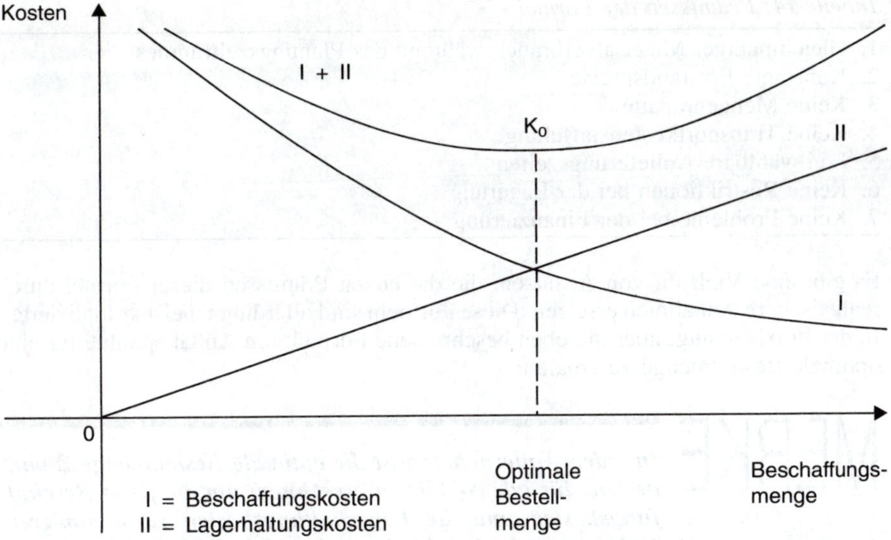

Abb. 10: Optimale Bestellmenge

Zur Berechnung der optimalen Bestellmenge wird in der Regel folgende Formel verwendet:

$$\text{Optimale Bestellmenge in Stück} = \sqrt{\frac{200 \times \text{Jahresbedarf in Stück} \times \text{Beschaffungskosten pro Bestellung}}{\text{Einstandspreis pro Stück} \times \text{Lagerhaltungsprozentsatz}}}$$

Der Lagerhaltungsprozentsatz wird dabei folgendermaßen definiert:

$$\text{Lagerhaltungsprozentsatz} = \frac{\text{Lagerhaltungskosten}}{\varnothing \text{ Lagerbestand}} \times 100$$

Bei der Verwendung dieser Formel werden folgende Prämissen unterstellt, die in der Praxis nicht immer zutreffen:

Tabelle 14: Prämissen der Formel

1. Gleichmäßiger Materialverbrauch während des Planungszeitraumes
2. Konstante Einstandspreise
3. Keine Mengenrabatte
4. Keine Transportkostenstaffelung
5. Frei wählbare Anlieferungszeiten
6. Keine Restriktionen bei der Lagerung
7. Keine Probleme bei der Finanzierung

Es gibt eine Vielzahl von Ansätzen, die die engen Prämissen dieser Formel durch realistischere Annahmen ersetzen. Diese Formeln sind allerdings meist komplizierter. In der Praxis genügt aber die oben beschriebene Formel, um Anhaltspunkte für eine optimale Bestellmenge zu erhalten.

MERKE

In jedem Unternehmen ist die optimale Bestellmenge zumindestens für alle A-Teile zu errechnen, um die fixen Beschaffungskosten und die Lagerhaltungskosten zu minimieren. Dabei ist zu berücksichtigen, daß sich die beiden gegensätzlichen Kostenentwicklungen ausgleichen. Die optimale Bestellmenge wird also durch den Schnittpunkt der fixen Beschaffungskosten und der Lagerhaltungskosten bestimmt. Die Verwendung der Formel für die optimale Bestellmenge erleichtert die Bestimmung des Schnittpunktes.

2. Welche Bedeutung hat die optimale Bestellmenge?

Normalerweise ist es im täglichen Ablauf des Einkaufs zu aufwendig, bei jeder Bestellung die optimale Bestellmenge zu errechnen. Deshalb sollte als Hilfsmittel eine Tabelle für die optimale Bestellmenge erstellt werden. Die Zahlen der Tabelle können mit den speziellen Daten des Unternehmens ermittelt werden. Diese Tabelle wird dann so lange benutzt, bis sich die Basisdaten wesentlich verändern. Als weitere Hilfsmittel können auch spezielle Rechenschieber herangezogen werden. EDV-Programme stehen in manchen Unternehmen ebenfalls für solche Aufgaben zur Verfügung. In bestimmten Programmen werden auch verschiedene Einflußgrößen wie Qualität des Materials, Liefertreue, Entfernung des Lieferanten, Transport mit der Bahn oder mit dem LKW durch Faktoren berücksichtigt.

Die optimalen Bestellmengen dürfen aber nicht isoliert betrachtet werden. Rabattstaffeln müssen beispielsweise berücksichtigt werden. Durch eine geringfügige Erhöhung der Bestellmenge kann möglicherweise eine günstigere Rabattklasse erreicht werden. Auch durch bestimmte Verpackungseinheiten sind Abweichungen von der optimalen Bestellmenge erforderlich.

MERKE

Die optimale Bestellmenge hat eine große Bedeutung in den Unternehmen, weil durch die Berücksichtigung dieser Größe die Kosten im Einkauf und im Lager systematisch gesenkt werden können. Die Mitarbeiter im Einkauf haben dann einen Maßstab, an dem sie sich bei den zukünftigen Bestellungen orientieren können.

Mit Hilfe der EDV sind die optimalen Bestellmengen für die A-, B- und C-Teile schnell ermittelbar, um damit eine Tabelle für die optimale Bestellmenge zu erstellen.

Die optimale Bestellmenge sollte aber nur zur Orientierung dienen. Rabattstaffeln, Mindestmengen oder bestimmte Verpackungsgrößen können zu einer Abweichung von der errechneten Bestellmenge führen.

4 Break-Even-Analyse

1. Was ist das Besondere an der Break-Even-Analyse?

Die Break-Even-Analyse setzt voraus, daß in den betrieblichen Berichten die variablen und fixen Kosten getrennt ausgewiesen werden. Bei der Verwendung der Deckungsbeitragsrechnung ist das der Fall.

Die Beziehungen zwischen den Umsatzerlösen, den Kosten und dem Gewinn werden übersichtlich und klar dargestellt. Die Ergebnisse der Break-Even-Analyse können mathematisch und graphisch ermittelt werden. Die graphische Darstellung sollte vorgezogen werden, da die Mitarbeiter im Unternehmen nach meinen Erfahrungen Diagramme besser und schneller verstehen und so die Folgen für den Gewinn bei Änderungen der Umsatzerlöse und Kosten deutlicher aufgezeigt werden können.

Mit Hilfe der Break-Even-Analyse kann der Break-Even-Punkt festgestellt werden. Er zeigt an, wann die Umsatzerlöse gerade die gesamten Kosten des Unternehmens decken.

Die Break-Even-Analyse gibt der Unternehmensleitung und den Führungskräften konzentrierte Informationen, um in Zukunft bessere Entscheidungen zu treffen. Da mit ihr verschiedene Alternativen einfach überprüft werden können, ist diese Analyse in der Praxis sehr beliebt.

Unter Verwendung der Break-Even-Analyse können wir die Möglichkeiten der Gewinnerzielung besser beurteilen. Auch über die Sicherheit des Unternehmens sind klare Aussagen möglich. Die Höhe des Gewinns und die Sicherheit der Gewinnerzielung stellen wichtige Hinweise für eine erfolgreiche Unternehmensführung dar.

Wir können einfach errechnen, welchen Einfluß die Änderungen der Verkaufsmengen, der Verkaufspreise sowie der variablen und fixen Kosten auf den Gewinn haben. Der Break-Even-Umsatz, die Sicherheitsstrecke und der Sicherheits-Koeffizient lassen sich mit Hilfe einfacher Gleichungen bestimmen.

MERKE

Die Unternehmensleitung kann das Break-Even-Diagramm verwenden für:

1. ***Bestimmung des Gewinnzieles***
2. ***Festlegung des Beschäftigungsgrades***
3. ***Auswahl der Produktgruppen, die dem Unternehmen den höchsten Gewinn bringen***
4. ***Entscheidung über die zu produzierenden Mengen je Produkt***
5. ***Überprüfung der Preispolitik***
6. ***Investitionsentscheidungen***
7. ***Untersuchungen über Erweiterungsvorhaben***
8. ***Ermittlung des Break-Even-Umsatzes***
9. ***Bestimmung der Sicherheitsstrecke***
10. ***Festlegung des Sicherheits-Koeffizienten***

2. Wie können wir die Break-Even-Analyse darstellen?

Die Ergebnisse der Break-Even-Analyse können wir auf verschiedene Art und Weise darstellen. Die Ermittlung der einzelnen Ergebnisse wird entweder mathematisch oder graphisch vorgenommen. Wegen des leichteren Verständnisses der graphischen Darstellung sollten Diagramme vorgezogen werden.

Nehmen wir an, daß die kurzfristige Erfolgsrechnung in einem Unternehmen entsprechend der Darstellung in *Tabelle 15* aussieht.

Tabelle 15: Kurzfristige Erfolgsrechnung

Bezeichnung	DM	%
Umsatzerlöse Variable Kosten	5.000.000 3.000.000	100 60
Deckungsbeitrag	2.000.000	40
Fixe Kosten	1.500.000	30
Gewinn	500.000	10

Das Unternehmen verwendet eine einfache Deckungsbeitragsrechnung, in der die variablen und fixen Kosten getrennt erfaßt werden. Die Umsatzerlöse ergeben sich, indem die Anzahl der verkauften Mengen mit den Verkaufspreisen multipliziert wird.

Die Höhe der variablen und fixen Kosten wird den einzelnen Berichten des Unternehmens entnommen.

Aus der kurzfristigen Erfolgsrechnung (Tabelle 15) können wir entnehmen, daß von jeder DM Umsatzerlös 0,60 DM oder 60% benötigt werden, um die variablen Kosten eines Produktes zu decken. Die Differenz zwischen den Umsatzerlösen und den variablen Kosten ist der Deckungsbeitrag, der in unserem Beispiel 2 Mio. DM oder 40% ausmacht. Diese 40% bleiben zur Deckung der fixen Kosten und zur Erzielung eines Gewinns in Höhe von 500.000 DM übrig.

MERKE

Die Break-Even-Analyse können wir graphisch darstellen. Daneben ist auch eine mathematische Ermittlung der Ergebnisse möglich. Wegen des besseren Verständnisses sollte für die Mitarbeiter im Unternehmen die graphische Darstellung gewählt werden.

Um die Break-Even-Analyse anzufertigen, müssen die gesamten Kosten im Unternehmen in variable und fixe Kosten aufgeteilt werden. Wenn bereits eine kurzfristige Erfolgsrechnung in Kombination mit einer Deckungsbeitragsrechnung vorhanden ist, können die erforderlichen Daten dieser Rechnung entnommen werden.

2.1 Break-Even-Diagramm auf der Basis der fixen Kosten

Das Break-Even-Diagramm (Abb. 11) können wir folgendermaßen erstellen:

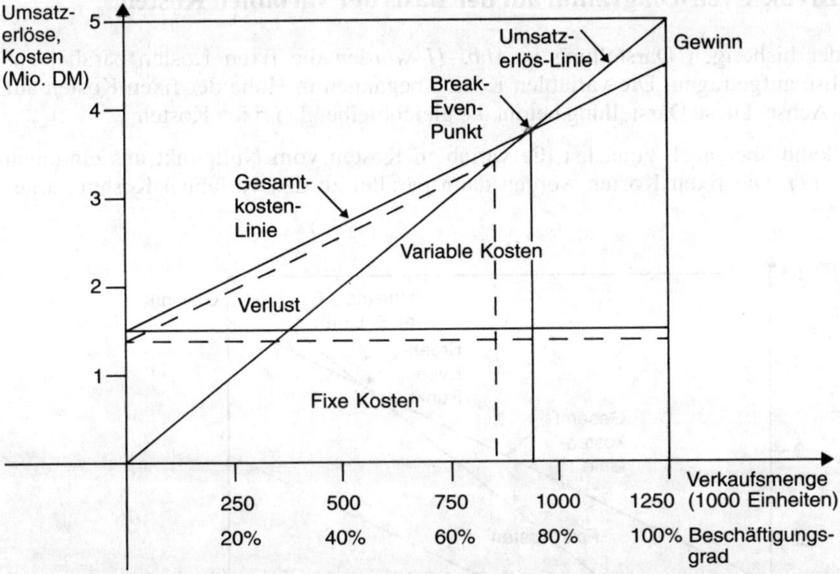

Abb. 11: Break-Even-Diagramm auf der Basis der fixen Kosten

1. Alle Daten werden aus der Tabelle 15 entnommen.
2. Auf der x-Achse werden die Verkaufsmengen, der Beschäftigungsgrad oder die Umsatzerlöse abgetragen.
3. Auf der y-Achse werden die Umsatzerlöse und die Kosten in Millionen DM berücksichtigt.
4. Die Linie in Höhe von 1,5 Millionen DM kennzeichnet die fixen Kosten.
5. Die variablen Kosten werden vom Schnittpunkt der fixen Kosten mit der y-Achse (1,5 Millionen DM) nach rechts oben über den fixen Kosten aufgetragen.
6. Die Gesamtkostenlinie (fixe und variable Kosten) verläuft nach oben zum Punkt von 4,5 Millionen DM.
7. Die Umsatzerlös-Linie beginnt im Nullpunkt und endet bei 5 Millionen DM.
8. Die Gesamtkosten-Linie schneidet die Umsatzerlös-Linie im Break-Even-Punkt, der bei einer Verkaufsmenge von 937.500 Einheiten oder beim Beschäftigungsgrad von 75% oder bei einem Umsatzerlös von 3,750 Millionen DM liegt.

9. Das Dreieck aus der Gesamtkosten-Linie, der Umsatzerlös-Linie und der y-Achse stellt unterhalb des Break-Even-Punktes die Verlustzone und oberhalb des Break-Even-Punktes die Gewinnzone dar.

2.2 Break-Even-Diagramm auf der Basis der variablen Kosten

Bei der bisherigen Darstellung in *Abb. 11* wurden die fixen Kosten parallel zur x-Achse aufgetragen. Die variablen Kosten begannen in Höhe der fixen Kosten auf der y-Achse. Diese Darstellung betont die gleichbleibenden fixen Kosten

Man kann aber auch zunächst die variablen Kosten vom Nullpunkt aus eintragen (Abb. 12). Die fixen Kosten werden dann parallel zu den variablen Kosten aufgetragen.

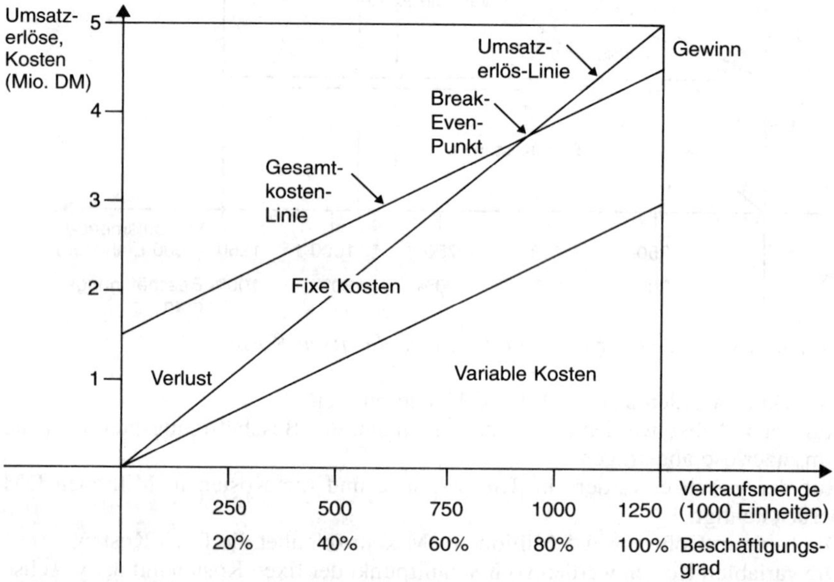

Abb. 12: Break-Even-Diagramm auf der Basis der variablen Kosten

Bei dieser Darstellung lassen sich die Teildeckungsziele besser erkennen. Die Deckung der fixen Kosten durch die Deckungsbeiträge bei verschiedenen Verkaufsmengen oder Beschäftigungsgraden wird deutlich.

Tabelle 16: Teildeckungsziele

Verkaufs-einheiten ×1000	Umsatz-erlöse TDM	Variable Kosten TDM	Deckungs-beitrag TDM	Fixe Kosten TDM	Gewinn (Verlust) TDM
250	1000	600	400	1500	(1100)
500	2000	1200	800	1500	(700)
750	3000	1800	1200	1500	(300)
1000	4000	2400	1600	1500	100
1250	5000	3000	2000	1500	500

Beim Break-Even-Diagramm mit den fixen Kosten über den variablen Kosten ist klarer zu erkennen, inwieweit die fixen Kosten bei bestimmten Umsatzerlösen gedeckt sind. Wenn das Umsatzvolumen beispielsweise auf 2 Millionen DM oder 40% der Kapazität sinkt, betragen die variablen Kosten 1 Million DM und die fixen Kosten 2 Millionen DM. Der Verlust beläuft sich dann auf 1 Million DM. Die gestrichelten Linien in der *Abb. 13* zeigen diesen Fall.

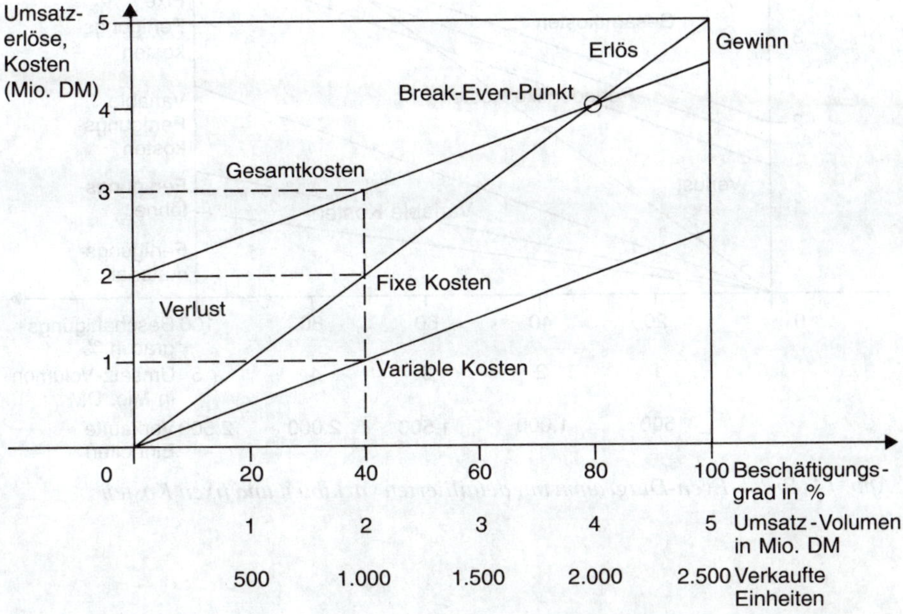

Abb. 13: Break-Even-Diagramm mit den fixen Kosten über den variablen Kosten

2.3 Break-Even-Diagramm mit detaillierten variablen und fixen Kosten

Wenn die Unternehmensleitung einen noch genaueren Einblick in die Situation des Betriebes gewinnen will, sind weitere Unterteilungen der einzelnen Größen vorzunehmen. Die variablen Kosten können beispielsweise in Fertigungsmaterial, Fertigungslöhne und variable Fertigungskosten aufgegliedert werden. Auch die fixen Kosten sind in fixe Fertigungskosten sowie fixe Verwaltungs- und Vertriebskosten zu unterteilen. Selbst den Gewinn kann man in Ertragssteuern, Zinsen und Ertrag des investierten Kapitals aufteilen. Je nach den Erfordernissen der einzelnen Betriebe sind beliebig weitere Unterteilungen vorzunehmen.

In *Abb. 14* ist ein Break-Even-Diagramm dargestellt, in dem die variablen und die fixen Kosten in verschiedene Kategorien unterteilt werden.

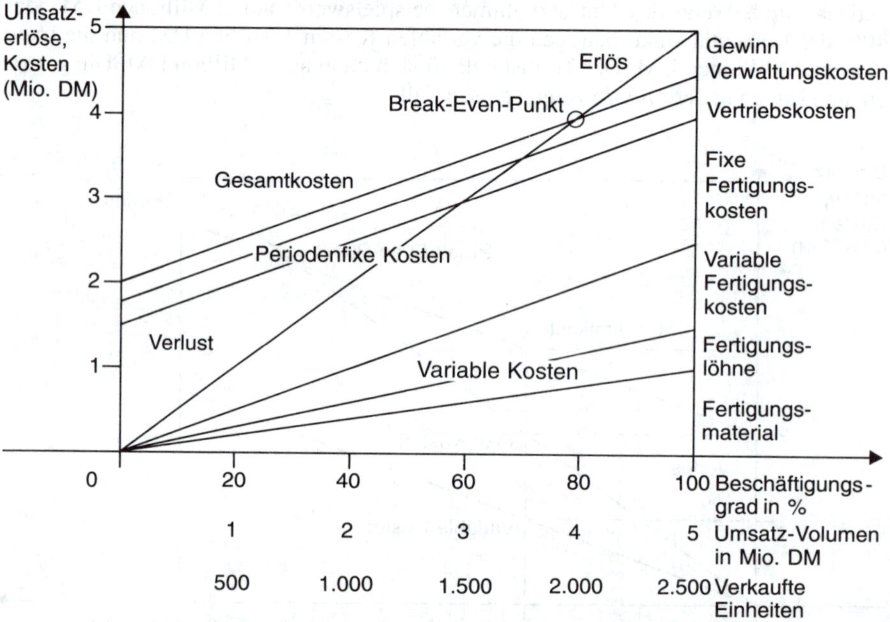

Abb. 14: Break-Even-Diagramm mit detaillierten variablen und fixen Kosten

2.4 Break-Even-Diagramm in DBU-Form

Das Break-Even-Diagramm können wir auch noch, wie aus der *Abb. 15* ersichtlich, auf andere Weise darstellen.

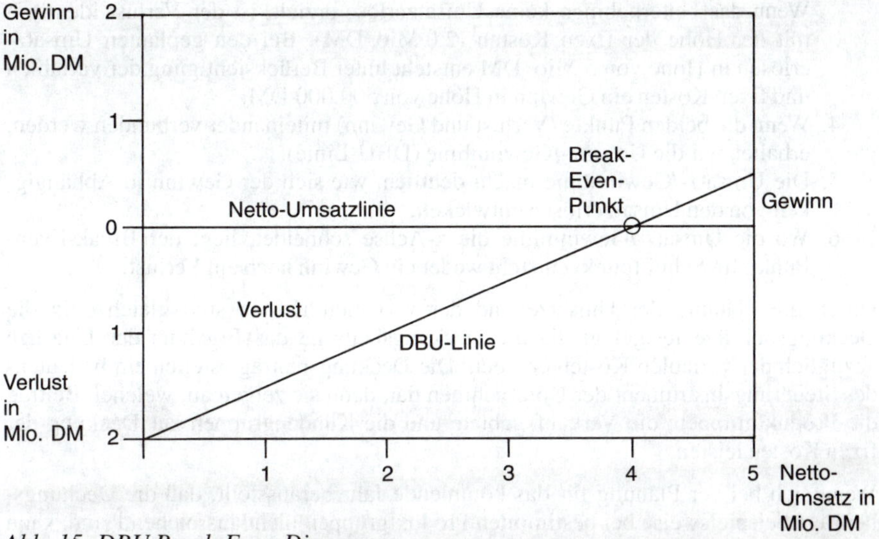

Abb. 15: DBU Break-Even-Diagramm

Diese Darstellung des Break-Even-Diagramms ermöglicht eine vereinfachte Analyse des Unternehmens. Die Form dieser Darstellung wird auch Break-Even-Diagramm in DBU-Form genannt. DBU ist die Abkürzung für das Verhältnis von Deckungsbeitrag und Netto-Umsatz. Diese Größe drückt also den Anteil des Deckungsbeitrages am Netto-Umsatz (Nettoerlös) aus. Die Netto-Umsatzlinie verläuft im Diagramm waagerecht. Der Break-Even-Punkt befindet sich dort, wo die von links unten nach rechts oben ansteigende DBU-Linie die Netto-Umsatzlinie schneidet.

Tabelle 17: Kurzfristige Erfolgsrechnung eines Unternehmens

Umsatzerlöse	DM 5.000.000
./. Variable Kosten	DM 2.500.000
= Deckungsbeitrag	DM 2.500.000
./. Fixe Kosten	DM 2.000.000
= Gewinn	DM 500.000

Die Erstellung dieses Diagramms geschieht wie folgt:

1. Auf der x-Achse werden die Umsatzerlöse abgetragen.
2. Der Gewinn oder Verlust erscheint auf der y-Achse.
3. Bei der Erstellung dieses Diagramms werden zuerst Verlust und Gewinn bestimmt.
   Wenn das Unternehmen keine Umsatzerlöse erzielt, ist der Verlust identisch mit der Höhe der fixen Kosten (2,0 Mio. DM). Bei den geplanten Umsatzerlösen in Höhe von 5 Mio. DM entsteht unter Berücksichtigung der variablen und fixen Kosten ein Gewinn in Höhe von 500.000 DM.
4. Wenn die beiden Punkte (Verlust und Gewinn) miteinander verbunden werden, erhalten wir die Umsatz-/Gewinnlinie (DBU-Linie).
5. Die Umsatz-/Gewinnlinie macht deutlich, wie sich der Gewinn in Abhängigkeit von den Umsatzerlösen entwickelt.
6. Wo die Umsatz-/Gewinnlinie die x-Achse schneidet, liegt der Break-Even-Punkt. Im Schnittpunkt entsteht weder ein Gewinn noch ein Verlust.

Durch die Planung der Umsätze und der variablen Kosten sind gleichzeitig die Deckungsbeiträge festgelegt, da die Deckungsbeiträge das Ergebnis der Umsätze abzüglich der variablen Kosten ergeben. Die Deckungsbeiträge stellen ein bedeutendes Steuerungsinstrument der Unternehmen dar, denn sie zeigen an, welchen Beitrag die Produktgruppen, die Verkaufsgebiete und die Kundengruppen zur Deckung der fixen Kosten leisten.

Wenn sich bei der Planung für das kommende Jahr herausstellt, daß die Deckungsbeiträge beispielsweise bei bestimmten Produktgruppen nicht ausreichend sind, kann noch während der Planung untersucht werden, ob nicht durch eine kostengünstigere Produktion oder durch die Verwendung von anderen Rohstoffen oder Verpackungsmaterialien ein günstigeres Ergebnis erzielt werden kann.

Die Kenntnis der Deckungsbeiträge ist also eine wesentliche Entscheidungsgrundlage für die Unternehmensleitung und ermöglicht es ihr, schneller auf bestimmte Tatbestände im Unternehmen zu reagieren, soweit sie von den Vorstellungen der Unternehmensleitung abweichen.

Mit Hilfe des Break-Even-Diagramms kann die Unternehmensleitung verschiedene Alternativen durchspielen und sofort erkennen, welche Konsequenzen die einzelnen Entscheidungen auf die Deckungsbeiträge haben.

Das Break-Even-Diagramm in DBU-Form eignet sich besonders für die Analyse von Produktgruppen. Die Daten für die Ermittlung dieses Break-Even-Diagramms (vgl. Abb. 16) sind der *Tabelle 18* entnommen.

Tabelle 18: Kurzfristige Erfolgsrechnung mit Produktgruppen

Produkt-gruppen	A		B		C		D		E		Insgesamt	
	DM	%	DM	%	DM	%	DM	%	DM	%	DM	%
Netto-Umsatz	1.300.000	100	2.600.000	100	1.250.000	100	190.000	100	19.000	100	5.359.000	100
Variable Kosten	758.339	58	1.917.208	74	968.198	77	110.023	58	13.882	73	3.767.650	70
Deckungs-beitrag	541.661	42	682.792	26	281.802	23	79.977	42	5.118	27	1.591.350	30
Spezielle Fixe Kosten											1.056.790	20
Allgemeine Fixe Kcsten											160.770	3
Fixe Kosten Insgesamt											1.217.560	23
Betriebs-ergebnis (Gewinn)											373.790	7

Bei der Erstellung des DBU-Break-Even-Diagramms (Abb. 16) geht man folgendermaßen vor: Zuerst zeichnet man auf der Netto-Umsatzlinie, die im Nullpunkt beginnt, den gesamten Netto-Umsatz von 5.359.000,– DM ein. Dann trägt man auf der linken Senkrechten die gesamten fixen Kosten in Höhe von 1.217.560,– DM nach unten ein. Auf der rechten Senkrechten wird das Betriebsergebnis in Höhe von 373.790,– DM nach oben eingezeichnet. Die Linie, die beim Punkt der gesamten fixen Kosten (1.217.560,– DM) beginnt und beim Punkt des Betriebsergebnisses (373.790,– DM) endet, stellt die DBU-Linie dar und schneidet die horizontale Netto-Umsatzlinie im Break-Even-Punkt.

Danach zeichnet man den Gewinnverlauf der einzelnen Produktgruppen ein. Die Deckungsbeitrag-Netto-Umsatz-Verhältnisse der Produktgruppen A, B, C, D und E betragen 41,7, 26,3, 22,5, 42,1 und 26,9 Prozent. Man beginnt mit der Produktgruppe, die das höchste Deckungsbeitrag-Netto-Umsatz-Verhältnis hat, d. h. mit der Produktgruppe D. Anschließend wird der Gewinnverlauf der Produktgruppe eingezeichnet, die jeweils das nächst beste Deckungsbeitrag-Netto-Umsatz-Verhältnis hat.

Der Gewinnverlauf der Produktgruppe D beginnt im Punkt der gesamten fixen Kosten (1.217.560,– DM) und endet an dem Punkt, der bei 1.137.583,– DM liegt und dem Netto-Umsatz von 190.000,– DM entspricht. Den Wert von 1.137.583,– DM erhält man, indem man von den gesamten fixen Kosten in Höhe von 1.217.560,– DM den Deckungsbeitrag der Produktgruppe D in Höhe von 79.977,– DM abzieht (vgl. Tabelle 19). Der Punkt bei 1.137.583,– DM zeigt an, daß 79.977,– DM der gesamten fixen Kosten von 1.217.560,– DM gedeckt sind.

Bei der Einzeichnung des Gewinnverlaufes der Produktgruppe A geht man nach dem gleichen Prinzip vor. Der Gewinnverlauf dieser Produktgruppe beginnt dort, wo der Gewinnverlauf der Produktgruppe D aufhört. Die Linie der Produktgruppe A endet im Punkt 595.922,– DM unterhalb des Netto-Umsatzes von 1.490.000,– DM (vgl. Tabelle 20). Aus der *Abb. 16* ist ersichtlich, daß weitere 541.661,– DM der gesamten fixen Kosten durch die Produktgruppe A gedeckt werden (vgl. Tabelle 19).

Der Gewinnverlauf der Produktgruppe E fängt da an, wo derjenige der Produktgruppe A aufhört. Dann schließt sich der Gewinnverlauf der Produktgruppe B an, der über die Netto-Umsatzlinie ins Gewinnfeld zu dem Punkt 91.988,– DM über dem Netto-Umsatz von 4.109.000,– DM führt.

Die Produktgruppe C mit dem niedrigsten Deckungsbeitrag-Netto-Umsatz-Verhältnis von 23 wird zuletzt eingezeichnet. Diese Produktgruppe trägt 281.802,– DM zum Gewinn bei. Der Gewinnverlauf der Produktgruppe C endet bei dem Punkt des Betriebsergebnisses von 373.790,– DM und entspricht dem gesamten Netto-Umsatz von 5.359.000,– DM.

Derartige Produktgruppen-Analysen kann man für verschiedene Alternativen im Unternehmen anfertigen. Jede Entscheidung der Unternehmensleitung über das Verkaufsprogramm kann also mit Hilfe der Produktgruppen-Analyse überprüft werden.

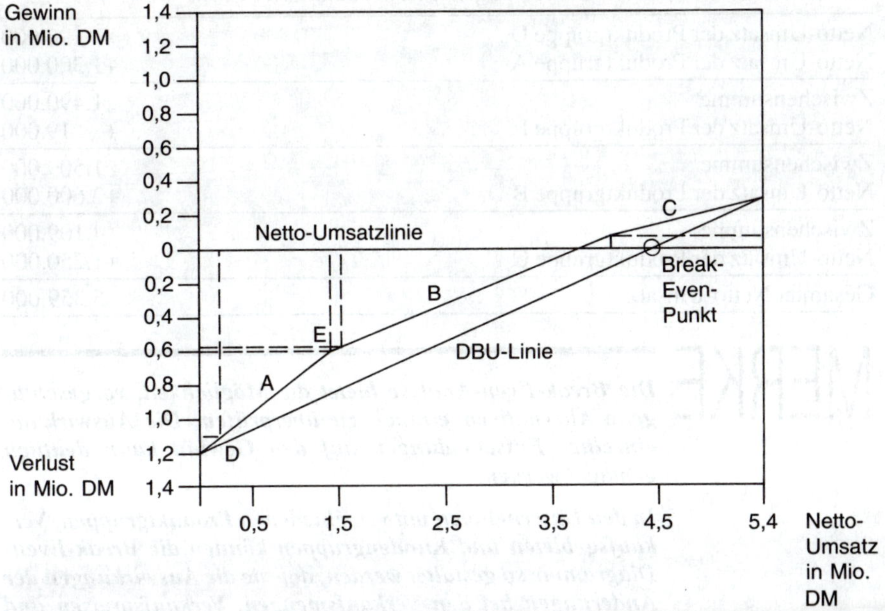

Abb. 16: Produktgruppen-Analyse in DBU-Form

Tabelle 19: Zusammenhang zwischen den fixen Kosten und den Deckungsbeiträgen der einzelnen Produktgruppen

Gesamte periodenfixe Kosten	–1.217.560
Deckungsbeitrag der Produktgruppe D	+ 79.977
Zwischensumme	–1.137.583
Deckungsbeitrag der Produktgruppe A	+ 541.661
Zwischensumme	– 595.922
Deckungsbeitrag der Produktgruppe E	+ 5.118
Zwischensumme	– 590.804
Deckungsbeitrag der Produktgruppe B	+ 682.792
Zwischensumme	+ 91.988
Deckungsbeitrag der Produktgruppe C	+ 281.802
Betriebsergebnis	+ 373.790

Tabelle 20: Netto-Umsatz der Produktgruppen in kumulierter Form

Netto-Umsatz der Produktgruppe D	190.000
Netto-Umsatz der Produktgruppe A	+1.300.000
Zwischensumme	1.490.000
Netto-Umsatz der Produktgruppe E	+ 19.000
Zwischensumme	1.509.000
Netto-Umsatz der Produktgruppe B	+2.600.000
Zwischensumme	4.109.000
Netto-Umsatz der Produktgruppe C	+1.250.000
Gesamter Netto-Umsatz	5.359.000

MERKE

Die Break-Even-Analyse bietet die Möglichkeit, vorgeschlagene Alternativen einfach zu überprüfen. Die Auswirkung einzelner Entscheidungen auf den Gewinn kann deutlich gemacht werden.

In den Unternehmen mit verschiedenen Produktgruppen, Verkaufsgebieten und Kundengruppen können die Break-Even-Diagramme so gestaltet werden, daß sie die Auswirkungen der Änderungen bei den Verkaufsmengen, Verkaufspreisen und einzelnen variablen oder fixen Kosten aufzeigen. Mit solchen Informationen können die Unternehmensleitung und die Führungskräfte bessere Entscheidungen treffen und den Gewinn systematisch erhöhen.

3. Sind die Ergebnisse auch mathematisch zu ermitteln?

Neben der graphischen Darstellung können wir die einzelnen Ergebnisse mit Hilfe bestimmter Formeln auch mathematisch ermitteln. Wir haben also die Möglichkeit, die Ergebnisse aus den Diagrammen auch noch mathematisch zu überprüfen.

3.1 Bestimmung des Break-Even-Umsatzes

Der *Break-Even-Punkt* kann mit Hilfe der Umsatzerlöse, der fixen und variablen Kosten nach folgender Formel errechnet werden:

$$\text{Break-Even-Umsatz} = \frac{\text{fixe Kosten}}{1 - \dfrac{\text{variable Kosten}}{\text{Umsatzerlöse}}}$$

Nach Einsetzen der entsprechenden Daten aus der Tabelle 15 erhält man:

$$\text{Break-Even-Umsatz} = \frac{1.500.000}{1 - \dfrac{3.000.000}{5.000.000}}$$

$$= \frac{1.500.000}{1 - 0{,}6}$$

$$= 3.750.000 \text{ DM}$$

Die volle Kostendeckung wird bei einem Umsatzerlös von 3.750.000 DM erreicht.

Zur Ermittlung der *Umsatzerlöse,* die zur Deckung der fixen Kosten in Höhe von 1,5 Mio. DM nötig sind, können wir auch die fixen Kosten gleich durch den Prozentsatz der Deckungsbeiträge in Höhe von 40% dividieren.

Folgende Formel kann verwendet werden:

$$\text{Break-Even-Umsatz} = \frac{\text{Fixe Kosten}}{\text{Deckungsbeitrag in \%}}$$

$$= \frac{1.500.000}{0{,}40}$$

$$= 3.750.000 \text{ DM}$$

Bei einem Umsatzerlös von 3.750.000 DM wird also der Break-Even-Punkt erreicht. Dieser Punkt stellt die Nutzenschwelle dar, an der das Unternehmen bei einer Umsatzsteigerung in die Gewinnzone kommt. Fallen allerdings die Umsatzerlöse, dann befindet sich das Unternehmen auch wieder in der Verlustzone.

Die Überprüfung dieses Ergebnisses sieht folgendermaßen aus:

Tabelle 21: Kurzfristige Erfolgsrechnung

Bezeichnung	TDM	%
Umsatzerlöse ./. variable Kosten	3.750 2.250	100 60
= Deckungsbeitrag	1.500	40
./. fixe Kosten	1.500	40
= Gewinn/Verlust	0	0

MERKE

Die Break-Even-Analyse stellt ein wichtiges Hilfsmittel zur Gewinnerzielung dar. Sie macht deutlich, daß ein Unternehmen erst dann einen Gewinn erwirtschaftet, wenn alle fixen Kosten gedeckt sind.

3.2 Ermittlung des Beschäftigungsgrades

Wir nehmen an, daß die Umsatzerlöse in Höhe von 5 Mio. DM das durchschnittliche Ergebnis eines Monats sind. Dann können wir auch den Beschäftigungsgrad errechnen, der erreicht werden muß, um im Unternehmen alle Kosten zu decken.

Folgende Formel können wir verwenden:

$$\text{Beschäftigungsgrad} = \frac{\text{Break-Even-Umsatz}}{\text{Gesamte Umsatzerlöse}}$$

$$= \frac{3.750.000}{5.000.000}$$

$$= 75\%$$

Wir erkennen, daß das Unternehmen bei einem Beschäftigungsgrad von 75% gerade die volle Kostendeckung erzielt. Will das Unternehmen einen Gewinn erwirtschaften, muß es einen höheren Beschäftigungsgrad als 75% anstreben.

3.3 Kurzfristige Erfolgsrechnung pro Einheit

Der Break-Even-Punkt kann auch auf die Verkaufsmengen bezogen und so ermittelt werden. Die kurzfristige Erfolgsrechnung je Einheit zeigt, daß bei einem Verkaufspreis von 4,– DM pro Einheit und variablen Kosten von 60% des Verkaufspreises (2,40 DM) der Deckungsbeitrag 1,60 DM/Einheit beträgt.

Tabelle 22: Kurzfristige Erfolgsrechnung je Einheit

Bezeichnung	DM	%
Umsatzerlös/Einheit (Verkaufspreis/Einheit)	4,00	100
Variable Kosten/Einheit	2,40	60
Deckungsbeitrag/Einheit	1,60	40
Fixe Kosten/Einheit	1,20	30
Gewinn/Einheit	0,40	10

Werden die fixen Kosten von 1.500.000 DM durch den Deckungsbeitrag pro Einheit geteilt, erhält man den Break-Even-Punkt in Verkaufseinheiten.

Man verwendet folgende Formel:

$$\text{Break-Even-Umsatz in Einheiten} = \frac{\text{fixe Kosten}}{\text{Deckungsbeitrag/Einheit}}$$

$$= \frac{1.500.000}{1{,}60}$$

$$= 937.500 \text{ Einheiten}$$

Das gleiche Ergebnis für den Break-Even-Punkt der verkauften Einheiten läßt sich folgendermaßen errechnen:

$$\text{Break-Even-Umsatz in Einheiten} = \frac{\text{Break-Even-Umsatz in DM}}{\text{Verkaufspreis/Einheit}}$$

$$= \frac{3.750.000}{4}$$

$$= 937.500 \text{ Einheiten}$$

3.4 Senkung der fixen Kosten

Im Break-Even-Diagramm können die Auswirkungen von Veränderungen der Umsatzerlöse, Verkaufspreise, Kosten und der Kapazitätsnutzung leicht aufgezeigt werden.

Können die fixen Kosten von 1.500.000 DM auf 1.400.000 DM gesenkt werden, dann wird der Break-Even-Punkt bereits bei einem Umsatz von 3.500.000 DM erreicht.

$$\text{Break-Even-Umsatz} = \frac{1.400.000}{1 - \frac{3.000.000}{5.000.000}}$$

$$= \frac{1.400.000}{0{,}4}$$

$$= 3.500.000 \text{ DM}$$

Bleiben dabei die Umsatzerlöse von 5.000.000 DM gleich, erhöht sich der Gewinn von 500.000 DM auf 600.000 DM. Die volle Deckung der Kosten ist dann bereits bei einem Beschäftigungsgrad von 70% erreicht.

Die gestrichelten Linien im Break-Even-Diagramm (Abb. 11) zeigen beispielsweise das Ergebnis einer Einsparung von fixen Kosten.

Auch die Auswirkungen anderer Änderungen, beispielsweise der variablen Kosten, der Verkaufspreise, des Beschäftigungsgrades und der Umsatzerlöse, können im Break-Even-Diagramm leicht aufgezeigt werden.

3.5 Erhöhung der variablen Kosten

Die variablen Kosten je Einheit betragen laut Tabelle 22 2,40 DM. Durch die Verbesserung eines Produktes steigen die variablen Kosten um 0,20 DM. Wir unterstellen, daß der Verkaufspreis in Höhe von 4,00 DM gleichbleibt und daß die Kapazität des Unternehmens noch nicht ausgelastet ist.

Es ist zu klären, wieviel zusätzliche Einheiten verkauft werden müssen, damit die Erhöhung der variablen Kosten nicht zu einer Senkung des Gewinns führt. Diese Überlegung ist von der Unternehmensleitung und den Führungskräften anzustellen.

Bisher wurden 1.250.000 Einheiten verkauft. Durch die Erhöhung der variablen Kosten um 0,20 DM sinkt der Deckungsbeitrag von 1,60 DM auf 1,40 DM pro Stück. Der Deckungsbeitrag pro Jahr muß aber unverändert 2 Mio. DM betragen, wenn sich der Gewinn in Höhe von 500.000 DM nicht verändern soll.

Die *kritische Verkaufsmenge* wird wie folgt errechnet:

$$\text{Kritische Verkaufsmenge} = \frac{\text{Deckungsbeitrag DM/Jahr}}{\text{Neuer Deckungsbeitrag/Einheit}}$$

$$= \frac{2.000.000}{1{,}40}$$

$$= 1.428.571$$

Um die um 0,20 DM erhöhten variablen Kosten auszugleichen, müssen 178.571 Einheiten mehr verkauft werden, wenn der gleiche Gewinn wie vorher erzielt werden soll. Die Unternehmensleitung und der Vertrieb müssen prüfen, ob der Markt insgesamt 1.428.571 Produkte aufnehmen kann oder nicht.

Die Probe sieht bei einer Verkaufsmenge von 1.428.571 Einheiten folgendermaßen aus:

Tabelle 23: Kurzfristige Erfolgsrechnung je Einheit

Bezeichnung	DM/Einheit	Summe in DM
Umsatzerlöse	4.00	5.714.284
./. variable Kosten	2.60	3.714.284
= Deckungsbeitrag	1.40	2.000.000
./. fixe Kosten		1.500.000
= Gewinn		500.000

3.6 Änderung der Produktgruppen und der Verkaufspreise

Die Umsatzerlöse eines Unternehmens stammen von verschiedenen Produktgruppen. Wenn sich beispielsweise die Zusammensetzung der Produktgruppen ändert und/oder die Verkaufspreise für einige Produkte aufgrund der steigenden Konkurrenz sinken, verschiebt sich auch der Gewinn.

Nehmen wir an, daß ein Unternehmen eine kurzfristige Erfolgsrechnung für 1991 plant. Folgendes *Beispiel* (vgl. Tabelle 24) soll die Zusammenhänge deutlich machen:

Tabelle 24: Geplante kurzfristige Erfolgsrechnung für 1991

Bezeichnung	DM	%
Umsatzerlöse ./. variable Kosten	2.000.000 1.200.000	100 60
= Deckungsbeitrag	800.000	40
./. fixe Kosten	600.000	30
= Gewinn	200.000	10

Der Break-Even-Umsatz errechnet sich wie folgt:

$$\text{Break-Even-Umsatz} = \frac{\text{Fixe Kosten}}{\text{Deckungsbeitrag in \%}}$$

$$= \frac{600.000}{0{,}40}$$

$$= 1.500.000 \text{ DM}$$

Bei geplanten Umsatzerlösen in Höhe von 1,5 Mio. DM werden also alle Kosten im Unternehmen gedeckt, wenn die geplanten Daten auch realisiert werden. In der Praxis kommen aber öfter Veränderungen oder Verschiebungen vor, so daß sich Abweichungen ergeben.

Im Vergleich zur geplanten kurzfristigen Erfolgsrechnung in *Tabelle 24* konnten am Ende des Geschäftsjahres aber nur Umsatzerlöse in Höhe von 1,9 Mio. DM erwirtschaftet werden, weil die Verkaufspreise für einige Produkte reduziert werden mußten. Dadurch hat sich der Gewinn auf 100.000 DM vermindert, wie aus der Tabelle 25 hervorgeht.

Tabelle 25: Effektive kurzfristige Erfolgsrechnung für 1991

Bezeichnung	DM	%
Umsatzerlöse ./. variable Kosten	1.900.000 1.200.000	100,0 63,2
= Deckungsbeitrag	700.000	36,8
./. fixe Kosten	600.000	31,5
= Gewinn	100.000	5,3

Diese Änderungen haben einen unmittelbaren Einfluß auf den *Break-Even-Umsatz*, der sich wie folgt ergibt:

$$\text{Break-Even-Umsatz} = \frac{600.000}{0,368}$$

$$= 1.630.435 \text{ DM}$$

Das Sinken der Verkaufspreise für einige Produkte mit höheren Deckungsbeiträgen bewirkt einen wesentlich niedrigeren Gewinn im Unternehmen. Der Deckungsbeitrag ist von 40% auf 36,8% gesunken. Der Break-Even-Umsatz muß um 130.435 DM auf 1.630.435 DM steigen, um jetzt alle Kosten zu decken.

Wenn die Break-Even-Analyse für das gesamte Unternehmen durchgeführt wird, können Veränderungen in der Umsatzstruktur nur generell analysiert werden. Die einfache Break-Even-Analyse berücksichtigt nur eine gleichbleibende Umsatzstruktur. Für eine genauere Analyse ist es aber erforderlich, daß die Umsatzerlöse nach Produktgruppen aufgeteilt werden. Außerdem sind für die einzelnen Produktgruppen die speziellen Fixkosten zu ermitteln.

Folgende Beziehungen sollten genauer beobachtet werden:

1. Wenn sich die variablen Kosten verändern, verschiebt sich der Deckungsbeitrag und der Break-Even-Punkt.
2. Eine Änderung der Verkaufspreise beeinflußt ebenfalls den Deckungsbeitrag und den Break-Even-Punkt, aber in viel größerem Maße als eine Änderung der variablen Kosten.
3. Die Verkaufspreise und die variablen Kosten wirken sich nur auf den Deckungsbeitrag aus.
4. Durch eine Änderung der fixen Kosten wird der Break-Even-Punkt, aber nicht der Deckungsbeitrag verschoben.
5. Wenn sich die variablen und die fixen Kosten gleichzeitig ändern, kommt es zu einer sehr starken Verschiebung des Break-Even-Punktes.

MERKE

Je intensiver sich die Unternehmensleitung mit den Break-Even-Formeln und den Diagrammen befaßt, desto besser werden die Ergebnisse der einzelnen Entscheidungen sein. Mit Hilfe der Diagramme erhalten wir einen besseren Einblick in die Zusammenhänge zwischen Umsatzerlösen, variablen und fixen Kosten sowie Deckungsbeiträgen und Gewinn.

Die Break-Even-Analyse kann für das ganze Unternehmen oder auch für Teilbereiche durchgeführt werden. Die Analyse einzelner Produktgruppen und Verkaufsgebiete beispielsweise gibt einen besseren Einblick in die Struktur des Unternehmens, insbesondere wenn eine Aufteilung der Fixkosten in spezielle und allgemeine fixe Kosten im Unternehmen vorgenommen wird.

Die Anwendung der Break-Even-Analyse auf die einzelnen Teilbereiche des Unternehmens ermöglicht die Aufdeckung von Schwächen und Stärken dieser Teilbereiche. Um richtige Dispositionen zu treffen, muß die Unternehmensleitung die Ertragskraft der einzelnen Teilbereiche im Unternehmen kennen. Dann kann sie eine differenzierte Strategie anwenden und sich bei der Steuerung des Unternehmens besser auf die besonderen Gegebenheiten im Betrieb einstellen.

4. Was verstehen wir unter der Sicherheitsstrecke und dem Sicherheits-Koeffizienten?

Die Sicherheitsstrecke gibt an, um wieviel die Umsatzerlöse zurückgehen können, bis der Break-Even-Punkt für die Umsatzerlöse erreicht ist und das Unternehmen bei weiterem Rückgang in die Verlustzone gerät. Sie ist die Differenz zwischen den gesamten Umsatzerlösen und dem Break-Even-Umsatz und kann mit dem Zahlenmaterial der Break-Even-Analyse ohne Schwierigkeiten ermittelt werden. Je größer die Sicherheitsstrecke ist, desto günstiger ist die Situation des Unternehmens.

Sicherheitsstrecke = Umsatzerlöse – Break-Even-Umsatz

$P \times x = Vk + Fk$

$x = \frac{Gk}{P} = \frac{4500.000}{4000} = 1.125 \times 4$

$\frac{5000000}{1250} = 4000$

Wenn die Zahlen aus dem Beispiel (vgl. Tabelle 15) genommen werden, ergibt sich folgende Sicherheitsstrecke:

$$\text{Sicherheitsstrecke} = 5.000.000 - 3.750.000$$

$$= 1.250.000 \text{ DM}$$

Der Sicherheitskoeffizient ist das Verhältnis der Sicherheitsstrecke zu den gesamten Umsatzerlösen und drückt aus, um wieviel Prozent die Umsatzerlöse zurückgehen können, ehe das Unternehmen einen Verlust erwirtschaftet.

Folgende Formel kann verwendet werden:

$$\text{Sicherheits-Koeffizient} = \frac{(\text{Umsatzerlöse} - \text{Break-Even-Umsatz})}{\text{Umsatzerlöse}} \times 100$$

Mit den Zahlen aus dem Beispiel in der *Tabelle 15* ergibt sich folgender Sicherheits-Koeffizient:

$$\text{Sicherheits-Koeffizient} = \frac{1.250.000}{5.000.000} \times 100$$

$$= 25\%$$

Zwischen dem Sicherheits-Koeffizienten und dem Deckungsbeitrag besteht eine lineare Beziehung. Wir können folgende Formel verwenden:

$$\text{Gewinn in } \% = \frac{\text{Deckungsbeitrag}}{\text{Umsatzerlöse}} \times \text{Sicherheits-Koeffizient}$$

$$= \frac{2.000.000}{5.000.000} \times 25$$

$$= 0{,}40 \times 25$$

$$= 10\%$$

Wenn der Sicherheits-Koeffizient 25% ausmacht und der Deckungsbeitrag 2 Mio. DM beträgt, ergibt sich ein Gewinn von 10%. Die Unternehmensleitung muß überlegen, wie der Sicherheits-Koeffizient verbessert werden kann, um die Existenz des Unternehmens nicht zu gefährden.

MERKE

Die Erhöhung des Sicherheits-Koeffizienten ist durch folgende Maßnahmen möglich:

1. ***Erhöhung der Umsatzerlöse***
   - ***1.1 Erhöhung der Verkaufsmengen***
   - ***1.2 Anhebung der Verkaufspreise***
   - ***1.3 Anhebung der Verkaufsmengen und der Verkaufspreise***
2. ***Senkung des Break-Even-Punktes***
   - ***2.1 Erhöhung der Verkaufspreise***
   - ***2.2 Verbesserung der Umsatzzusammensetzung durch Forcierung der Produkte mit höheren prozentualen Deckungsbeiträgen***
3. ***Reduzierung der Kosten***
   - ***3.1 Herabsetzung der variablen Kosten***
   - ***3.2 Verminderung der fixen Kosten***
   - ***3.3 Senkung der variablen und fixen Kosten***
4. ***Austausch von fixen Kosten durch variable Kosten z. B. durch den Übergang von Eigenfertigung zum Fremdbezug***

5 Deckungsbeitragsrechnung

1. Wie wird die Deckungsbeitragsrechnung aufgebaut?

Bei der Deckungsbeitragsrechnung unterscheiden wir variable und fixe Kosten. Die variablen Kosten werden durch die Produktion und den Vertrieb der Produkte verursacht. Wir nehmen der Einfachheit halber an, daß sich die variablen Kosten proportional zur Beschäftigung verhalten. Auch bei den fixen Kosten unterstellen wir einen linearen Kostenverlauf.

Die variablen Kosten können wir den Produkten verursachungsgemäß zurechnen. Die fixen Kosten dagegen stellen Kosten der Betriebsbereitschaft dar. Sie entstehen dadurch, daß für die Produktion und den Vertrieb der Produkte Kapazitäten bereitgestellt werden müssen. Die fixen Kosten fallen unabhängig davon an, ob Produkte hergestellt und wieviel Produkte verkauft werden. Eine verursachungsgerechte Zurechnung der fixen Kosten auf die Produkte ist deshalb nicht möglich.

Die variablen Kosten sind leistungsabhängige Kosten und ändern sich direkt mit der Beschäftigung. Die fixen Kosten werden dagegen nicht als Produktkosten betrachtet, da sie mit dem Ablauf der Zeit anfallen.

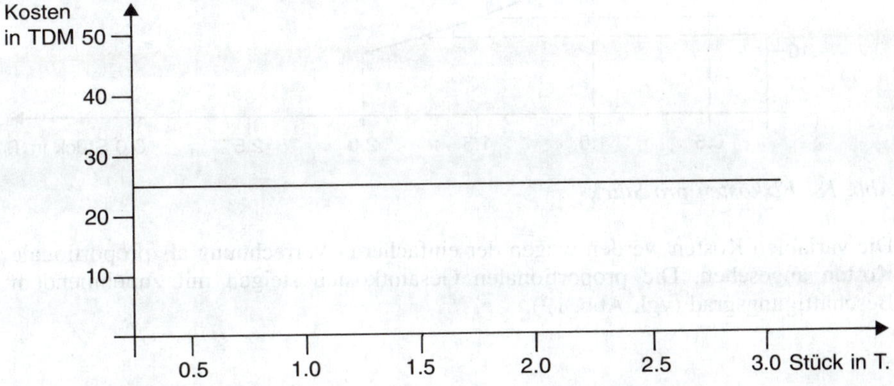

Abb. 17: Gesamte Fixkosten

Die gesamten Fixkosten in Höhe von 25.000 DM bleiben, wie die *Abb. 17* zeigt, während des Geschäftsjahres gleich. Wenn wir die fixen Kosten pro Stück untersuchen, stellen wir fest, daß sie in umgekehrtem Verhältnis zur Höhe der Produktion variieren. Die *Tabelle 26* enthält die gesamten Fixkosten und die Fixkosten pro Stück bei einer unterschiedlichen Ausbringung. Eine Erhöhung der Ausbringung verursacht eine Reduzierung der fixen Kosten pro Stück. Die Verringerung der Produktion führt dagegen zu einer Steigerung der Fixkosten pro Stück. Aus der Abbildung 18 können wir die Zusammenhänge ersehen.

Tabelle 26: Fixe Kosten

Produktion in Stück	500	1.000	1.500	2.000
Gesamte Fixkosten	25.000	25.000	25.000	25.000
Fixe Stückkosten	50	25	16,7	12,5

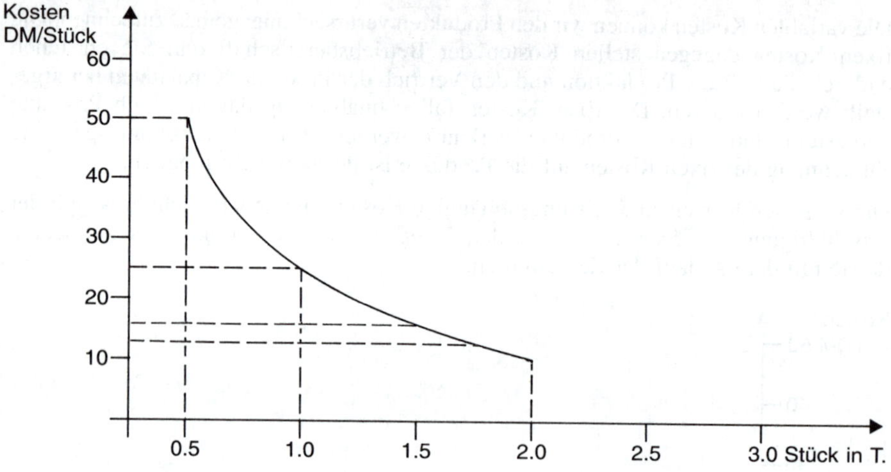

Abb. 18: Fixkosten pro Stück

Die variablen Kosten werden wegen der einfacheren Verrechnung als proportionale Kosten angesehen. Die proportionalen Gesamtkosten steigen mit zunehmendem Beschäftigungsgrad (vgl. Abb. 19).

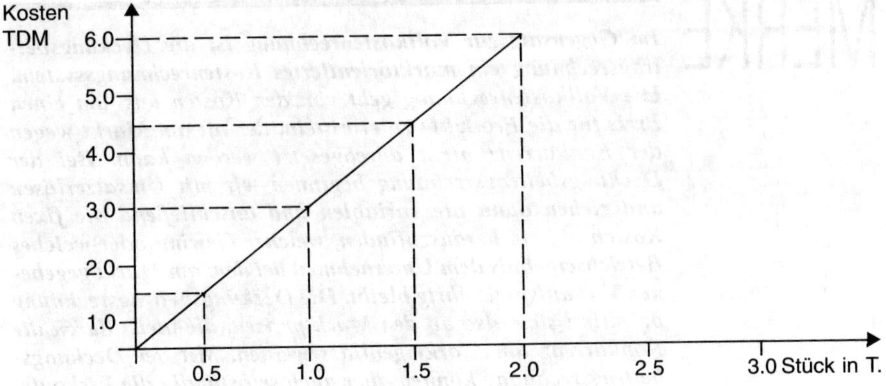

Abb. 19: Proportionale Gesamtkosten

Die *Tabelle 27* gibt das Verhalten der proportionalen Gesamtkosten und der proportionalen Stückkosten bei einer unterschiedlichen Ausbringung wieder. Mit der Erhöhung der Produktion steigen die variablen Kosten in gleichem Verhältnis. Die variablen Kosten bleiben also pro Stück gleich (vgl. Abb. 20).

Tabelle 27: Proportionale Kosten

Produktion in Stück	500	1000	1.500	2.000
Gesamte prop. Kosten	1.500	3.000	4.500	6.000
Prop. Stückkosten	30	30	30	30

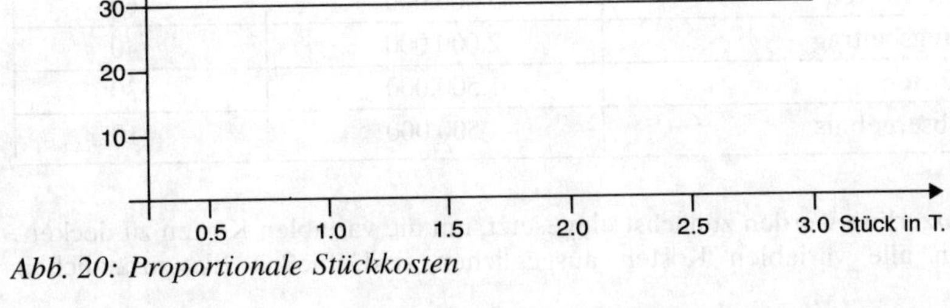

Abb. 20: Proportionale Stückkosten

MERKE

Im Gegensatz zur Vollkostenrechnung ist die Deckungsbeitragsrechnung ein marktorientiertes Kostenrechnungssystem. Die Vollkostenrechnung geht von den Kosten aus, um einen Preis für die Produkte zu ermitteln, der oft am Markt wegen der Konkurrenz nicht durchgesetzt werden kann. Bei der Deckungsbeitragsrechnung beginnen wir mit Umsatzerlösen und ziehen dann die variablen und anschließend die fixen Kosten ab, um herauszufinden, welcher Gewinn oder welches Betriebsergebnis dem Unternehmen bei dem am Markt gegebenen Verkaufspreis übrig bleibt. Die Deckungsbeitragsrechnung orientiert sich also an den Marktpreisen, die meist durch die Konkurrenz am Markt gebildet werden. Mit der Deckungsbeitragsrechnung können aber auch selbständig die Verkaufspreise kalkuliert werden, indem wir Solldeckungsbeiträge vorgeben.

2. Genügt eine einfache Deckungsbeitragsrechnung?

Der *Deckungsbeitrag* ist die Differenz zwischen den Umsatzerlösen und den variablen Kosten. Dieser Ausdruck besagt, in welchem Umfang diese Differenz zur Deckung der fixen Kosten und zur Erzielung eines Gewinns beiträgt. Ein Gewinn entsteht nur dann, wenn die Summe aller Deckungsbeiträge der verkauften Produkte höher ist als die fixen Kosten im Unternehmen. Die *Tabelle 28* gibt Aufschluß über diese Zusammenhänge.

Tabelle 28: Einfache Deckungsbeitragsrechnung

Bezeichnung	DM	%
Umsatzerlöse ./. variable Kosten	5.000.000 3.000.000	100 60
= Deckungsbeitrag	2.000.000	40
./. fixe Kosten	1.500.000	30
= Betriebsergebnis	500.000	10

Die Umsatzerlöse werden zunächst eingesetzt, um die variablen Kosten zu decken. Erst wenn alle variablen Kosten ausgeglichen sind, fließen die zusätzlichen

Deckungsbeiträge in den Behälter für fixe Kosten. Diese Deckungsbeiträge dienen dazu, die fixen Kosten abzudecken und einen Gewinn zu erwirtschaften. Erst wenn der Behälter mit den fixen Kosten voll ist, erfolgt ein Überlauf in den Behälter Gewinn. Reichen die erwirtschafteten Deckungsbeiträge nur dazu, den Behälter mit fixen Kosten zu füllen, dann bleibt kein Gewinn übrig. Die *Abb. 21* macht deutlich, welche Zusammenhänge zwischen Umsatzerlösen, variablen Kosten, fixen Kosten, Gewinn und Deckungsbeiträgen bestehen.

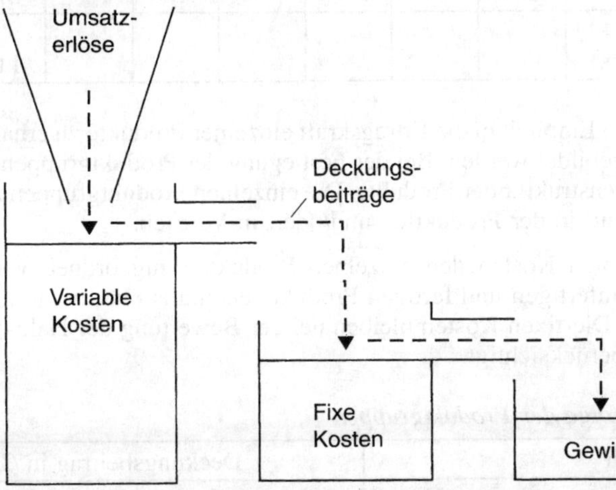

Abb. 21: Zusammenhänge zwischen Umsatzerlösen, variablen Kosten, fixen Kosten, Gewinn und Deckungsbeiträgen

Bei der Deckungsbeitragsrechnung werden zuerst die Umsatzerlöse in der kurzfristigen Erfolgsrechnung aufgeführt. Von den Umsatzerlösen ziehen wir die variablen Kosten ab. Nur die variablen Kosten werden den Produkten oder den Produktgruppen zugeordnet. Die Differenz zwischen Umsatzerlösen und variablen Kosten bezeichnen wir als Deckungsbeiträge, die für die einzelnen Produktgruppen A, B und C sowie in der Summenspalte ermittelt werden.

Die fixen Kosten erfassen wir dagegen nur in der Summenspalte. Sie werden den Produktgruppen nicht zugerechnet, da eine verursachungsgerechte Zurechnung nicht möglich ist. Die fixen Kosten werden also von der Summe aller Deckungsbeiträge abgezogen. Die Differenz aus der Summe aller Deckungsbeiträge und den fixen Kosten ist dann der Gewinn oder das Betriebsergebnis (vgl. Tabelle 29).

Tabelle 29: Einfache Deckungsbeitragsrechnung und Produktgruppen-Analyse

Produktgruppe	A		B		C		Summe	
	TDM	%	TDM	%	TDM	%	TDM	%
Umsatzerlöse ./. variable Kosten	500 300	100 60	300 150	100 50	100 70	100 70	900 520	100 58
= Deckungsbeitrag	200	40	150	50	30	30	380	42
./. fixe Kosten							270	30
= Gewinn (Betriebsergebnis)							110	12

Um einen besseren Einblick in die Ertragskraft einzelner Produkte zu erhalten, sollten Produktgruppen gebildet werden. Bei der Festlegung der Produktgruppen richten wir uns nach der Kostenstruktur der Produkte. Die einzelnen Produktgruppen zeigen etwa den gleichen Ablauf in der Produktion und/oder im Vertrieb.

Da nur die variablen Kosten den einzelnen Produkten zugeordnet werden, ist es logisch, daß die unfertigen und fertigen Produkte ebenfalls nur zu variablen Kosten bewertet werden. Die fixen Kosten bleiben bei der Bewertung der Halb- und Fertigfabrikate also unberücksichtigt.

Tabelle 30: Rangfolge der Produktgruppen

Produktgruppen	Deckungsbeitrag in %
1.B	50
2.A	40
3.C	30

Aus der *Tabelle 30* ist zu entnehmen, wie die Rangfolge der einzelnen Produktgruppen aussieht. Die Höhe der Ertragskraft der einzelnen Produktgruppen zeigt der Deckungsbeitrag in Prozent der Umsatzerlöse.

Die Produktgruppe mit den höchsten Deckungsbeiträgen in Prozent nimmt den ersten Rang ein. Dann folgen die anderen Produktgruppen. Wie aus der Tabelle 30 hervorgeht, kommt also zuerst die Produktgruppe B, dann A und schließlich C.

Die Kennziffer Deckungsbeitrag in Prozent der Umsatzerlöse ist eine marktorientierte Entscheidungshilfe. Wenn die Produkte mit den höheren prozentualen Deckungsbeiträgen forciert werden, erwirtschaftet das Unternehmen höhere Deckungsbeiträge und damit auch einen höheren Gewinn. Der prozentuale Deckungsbeitrag ist also eine wichtige Steuerungsgröße im Unternehmen. Die Produktions- und Vertriebsplanung müssen sich nach dieser Größe ausrichten, um ein optimales Betriebsergebnis zu realisieren.

Unter Marketinggesichtspunkten sind noch weitere Gliederungskriterien von Interesse. Zur besseren Steuerung des Vertriebs sollten auch folgende Deckungsbeiträge ermittelt werden:

1. *Deckungsbeitrag pro Kunde*
2. *Deckungsbeitrag pro Außendienstmitarbeiter*
3. *Deckungsbeitrag pro gefahrene Kilometer*
4. *Deckungsbeitrag pro Verkaufsgebiet*
5. *Deckungsbeitrag pro Maschinenstunde*
6. *Deckungsbeitrag pro Engpaß*

Diese Detaillierung der Deckungsbeiträge setzt allerdings eine leistungsfähige EDV-Anlage voraus. Kleinere und mittlere Unternehmen müssen entscheiden, welche Gliederungskriterien für sie am wichtigsten sind und ohne zu hohe EDV-Kosten regelmäßig ermittelt werden können.

MERKE

Wenn die Produktgruppen mit den höheren prozentualen Deckungsbeiträgen stärker gefördert werden, steigt die Summe aller Deckungsbeiträge schneller, als wenn die Produktgruppen mit niedrigeren Deckungsbeiträgen verkauft werden. Diese Erkenntnis ist deshalb wichtig, weil es von der Summe aller Deckungsbeiträge abhängt, wie frühzeitig im Laufe des Geschäftsjahres die fixen Kosten im Unternehmen gedeckt werden können. Wie wir bei der Break-Even-Analyse festgestellt haben, kommt das Unternehmen erst dann in die Gewinnzone.

3. Warum ist eine zweistufige Deckungsbeitragsrechnung sinnvoller?

Bei der einfachen Deckungsbeitragsrechnung werden alle fixen Kosten in einem Fixkostenblock zusammengefaßt. In der Praxis allerdings hat sich gezeigt, daß ein Teil der fixen Kosten auf spezielle Bezugsgrößen zugerechnet werden kann. Deshalb wird der Fixkostenblock in mehrere Fixkostenschichten aufgespaltet.

Wir können bis zu fünf Fixkostenschichten unterscheiden, wie aus der *Tabelle 31* hervorgeht.

Tabelle 31: Fixkostenschichten

1. Fixkosten einzelner Produkte
2. Fixkosten einzelner Produktgruppen
3. Fixkosten einzelner Kostenstellen
4. Fixkosten einzelner Verantwortungsbereiche
5. Fixkosten des gesamten Unternehmens

Die Aufteilung der Fixkosten in fünf Schichten ist allerdings sehr arbeitsintensiv. In der Praxis hat sich insbesondere in kleineren und mittleren Unternehmen herausgestellt, daß die Aufteilung der fixen Kosten in zwei Gruppen ausreicht, um bessere Entscheidungen treffen zu können.

Wir teilen die Fixkosten dann in *spezielle und allgemeine Fixkosten* auf. Die speziellen Fixkosten können den einzelnen Produktgruppen direkt zugeordnet werden. Zu den speziellen Fixkosten gehören beispielsweise die Fixkosten der Verantwortungsbereiche Marketing und Vertrieb, Produktion sowie Materialwirtschaft.

Die speziellen Fixkosten werden für alle Produktgruppen aufgrund der Inanspruchnahme der Kapazität im Unternehmen ermittelt. Als Bezugsgröße dienen die Fertigungsstunden in der Produktion und die aufgewendeten Zeiten für die einzelnen Produktgruppen in den verschiedenen Verantwortungsbereichen. Auch die erzeugten Kilogramm der einzelnen Produktgruppen können als Bezugsgröße herangezogen werden.

Bei den allgemeinen Fixkosten besteht kein Zusammenhang zu den einzelnen Produktgruppen. Zu den allgemeinen Fixkosten zählen beispielsweise die Fixkosten der Verantwortungsbereiche Unternehmensleitung, Finanz- und Rechnungswesen, Controlling sowie allgemeine Verwaltung.

Die allgemeinen Fixkosten werden nur in der Summenspalte erfaßt. Da keine Beziehung zu den einzelnen Produktgruppen besteht, wird auch kein Versuch gemacht, die allgemeinen Fixkosten den Produktgruppen zuzuordnen.

Tabelle 32: Zweistufige Deckungsbeitragsrechnung und Produktgruppen-Analyse

Produktgruppe	A		B		C		Summe	
	TDM	%	TDM	%	TDM	%	TDM	%
Umsatzerlöse	500	100	300	100	100	100	900	100,0
./. variable Kosten	300	60	150	50	70	70	520	57,8
= Deckungsbeitrag 1	200	40	150	50	30	30	380	42,2
./. spezielle Fixkosten	150	30	105	35	30	30	285	31,6
= Deckungsbeitrag 2	50	10	45	15	0	0	95	10,6
./. allgemeine Fixkosten							50	5,6
= Gewinn (Betriebsergebnis)							45	5,0

Wenn eine zweistufige Deckungsbeitragsrechnung in Kombination mit einer Produktgruppen-Analyse im Unternehmen eingesetzt wird, sieht der Aufbau so aus, wie er aus der *Tabelle 32* zu ersehen ist. Wir unterscheiden dann zwei Deckungsbeiträge. Nach Abzug der variablen Kosten von den Umsatzerlösen erhalten wir den Deckungsbeitrag 1. Die speziellen Fixkosten werden dann von den Deckungsbeiträgen 1 der einzelnen Produktgruppen subtrahiert. Daraus resultieren die Deckungsbeiträge 2 der einzelnen Produktgruppen als weitere wichtige Steuerungsgröße für die Unternehmensleitung und die Führungskräfte im Unternehmen. Von der Summe aller Deckungsbeiträge 2 werden die allgemeinen Fixkosten abgezogen. Die Differenz stellt das Betriebsergebnis oder den Gewinn dar. Da die Zahlen der kurzfristigen Erfolgsrechnung aus der Kosten- und Leistungsrechnung und nicht aus der Finanzbuchhaltung stammen sollten, ist es besser, vom Betriebsergebnis zu sprechen.

MERKE

Die zweistufige Deckungsbeitragsrechnung ist dazu geeignet, die Unternehmensleitung und die Führungskräfte mit aussagefähigeren Informationen zu versorgen. Dieses Kostenrechnungssystem ist marktorientiert und liefert zuverlässige Unterlagen für Preisentscheidungen, für Umsatz-, Kosten- und Gewinnanalysen sowie für die Planung, Kontrolle und Steuerung des Unternehmens.

6 Engpaß-Analyse

1. Wie sieht das optimale Produktions- und Verkaufsprogramm aus?

In der Vergangenheit stellten die Unternehmer Optimierungsüberlegungen für das Produktions- und Verkaufsprogramm fast ausschließlich unter Kostengesichtspunkten an. Gewinnorientierte Zielsetzungen wurden meist vernachlässigt. Für die Optimierung der Produktionsprogrammplanung reichen Kostenüberlegungen allein allerdings nicht aus. Es müssen zusätzlich auch die Auswirkungen auf die Umsatzerlöse und Deckungsbeiträge berücksichtigt werden.

Bei der Produktionsprogrammplanung geht es zur Optimierung des Gewinns im einzelnen um folgende Aufgaben:

Tabelle 33: Aufgaben der Produktionsprogrammplanung

1. Produktion?
2. Welche Produkte?
3. In welchen Mengen?
4. Unter Einsatz welcher Produktionsprozesse oder Produktionsverfahren?
5. In welchen Zeiträumen?
6. Umsatzerlöse?
7. Variable Kosten?
8. Fixe Kosten?
9. Deckungsbeiträge?
10. Gewinn?
11. Rentabilität?

Die Erwirtschaftung einer guten Rentabilität steht also bei der Festlegung des optimalen Produktionsprogramms im Vordergrund. Es kommt auf den erwirtschafteten Gewinn an, der unter Berücksichtigung der Umsatzerlöse und der Kosten entsteht.

Bei der optimalen Produktionsprogrammplanung müssen wir berücksichtigen, ob die Daten aus der Vollkosten- oder Deckungsbeitragsrechnung stammen. Unter Verwendung der Vollkostenrechnung ist eine optimale Programmplanung nicht möglich, da eine Unterteilung der Kosten in variable und fixe Kosten nicht vorgenommen wird.

Für die Optimierung des Produktionsprogramms müssen gewinnorientierte Kriterien herangezogen werden. Kostenüberlegungen allein, wie sie bei der Verwendung der Vollkostenrechnung üblich sind, reichen nicht aus. Neben den Kosten müssen auch zusätzlich die Auswirkungen der Entscheidungen auf die Umsatzerlöse berücksichtigt werden.

Zwischen der Produktion und dem Vertrieb bestehen also enge Verknüpfungen (Interdependenzen). Die Vertriebs- und die Produktionsprogrammplanung stellen einen einheitlichen Problemkomplex dar. Der Vertriebs- und der Produktionsleiter sehen die Probleme in der Praxis allerdings meist unterschiedlich. Deshalb gibt es in vielen Unternehmen oft erhebliche Spannungen zwischen dem Vertrieb und der Produktion.

Die Aufgabe der operativen Programmplanung besteht darin, das endgültige Produktionsprogramm nach Art und Menge der herzustellenden Produkte zu bestimmen. Folgende Voraussetzungen müssen daher gegeben sein:

Tabelle 34: Voraussetzungen für eine operative Programmplanung

1. Preise für die Produkte
2. Kosten der Produkte
3. Kapazitätsbelastung pro Produkt
4. Produktionskapazität

Die besondere Problematik der Programmplanung wird vor allem durch die Art und Anzahl der Engpässe im Produktionsbereich bestimmt. Außerdem spielt die Art und die Anzahl der alternativ möglichen Produktionsprozesse eine Rolle. Es geht dabei um die einsetzbaren Aggregate und die realisierbaren Intensitätsstufen in der Produktion.

Für die Programmplanung gibt es, wie aus der *Abb. 22* hervorgeht, unterschiedliche Lösungsansätze.

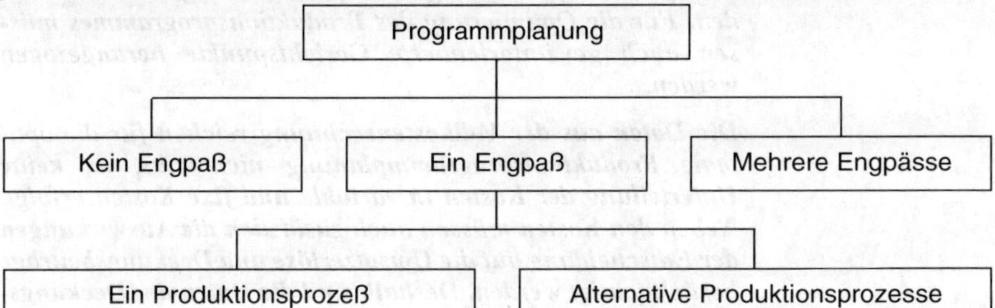

Abb. 22: Lösungsansätze für die Produktionsprogrammplanung

Im Unternehmen gibt es grundsätzlich drei Möglichkeiten:

a) Kein Engpaß
Es liegt kein Engpaß vor, so daß alle Produkte hergestellt werden können.

b) Ein Engpaß
Wir stellen fest, daß im Unternehmen ein Engpaß vorhanden ist. Dabei müssen wir noch unterscheiden, ob nur ein Produktionsprozeß gegeben ist oder ob alternative Produktionsprozesse möglich sind.

Wenn die variablen Kosten pro Zeiteinheit des Prozesses für alle Produkte gleich sind, muß überprüft werden, ob die Deckungsbeiträge für alle Produkte und Prozesse positiv sind oder ob sie für einzelne Kombinationen von Produkten und Prozessen negativ sind.

Wenn die Umsatzerlöse und die variablen Kosten pro Stück und somit die Deckungsbeiträge bekannt sind, kann das optimale Produktionsprogramm schrittweise zusammengestellt werden. Die Höhe der Deckungsbeiträge erlaubt eine sukzessive Zusammenstellung des Programms, wenn nur ein Engpaß vorliegt.

c) Mehrere Engpässe
Stellt sich aber bei der Überprüfung des Verkaufs- und Produktionsprogramms heraus, daß in der Produktion gleichzeitig mehrere Engpässe vorhanden sind, wird die Entscheidung komplizierter. Die Lösung dieser Probleme sollte dann mit Hilfe der linearen Programmierung gefunden werden.

MERKE

Die optimale Produktionsprogrammplanung darf nicht ausschließlich unter Kostengesichtspunkten vorgenommen werden. Für die Optimierung des Produktionsprogrammes müssen auch gewinnorientierte Gesichtspunkte herangezogen werden.

Die Daten aus der Vollkostenrechnung reichen für die optimale Produktionsprogrammplanung nicht aus, da keine Unterteilung der Kosten in variable und fixe Kosten erfolgt. Neben den Kosten müssen auch zusätzlich die Auswirkungen der Entscheidung auf die Umsatzerlöse und Deckungsbeiträge berücksichtigt werden. Deshalb sind die Daten der Deckungsbeitragsrechnung erforderlich.

2. Was ist bei der Programmplanung ohne Engpaß zu beachten?

Wenn kein Engpaß in der Produktion vorliegt, können alle gewinnbringenden Produkte in den maximal absetzbaren Mengen hergestellt werden. Wir unterstellen, daß für jedes Produkt nur ein Produktionsprozeß möglich ist. Die variablen Kosten pro Stück können also nicht durch den Einsatz alternativer Aggregate verändert werden.

Auf das Planungsergebnis haben nur die Umsatzerlöse pro Stück sowie die variablen Kosten pro Stück Einfluß. Die fixen Kosten dagegen sind zeitabhängig und dürfen bei der Lösung des Planungsproblems nicht mit einbezogen werden. Bei gegebener Kapazität fallen die fixen Kosten unabhängig von der endgültigen Zusammensetzung des Produktionsprogramms an.

Solange kein Engpaß in der Produktion vorliegt, gilt der positive Deckungsbeitrag als Entscheidungskriterium für die Aufnahme der Produkte in das optimale Produktionsprogramm. Der Deckungsbeitrag ist die Differenz aus den Umsatzerlösen pro Stück und den variablen Kosten pro Stück. Jedes Produkt mit einem positiven Deckungsbeitrag trägt nämlich, wenn kein Engpaß vorhanden ist, zur Deckung der fixen Kosten bei.

Tabelle 35: Programmplanung ohne Kapazitätsengpaß

Produkte	Umsatzerlöse pro Stück	variable Kosten pro Stück	Deckungsbeitrag pro Stück
	DM	DM	DM
1	250,–	180,–	70,–
2	360,–	260,–	100,–
3	190,–	210,–	–20,–
4	150,–	120,–	30,–
5	220,–	180,–	40,–

Ist kein Engpaß in der Produktion gegeben, können alle Produkte mit einem positiven Deckungsbeitrag aus der *Tabelle 35* in das Produktionsprogramm aufgenommen werden. Nur das Produkt drei darf nicht produziert werden, da dieses Produkt einen negativen Deckungsbeitrag in Höhe von 20,00 DM aufweist. Von den anderen Produkten können also die maximal absetzbaren Mengen hergestellt werden.

3. Worauf kommt es bei der Produktionsplanung mit einem Engpaß an?

Für das Vorliegen eines Engpasses kann es grundsätzlich zwei Ursachen geben:

a) Es liegt eine einstufige Produktion vor. Die vorhandene Kapazität reicht aber nicht aus, um die maximal absetzbare Menge von allen Produkten mit positivem Deckungsbeitrag herzustellen.

b) Die Produktion ist mehrstufig. Der Engpaß besteht aber nur in einer Stufe, da die bestehende Kapazität in dieser Stufe nicht ausreicht, um alle Produkte herzustellen.

Wenn es keinen Engpaß im Unternehmen gibt, ist das Entscheidungskriterium der absolute Deckungsbeitrag, der positiv sein muß. Sobald ein Engpaß im Unternehmen gegeben ist, muß zur Optimierung des Produktionsprogramms von dem relativen Deckungsbeitrag ausgegangen werden, der pro Zeiteinheit des Engpasses erzielt wird.

Der *relative Deckungsbeitrag* wird wie folgt errechnet:

$$\text{Relativer Deckungsbeitrag} = \frac{\text{absoluter Deckungsbeitrag/Stück}}{\text{Produktionszeit/Stück}}$$

Wir müssen also ermitteln, wie viele Minuten oder Stunden benötigt werden, um die einzelnen Produkte in der Stufe zu bearbeiten, in der der Engpaß vorliegt. Wenn der Zeitbedarf bekannt ist, sind die einzelnen Produkte nach den relativen Deckungsbeiträgen zu ordnen. Wir beginnen stets mit dem Produkt, das den höchsten relativen Deckungsbeitrag erzielt. Nach dieser Rangfolge werden nur so lange die einzelnen Produkte mit ihrer maximal absetzbaren Menge in das Produktionsprogramm aufgenommen, bis die gesamte vorhandene Kapazität in der Engpaßstufe ausgenutzt ist.

Besteht in einem Unternehmen ein Engpaß beispielsweise an einer Produktionsmaschine, muß die Rangfolge bei der Forcierung der Produkte geändert werden, um das optimale Betriebsergebnis zu erwirtschaften. Wie die Rangfolge geändert werden muß und welches Verkaufs- und Produktionsprogramm beim Vorliegen eines Engpasses optimal ist, wollen wir anhand eines Beispiels darstellen.

Ist in der Produktion ausreichend Kapazität vorhanden, um die absetzbaren Mengen der verschiedenen Produkte auch herzustellen, ergibt sich folgende Aufstellung:

Tabelle 36: Produktionsplan

Produkt	Absetzbare Stücke	Deckungsbeitrag DM/Stück	Deckungsbeitrag Summe DM
A	2000	40,–	80.000,–
B	5000	12,–	60.000,–
C	3000	30,–	90.000,–
D	4000	17,–	68.000,–
			298.000,–

In diesem Falle wird mit dem Verkauf aller produzierten Produkte ein Deckungsbeitrag von insgesamt 298.000,– DM erwirtschaftet.

Die Rangfolge nach absoluten Deckungsbeiträgen lautet:

Tabelle 37: Rangfolge nach absoluten Deckungsbeiträgen

Rang 1	Produkt A
Rang 2	Produkt C
Rang 3	Produkt D
Rang 4	Produkt B

Besteht nun in einer Produktionsstufe während des Jahres ein Engpaß mit 1500 Produktionsstunden, muß das Produktionsprogramm auf diesen Engpaß ausgerichtet werden. Dafür sind die je Produkt und Stück erforderlichen Produktionszeiten in dem Engpaß zu ermitteln.

Tabelle 38: Produktionszeiten im Engpaß

Produkt A	0,5 Stunden/Stück
Produkt B	0,1 Stunden/Stück
Produkt C	0,4 Stunden/Stück
Produkt D	0,2 Stunden/Stück

Nun ist das optimale Verkaufsprogramm unter Berücksichtigung der Engpaßkapazität festzulegen. Für den Engpaß wird zunächst für jedes Produkt der Deckungsbeitrag je Produktionsstunde berechnet nach der Formel:

$$\text{Deckungsbeitrag je Prod.-Std.} = \frac{\text{absoluter Deckungsbeitrag/Stück}}{\text{Produktionszeit/Stück}}$$

Die Deckungsbeiträge pro Produktionsstunde gehen aus der *Tabelle 39* hervor.

Tabelle 39: Deckungsbeitrag je Produktionsstunde

Produkt A:	40 DM/Stück:	0,5 h/Stück =	80,– DM
Produkt B:	12 DM/Stück:	0,1 h/Stück =	120,– DM
Produkt C:	30 DM/Stück:	0,4 h/Stück =	75,– DM
Produkt D:	17 DM/Stück:	0,2 h/Stück =	85,– DM

Die neue Rangfolge unter Berücksichtigung des Engpasses ist der *Tabelle 40* zu entnehmen.

Tabelle 40: Rangfolge mit Berücksichtigung des Engpasses

Rang 1	Produkt B
Rang 2	Produkt D
Rang 3	Produkt A
Rang 4	Produkt C

Dann wird für jedes Produkt die Ausbringungsmenge je Produktionsstunde berechnet:

$$\text{Ausbringungsmenge/Stunde} = \frac{\text{Stunde Engpaßeinheit}}{\text{Ausbringungszeit/Stück}}$$

Die Ausbringungsmenge pro Produktionsstunde kann der *Tabelle 41* entnommen werden.

Tabelle 41: Ausbringungsmenge je Produktionsstunde

Produkt A	1,0 h : 0,5 h/Stück =	2 Stück/h
Produkt B	1,0 h : 0,1 h/Stück =	10 Stück/h
Produkt C	1,0 h : 0,4 h/Stück =	2,5 Stück/h
Produkt D	1,0 h : 0,2 h/Stück =	5 Stück/h

Die optimale Programmauswahl beginnt mit dem Produkt, das den höchsten Deckungsbeitrag pro Produktionsstunde aufweist. Danach werden die rangnächsten Produkte ins Programm aufgenommen, und zwar so lange, wie Engpaßkapazität vorhanden ist.

Die *Tabelle 42* enthält das optimale Verkaufs- und Produktionsprogramm unter Berücksichtigung der vorhandenen Engpaßkapazität in Höhe von 1.500 Produktionsstunden.

Tabelle 42: Optimales Verkaufs- und Produktionsprogramm in Stunden

Produkt B	5000 Stück:	10 Stück/h =	500 h
Produkt D	4000 Stück:	5 Stück/h =	800 h
Produkt A	400 Stück:	2 Stück/h =	200 h
Vorhandene Engpaßkapazität			1500 h

Von B und D können also die maximal absetzbaren Mengen hergestellt werden, während von Produkt A nur 400 Stück anstelle der möglichen 2000 Stück produziert werden können. C als rangschlechtestes Produkt würde nicht mehr produziert. In dieser Zusammensetzung kann mit einem Gesamtdeckungsbeitrag von 144.000,– DM gerechnet werden.

Tabelle 43: Optimales Verkaufs- und Produktionsprogramm in DM

Produkt	Absetzbare Stücke	Deckungsbeitrag DM/Stück	Deckungsbeitrag Summe DM
B	5000	12,–	60.000,–
D	4000	17,–	68.000,–
A	400	40,–	16.000,–
Erreichbarer Gesamtdeckungsbeitrag			144.000,–

Wäre die Programmauswahl auf der Basis der Rangfolge nach absoluten Deckungsbeiträgen erfolgt, würde sich nur ein Gesamtdeckungsbeitrag von 117.500,– DM ergeben, wie folgende Aufstellung zeigt:

Tabelle 44: Verkaufs- und Produktionsprogramm nach absoluten Deckungsbeiträgen

Produkt A	2000 Stück:	2 Stück/h =	1000 h
Produkt C	1250 Stück:	2,5 Stück/h =	500 h
Vorhandene Engpaßkapazität			1500 h

Tabelle 45: Nicht optimales Verkaufs- und Produktionsprogramm

Produkt	Absetzbare Stücke	Deckungsbeitrag DM/Stück	Deckungsbeitrag Summe DM
A	2000	40,–	80.000,–
C	1250	30,–	37.500,–
Erreichbarer Gesamtdeckungsbeitrag			117.500,–

Die Berechnungen ergeben, daß die Festlegung des Verkaufs- und Produktionsprogrammes ohne Berücksichtigung der vorhandenen Engpaßkapazität zu einer Ertragsminderung von 26.500,– DM geführt hätte. Es wäre also eine Fehlentscheidung gewesen, die durch die Einbeziehung der Engpaßrestriktionen vermieden werden kann.

MERKE

Wenn ein Engpaß im Unternehmen vorliegt, müssen die relativen Deckungsbeiträge für die einzelnen Produktgruppen errechnet werden. Die Rangfolge bei der Forcierung der einzelnen Produkte ist zu ändern, um ein optimales Betriebsergebnis zu erwirtschaften.

Die Festlegung des Verkaufs- und Produktionsprogramms ohne Berücksichtigung der vorhandenen Engpaßkapazität führt zu einer Minderung der gesamten Deckungsbeiträge. Dies wäre eine Fehlentscheidung, da das Unternehmen Deckungsbeiträge verschenken würde.

7 Investitionsrechnungsverfahren

1. Was sollen Investitionsrechnungsverfahren bezwecken?

Bei den Investitionsrechnungsverfahren handelt es sich um entscheidungsunterstützende Methoden zur Bestimmung der Vorteilhaftigkeit einzelner Investitionsvorhaben. Im Falle von mehreren Investitionsalternativen kann unter Berücksichtigung des Kriteriums der Vorteilhaftigkeit eine Auswahl von Investitionsobjekten durchgeführt werden. Die Investitionsrechnungen dienen auch der Zusammenstellung von Investitionsprogrammen (vgl. Abb. 23). Die Investitionsrechnungsverfahren bezwecken eine Verminderung der Unsicherheitssituation in den Unternehmen. Die einzelnen Verfahren weisen aber Stärken und Schwächen auf, die die Unternehmensleitung und die Führungskräfte kennen sollten.

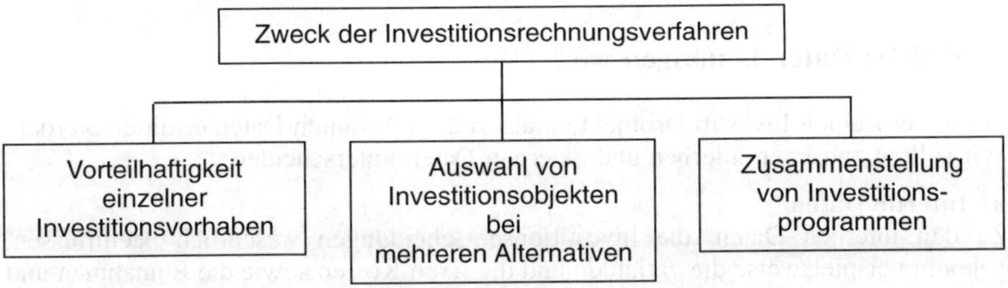

Abb. 23: Zweck der Investitionsrechnungsverfahren

Die Ergebnisse der Investitionsrechnungen können die Entscheidungen der Unternehmen wesentlich beeinflussen. In vielen Fällen sollten bei den Investitionsentscheidungen aber neben diesen quantitativen Verfahren auch noch qualitative Kriterien berücksichtigt werden.

Um die Unsicherheit bei Investitionsentscheidungen zu mindern, sind in der Praxis mehrere Investitionsrechnungsverfahren zur Absicherung der Entscheidungen für einzelne Investitionsvorhaben einzusetzen. Untersuchungen haben ergeben, daß sich nur wenige Unternehmen auf ein Investitionsverfahren stützen. Über 80% der Unternehmen setzen mehrere Verfahren ein.

Für einfachere Investitionsvorhaben mit kurzen Laufzeiten werden weiterhin, insbesondere von kleineren und mittleren Unternehmen, die statischen Investitionsrechnungsverfahren verwendet, da sie leicht zu handhaben sind und nicht so detaillierte Informationen erforderlich machen. Die dynamischen Verfahren werden immer häufiger von größeren Unternehmen eingesetzt, die insbesondere die Kapitalwertmethode und die interne Zinsfußmethode bevorzugen.

MERKE

Investitionsentscheidungen gehören zu den schwierigsten Aufgaben der Unternehmensleitung und der Führungskräfte in den Unternehmen. Zur Vermeidung von Fehlentscheidungen ist eine gut organisierte Investitionsplanung notwendig, die mit den anderen Teilplänen im Unternehmen abgestimmt werden muß.

Die Investitionsplanung hängt insbesondere vom Absatz-, Produktions- und Finanzplan ab. Bevor ein Investitionsplan verabschiedet werden darf, muß geprüft werden, ob die einzelnen Investitionen auch im erforderlichen Maß finanziert werden können.

2. Welche Daten benötigen wir?

Für die einzelnen Investitionsobjekte müssen die relevanten Daten ermittelt werden. Wir sollten zwischen internen und externen Daten unterscheiden.

a) Interne Daten
Zu den internen Daten, die Investitionsentscheidungen wesentlich beeinflussen, gehören beispielsweise die variablen und die fixen Kosten sowie die Einnahmen und die Ausgaben. Daneben können noch folgende Daten des Unternehmens von Bedeutung sein: Rentabilität, Liquidität, Cash-Flow, Engpässe im Unternehmen, Produktivität, Marktanteil und Wachstum.

Tabelle 46: Interne Daten

Variable und fixe Kosten
Einnahmen und Ausgaben
Rentabilität
Liquidität
Cash-Flow
Engpässe im Unternehmen
Produktivität
Marktanteil
Wachstum

Im einzelnen werden folgende Informationen benötigt:

Tabelle 47: Daten für Investitionsrechnungen

1. Kapitaleinsatz für das Investitionsobjekt
2. Rückflüsse aus dem Investitionsobjekt
3. Nutzungsdauer der Investition
4. Liquidationserlös oder Restwert der Investition
5. Kalkulationszinsfuß
6. Leistungseinheiten
7. Variable und fixe Kosten
8. Einnahmen und Ausgaben

b) Externe Daten

Zu den externen Daten, die starke Auswirkungen auf die Investitionsentscheidungen haben können, gehören vor allem Konjunktur, technischer Fortschritt, Gesetzgebung, Konkurrenzverhalten, Preisentwicklungen, Umweltschutz, Entwicklung der Einkaufs-, Verkaufs- und Kapitalmärkte, Nachfrageverschiebungen, neue Technologien und Bedingungen am Arbeitsmarkt.

Tabelle 48: Externe Daten

Konjunktur
Technischer Fortschritt
Gesetzgebung
Konkurrenzverhalten
Preisentwicklungen
Umweltschutz
Entwicklung der Einkaufs-, Verkaufs- und Kapitalmärkte
Nachfrageverschiebungen
Neue Technologien
Bedingungen am Arbeitsmarkt

Die Erfassung der Daten für Investitionsberechnungen erfordert eine große Genauigkeit. In der Praxis ergeben sich oft Schwierigkeiten, weil für die Investitionsrechnungen insbesondere zukunftsbezogene Daten benötigt werden. Je weiter aber die Investitionsentscheidungen in die Zukunft reichen, desto unsicherer werden die Daten.

Neben der Unsicherheit der Erwartungen stellt die Zurechnung von Umsatzerlösen und Kosten sowie der Einnahmen und Ausgaben zu den einzelnen Investitionsobjekten ein weiteres Problem dar. Außerdem müssen die wechselseitigen Abhängigkeiten (Interdependenzen) im Unternehmen beachtet werden. Die EDV-Anlage beispielsweise wird von mehreren Abteilungen im Unternehmen genutzt.

MERKE

Mit Hilfe der Investitionsrechnungsverfahren werden die Investitionsvorschläge überprüft. Damit die Investitionsentscheidungen systematisch getroffen werden können, müssen alle quantitativen Einflußfaktoren berücksichtigt werden. Auch qualitative Argumente wie Qualitätsverbesserung, größere Flexibilität, bessere Lieferbereitschaft sind zu beachten.

Die Investitionsrechnungsverfahren sind aber nur* eine *Entscheidungshilfe für die Beurteilung und Auswahl der Investitionsalternativen.

3. Welche Investitionsrechnungsverfahren kommen in Frage?

Bei den Investitionsrechnungsverfahren unterscheiden wir Methoden, die zur Beurteilung einzelner Investitionsobjekte eingesetzt werden und Methoden, die zur Zusammenstellung von Investitionsprogrammen verwendet werden (vgl. Abb. 24).

Wenn einzelne Investitionsvorhaben untersucht werden, trennen wir die Methoden in statische und dynamische Verfahren auf. Bei der Zusammenstellung von Investitionsprogrammen kommen die klassischen Verfahren der statischen und dynamischen Methoden in Frage. Daneben wird in der Praxis versucht, auch Simulationsmodelle einzusetzen. In kleineren und mittleren Unternehmen werden diese mathematischen Entscheidungsinstrumente meist nicht angewendet.

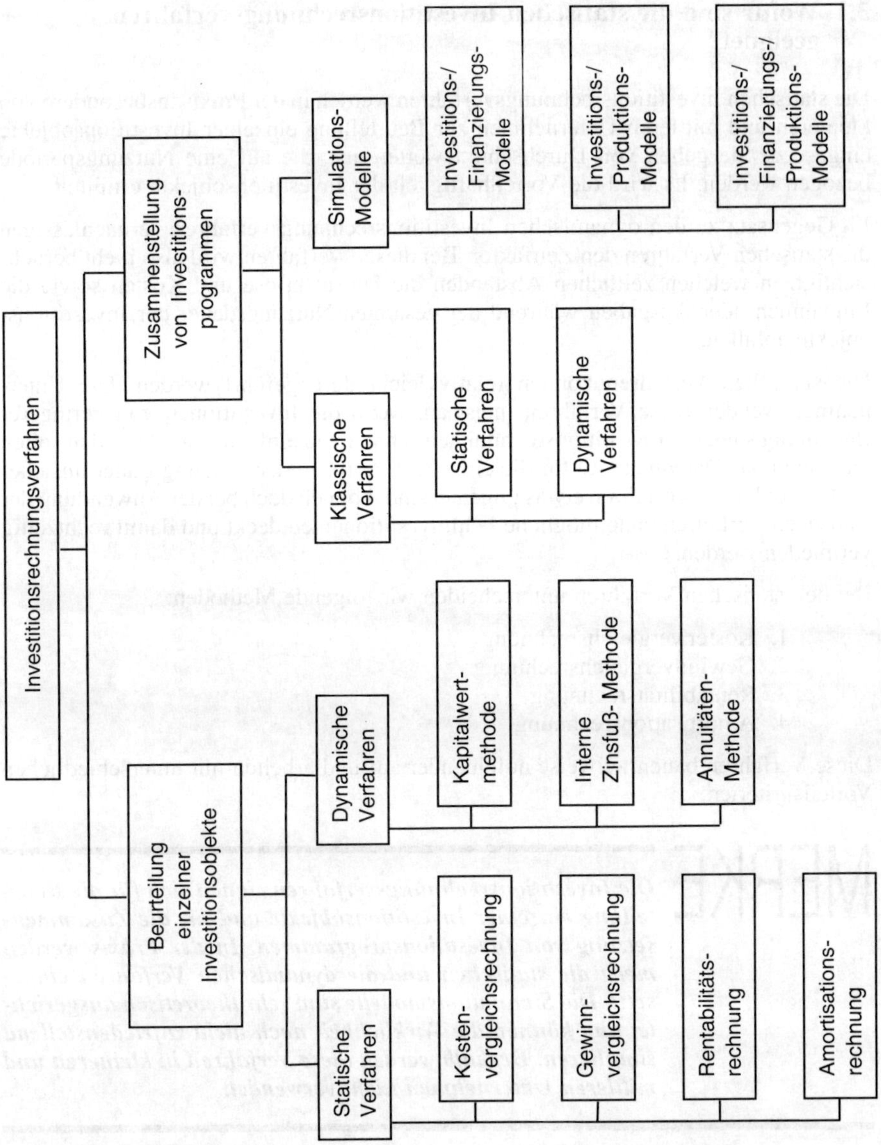

Abb. 24: Investitionsrechnungsverfahren

3.1 Wofür sind die statischen Investitionsrechnungsverfahren geeignet?

Die statischen Investitionsrechnungsverfahren werden in der Praxis insbesondere von kleineren und mittleren Unternehmen zur Beurteilung einzelner Investitionsobjekte eingesetzt. Sie gehen von Durchschnittswerten aus, die auf eine Nutzungsperiode bezogen werden. Es wird die Vorteilhaftigkeit der Investitionsobjekte ermittelt.

Im Gegensatz zu den dynamischen Investitionsrechnungsverfahren vernachlässigen die statischen Verfahren den Zeitfaktor. Bei diesen Verfahren wird also nicht berücksichtigt, in welchen zeitlichen Abständen die Umsatzerlöse und Kosten sowie die Einnahmen oder Ausgaben während der gesamten Nutzungsdauer der Investitionsobjekte anfallen.

Die statischen Verfahren können relativ leicht durchgeführt werden. Die Unternehmen wenden diese Verfahren meist an, wenn die Investitionen von geringerer Bedeutung sind, die Investitionsrechnungen schnell und einfach erstellt werden sollen und wenn das Datenmaterial für die einzelnen Perioden der Nutzungsdauer unsicher ist. Obwohl diese Verfahren etwas ungenau sind, können doch bei der Anwendung der statischen Verfahren viele mögliche Fehlinvestitionen entdeckt und damit rechtzeitig vermieden werden.

Bei den statischen Verfahren unterscheiden wir folgende Methoden:

1. Kostenvergleichsrechnung
2. Gewinnvergleichsrechnung
3. Rentabilitätsrechnung
4. Amortisationsrechnung

Diese Verfahren bauen teilweise aufeinander auf und arbeiten mit unterschiedlichen Vorteilskriterien.

MERKE

Die Investitionsrechnungsverfahren eignen sich für die Beurteilung einzelner Investitionsobjekte und für die Zusammensetzung von Investitionsprogrammen. In der Praxis werden meist die statischen und die dynamischen Verfahren eingesetzt. Die Simulationsmodelle sind sehr theoretisch ausgerichtet und können die Wirklichkeit noch nicht zufriedenstellend simulieren. Deshalb werden diese Verfahren in kleineren und mittleren Unternehmen nicht verwendet.

3.1.1 Kostenvergleichsrechnung

Die Kostenvergleichsrechnung eignet sich für die Beurteilung von Ersatz- und Erweiterungsinvestitionen. Verglichen werden stets die durchschnittlichen Kosten einer Periode. Die Investition mit den geringsten durchschnittlichen Kosten ist der Entscheidungsvorschlag.

Zu unterscheiden ist die Perioden- und die Stückkostenvergleichsrechnung. Bei einer Periodenvergleichsrechnung wird unterstellt, daß die alternativen Investitionsobjekte die gleichen quantitativen und qualitativen Leistungen erbringen. Wenn quantitative Unterschiede auftreten, ist eine Stückkostenvergleichsrechnung durchzuführen. Bestehen quantitative und qualitative Unterschiede zwischen den alternativen Investitionsobjekten, muß eine Gewinnvergleichsrechnung oder eine Rentabilitätsrechnung zum Einsatz kommen.

Bei den Kosten eines Investitionsobjektes werden die Betriebskosten und die Kapitalkosten unterschieden.

Tabelle 49: Betriebskosten

– Fertigungsmaterial	– Werkzeugkosten
– Fertigungslöhne	– Strom
– Instandhaltung	– Versicherung
– Raumkosten	

Tabelle 50: Kapitalkosten

– kalkulatorische Abschreibung
– kalkulatorische Zinsen

Die kalkulatorischen Abschreibungen werden errechnet, indem die voraussichtlichen Anschaffungskosten gleichmäßig auf die geschätzte Nutzungsdauer verteilt werden. In der Kosten- und Leistungsrechnung wird stets eine lineare Abschreibung durchgeführt, da diese Abschreibungsmethode die durchschnittlichen Kosten des Investitionsobjektes erfaßt. Wenn am Ende der Nutzungsdauer ein Liquidationserlös anfällt, müssen die Anschaffungskosten um diesen Betrag vermindert werden.

Die Formel für die kalkulatorische Abschreibung lautet wie folgt:

$$\text{Kalk. Abschreibung pro Periode} = \frac{\text{Anschaffungskosten}}{\text{Nutzungsdauer}}$$

Wenn ein Liquidationserlös oder Restwert am Ende der Nutzungsdauer anfällt, gilt folgende Formel:

$$\text{Kalk. Abschreibung pro Periode} = \frac{\text{Anschaffungskosten ./. Restwert}}{\text{Nutzungsdauer}}$$

Die kalkulatorischen Zinsen hängen von der Höhe des durchschnittlich gebundenen Kapitals und von der Höhe des Zinses ab. Bei einer linearen Abschreibung wird in der Regel die Hälfte der Anschaffungskosten zur Errechnung der kalkulatorischen Zinsen herangezogen. Bei Investitionsrechnungsverfahren wird üblicherweise ein Zins von 10% angenommen.

Für die kalkulatorischen Zinsen wird folgende Formel verwendet:

$$\text{Kalk. Zinsen pro Periode} = \frac{\text{Anschaffungskosten}}{2} \times \text{Kalkulationszinsfuß}$$

Im folgenden Beispiel für eine Kostenvergleichsrechnung werden die Betriebskosten und Kapitalkosten von zwei Maschinen verglichen (Tabellen 51 und 52).

Tabelle 51: Daten für die Kostenvergleichsrechnung

Daten	Vollautomat	Halbautomat
Anschaffungskosten (DM)	100.000	60.000
Liquidationserlös (DM)	–	–
Nutzungsdauer (Jahre)	10	8
Leistungseinheiten (St)	20.000	20.000
Kalkulationszinsfuß (%)	10	10

Tabelle 52: Kostenvergleichsrechnung

Kostenarten	Vollautomat	Halbautomat
1. Variable Kosten		
Material	15.000	16.000
Löhne	19.600	36.400
Betriebsstoffe	3.200	3.200
Strom	2.800	2.400
Instandhaltung	4.000	3.000
Sonst. variable Kosten	600	1.500
Summe Variable Kosten	45.200	62.500
2. Fixe Kosten		
Raumkosten	3.000	3.000
Kalk. Abschreibungen	10.000	7.500
Kalk. Zinsen	5.000	3.000
Sonst. fixe Kosten	1.000	600
Summe Fixe Kosten	19.000	14.100
Gesamtkosten	64.200	76.600

Der Kostenvergleich zeigt, daß bei einer Produktion von 20.000 Stück pro Jahr der Vollautomat eine jährliche Kostenersparnis von 12.400 DM erbringt. Das Unternehmen sollte also den Vollautomaten anschaffen.

Wenn die einzelnen Maschinen eine unterschiedliche Kapazität haben, ist eine Stückkostenvergleichsrechnung durchzuführen. Dann müssen die Kosten pro Leistungseinheit als Vergleichsmaßstab dienen.

Nehmen wir an, daß zwei Maschinen unterschiedliche Kapazitäten haben. Die Leistungseinheiten betragen bei der Maschine I 100.000 Stück und bei der Maschine II 140.000 Stück. Die anderen Daten für die beiden Maschinen ersehen wir aus der *Tabelle 53:*

Tabelle 53: Daten der Maschinen

Daten	Maschine I	Maschine II
Anschaffungskosten (DM)	1.000.000	1.500.000
Liquidationserlös (DM)	—	—
Nutzungsdauer (Jahre)	5	6
Leistungseinheiten (Stück)	100.000	140.000
Kalkulationszinsfuß (%)	10	10

Wenn wir die Gesamtkosten der beiden Maschinen betrachten, stellen wir fest, daß die Kosten der Maschine II um 100.000 DM höher liegen.

Tabelle 54: Kostenvergleichsrechnung bei unterschiedlichen Kapazitäten

Kostenarten	Maschine I	Maschine II
1. Variable Kosten		
Fertigungsmaterial	120.000	160.000
Fertigungslöhne	280.000	250.000
Strom	40.000	50.000
Instandhaltung	4.000	6.000
Sonstige variable Kosten	1.000	2.000
Summe variable Kosten	445.000	468.000
2. Fixe Kosten		
Raumkosten	30.000	30.000
Kalk. Abschreibungen	200.000	250.000
Kalk. Zinsen	50.000	75.000
Sonstige Fixkosten	10.000	12.000
Summe Fixkosten	290.000	367.000
Gesamtkosten	735.000	835.000

Unter Einbeziehung der produzierbaren Stückzahlen ändert sich die Vorteilhaftigkeit jedoch. Wie aus der *Tabelle 55* hervorgeht, betragen die Stückkosten insgesamt bei der Maschine II nur 5,96 DM im Gegensatz zu den Stückkosten von 7,35 DM bei der Maschine I. Die Stückkosten bei der Maschine II sind also um 1,39 DM niedriger.

Tabelle 55: Kosten pro Stück

Kosten pro Stück	Maschine I	Maschine II
Variable Kosten (DM/LE)	4,45	3,34
Fixe Kosten (DM/LE)	2,90	2,62
Gesamtkosten (DM/LE)	7,35	5,96

Diese Ergebnisse sind aber nur dann richtig, wenn mit der Maschine I 100.000 Stück und mit der Maschine II 140.000 Stück hergestellt und verkauft werden. Der Vertrieb muß bestimmen, welche Stückzahlen effektiv abzusetzen sind. Diese Stückzahl ist dann bei der Investitionsrechnung zu berücksichtigen.

Nehmen wir an, daß vom Vertrieb festgestellt wird, daß nur 90.000 Stück absetzbar sind. Dann sieht die Rechnung wie folgt aus:

Tabelle 56: Verkauf von 90.000 Stück

Auslastung 90.000	Maschine I	Maschine II
Variable Kosten (DM/LE)	4,45	3,34
Fixe Kosten (DM/LE)	3,22	4,08
Gesamtkosten (DM/LE)	7,67	7,42

Bei einer Auslastung der beiden Maschinen in Höhe von 90.000 Stück betragen die Stückkosten bei der Maschine I 7,67 DM und bei der Maschine II 7,42 DM. Der Unternehmer müßte also die Maschine II kaufen, da die Kosten bei einer durchschnittlichen Auslastung der Kapazität in Höhe von 90.000 Stück bei der Maschine II um 0,25 DM niedriger sind.

Der Unternehmer möchte aber auch wissen, bei welcher Auslastung der Kapazität der beiden Maschinen die Stückkosten gleich sind. Um eine Antwort auf diese Frage zu erhalten, müssen wir den kritischen Wert errechnen.

Die Formel für den *kritischen Wert* lautet wie folgt:

$$\text{Kritischer Wert} = \frac{\text{Fixkosten II ./. Fixkosten I}}{\text{variable Kosten pro Stück I ./. variable Kosten pro Stück II}}$$

$$= \frac{367.000 \text{ ./. } 290.000}{4{,}45 \text{ ./. } 3{,}34}$$

$$= \frac{77.000}{1{,}1}$$

$$= 69.369$$

Bei einer Auslastung der beiden Maschinen mit 69.369 Stück sind die Kosten gleich.

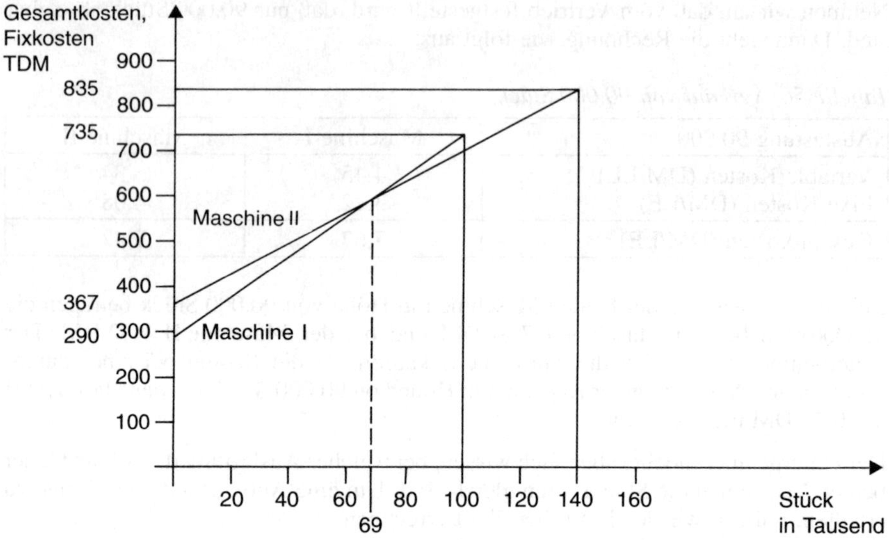

Abb. 25: Ermittlung der kritischen Auslastung

Diese Zusammenhänge können auch graphisch dargestellt werden. Die beiden Kostenkurven schneiden sich bei einer bestimmten Kapazitätsauslastung. Der kritische Wert oder die kritische Auslastung liegt bei 69.369 Stück. Sinkt die Kapazitätsnutzung unter den kritischen Wert, ist die Maschine I kostengünstiger. Steigt dagegen die Nutzung über den kritischen Wert von 69.369 Stück, ist die Maschine II kostengünstiger (vgl. Abbildung 25).

Wie aus der Tabelle 57 hervorgeht, betragen die Gesamtkosten der beiden Maschinen, bei einer unterschiedlichen Kapazitätsauslastung, 735.000,– DM und 835.000,– DM.

Tabelle 57: Gesamtkosten bei unterschiedlicher Kapazitätsauslastung

	Maschine I	Maschine II
Kapazität (LE/Jahr)	100.000	140.000
Variable Kosten Fixe Kosten	445.000 290.000	468.000 367.000
Gesamtkosten	735.000	835.000

Wenn mit beiden Maschinen 69.369 Stück hergestellt werden, sind die Gesamtkosten in Höhe von 598.692,– DM gleich. Aus der *Tabelle 58* ist ersichtlich, wie sich die Gesamtkosten aus unterschiedlichen variablen und fixen Kosten zusammensetzen. Der kritische Wert kann also graphisch und rechnerisch ermittelt werden.

Tabelle 58: Produktion von 69.369 Stück

	Maschine I	Maschine II
Variable Kosten	308.692	231.692
Fixe Kosten	290.000	367.000
Gesamtkosten	598.692	598.692

MERKE

Ist die Kapazität der alternativen Investitionsobjekte unterschiedlich und kann nur eine bestimmte Erzeugnisstückzahl verkauft werden, müssen die Kosten für diese Stückzahl errechnet werden. Für diese Vergleichsrechnung ist die Aufteilung der verursachten Kosten in variable und fixe Bestandteile wichtig. Die variablen Kosten ändern sich nämlich proportional zur Kapazitätsnutzung. Die fixen Kosten dagegen nehmen mit zunehmender Ausbringung pro Stück ab.

Sind die variablen und fixen Kosten bekannt, können die Gesamtkosten der beiden Investitionsobjekte bei einer geplanten Kapazitätsnutzung bestimmt werden. Dann ist ein sinnvoller Vergleich der beiden Investitionsobjekte möglich.

In einer graphischen Darstellung schneiden sich die Kostenkurven bei einer bestimmten Kapazitätsnutzung. Dieser Schnittpunkt des Kostenvergleiches heißt kritischer Wert. Sinkt die Kapazitätsnutzung unter den kritischen Wert, ist die eine Investitionsalternative kostengünstiger. Steigt dagegen die Nutzung über den kritischen Wert, ist die andere Alternative kostengünstiger.

3.1.2 Gewinnvergleichsrechnung

Bei der Gewinnvergleichsrechnung werden neben den durchschnittlichen Kosten auch die durchschnittlichen Umsatzerlöse berücksichtigt. Maßstab für die Vorteilhaftigkeit einer Investition ist dann der durch die Investition erzielte durchschnittliche Gewinn einer Periode. Das Ziel der Gewinnvergleichsrechnung ist die Gewinnmaximierung. Die Investition mit dem höchsten Gewinn ist also am vorteilhaftesten.

Die Grundlage für die Gewinnvergleichsrechnung ist die Kostenvergleichsrechnung. Die Zurechnung von Umsatzerlösen zu den einzelnen Investitionsobjekten ist in der Praxis allerdings oft schwierig.

Die Gewinnvergleichsrechnung eignet sich vor allem für Investitionsobjekte mit unterschiedlichen qualitativen Leistungen, die sich durch höhere oder niedrigere Umsatzerlöse ausdrücken.

Die nachfolgenden Aufstellungen (Tabellen 59–61) stammen von einem Taxiunternehmen.

Tabelle 59: Basisdaten

Daten	Wagen A	Wagen B
Anschaffungskosten (DM)	30.000	36.000
Fahrleistung (Jahr)	35.000	40.000
Nutzungsdauer (Jahre)	4	5
Liquidationserlös (DM)	5.000	6.000
Kalkulationszinsfuß (%)	10	10
Umsatzerlöse (DM/km)	2	2

Tabelle 60: Variable und fixe Kosten

	Wagen A	Wagen B
Variable Kosten		
Benzin, Öl, Reparaturen, Inspektion, Reifen, DM/Km	0,60	0,50
Summe Variable Kosten	21.000	20.000
Fixe Kosten		
Haftpflicht	2.300	2.400
Steuern	1.550	1.600
Kalk. Abschreibungen	6.250	6.000
Kalk. Zinsen	1.250	1.500
Gehalt für Fahrer	24.000	25.000
Summe Fixe Kosten	35.350	36.500
Gesamtkosten	56.350	56.500

Tabelle 61: Gewinnvergleichsrechnung

Investitionsobjekt	Wagen A	Wagen B
Umsatzerlöse	70.000	80.000
Gesamtkosten	56.350	56.500
Gewinn	13.650	23.500

Unter Einbeziehung der Umsatzerlöse erzielt der Taxiunternehmer mit dem Wagen A bei einer jährlichen Fahrleistung von 35.000 km einen Gewinn in Höhe von 13.650 DM und mit dem Wagen B bei einer jährlichen Fahrleistung von 40.000 km einen Gewinn in Höhe von 23.500 DM. Aufgrund der Ergebnisse der Gewinnvergleichsrechnung müßte der Taxiunternehmer den Wagen B anschaffen.

Den Taxiunternehmer interessiert auch, bei welcher Fahrleistung die Kosten für beide Wagen gleich sind und ermittelt den kritischen Wert.

Der *kritische Wert* wird nach folgender Formel errechnet:

$$\text{Kritischer Wert} = \frac{\text{Fixkosten B} - \text{Fixkosten A}}{\text{variable Kosten A pro km} - \text{variable Kosten B pro km}}$$

$$= \frac{36.500 - 35.350}{0{,}60 - 0{,}50}$$

$$= 11.500 \text{ km}$$

Nach dieser Rechnung sind die variablen und fixen Kosten beider Wagen bei einer Fahrleistung von 11.500 km gleich hoch.

3.1.3 Rentabilitätsrechnung

Die Kostenvergleichs- und die Gewinnvergleichsrechnung machen nur Aussagen über die relative Vorteilhaftigkeit eines Investitionsobjektes im Vergleich zu einer Alternative. Die Rentabilitätsrechnung dagegen läßt eine Aussage über die absolute Vorteilhaftigkeit einer Investition zu. Der Maßstab für die Beurteilung ist die erwirtschaftete Rentabilität eines Investitionsobjektes.

Folgende Formel gibt Aufschluß über die Rentabilität:

$$\text{Rentabilität} = \frac{\varnothing \text{ Gewinn einer Periode}}{\varnothing \text{ Kapitaleinsatz}} \times 100$$

Tabelle 62: Rentabilitätsrechnung

Daten	Maschine 1	Maschine 2
Ø Kapitaleinsatz Ø Gewinn	50.000 DM 15.000 DM	30.000 DM 4.500 DM
Rentabilität	30%	15%

Eine Investition ist als vorteilhaft anzusehen, wenn die Rentabilität eine geplante Mindestverzinsung übersteigt. Die Rentabilitätsrechnung ist aber auch beim Vergleich mehrerer Investitionsalternativen anwendbar. Dann ist die Investition mit der höchsten Rentabilität am vorteilhaftesten. Das Kriterium ist somit die maximale Rentabilität.

Folgendes *Beispiel* gibt Aufschluß über die Zusammenhänge:

Wenn die geplante Mindestverzinsung 10% betragen soll, könnte jede der beiden Maschinen angeschafft werden. Soll aber eine maximale Rentabilität erreicht werden, müßte die Maschine 1 gekauft werden. Sie bringt eine Rentabilität von 30%.

Die Rentabilitätsrechnung wird angewendet, wenn der Kapitaleinsatz bei den alternativen Investitionsobjekten und der erwirtschaftete durchschnittliche Gewinn unterschiedlich sind.

Anstelle des durchschnittlichen Gewinns kann auch die durchschnittliche Kosteneinsparung pro Periode eingesetzt werden.

Die Formel für die Errechnung der Rentabilität lautet dann:

$$\text{Rentabilität} = \frac{\varnothing \text{ Kostenersparnis einer Periode}}{\varnothing \text{ Kapitaleinsatz}} \times 100$$

3.1.4 Amortisationsrechnung

Bei der Amortisationsrechnung bildet die Amortisationszeit das Kriterium für die Vorteilhaftigkeit eines Investitionsobjektes. Mit ihrer Hilfe wird der Zeitraum bestimmt, in dem das eingesetzte Kapital über die Umsatzerlöse wieder zurückfließt.

Die *Amortisationszeit* wird folgendermaßen errechnet:

$$\text{Amortisationszeit} = \frac{\text{Kapitaleinsatz}}{\varnothing \text{ Rückfluß einer Periode}}$$

Bei der Amortisationsrechnung können wir auch eine andere Formel verwenden:

$$\text{Amortisationszeit} = \frac{\text{Kapitaleinsatz}}{\varnothing \text{ Gewinn einer Periode} + \text{kalk. Abschreibung}}$$

Wenn eine Höchstdauer für die Amortisationszeit der Investition gefordert wird, gilt das Investitionsobjekt als vorteilhaft, dessen Amortisationszeit innerhalb dieser Höchstgrenze liegt. Werden zwei Investitionsobjekte berechnet, gilt die Investition mit der kürzesten Amortisationszeit als vorteilhafteste.

Der Rückfluß des Kapitals (Einnahmeüberschuß = Cash-Flow) setzt sich aus dem durchschnittlichen Gewinn einer Periode und den kalkulatorischen Abschreibungen zusammen. Anstelle des Periodengewinnes kann auch die Kostenersparnis einer Periode genommen werden.

Bei der Amortisationsrechnung wird insbesondere auf das Risiko einer Investition geachtet. Die ermittelten Daten für die Investitionsobjekte sind um so unsicherer, je weiter die Zahlen in die Zukunft reichen. Wenn die Amortisationszeit kürzer ist, dann ist auch der Rückfluß des eingesetzten Kapitals sicherer. Das Investitionsrisiko wird bei einer kürzeren Amortisationszeit also geringer.

Tabelle 63: Daten für eine Amortisationsrechnung

Daten	Maschine 1	Maschine 2
Kapitaleinsatz (DM)	100.000	80.000
Nutzungsdauer (Jahre)	5	4
∅ Gewinn (DM)	10.000	5.000
Kalk. Abschreibung (DM)	20.000	20.000

Folgendes ***Beispiel*** gibt Aufschluß über die Zusammenhänge:

$$\text{Amortisationszeit Maschine 1} = \frac{100.000}{30.000} = 3{,}3 \text{ Jahre}$$

$$\text{Amortisationszeit Maschine 2} = \frac{80.000}{25.000} = 3{,}2 \text{ Jahre}$$

Der Vergleich der Amortisationszeiten der beiden gleichwertigen Maschinen zeigt, daß der Unterschied sehr gering ist. Bei genauerer Überprüfung der Daten ist aber festzustellen, daß die Nutzungsdauer der Maschine 2 um ein Jahr kürzer ist. Die kürzere Nutzungsdauer wird der ausschlaggebende Grund für die Beschaffung von Maschine 2 sein.

3.2 Was versprechen die dynamischen Investitionsrechnungsverfahren?

Im Gegensatz zu den statischen Investitionsrechnungsverfahren werden bei den dynamischen Verfahren die Einnahmen und Ausgaben in den einzelnen Nutzungsperioden erfaßt. Dies erfolgt mit Hilfe von finanzmathematischen Methoden.

Die Einnahmen und Ausgaben werden je nach dem zeitlichen Anfall unterschiedlich bewertet. Je früher beispielsweise eine Einnahme erzielt wird, desto mehr ist sie wert. Der Wert einer Einnahme oder Ausgabe hängt also nicht nur vom Zeitwert, sondern auch vom Zeitpunkt der Entstehung ab. Die Einnahmen und Ausgaben, die während der Nutzungsdauer eines Investitionsobjektes zeitlich nacheinander anfallen, sind nur vergleichbar, wenn sie auf einen gemeinsamen Bezugszeitpunkt auf- oder abgezinst werden. Der Bezugszeitpunkt liegt stets am Beginn des Investitionsvorhabens.

Die auf- oder abgezinsten Einnahmen und Ausgaben heißen Barwerte. Wenn Ausgaben vor der Investition angefallen sind, werden sie aufgezinst wie beispielsweise die Vorauszahlungen. Fallen Ausgaben nach dem Bezugszeitpunkt an, werden sie abgezinst. Die Bestimmung der Barwerte ergibt sich durch die Multiplikation der Zeitwerte mit den Auf- und Abzinsungsfaktoren, die aus Tabellen zu entnehmen sind.

Die Höhe der Barwerte hängt auch vom gewählten Kalkulationszinssatz ab, der Aufschluß über die Rendite gibt, die erwirtschaftet werden soll.

Bei der Festlegung des Kalkulationszinssatzes orientieren wir uns an den Zinsen für Geldanlagen am Kapitalmarkt. Außerdem ist ein Risikozuschlag zu berücksichtigen, da eine Investition in einem Unternehmen riskanter ist als der Kauf beispielsweise einer Bundesanleihe.

In der Praxis gehen wir davon aus, daß die Verzinsung einer Anleihe am Kapitalmarkt im Durchschnitt 8% ausmacht. Als Risikofaktor setzen wir 2% an. Der Kalkulationszinsfuß beträgt also 10%. Dieser Kalkulationszinssatz wird in der Praxis häufig eingesetzt. Er ist also der Ausdruck der geforderten Mindestverzinsung für das durch die Investition gebundene Kapital.

Bei den dynamischen Investitionsrechnungsverfahren müssen für das Investitionsvorhaben die Umsatzerlöse und die laufenden Ausgaben für die einzelnen Jahre der voraussichtlichen Nutzungsdauer geschätzt werden. Diese Schätzung der zukünftigen Einnahmen und Ausgaben stellt in der Praxis oft eine große Schwierigkeit dar.

Den dynamischen Verfahren liegen im Gegensatz zu den statischen Rechnungen keine Durchschnittsgrößen, sondern die effektiven Einnahmen und Ausgaben einer Investition in ihrem unterschiedlichen zeitlichen Anfall zugrunde. Für jede Investition werden konkrete Zahlungsreihen der Einnahmen und Ausgaben aufgestellt.

Bei den dynamischen Investitionsrechnungsverfahren wird versucht, die Vorteilhaftigkeit von Investitionsobjekten über die gesamte Nutzungsdauer bis zur Desinvestition zu erfassen.

Zu den dynamischen Investitionsrechnungsverfahren zählen vor allem folgende Verfahren:

1. Kapitalwertmethode
2. Interne Zinsfußmethode
3. Annuitätenmethode

3.2.1 Kapitalwert-Methode

Bei dieser Methode stellt der Kapitalwert das Kriterium zur Beurteilung einzelner Investitionsobjekte dar. Alle Einnahmen und Ausgaben werden auf den Investitionszeitpunkt abgezinst. Die Differenz der Summe aller Barwerte der Einnahmen und Ausgaben ergibt den Kapitalwert.

Die Barwerte können auch von den Rückflüssen errechnet werden. Der Rückfluß einer Periode ist die Differenz der Einnahmen und Ausgaben einer Periode. Von der

Summe aller Barwerte der Rückflüsse wird dann die Ausgabe für die Investition abgezogen.

Eine Investition ist sinnvoll, wenn der Kapitalwert positiv oder gleich Null ist. Wenn der Kapitalwert positiv ist, erbringt die Investitionsalternative sowohl die Amortisation des eingesetzten Kapitals und die geplante Verzinsung des gebundenen Kapitals in Höhe des Kalkulationszinsfußes als auch einen zusätzlichen Betrag in Höhe des ausgewiesenen Kapitalwertes. Die Investitionsalternative mit dem höchsten positiven Kapitalwert gilt als die vorteilhafteste.

Zu den Einnahmen gehört außer den Umsatzerlösen während der Nutzungsdauer der Liquidationserlös am Ende der Nutzungsdauer.

Die Ausgaben umfassen alle Ausgaben, die im Laufe der Nutzungsdauer entstehen. Die Anschaffung des Investitionsobjektes, zum Beispiel eine Maschine, ist auch eine Ausgabe. Sie wird entweder am Anfang der Nutzungsdauer berücksichtigt oder von der Summe aller Barwerte abgezogen.

Zur Anschaffung gehören der Kaufpreis, die Transportkosten, die Montage- und Aufstellungskosten. Fertigungsmaterial, Fertigungslöhne, Strom, Instandhaltung und Versicherung für das Betreiben des Investitionsobjektes zählen zu den laufenden Ausgaben der einzelnen Perioden.

Die kalkulatorischen Abschreibungen und die kalkulatorischen Zinsen gehören nicht zu den Ausgaben, weil sie entweder bereits in den Anschaffungsausgaben enthalten oder durch den Kalkulationszinsfuß erfaßt sind.

Die Kapitalwert-Methode ist bei der Beurteilung von einzelnen Investitionsobjekten und beim Vergleich von Investitionsalternativen einsetzbar.

Folgendes Beispiel soll die Investitionsrechnung mit der Kapitalwert-Methode besser verständlich machen:

Ein Investitionsobjekt hat eine Nutzungsdauer von 5 Jahren. Der erforderliche Kapitaleinsatz beträgt 100.000 DM. Der Kalkulationszinsfuß soll 10% sein. Die Einnahmen (Umsatzerlöse) und Ausgaben gehen aus der nachfolgenden Aufstellung hervor.

Tabelle 64: Kapitalwert-Methode

Periode	Einnahmen DM	Ausgaben DM	Rückfluß DM	Abzinsungs-faktoren	Barwerte DM
1	50.000	40.000	10.000	0,9091	9.091
2	70.000	45.000	25.000	0,8264	20.660
3	90.000	50.000	40.000	0,7513	30.052
4	100.000	55.000	45.000	0,6830	30.735
5	100.000	60.000	40.000	0,6209	24.836
	410.000	250.000	160.000		115.374

Die Summe der Barwerte aller Rückflüsse beträgt 115.374 DM. Da der erforderliche Kapitaleinsatz 100.000 DM ausmacht, verbleibt nach der Amortisation des eingesetzten Kapitals und einer Verzinsung von 10% noch ein Kapitalwert von 15.374 DM. Die Investition ist also vorteilhaft.

Summe aller Barwerte	115.374 DM
Kapitaleinsatz	100.000 DM
Kapitalwert	15.374 DM

Zwischen der Höhe des Kalkulationszinsfußes und dem Kapitalwert besteht ein direkter Zusammenhang. Je höher der Kalkulationszinsfuß gewählt wird, desto geringer ist dann der Kapitalwert des Investitionsvorhabens. Wenn der Kapitalwert bei einem Kalkulationszinsfuß von 10% beispielsweise negativ ist, kann der Kapitalwert bei einem niedrigeren Kalkulationszinsfuß positiv sein.

Neben einem einzelnen Investitionsvorhaben können auch zwei oder mehrere Investitionsobjekte miteinander verglichen werden. Wenn wir beispielsweise zwei Investitionsobjekte auf ihre Vorteilhaftigkeit überprüfen, ist die Alternative mit dem höheren positiven Kapitalwert am vorteilhaftesten.

3.2.2 Interne Zinsfuß-Methode

Bei der internen Zinsfußmethode wird im Rahmen der Investitionsanalyse der Zinsfuß errechnet, der sich bei einem Kapitalwert von Null ergibt. Diesen Zinsfuß bezeichnen wir auch als interne Verzinsung einer Investition. Er stellt die Rentabilität dar, mit der sich der jeweils noch nicht amortisierte Kapitaleinsatz jährlich verzinst.

Die interne Zinsfußmethode ist eine Umkehrung der Kapitalwert-Methode. Es wird nicht nach dem Kapitalwert einer Investition bei einem vorgegebenen Kalkulationszinsfuß gefragt, sondern nach dem internen Zinsfuß einer Investition, der sich bei einem vorgegebenen Kapitalwert von Null ergibt.

Ein Beispiel macht deutlich, wie die interne Zinsfußmethode funktioniert. Der Kapitaleinsatz für eine Maschine beträgt 1 Mio. DM. Wir ermitteln die Rückflüsse für 5 Perioden. Wenn wir einen Kalkulationszinsfuß von 10% und 11% annehmen, ergeben sich die Barwerte, die aus der *Tabelle 65* zu entnehmen sind.

Tabelle 65: Interne Zinsfußmethode

Periode	Rückflüsse	Abzinsungs-faktoren für 10%	Barwerte DM	Abzinsungs-faktoren für 11%	Barwerte DM
1	120.000	0,909	109.080	0,901	108.120
2	210.000	0,826	173.460	0,812	170.520
3	380.000	0,751	285.380	0,731	277.780
4	400.000	0,683	273.200	0,659	263.600
5	280.000	0,621	173.880	0,593	166.040
	1.440.000		1.015.000		986.060

Bei einem Kalkulationszinsfuß von 10% ergibt sich ein Barwert von insgesamt 1.015.000 DM. Wenn wir mit einem Kalkulationszinsfuß von 11% rechnen, beträgt der Barwert insgesamt nur 986.060 DM. Der Kapitalwert von Null muß also zwischen 10% und 11% liegen.

Barwert bei 10%		=	1.015.000
Barwert bei 11%		=	986.060
Differenz	1%	=	28.940

Durch eine Interpolationsrechnung kann der interne Zinsfuß ermittelt werden. Bezogen auf den Kapitaleinsatz von 1 Mio. DM für eine Maschine können wir folgende Rechnung aufstellen:

$$\text{Basis } 10\% = \frac{1 \times 15.000}{28.940}$$

$$= 0{,}5183$$

Der interne Zinsfuß beträgt dann 10 + 0,5183 = 10,5183%. Bei der Anwendung dieses Zinssatzes erhalten wir unter Berücksichtigung des Kapitaleinsatzes von 1 Mio. DM einen Kapitalwert von nahezu Null.

MERKE

Wenn wir die interne Zinsfuß-Methode anwenden wollen, müssen wir den Kalkulationszinsfuß vorgeben. Dieser Zinsfuß wird dann mit dem errechneten internen Zinsfuß verglichen. Die Investition ist vorteilhaft, wenn der interne Zinsfuß über dem Kalkulationszinsfuß liegt oder diesem gerade entspricht. In unserem Beispiel ist das Investitionsvorhaben als vorteilhaft anzusehen, da der interne Zinsfuß größer als der Kalkulationszinsfuß von 10% ist.

Werden mehrere Investitionsobjekte verglichen, dann ist das Investitionsvorhaben mit dem höchsten internen Zinsfuß am vorteilhaftesten.

3.2.3 Annuitäten-Methode

Die Annuitäten-Methode ist lediglich eine Variante der Kapitalwert-Methode. Der Kapitalwert wird bei der Annuitäten-Methode in gleich große jährliche Zahlungen umgerechnet. Der ermittelte Kapitalwert einer Investition wird also praktisch periodisiert. Er wird unter Verrechnung von Zinseszinsen gleichmäßig auf die gesamte Investitionszeit verteilt. Der durchschnittliche Kapitalwert pro Periode wird festgestellt, indem die durchschnittlichen jährlichen Einnahmen den durchschnittlichen jährlichen Ausgaben gegenübergestellt werden.

Zur Berechnung der Annuität verwenden wir sogenannte Wiedergewinnungsfaktoren, die sich als reziproke Werte der Barwertfaktoren ergeben. Diese Umrechnung erfolgt also mit Hilfe der Wiedergewinnungsfaktoren, die für eine bestimmte Lebensdauer einer Investition und für einen gegebenen Kalkulationszinssatz aus Tabellen entnommen werden können.

Folgende Formeln werden angewendet:

Annuität der
Investitionssumme = Barwert der Investitionssumme × Wiedergewinnungsfaktor

Annuität der Rückflüsse = Barwert der Rückflüsse × Wiedergewinnungsfaktor

Ist die Differenz zwischen der Annuität der Rückflüsse und der Annuität der Investitionssumme größer als Null, dann übersteigt die Verzinsung des noch nicht amortisierten Kapitaleinsatzes den Kalkulationszinssatz.

Ein Beispiel erleichtert das Verständnis der Annuitäten-Methode.

Tabelle 66: Daten für die Annuitäten-Methode

Kapitaleinsatz (DM)	200.000
Lebensdauer (Jahre)	5
Kalkulationszinsfuß (%)	10
Rückfluß über die gesamte Lebensdauer (DM/Jahr)	60.000

Nur der Kapitaleinsatz muß umgerechnet werden. Da die Rückflüsse über die gesamte Lebensdauer der Investition konstant sind, ist eine Ermittlung des Barwertes der Rückflüsse und eine Umrechnung in gleichbleibende jährliche Beträge nicht erforderlich.

Annuität der Investitionssummen	=	200.000 × 0,2638
	=	52.760 DM/Jahr
Annuität der Rückflüsse	=	60.000 DM/Jahr

Annuität (Rückflüsse)	60.000
Annuität (Kapitaleinsatz)	52.760
Differenz	7.240

Die Annuität der Rückflüsse ist um 7.240 DM/Jahr größer als die Annuität der Investitionssumme. Die effektive Verzinsung liegt also über dem Kalkulationszinsfuß von 10%. Demnach ist die Investition vorteilhaft.

Eine Investition gilt als vorteilhaft, wenn bei gegebenem Kalkulationszinsfuß die durchschnittlichen Einnahmen einer Periode die durchschnittlichen Ausgaben einer Periode übersteigen oder gleich sind. Dann ist die Annuität positiv oder gleich Null. Werden zwei oder mehrere Investitionsobjekte verglichen, ist das Vorhaben mit der höchsten positiven jährlichen Annuität vorzuziehen.

MERKE

Von den dynamischen Investitionsrechnungsverfahren werden die Kapitalwert-Methode und die interne Zinsfuß-Methode von den Unternehmen häufig eingesetzt. Die Annuitäten-Methode dagegen wird in der Praxis selten angewendet.

8 Kurzfristige Erfolgsrechnung

1. Warum ist die kurzfristige Erfolgsrechnung so wichtig?

Die für die Unternehmenssteuerung entscheidenden Informationen müssen in aussagefähigen Berichten zusammengefaßt werden. Diese sollten möglichst einmal pro Monat übersichtlich erstellt werden. Die Berichte sind nur dann sinnvoll, wenn sie auch gelesen und wenn aufgrund der Berichtsinhalte auch Konsequenzen gezogen werden.

Um diese Ziele zu erreichen, müssen die Controlling-Berichte möglichst kurz sein, aber trotzdem die wesentlichen Daten enthalten und Anregungen für die zu treffenden Entscheidungen geben. Die aufgelaufenen Abweichungen sollten in den Berichten ebenfalls enthalten sein. Die Abweichungen sind auch für das gesamte Geschäftsjahr hochzurechnen, um zu erkennen, ob die Pläne in den verbleibenden Monaten des Jahres noch verwirklicht werden können. Es sind dann entsprechende Korrekturmaßnahmen einzuleiten, um die festgelegten Ziele doch noch zu erreichen.

Die kurzfristige Erfolgsrechnung gehört zu den wichtigsten Steuerungsinstrumenten für die Unternehmensleitung, da dieser Bericht alle wichtigen Daten des Unternehmens enthält. Neben den Umsatzerlösen werden die variablen und fixen Kosten separat aufgeführt. Dadurch können mit Hilfe der Deckungsbeitagsrechnung die Deckungsbeiträge, das Betriebsergebnis, das neutrale Ergebnis sowie das Unternehmensergebnis errechnet werden.

Die kurzfristige Erfolgsrechnung sollte den Führungskräften und der Unternehmensleitung monatlich zur Verfügung gestellt werden, da aus diesem Bericht die positiven und negativen Entwicklungen des Unternehmens ersichtlich sind. Dieser Bericht darf nicht unbearbeitet im Schreibtisch der Führungskräfte verschwinden. Aufgrund der Informationen aus der kurzfristigen Erfolgsrechnung müssen neue Maßnahmen beschlossen werden. Diese erarbeiteten und vorgelegten Informationen haben nur dann einen Wert, wenn die Daten auch genützt werden. Deshalb sollte die Unternehmensleitung die Ergebnisse der kurzfristigen Erfolgsrechnung pro Monat mit den Führungskräften auf monatlicher Basis besprechen.

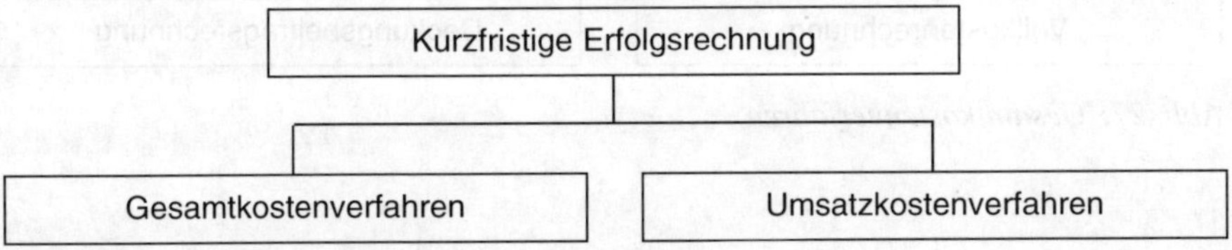

Abb. 26: Verfahren der kurzfristigen Erfolgsrechnung

Für die kurzfristige Erfolgsrechnung können das Gesamtkosten- und das Umsatzkostenverfahren eingesetzt werden, um das Betriebsergebnis zu errechnen und zu überprüfen. Beide Verfahren haben für die Unternehmensleitung aber eine unterschiedliche Aussagekraft. Zur Steuerung des Unternehmens eignet sich das Umsatzkostenverfahren am besten.

MERKE

Die kurzfristige Erfolgsrechnung ist ein wichtiges Steuerungsinstrument für die Unternehmensleitung und für die Führungskräfte. Deshalb sollte diese Rechnung pro Monat und kumuliert erstellt werden. Die wesentlichen Daten, die für die zu treffenden Entscheidungen während des Jahres erforderlich sind, können diesen Berichten entnommen werden.

Aus der kurzfristigen Erfolgsrechnung sind die Stärken und Schwächen der Unternehmen zu erkennen. Deshalb darf dieser Bericht nicht unbeachtet in den Schreibtischen der Führungskräfte verschwinden. Die erarbeiteten Daten sollten vielmehr die Basis für die monatlichen Besprechungen zwischen der Unternehmensleitung und den Führungskräften sein.

2. Wie sieht das Gesamtkostenverfahren aus?

Beim Gesamtkostenverfahren werden die Umsatzerlöse und die Kosten der hergestellten Produkte oder Leistungen sowie die Veränderungen beim Bestand der unfertigen und fertigen Produkte oder Leistungen berücksichtigt, wenn der Verkauf und die Produktion voneinander abweichen.

Abb. 27: Gesamtkostenverfahren

Das Gesamtkostenverfahren sieht unter Verwendung der Vollkostenrechnung in komprimierter Form so aus, wie es in der *Tabelle 67* dargestellt wird.

Tabelle 67: Gesamtkostenverfahren (Vollkostenrechnung)

	Umsatzerlöse einer Periode
+	Endbestand an unfertigen und fertigen Produkten oder nicht abgerechneten Leistungen
–	Anfangsbestand an unfertigen und fertigen Produkten oder nicht abgerechneten Leistungen
+	Aktivierte Eigenleistungen
=	Gesamtleistung einer Periode
–	Kosten dieser Periode
=	Betriebsergebnis dieser Periode

Das Gesamtkostenverfahren kann auch in Verbindung mit der Deckungsbeitragsrechnung durchgeführt werden. Die Deckungsbeiträge stellen wichtige Steuerungsgrößen dar.

Den Umsatzerlösen werden die Bestandserhöhungen an unfertigen und fertigen Produkten oder Leistungen hinzugezählt. Dementsprechend sind die Bestandsminderungen an unfertigen und fertigen Produkten oder Leistungen von den Umsatzerlösen abzuziehen, um die Gesamtleistung zu erhalten. Von der Gesamtleistung werden die variablen Kosten subtrahiert. Die Differenz der beiden Größen ergibt den Deckungsbeitrag. Nach Abzug der fixen Kosten vom Deckungsbeitrag erhalten wir das Betriebsergebnis. Aus der *Tabelle 68* sind die Einzelheiten zu entnehmen.

Tabelle 68: Gesamtkostenverfahren (Deckungsbeitragsrechnung)

	Umsatzerlöse einer Periode
+	Bestandserhöhung an unfertigen und fertigen Produkten oder Leistungen
–	Bestandsminderungen an unfertigen und fertigen Produkten oder Leistungen
=	Gesamtleistung einer Periode
–	Variable Kosten dieser Periode
=	Deckungsbeitrag dieser Periode
–	Fixe Kosten dieser Periode
=	Betriebsergebnis dieser Periode

Das Gesamtkostenverfahren wird bei der Gewinn- und Verlustrechnung sowie bei der kurzfristigen Erfolgsrechnung eingesetzt. In der Gewinn- und Verlustrechnung werden die gesamten Aufwendungen von den gesamten Betriebserträgen abgezogen. Bei der kurzfristigen Erfolgsrechnung dagegen subtrahieren wir von den gesamten Umsatzerlösen unter Berücksichtigung der Bestandsveränderungen die gesamten Kosten, die nach Kostenarten gegliedert sind, um das Betriebsergebnis zu erhalten. Dieses Verfahren betont somit weniger den Markterfolg als vielmehr das Ausbringungsergebnis des Unternehmens.

Die Bestandsveränderungen an unfertigen und fertigen Produkten oder Leistungen werden zu Herstellkosten angesetzt. Da die Bestandsveränderungen zu anteiligen Herstellkosten bewertet werden, ergibt sich beim Gesamtkostenverfahren dasselbe Betriebsergebnis wie beim Umsatzkostenverfahren.

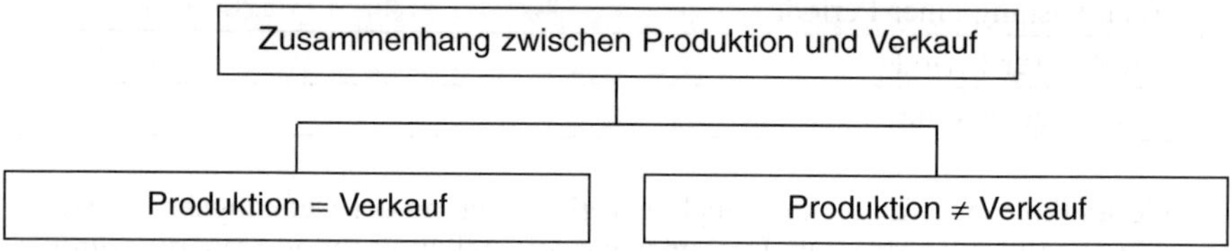

Abb. 28: Zusammenhang zwischen Produktion und Verkauf

Die Produktion eines Geschäftsjahres kann im gleichen Zeitraum auch verkauft werden. Die anderen Möglichkeiten bestehen darin, daß in einem Geschäftsjahr mehr produziert als verkauft wird oder mehr verkauft als produziert wird. Dies ist in der Praxis meist der Fall.

a) Produktion = Verkauf

Beim Gesamtkostenverfahren werden die gesamten Kosten der Abrechnungsperiode den gesamten Umsatzerlösen der Periode im Betriebsergebniskonto gegenübergestellt. Die Kosten beziehen sich auf die produzierten Mengen, während die Umsatzerlöse auf die verkauften Mengen abstellen. Dieses Verfahren führt nur dann zum richtigen Betriebsergebnis, wenn alle während einer Abrechnungsperiode erzeugten Produkte oder Leistungen auch in der gleichen Abrechnungsperiode verkauft werden. Produktion und Verkauf der Abrechnungsperiode müssen also mengenmäßig übereinstimmen.

b) Produktion ≠ Verkauf

Bei nicht absatzsynchroner Produktion führt das Gesamtkostenverfahren nur zum genauen Betriebsergebnis, wenn auch die Bestandsveränderungen an unfertigen und fertigen Produkten oder Leistungen berücksichtigt werden. Der Endbestand an unfertigen und fertigen Produkten oder Leistungen kann entweder größer oder kleiner als der Anfangsbestand sein.

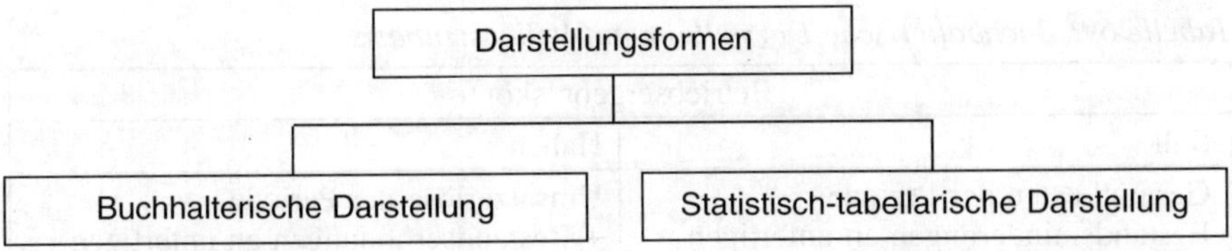

Abb. 29: Darstellungsformen der kurzfristigen Erfolgsrechnung

Die kurzfristige Erfolgsrechnung kann entweder buchhalterisch auf dem Betriebsergebniskonto oder in statistisch-tabellarischer Form auch außerhalb der Buchhaltung durchgeführt werden.

MERKE

Das Gesamtkostenverfahren kann unter Verwendung der Vollkostenrechnung oder der Deckungsbeitragsrechnung eingesetzt werden. Die Betonung liegt bei diesem Verfahren auf der Gesamtleistung des Unternehmens. Der Markterfolg wird dabei weniger berücksichtigt.

Beim Gesamtkostenverfahren werden den gesamten Umsatzerlösen die gesamten Kosten der Abrechnungsperiode gegenübergestellt. Die Umsatzerlöse stellen auf die verkauften Mengen ab. Die Kosten dagegen beziehen sich auf die produzierten Mengen. Das Betriebsergebnis ist nur dann richtig, wenn der Verkauf und die Produktion der Abrechnungsperiode auch mengenmäßig übereinstimmen. Bei einer nicht absatzsynchronen Produktion müssen zusätzlich die Bestandsveränderungen an unfertigen und fertigen Produkten und Leistungen berücksichtigt werden.

2.1 Buchhalterische Darstellung

Liegt eine Bestandsmehrung vor, dann muß die Erhöhung der Bestände an unfertigen und fertigen Produkten oder Leistungen auf der Habenseite des Betriebsergebniskontos berücksichtigt werden. Ist der Endbestand an unfertigen und fertigen Produkten oder Leistungen dagegen kleiner als der Anfangsbestand, ist auf der Sollseite des Betriebsergebniskontos eine Bestandsminderung aufzuführen. Diese Zusammenhänge werden in der *Tabelle 69* deutlich. Das Betriebsergebniskonto schließt entweder mit einem Betriebsgewinn oder mit einem Betriebsverlust ab.

Tabelle 69: Buchhalterische Darstellung auf Vollkostenbasis

Betriebsergebniskonto	
Soll	Haben
Gesamtkosten der Periode Bestandsminderungen an unfertigen und fertigen Produkten oder Leistungen	Umsatzerlöse der Periode + Bestandserhöhungen an unfertigen und fertigen Produkten oder Leistungen
Betriebsgewinn	Betriebsverlust

2.2 Statistisch-tabellarische Darstellung

Von den Bruttoumsatzerlösen pro Periode werden zuerst die Erlösschmälerungen (Skonti, Boni, Reklamationen) abgezogen, um die Nettoumsatzerlöse der Periode zu erhalten. Wenn der Endbestand an unfertigen und fertigen Produkten oder Leistungen höher ist als der Anfangsbestand, liegt eine Bestandsmehrung vor, die zu den Nettoumsatzerlösen hinzugezählt werden muß. Bei einer Bestandsminderung ist der Endbestand an unfertigen und fertigen Produkten oder Leistungen der Periode niedriger als der Anfangsbestand. Deshalb muß der Minderbestand an unfertigen und fertigen Produkten oder Leistungen von den Nettoumsatzerlösen subtrahiert werden.

Die Gesamtleistung setzt sich aus den Nettoumsatzerlösen unter Berücksichtigung der Bestandsveränderungen zusammen. Die Herstellkosten der erstellten Produkte oder Leistungen werden dann von der Gesamtleistung abgezogen. Außerdem müssen noch die Verwaltungs- und Vertriebsgemeinkosten von der Gesamtleistung subtrahiert werden. Schließlich erhalten wir das Betriebsergebnis der Periode, das positiv oder negativ sein kann.

Tabelle 70: Statistisch-tabellarische Darstellung auf Vollkostenbasis

1		Brutto-Umsatzerlöse der Periode
2	–	Erlösschmälerungen
3	=	Netto-Umsatzerlöse der Periode (1–2)
4	±	Bestandsveränderungen an unfertigen und fertigen Produkten oder Leistungen
5	=	Gesamtleistung der Periode (3+4)
6	–	Herstellkosten der erstellten Produkte oder Leistungen
7	–	Verwaltungsgemeinkosten
8	–	Vertriebsgemeinkosten
9	=	Betriebsergebnis (5–6/7/8)

Aus der *Tabelle 70* können die einzelnen Positionen entnommen werden, die bei der statistisch-tabellarischen Darstellung auf Vollkostenbasis zu berücksichtigen sind. Diese Darstellungsform ist für viele Mitarbeiter im Unternehmen, die nicht im Bereich des Finanz- und Rechnungswesens tätig sind, leichter zu verstehen. Deshalb sollten wir diese Darstellungsform wählen.

Wenn wir das Gesamtkostenverfahren kritisch beurteilen, kommen wir zu folgenden Ergebnissen:

Vorteile des Gesamtkostenverfahrens

a) Die kurzfristige Erfolgsrechnung nach dem Gesamtkostenverfahren hat den gleichen Aufbau wie die Gewinn- und Verlustrechnung der Finanzbuchhaltung. Das Betriebsergebniskonto ist beim Gesamtkostenverfahren nach den gleichen Kriterien wie das Gewinn- und Verlustkonto der Finanzbuchhaltung gegliedert.

b) Das Gesamtkostenverfahren ist rechnerisch einfach aufgebaut. Wenn Bestandsveränderungen vorkommen, ist für die Ermittlung der Herstellkosten der unfertigen und fertigen Produkte oder Leistungen eine Kostenstellen- und Kostenträgerrechnung erforderlich.

c) Das Gesamtkostenverfahren eignet sich für die Durchführung der Finanzbuchhaltung sowie der Kosten- und Leistungsrechnung in ein und demselben Buchungskreis (Einkreissystem).

Nachteile des Gesamtkostenverfahrens

a) Die Aussagefähigkeit des Gesamtkostenverfahrens für betriebspolitische Entscheidungen ist gering, da die Gesamtkosten nach Kostenarten und die Umsatzerlöse nach Produkten oder Produktgruppen gegliedert sind.

b) Zur monatlichen Ermittlung der mengenmäßigen Bestandsveränderung an unfertigen und fertigen Produkten oder Leistungen ist jeweils eine Inventur erforderlich. Die Erfassung der Bestände an unfertigen und fertigen Produkten oder Leistungen während des Produktionsablaufs bereitet besondere Schwierigkeiten. Wenn allerdings entsprechende Aufzeichnungen (Betriebsdatenerfassung) während des Produktionsablaufs vorgenommen werden, entfällt dieser Nachteil.

c) Das Gesamtkostenverfahren liefert keine aussagefähigen Informationen für die Erfolgsanalyse der einzelnen Produkte oder Produktgruppen. Wir können nicht erkennen, in welchem Umfang die verschiedenen Produkte oder Produktgruppen zur Erzielung des Betriebsergebnisses beigetragen haben. Dieser Nachteil ist beim Gesamtkostenverfahren entscheidend, weil dieses Verfahren eine Erfolgsermittlung nach Produkten oder Produktgruppen nicht zuläßt.

d) Für eine genaue Abweichungsanalyse muß eine Abgrenzung der Umsatzerlöse und Kosten durchgeführt werden, da alle entstandenen Kosten der Periode mit einbezogen werden müssen. Wegen der Komplexität kann eine exakte Abgrenzung meist nur mit Hilfe der EDV bewältigt werden. Manuelle Aufzeichnungen und Berechnungen sind zu umfangreich.

e) Das Gesamtkostenverfahren ermöglicht eine Kontrolle der Kostenarten und Kostenstellen. Eine genaue Kontrolle der Produkte oder Produktgruppen ist allerdings nicht möglich. Dafür eignet sich insbesondere das Umsatzkostenverfahren.

f) Die Umsatzerlöse werden beim Gesamtkostenverfahren nach Produkten oder Produktgruppen gegliedert. Die Kosten dagegen sind nach Kostenarten aufgeteilt. Da eine Erfolgsanalyse nicht möglich ist, sollte das Gesamtkostenverfahren im Unternehmen nicht verwendet werden. Die Aussagefähigkeit des Umsatzkostenverfahrens in Verbindung mit der kurzfristigen Erfolgsrechnung ist wesentlich größer.

3. Welche Vorteile bietet das Umsatzkostenverfahren?

Beim Umsatzkostenverfahren werden den nach Produkten oder Produktgruppen gegliederten Umsatzerlösen die ebenso gegliederten Kosten der verkauften Produkte oder Leistungen gegenübergestellt. Damit erhalten wir einen guten Einblick in die Ertragskraft der einzelnen Produkte oder Produktgruppen im Unternehmen.

Das Umsatzkostenverfahren kann sowohl bei der kurzfristigen Erfolgsrechnung als auch bei der Gewinn- und Verlustrechnung eingesetzt werden. Dieses Verfahren vermeidet die entscheidenden Nachteile des Gesamtkostenverfahrens und orientiert sich an der Marktleistung des Unternehmens. Deshalb eignet sich das Umsatzkostenverfahren besonders für eine marktorientierte Unternehmensführung.

Wegen der Vielzahl der Produkte in den einzelnen Unternehmen ist in der Praxis eine Gruppierung nach Produktgruppen erforderlich, um die Aussagefähigkeit der kurzfristigen Erfolgsrechnung zu erhöhen. Bei der Bildung der Produktgruppen ist darauf zu achten, daß jeweils die Produkte mit etwa gleicher Kostenstruktur zusammengefaßt werden.

Neben der Produktgruppenanalyse ist es sinnvoll, auch eine Verkaufsgebiets- und Kundengruppenanalyse in Kombination mit der kurzfristigen Erfolgsrechnung durchzuführen. Dadurch erhält die Unternehmensleitung einen noch besseren Einblick in die Ertragskraft des Unternehmens.

Außerdem müssen wir noch berücksichtigen, daß die kurzfristige Erfolgsrechnung nach dem Umsatzkostenverfahren auch auf folgender Basis durchgeführt werden kann:

1. Vollkostenrechnung
2. Deckungsbeitragsrechnung

Beim Gesamtkostenverfahren und beim Umsatzkostenverfahren können Istkosten, Normalkosten oder Plankosten verwendet werden.

Auch beim Umsatzkostenverfahren unterscheiden wir wie beim Gesamtkostenverfahren folgende Darstellungsformen:

1. Buchhalterische Darstellung
2. Statistisch-tabellarische Darstellung

MERKE

Das Umsatzkostenverfahren kann auf der Basis der Vollkostenrechnung oder der Deckungsbeitragsrechnung durchgeführt werden. Wie beim Gesamtkostenverfahren unter scheiden wir auch die buchhalterische und die statistisch-tabellarische Darstellung.

Beim Umsatzkostenverfahren werden den nach Produkten oder Leistungen gegliederten Umsatzerlösen nur die entsprechend gegliederten Kosten der verkauften Produkte oder Leistungen gegenübergestellt. Dadurch erhalten wir einen guten Einblick in die Ertragskraft der einzelnen Produkte oder Leistungen.

Das Umsatzkostenverfahren betont die Marktleistung des Unternehmens. Deshalb eignet sich dieses Verfahren besonders für eine marktorientierte Unternehmensführung.

3.1 Buchhalterische Darstellung

Bei der buchhalterischen Darstellung sieht das Betriebsergebniskonto unter Verwendung der Vollkostenrechnung wie folgt aus:

Tabelle 71: Buchhalterische Darstellung auf Vollkostenbasis

Betriebsergebniskonto	
Soll	Haben
Selbstkosten der in der Periode verkauften Produkte oder Leistungen	Umsatzerlöse der in der Periode verkauften Produkte oder Leistungen
Betriebsgewinn	Betriebsverlust

Von den Umsatzerlösen werden die Selbstkosten der verkauften Produkte oder Leistungen abgezogen, um das Betriebsergebnis zu erhalten. Damit bleiben Produkte und Leistungen, die das Unternehmen bereits erbracht, aber noch nicht am Markt verkauft hat, unberücksichtigt.

Die Umsatzerlöse und die Kosten werden nach Produkten oder Produktgruppen gegliedert. Dadurch lassen sich neben dem gesamten Betriebsergebnis auch die Betriebsergebnisse der einzelnen Produkte oder Produktgruppen feststellen. Darin liegt der besondere Vorteil des Umsatzkostenverfahrens. Die Daten sollten stets auf monatlicher Basis ermittelt werden, um möglichst schnell zu erkennen, wo Probleme im Unternehmen auftreten.

3.2 Statistisch-tabellarische Darstellung

Die statistisch-tabellarische Darstellung des Umsatzkostenverfahrens auf Vollkostenbasis sieht in komprimierter Form wie folgt aus:

Tabelle 72: Statistisch-tabellarische Darstellung auf Vollkostenbasis

	Umsatzerlöse
–	Selbstkosten der verkauften Produkte oder Leistungen
=	Betriebsergebnis
±	Neutrales Ergebnis
=	Unternehmensergebnis

Das Betriebsergebnis erhalten wir, indem wir von den Umsatzerlösen die auf Vollkostenbasis ermittelten Selbstkosten der verkauften Produkte oder Leistungen abziehen. Nach Berücksichtigung des neutralen Ergebnisses ergibt sich das Unternehmensergebnis.

Das Umsatzkostenverfahren in Kombination mit der Deckungsbeitragsrechnung sieht in verkürzter Form folgendermaßen aus:

Tabelle 73: Statistisch-tabellarische Darstellung des Umsatzkostenverfahrens in Verbindung mit der Deckungsbeitragsrechnung

	Umsatzerlöse
–	Variable Kosten der verkauften Produkte
=	Deckungsbeitrag
–	Fixe Kosten
=	Betriebsergebnis
±	Neutrales Ergebnis
=	Unternehmensergebnis

3.3 Detaillierte Darstellung des Umsatzkostenverfahrens in Verbindung mit der Vollkostenrechnung

Eine detaillierte Darstellung des Umsatzkostenverfahrens auf Vollkostenbasis hat folgendes Aussehen:

Tabelle 74: Umsatzkostenverfahren auf Vollkostenbasis

1.	Bruttoumsatzerlöse
2.	– Erlösschmälerungen
3.	= Nettoumsatzerlöse (1–2)
4.	Herstellkosten der Produktion
5.	+ Minderbestand an unfertigen und fertigen Produkten oder Leistungen
6.	– Mehrbestand an unfertigen und fertigen Produkten oder Leistungen
7.	= Herstellkosten des Umsatzes (4+5+6)
8.	+ Verwaltungsgemeinkosten
9.	+ Vertriebsgemeinkosten
10.	= Selbstkosten des Umsatzes (7+8+9)
11.	= Betriebsergebnis (3–10)

Von den Bruttoumsatzerlösen der Abrechnungsperiode werden die Erlösschmälerungen (Skonti, Boni, Reklamationen) abgezogen. Dann erhalten wir die Nettoumsatzerlöse. Die Herstellkosten der Produktion müssen um den Mehr- oder Minderbestand an unfertigen oder fertigen Produkten oder Leistungen der Abrechnungsperiode korrigiert werden, um die Herstellkosten des Umsatzes zu erhalten. Auf der Basis der Herstellkosten des Umsatzes werden die Verwaltungs- und Vertriebsgemeinkosten des Umsatzes errechnet. Die Herstellkosten des Umsatzes einschließlich der Verwaltungs- und Vertriebsgemeinkosten ergeben die Selbstkosten des Umsatzes. Wenn wir von den Nettoumsatzerlösen die Selbstkosten des Umsatzes abziehen, erhalten wir das Betriebsergebnis.

Werden die Einzelkosten Fertigungsmaterial und Fertigungslöhne für die Produkte erfaßt, so lassen sich mit Hilfe der Zuschlagssätze die Material- und Fertigungsgemeinkosten auf die einzelnen Produkte verrechnen. Somit ist die Ermittlung der Herstellkosten der erzeugten Produkte oder Leistungen in der Periode möglich. Werden die Herstellkosten der Produkte oder Leistungen um die Herstellkosten der Bestandsveränderungen korrigiert, ergeben sich die Herstellkosten der verkauften Produkte oder Leistungen der Periode. Nach prozentualer Zurechnung der Verwaltungs- und Vertriebsgemeinkosten bekommen wir die Selbstkosten der verkauften Produkte oder Leistungen. Wenn wir von den Nettoumsatzerlösen der Produkte oder Leistungen die Selbstkosten der verkauften Produkte oder Leistungen abziehen, erhalten wir das Betriebsergebnis der einzelnen Produkte oder Leistungen.

3.4 Detaillierte Darstellung in Verbindung mit der zweistufigen Deckungsbeitragsrechnung

Die statistisch-tabellarische Darstellung des Umsatzkostenverfahrens in Verbindung mit einer zweistufigen Deckungsbeitragsrechnung wird in der *Tabelle 75* aufgeführt.

Tabelle 75: Umsatzkostenverfahren (Zweistufige Deckungsbeitragsrechnung)

Kurzfristige Erfolgsrechnung			Produktgruppe I			
			Monat		kumuliert	
			TDM	%	TDM	%
1	Bruttoumsatzerlöse					
2	Erlösschmälerungen					
3	Nettoumsatzerlöse	1 ./. 2		100		100
4	Fertigungsmaterial					
5	Fertigungslöhne					
6	Strom					
7	Frachten					
8	Verpackungen					
9	Provisionen					
10	Fremdleistungen					
11	Hilfsstoffe					
12	Bestandsveränderungen					
13	Summe der variablen Kosten	4 – 12				
14	Deckungsbeitrag I	3 ./. 13				
15	Marketing und Vertrieb					
16	Produktion					
17	Materialwirtschaft					
18	Summe der speziellen Fixkosten	15 – 17				
19	Deckungsbeitrag II	14 ./. 18				
20	Unternehmensleitung					
21	Finanz- und Rechnungswesen					
22	Personalwesen					
23	Controlling/EDV					
24	Allgemeine Verwaltung					
25	Summe der allgemeinen Fixkosten	20 – 24				
26	Betriebsergebnis	19 ./. 25				
27	Neutrale Erträge					
28	Neutrale Aufwendungen					
29	Neutrales Ergebnis	27 – 28				
30	Unternehmensergebnis	26 + 29				

Der Zusammenhang zwischen der kurzfristigen Erfolgsrechnung und der Deckungsbeitragsrechnung geht aus der *Tabelle 75* deutlich hervor, so daß auch weniger qualifizierte Mitarbeiter im Unternehmen mit dieser Unterlage arbeiten können. Die kurzfristige Erfolgsrechnung sollte so aufgebaut werden, daß die Deckungsbeiträge I und II für die einzelnen Produktgruppen pro Monat und kumuliert ermittelt werden können.

3.5 Genaue Erstellung der kurzfristigen Erfolgsrechnung

Die Bruttoumsatzerlöse für die einzelnen Produktgruppen können aus der Kontenklasse 8 entnommen werden, wenn der Gemeinschaftskontenrahmen verwendet wird. Sollten keine separaten Aufzeichnungen vorhanden sein, müssen die Umsatzerlöse für die einzelnen Produktgruppen erst zusammengestellt werden.

Von den Bruttoumsatzerlösen sind die Erlösschmälerungen (Skonti, Boni, Reklamationen) abzuziehen (vgl. Tabelle 75). Aus der Differenz von Bruttoumsatzerlösen und Erlösschmälerungen ergeben sich die Nettoumsatzerlöse für die einzelnen Produktgruppen. Die Nettoumsatzerlöse stellen die Basis für die Bewertung der variablen und speziellen Fixkosten für die einzelnen Produktgruppen dar. Deshalb sind die Nettoumsatzerlöse als 100% anzusetzen.

Von den Nettoumsatzerlösen werden dann die variablen Kosten abgezogen. Zu den variablen Kosten gehören das Fertigungsmaterial, die Fertigungslöhne und bestimmte Kosten, die in der Vollkostenrechnung zu den Gemeinkosten gerechnet werden wie z. B. Strom, Gas und Wasser, Frachten, Verpackungen, Provisionen für freie Handelsvertreter, Fremdleistungen und Hilfsstoffe.

Beim Umsatzkostenverfahren müssen die Bestandsveränderungen im Bereich der variablen Kosten berücksichtigt werden. Die Bestandsveränderungen beziehen sich nur auf die unfertigen und fertigen Produkte oder Leistungen, die zu variablen Kosten bewertet werden.

Alle variablen Kosten sollten pro Monat insgesamt und bezogen auf die einzelnen Produktgruppen erfaßt werden. Wenn beispielsweise 1.000 Stück eines Produktes im Monat hergestellt, aber nur 800 Stück im gleichen Monat verkauft werden, müssen insbesondere das Fertigungsmaterial und die Fertigungslöhne für 200 Stück in den Bestandsveränderungen berücksichtigt werden. In diesem Falle wird die Bestandsveränderung von den anderen variablen Kosten abgezogen. Die Summe der variablen Kosten enthält dann nur die variablen Kosten für die effektiv in diesem Monat verkauften 800 Stück.

Die Bestandsveränderungen können auch weggelassen werden, wenn in der kurzfristigen Erfolgsrechnung sofort nur die variablen Kosten der verkauften Produkte oder Leistungen eingesetzt werden. Es sind dann standardisierte Kosten zu verwenden.

Von den Nettoumsatzerlösen wird die Summe der variablen Kosten abgezogen, um die Deckungsbeiträge I für die einzelnen Produktgruppen zu erhalten. Die Deckungsbeiträge I sind wichtige Steuerungsgrößen, denn sie geben Auskunft über die Ertragskraft der einzelnen Produktgruppen. Deshalb sollte eine Rangfolge erstellt werden, die sich nach der prozentualen Höhe der Deckungsbeiträge im Vergleich zu den Nettoumsatzerlösen ergibt.

Neben den variablen Kosten können auch spezielle Fixkosten den einzelnen Produktgruppen pro Monat und kumuliert zugeordnet werden. Die Inanspruchnahme der vorhandenen Kapazität in den einzelnen Verantwortungsbereichen pro Monat sollte die Basis für die Zuteilung der speziellen Fixkosten auf die vorhandenen Produktgruppen sein. Als Bezugsgröße für eine solche Zuordnung eignen sich insbesondere die Fertigungsstunden der Mitarbeiter, die variable Fertigungslöhne verursachen. In jedem Unternehmen muß genau untersucht werden, welche Bezugsgröße im direkten Zusammenhang mit der Kostenverursachung steht.

Während die variablen Kosten für die einzelnen Produktgruppen erfaßt werden, können die speziellen und allgemeinen Fixkosten nur an den einzelnen Kostenstellen mit großer Genauigkeit ermittelt werden. Spezielle Fixkosten fallen insbesondere in den Verantwortungsbereichen Marketing und Vertrieb, Produktion und Materialwirtschaft an.

Die Summe der speziellen Fixkosten wird jeweils von den Deckungsbeiträgen I der vorhandenen Produktgruppen abgezogen, um die Deckungsbeiträge II für die einzelnen Produktgruppen zu erhalten.

Die Deckungsbeiträge II stellen weitere wichtige Steuerungsgrößen für die Unternehmensleitung dar. Deshalb sollte auch für die Deckungsbeiträge II eine Rangfolge aufgestellt werden, um den Mitarbeitern im Unternehmen deutlich zu machen, welche Produktgruppen in Zukunft zu forcieren und in welchen Verantwortungsbereichen Kostensenkungsmaßnahmen durchzuführen sind.

Auch die allgemeinen Fixkosten müssen in jedem Unternehmen ermittelt werden. Diese Kosten stehen in keinem Zusammenhang mit den einzelnen Produktgruppen. Deshalb werden die allgemeinen Fixkosten nur in der Summenspalte für das gesamte Unternehmen aufgeführt.

Allgemeine Fixkosten entstehen insbesondere in folgenden Verantwortungsbereichen: Unternehmensleitung, Finanz- und Rechnungswesen, Personalwesen, Controlling/EDV und allgemeine Verwaltung.

Wenn die Summe der allgemeinen Fixkosten von der Summe aller Deckungsbeiträge II abgezogen wird, erhalten wir das Betriebsergebnis. Da in der kurzfristigen

Erfolgsrechnung die absoluten Beträge und die Prozentsätze im Vergleich zu den Nettoumsatzerlösen pro Monat und kumuliert ausgewiesen werden, kann die Unternehmensleitung aus der kurzfristigen Erfolgsrechnung die Höhe der erwirtschafteten Umsatzrentabilität jederzeit für die einzelnen Zeitabschnitte erkennen. Die Umsatzrentabilität ergibt sich nämlich, indem das Betriebsergebnis durch die Nettoumsatzerlöse geteilt wird.

In der kurzfristigen Erfolgsrechnung sollten auch die neutralen Erträge und die neutralen Aufwendungen separat aufgeführt werden, die mit dem Umsatz des betreffenden Geschäftsjahres nichts zu tun haben. Das neutrale Ergebnis erhalten wir, indem wir von der Summe der neutralen Erträge die Summe der neutralen Aufwendungen abziehen.

Das Unternehmensergebnis setzt sich aus dem Betriebsergebnis und dem neutralen Ergebnis zusammen. Diese Informationen sollten jeweils pro Monat und kumuliert erstellt werden, da die Ergebnisse während des Geschäftsjahres starken Schwankungen unterliegen können.

Vorteile des Umsatzkostenverfahrens

a) Beim Umsatzkostenverfahren ist der Beitrag zum Erfolg jeder einzelnen Produktgruppe ersichtlich.
b) Eine Inventur ist zur Feststellung der Bestandsveränderungen nicht erforderlich.
c) Das Umsatzkostenverfahren liefert wesentliche Informationen für betriebliche Dispositionen insbesondere für die Optimierung des Produktions- und Verkaufsprogramms.
d) Die Produkte mit ähnlicher Kostenstruktur können zu Produktgruppen zusammengefaßt werden, ohne daß dadurch wesentliche Informationen verlorengehen.

Nachteile des Umsatzkostenverfahrens

a) Das Umsatzkostenverfahren erfordert eine Kostenstellenrechnung. Allerdings muß festgestellt werden, daß auch in kleineren und mittleren Unternehmen eine Kostenstellenrechnung sinnvoll ist, um einen besseren Einblick in die Kostenstruktur des Unternehmens zu erhalten.
b) Das Umsatzkostenverfahren kann nur mit Schwierigkeiten in das System der doppelten Buchführung eingebaut werden. Dieser Nachteil ist nicht so bedeutend, da die kurzfristige Erfolgsrechnung ohnehin statistisch-tabellarisch erstellt werden sollte.

MERKE

Wenn wir das Umsatzkostenverfahren kritisch beurteilen, kommen wir zu folgenden Ergebnissen:
Beim Umsatzkostenverfahren auf Vollkostenbasis werden den einzelnen Produkten oder Produktgruppen auch anteilige Fixkosten zugerechnet. Dadurch entstehen verschiedene Probleme, die die Steuerung des Unternehmens erschweren.

Da die Daten der Vollkostenrechnung oft zu Fehlentscheidungen bei der Gewinnsteuerung führen, sollte die kurzfristige Erfolgsrechnung auf der Basis der Deckungsbeitragsrechnung im Unternehmen realisiert werden.

Wenn das Umsatzkostenverfahren auf Vollkostenbasis verwendet wird, ist die Erfolgsanalyse nur beschränkt aussagefähig. Die Berücksichtigung anteiliger Fixkosten bei den Selbstkosten verstößt gegen das Verursachungsprinzip.

Wegen der größeren Aussagefähigkeit sollte das Umsatzkostenverfahren in Kombination mit der Deckungsbeitragsrechnung gewählt werden. Außerdem ist darauf zu achten, daß die kurzfristige Erfolgsrechnung nach Produktgruppen, Verkaufsgebieten und Kundengruppen aufgegliedert wird.

9 Losgrößen-Optimierung

1. Was verstehen wir unter der optimalen Losgröße?

Das Ziel der Losgrößen Optimierung besteht darin, bei einer Serienfertigung die Lagerkosten, die Zinskosten und die Rüstkosten zu minimieren. Es geht also darum, einen gegebenen Jahresbedarf so in einzelne Lose aufzuteilen, daß die Kosten für das Unternehmen am geringsten sind.

Das Gegenstück zur optimalen Losgröße in der Produktion ist die optimale Bestellmenge im Einkauf. An die Stelle der Rüstkosten treten im Einkauf die Bestellkosten.

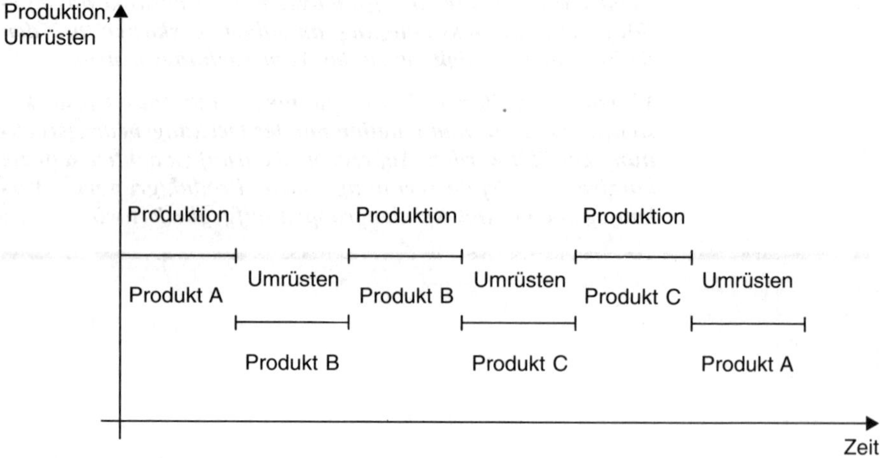

Abb. 30: Serienfertigung

Die Produkte, die in der Art der Produktion oder der eingesetzten Rohstoffe miteinander vergleichbar sind, können in Serienfertigung hergestellt werden. Für die einzelnen Produkte werden dieselben maschinellen Anlagen eingesetzt. Diese Produktionsanlagen sind dann in bestimmten Zeitabständen von einem Produkt auf ein anderes Produkt umzurüsten. Aus der *Abb. 30* ist zu ersehen, daß die Produkte A, B und C hintereinander produziert werden müssen, da dieselbe Produktionsanlage eingesetzt wird.

Die Menge einer Serie, die hintereinander ohne Umschaltung oder Unterbrechung des Produktionsprozesses hergestellt wird, nennen wir Losgröße.

Durch die Unterbrechung des Produktionsprozesses zur Auflage eines neuen Loses entsteht ein Leistungsausfall. Bevor mit der Produktion einer neuen Serie begonnen werden kann, fallen Kosten an, die von der Größe des Fertigungsloses (Auflage) unabhängig sind. Diese Kosten bezeichnen wir als auflagefixe Kosten. Dazu gehören insbesondere die Kosten für das Einstellen und Umbauen der Produktionsanlagen.

Je größer das Fertigungslos ist, desto mehr verteilen sich die auflagefixen Kosten auf die gesamte Stückzahl des Produktionsloses. Die auflagefixen Kosten nehmen pro Einheit der ohne Umstellung oder Unterbrechung des Produktionsprozesses erzeugten Produkte mit der Vergrößerung der Auflage ab. Wir sprechen dann von einer Auflagendegression.

Bei der Serienfertigung muß berücksichtigt werden, daß die Produktionsmenge einer Serie sowie die Reihenfolge der einzelnen Produkte aufeinander abgestimmt werden. Der Bedarf an den unterschiedlichen Produkten muß jederzeit vom Unternehmen gedeckt werden können.

Die Unternehmer haben folgende Möglichkeiten, den Jahresbedarf eines Produktes zu produzieren.

a) Ein Los für den Jahresbedarf
Wird der Jahresbedarf eines Produktes auf einmal hergestellt, steigen die Lager- und Zinskosten. Allerdings fallen die Rüstkosten dann nur einmal an. Außerdem besteht die Gefahr, daß der Bedarf an den anderen Produkten nicht gedeckt werden kann.

Durch die Reduzierung der Häufigkeit des Serienwechsels auf ein Minimum oder durch die Vergrößerung der Fertigungslose werden die auflagefixen Kosten pro erzeugte Einheit möglichst niedrig gehalten. Große Produktionslose führen aber zu hohen Lagerbeständen, die wiederum beträchtliche Lager- und Zinskosten verursachen. Wir nennen die dann steigenden Lager- und Zinskosten auch auflageproportionale Kosten.

b) Mehrere Lose für den Jahresbedarf
Eine Aufteilung des Jahresbedarfs auf mehrere Serien führt zu einem Ansteigen der Rüstkosten, da die Produktionsanlage öfter umgerüstet werden muß. Bei häufigerem Serienwechsel werden die Rüstkosten für die Umstellung oder Einrichtung der Produktionsanlagen größer, dafür sinken aber die Lager- und Zinskosten.

Das Problem besteht also darin, die optimale Losgröße zu ermitteln. Dies ist die Produktionsmenge, bei der sich unter Berücksichtigung der auflagefixen und der auflageproportionalen Kosten minimale Kosten pro Einheit der produzierten Menge ergeben.

Folgende Kosten fallen bei der Produktion an, die genau untersucht werden müssen.

a) Lagerhaltungskosten
Roh-, Hilfs- und Betriebsstoffe sowie Halb- und Fertigfabrikate verursachen Lagerkosten, solange sie auf Lager liegen. Daneben fallen kalkulatorische Zinsen an.

Zu den Lagerkosten gehören die Kosten für das Lagerpersonal, das Lagergebäude und die Lagerfläche. Das im Lager gebundene Kapital verursacht kalkulatorische Zinsen. Die Zinskosten hängen von der Höhe des Lagerbestandes ab. Mit der Losgröße nehmen also auch die Zinskosten zu.

Diese beiden Kostenarten können durch eine gezielte Reduzierung der Lagerbestände gesenkt werden. Die unterste Grenze sollte der eiserne Bestand (Sicherheitsbestand) sein.

Den Einsparungen der Lagerkosten und der kalkulatorischen Zinsen stehen aber Mehrkosten durch häufigeres Rüsten gegenüber. Außerdem besteht das Risiko, einen zusätzlichen Bedarf nicht termingerecht decken zu können. Durch die Losgrößenoptimierung sollen diese Zielkonflikte gelöst werden.

Um eine Serienfertigung durchführen zu können, muß ein Lagerbestand aufgebaut werden. Dieser Lagerbestand ist so ausreichend zu bemessen, daß in der Zeit, in der beispielsweise das Produkt A nicht hergestellt wird, der diesbezügliche Bedarf der Kunden dennoch gedeckt werden kann.

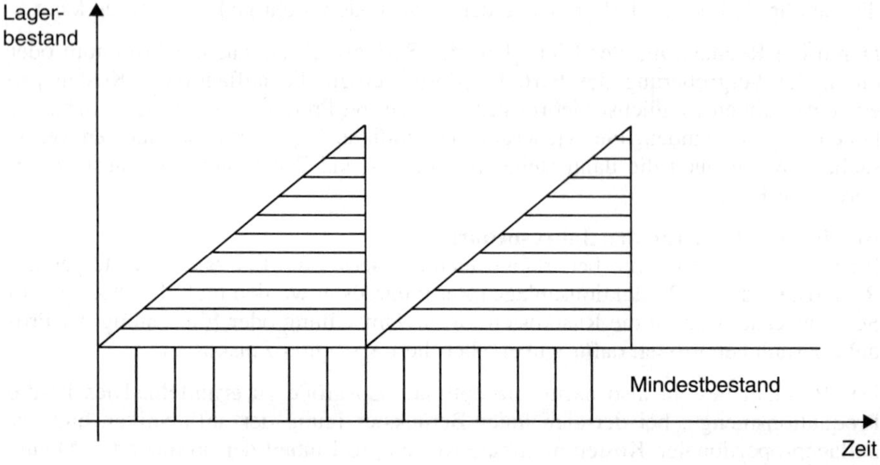

Abb. 31: Entwicklung des Lagerbestandes

Wenn die tägliche Produktion konstant ist, steigt der Lagerbestand kontinuierlich an. Die quer schraffierte Fläche zeigt die Entwicklung des Lagerbestandes während der

Produktionsdauer einer Serie (vgl. Abb. 31). Dieser steigende Lagerbestand verursacht Lagerhaltungskosten. Neben diesen Kosten nimmt das Risiko des technischen Fortschritts sowie der Modeänderung mit der Losgröße zu.

b) Rüstkosten

Wenn die Serie für das Produkt A beendet ist, muß die Produktionsanlage für die Serie des Produktes B umgerüstet werden. Die Rüstkosten umfassen die Dauer des Umrüstvorganges und die gegebenenfalls benötigten Austauschteile.

Die Rüstkosten sind von der Auftragsmenge grundsätzlich unabhängig. Sie fallen nur einmal pro Produktionsauftrag an. Rüstkosten werden also durch die Vorbereitungstätigkeiten für die Ausführung des neuen Produktionsauftrages verursacht.

Aufgrund der anfallenden Lohn- und Betriebsmittelkosten für das Umstellen der Produktionsanlage, beispielsweise von dem Produkt A auf das Produkt B, entstehen Rüstkosten. Die Kosten für den An- und Ablauf der Produktion, die beispielsweise durch Probeteile oder Ausschuß beim Anfahren der Produktionsanlage entstehen, sind ebenfalls zu berücksichtigen.

Die Auflegungskosten enthalten demnach die Einrichtungskosten einschließlich der Stillstandskosten bis zum Anlaufen der Produktion der nächsten Serie. Sie sind für jedes Los fix. Pro Einheit sind die Rüstkosten um so geringer, je größer das Los ist.

Um die optimale Losgröße zu bestimmen, müssen folgende Überlegungen angestellt werden:

In einem Jahr werden bestimmte Mengeneinheiten (M), d. h. der Jahresbedarf verkauft. Ohne Umschaltung oder Unterbrechung kann jeweils die Menge (m) produziert werden. Diese Produktionsmenge nennen wir auch Fertigungslos. Die Zahl der in diesem Jahr aufzulegenden Lose (n) können wir wie folgt berechnen:

$$\text{Losgröße} = \frac{\text{Verkaufte Mengeneinheiten}}{\text{Produzierte Mengeneinheiten}}$$

$$n = \frac{M}{m}$$

Die auflagefixen Kosten eines Fertigungsloses betragen K_f. Die gesamten fixen Kosten des Serienwechsels machen K_F aus. Die Formel lautet dann:

$$K_F = n \cdot K_f = \frac{M}{m} \cdot K_f$$

Mit wachsender Losgröße sinken also die gesamten fixen Kosten eines Serienwechsels.

Wir unterstellen, daß die gesamte Produktionsmenge eines Fertigungsloses dem Lager in einem Zeitpunkt zugeht. Außerdem nehmen wir an, daß ein gleichmäßiger Verkauf der Produkte vom Lager erfolgt. Dann wird der Lagerbestand während des Jahres n-mal vom Höchststand (m) linear auf null Einheiten abgebaut. Der durchschnittliche Lagerbestand beträgt also die Hälfte eines Fertigungsloses.

Bei einem Lager- und Zinskostensatz K_l je Mengen- und Periodendauer ergeben sich folgende Lagerhaltungskosten (Lager- und Zinskosten) für die Gesamtperiode (K_L):

$$K_L = K_l \cdot \frac{m}{2}$$

Diese Lagerhaltungskosten für die Gesamtperiode steigen linear mit wachsender Losgröße.

Wir unterstellen, daß sich die übrigen Herstellungskosten der produzierten Menge proportional verhalten. Deshalb werden sie bei der Bestimmung der optimalen Losgröße vernachlässigt.

Die entscheidungsrelevanten Kosten der Periode betragen dann:

$$K = K_F + K_L$$

Diese Kosten sind zu minimieren. Daher lautet die Zielfunktion wie folgt:

$$K = \frac{M}{m} \cdot K_f + K_l \cdot \frac{m}{2} \longrightarrow \text{Minimum}$$

Die optimale Losgröße (m_{opt}) erhalten wir, indem wir zunächst nach m differenzieren.

$$\frac{dk}{dm} = -\frac{M}{m^2} \cdot K_f + \frac{K_l}{2}$$

Anschließend wird $\frac{dk}{dm} = 0$ gesetzt. Die Gleichung wird nach m aufgelöst und als optimale Losgröße ergibt sich:

$$m_{opt} = \sqrt{\frac{2 \cdot M \cdot K_f}{K_l}}$$

Die optimale Losgröße können wir auch graphisch bestimmen. Aus der graphischen Darstellung ist zu erkennen, daß die optimale Losgröße dann erreicht ist, wenn der

Kostenzuwachs im Bereich der Lagerung gerade durch die Degression der losfixen Kosten kompensiert wird. Dies ist im Schnittpunkt der beiden Kurven der Fall.

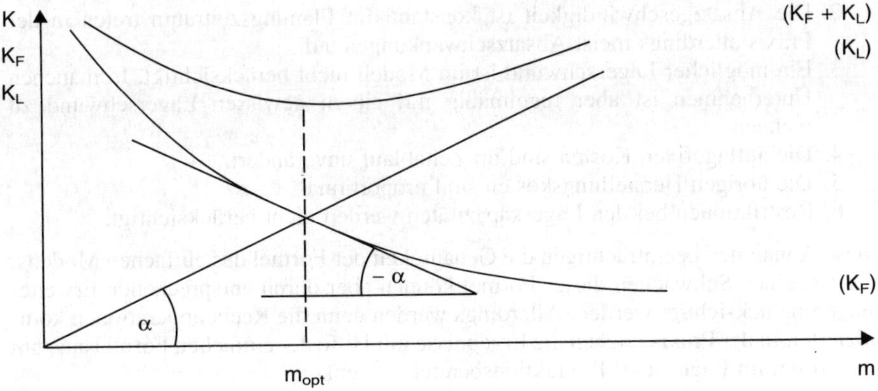

Abb. 32: Optimale Losgröße

Die Kurve der Lagerhaltungskosten (K_L) beginnt im Punkt 0 und steigt proportional an. Die Kurve der gesamten fixen Kosten des Serienwechsels (K_F) fällt degressiv. Im Schnittpunkt dieser beiden Kurven ist die optimale Losgröße. Abb. 32 zeigt, daß die Kurve, die sich aus den beiden anderen Kurven ergibt, in deren Schnittpunkt das Minimum ($K_F + K_L$) erreicht.

Beispiel:
Ein Unternehmen plant, im kommenden Geschäftsjahr 200.000 Stück des Produktes A zu verkaufen. Die auflagefixen Kosten machen 3.000,– DM aus. Die Kosten der Lagerhaltung betragen 10,– DM pro Stück und Geschäftsjahr.

Die optimale Losgröße ergibt sich wie folgt:

$$m_{opt} = \sqrt{\frac{2 \cdot M \cdot K_f}{K_l}}$$

$$= \sqrt{\frac{2 \cdot 200.000 \cdot 3.000}{10}}$$

$$= 10.955 \text{ Stück}$$

Bei einer Produktion von 10.955 Stück pro Serie erreichen die Kosten also ein Minimum.

Die Formel der optimalen Losgröße beinhaltet folgende Unterstellungen:

1. Die Produktionsgeschwindigkeit ist unendlich. In der Praxis erfolgt aber die Auffüllung der Lager sukzessive entsprechend der Produktion.
2. Die Absatzgeschwindigkeit ist konstant. Im Planungszeitraum treten in der Praxis allerdings meist Absatzschwankungen auf.
3. Ein möglicher Lagerschwund ist im Modell nicht berücksichtigt. In manchen Unternehmen ist aber regelmäßig mit einem gewissen Lagerschwund zu rechnen.
4. Die auflagefixen Kosten sind im Zeitablauf unverändert.
5. Die übrigen Herstellungskosten sind proportional.
6. Restriktionen bei den Lagerkapazitäten werden nicht berücksichtigt.

Diese Annahmen beeinträchtigen die Genauigkeit der Formel des einfachen Modells. Die einzelnen Schwächen dieser Formel können aber durch entsprechende Erweiterungen berücksichtigt werden. Allerdings werden dann die Rechenoperationen komplizierter. In der Praxis reichen die Ergebnisse mit Hilfe der einfachen Formel aus, um die Kosten im Lager- und Produktionsbereich zu senken.

MERKE

In vielen Unternehmen werden zu hohe Lagerbestände an Halb- und Fertigfabrikaten unterhalten. Dadurch entstehen zu hohe Lager- und Zinskosten. Beim Wechsel der Serie fallen allerdings Rüstkosten an.

Bei der Berücksichtigung der optimalen Losgröße können gezielt die Lager-, Zins- und Rüstkosten in den Unternehmen gesenkt werden. Unter Verwendung der optimalen Losgröße lassen sich zusätzliche Kennzahlen insbesondere für die Produktionssteuerung errechnen.

Bei der Formel für die optimale Losgröße wird ein konstanter täglicher Bedarf unterstellt. Wenn die Produktion starken saisonalen Schwankungen unterliegt, kann die Formel nur Anhaltspunkte für die optimale Losgröße liefern.

Mit der optimalen Losgröße wird nur die kostenminimale Produktionsmenge festgelegt. Die Reihenfolge der einzelnen Produkte muß zusätzlich ermittelt werden.

2. Wie soll die optimale Losgröße im Unternehmen angewendet werden?

Die Unternehmer sollten darauf achten, daß die optimale Losgröße im Unternehmen ermittelt wird. In vielen Unternehmen findet die optimale Losgröße allerdings noch keine Anwendung, da die Bedeutung dieser Kennzahl von der Unternehmensleitung und den Führungskräften noch unterschätzt wird. Manche Unternehmer meinen, daß die Errechnung der optimalen Losgröße zu arbeitsintensiv sei. Auch bei dieser Analyse müssen zuerst Prioritäten festgelegt werden.

Es ist sicher nicht sinnvoll, für alle Produkte die optimale Losgröße zu ermitteln. Für die A-Produkte und vielleicht auch für die B-Produkte sollte sie allerdings errechnet werden.

Weiterhin ist zu beachten, daß für die Ermittlung der optimalen Losgröße der Einsatz von PCs besonders geeignet ist. Wenn zunächst nur für die A-Produkte die optimale Losgröße errechnet wird, sind die zusätzlichen Arbeiten leicht zu bewältigen. Wie wir wissen, umfassen die A-Produkte mengenmäßig nur etwa 5% aller Produkte. Sie machen aber wertmäßig etwa 75% aus. Wenn die A-Produkte in der Produktion in Zukunft besser geplant und gesteuert werden, lassen sich erhebliche Kostensenkungen im Unternehmen erreichen.

Die Losgrößen-Optimierung kann also in Verbindung mit der ABC-Analyse dazu beitragen, die Kosten im Unternehmen gezielt zu senken. Dabei kommt es insbesondere auf die A-Produkte an, die in Zukunft besonders sorgfältig analysiert und geplant werden sollten.

Die Lagerhaltungskosten müssen gezielt auf Kostensenkungsmöglichkeiten untersucht werden. Im Materialbereich und beim Materialfluß besteht in vielen Unternehmen noch ein hohes Potential zur Kostensenkung und zur Effizienzsteigerung.

Aufgrund seiner Einsatzbreite und der relativ einfachen Handhabung wird der PC in vielen Verantwortungsbereichen und in den Arbeitszimmern der Führungskräfte eingesetzt. In kleineren und mittleren Unternehmen erfolgt die Nutzung der PCs allerdings noch nicht in ausreichendem Maße. Empirische Untersuchungen bestätigen, daß die Einsatzbreite der PCs negativ beeinflußt wird, wenn nicht genügend leistungsfähige Standard-Software zur Verfügung steht. Mit Hilfe maßgeschneiderter Software und anwendungsspezifischer Menüs läßt sich die ständig größer werdende Informationsflut in Zukunft besser bewältigen.

Bei betriebswirtschaftlich gebildeten Führungskräften kann immer wieder beobachtet werden, daß sie nur bedingt in der Lage sind, theoretisch erworbenes Wissen in die Praxis umzusetzen. In kleineren und mittleren Unternehmen wird in der Produktion und in der Materialwirtschaft oft auf die Optimierung von Losgrößen, die Ermittlung der Bestellpunkte und Sicherheitsbestände sowie auf ABC-Analysen verzichtet, da meist keine ausgeklügelten EDV-gestützten Warenwirtschaftssysteme vorhanden sind. Wenn wir die Ursachen ermitteln, stellen wir häufig fest, daß der Zeitmangel und die fehlenden Erfahrungen in der Praxis genannt werden.

Der Controller hat auch die Aufgabe, den Einsatz von PCs in der betrieblichen Praxis zu beschleunigen. Dann können zusätzliche Analysen durchgeführt und der Werkzeugkasten des Controllers weiter ausgebaut werden. Gerade bei der Losgrößenoptimierung läßt sich der Vorteil des PC-Einsatzes gut demonstrieren.

Neben den Bestandsdaten müssen die Bewegungsdaten sowie die Summen systematisch aufgelistet werden. Zu den Bestandsdaten gehören der aktuelle Bestand, die Reichweite in Monaten, der durchschnittliche Bestand sowie der Minimum- und Maximum-Bestand. Die Bewegungsdaten umfassen den Kalendermonat, den Auftragsbestand, die Produktionsmenge und den Warenabgang. Die Summen müssen absolut und im Durchschnitt ermittelt werden.

MERKE

Durch die Optimierung der Losgrößen können die durchschnittlichen Bestände an Halb- und Fertigfabrikaten gesenkt werden. Dadurch ergeben sich auch Zinseinsparungen in beträchtlicher Höhe.

Zumindest für alle A-Produkte und auch möglichst für alle B-Produkte sollte die optimale Losgröße errechnet werden. Für die Rechenoperationen eignet sich besonders der Einsatz von PCs, auch in kleineren und mittleren Unternehmen.

10 Nutzen-Provision (Deckungsbeitrags-Provision)

1. Ist die Umsatz- oder die Deckungsbeitrags-Provision besser?

Die Wirksamkeit aller Marketing- und Vertriebsmaßnahmen hängt entscheidend von dem gewählten Außendienst-Entlohnungs-System ab. Nur ein gut motivierter Außendienst verfolgt konsequent die klar definierten Unternehmens- und Marketingziele.

In vielen Unternehmen erhalten die Mitarbeiter im Außendienst noch eine Umsatzprovision. Dieses Provisions-System bedingt, daß die Außendienstmitarbeiter auf der Basis der erzielten Umsatzerlöse entlohnt werden, ohne Rücksicht darauf, was das Unternehmen mit diesen Verkäufen verdient hat.

Fast alle Unternehmen sind mit der Umsatzhonorierung des Außendienstes unzufrieden. Der so motivierte Außendienstmitarbeiter holt oft Umsätze um jeden Preis herein, ohne auf die Rendite zu achten. In Extremfällen kann es passieren, daß der Unternehmer seinem Außendienstmitarbeiter eine Umsatzprovision von beispielsweise 5% für den Verkauf von Produkten bezahlt, die dem Unternehmen keinen Gewinn mehr bringen.

Durch Preiszugeständnisse, zusätzliche Rabatte und andere Sonderkonditionen kann der Verkauf bestimmter Produkte zu Verlusten führen. Aufgrund der Umsatzhonorierung erhält der Vertreter für diesen Verkauf immer noch die gleiche Provision, die als Bezugsgröße den Umsatz und nicht den Deckungsbeitrag hat. Der Unternehmer prämiert dadurch auch noch die Fehlleistung seines Außendienstmitarbeiters.

Deshalb *muß die Umsatzprovision durch eine Deckungsbeitragsprovision abgelöst werden.* Dann profitieren das Unternehmen und die Außendienstmitarbeiter gleichermaßen von Einsparungen und höherer Produktivität. Es muß also ein zielorientiertes Entlohnungs-System für Außendienstmitarbeiter eingeführt werden.

Der Übergang von der Umsatz- zur Deckungsbeitrags-Provision hat den wesentlichen Vorteil, daß die Entlohnung der Außendienstmitarbeiter in Zukunft von der Höhe der Deckungsbeiträge abhängig ist. Dadurch wird als Basis für die Provision der Nutzen herangezogen, der durch den Verkauf der Produkte oder Dienstleistungen dem Unternehmen entsteht. Von diesem Nutzen profitieren dann das Unternehmen und die Mitarbeiter im Außendienst gleichermaßen.

Die Unternehmen müssen sich auf ihre wirklichen Stärken konzentrieren. Die vorhandenen Ressourcen sind zielgerechter einzusetzen. Eine stärkere Renditeorientierung der Vertriebsleute ist erforderlich. Das führt zu einer zunehmenden Produkt- und Programmbereinigung. Eine Optimierung der Rendite bedeutet oft gleichzeitig einen geplanten Umsatzverzicht bei Produkten, die keine ausreichenden Deckungsbeiträge bringen.

Der Druck auf den Außendienst nimmt ständig zu. Es zeigt sich, daß eine linear umsatzorientierte Außendienststeuerung und Außendienst-Entlohnung nicht zu einer Verbesserung der Rentabilität des Unternehmens führt. Bei der Umsatzprovision wissen die Außendienstmitarbeiter nicht, welche Produkte zu forcieren sind und welche Produkte aus dem Verkaufsprogramm genommen werden sollten.

Die Entwicklung eines neuen und zielorientierten Außendienst-Entlohnungs-Systems oder die Weiterentwicklung des bestehenden Systems muß unter kritischer Würdigung des vorhandenen Entlohnungs-Systems erfolgen. Zur Bewertung des existierenden Entlohnungs-Systems ist es sinnvoll, entsprechende Checklisten zu erstellen, um eine systematische und umfassende Analyse durchführen zu können. Dabei ist das im Unternehmen und extern verfügbare Know-how zu nutzen.

Diese Arbeitsweise beeinflußt wesentlich die Qualität, die Wirksamkeit und die Akzeptanz des neuen Außendienst-Entlohnungs-Systems. Der Außendienst muß bei der Erstellung der Analyse auch selbst mitwirken.

In vielen Unternehmen zeigt die Analyse, daß ein deutlicher Widerspruch zwischen der unternehmerischen Zielsetzung und dem praktizierten Entlohnungs-System besteht. Die Ursache liegt darin, daß viele Unternehmen ihre Ziele weiterentwickelt haben und das Außendienst-Entlohnungs-System dieser Entwicklung noch nicht angepaßt wurde. Unter Berücksichtigung der Unternehmensziele und insbesondere der Marketingziele kann ein klares Anforderungsprofil für ein neues Entlohnungs-System erarbeitet werden.

Das Anforderungsprofil für ein neues Entlohnungs-System kann wie folgt aussehen:

Tabelle 76: Anforderungsprofil für ein neues Entlohnungs-System

1. Zuverlässige Steuerung des Außendienstes unter Berücksichtigung der Unternehmensziele und speziell der Marketingziele
2. Hohe Selbststeuerung der Außendienstmitarbeiter
3. Einfaches und für alle Beteiligten durchschaubares System trotz hoher Zielorientierung und differenzierter Steuerung
4. Verstärkung des unternehmerischen Denkens und Handelns im Außendienst
5. Gerechte Honorierung der eigenen Leistungen
6. Bessere Motivation durch höheres Einkommen
7. Vorteile für das Unternehmen und für den Außendienst durch eine stärkere Renditeorientierung
8. Begrenzung der Anzahl an Einflußfaktoren im System
9. Möglichkeiten der Beeinflussung und Kontrolle der einzelnen Faktoren
10. Möglichst große Gerechtigkeit

Außerdem sollten einzelne Kriterien aufgeführt und bewertet werden. Die Bewertung kann mit Hilfe einer Skala von 1–9 erfolgen. Folgende Kriterien können in der Tabelle aufgeführt werden:

Tabelle 77: Kriterienkatalog zur Bewertung des Entlohnungs-Systems

1. Zielidentität zwischen Unternehmen und Außendienst
2. Steuerungsfunktion im Hinblick auf Produkte, Zielgruppen, Auftragsgrößen
3. Strategische Ausrichtung des Außendienstes
4. Hohe Umsatzsteigerung
5. Gewinnung von Marktanteilen
6. Geringerer verwaltungstechnischer Aufwand
7. Erzielung kurz- und langfristiger Leistungssteigerungen
8. Anreiz zu Tätigkeiten, die nicht sofort zum Kaufabschluß führen
9. Verbesserung des Außendienst-Einkommens
10. Verbesserung der Zusammenarbeit zwischen Innen- und Außendienst
11. Werbung von Neukunden
12. Einführung neuer Produkte
13. Reduzierung von Zahlungsausfällen
14. Schnellere Durchführung von Sonderaktionen
15. Verbesserung der Struktur der Produktgruppen
16. Verbesserung der Kundenstruktur
17. Bessere Zusammenarbeit der Außendienstmitarbeiter untereinander
18. Pflege der Altkunden
19. Betreuung schwieriger Kunden
20. Verkauf von beratungsintensiveren Produkten

Jedes Unternehmen sollte die Kriterien auswählen, die für die Unternehmensleitung von großer Bedeutung sind. Die einzelnen Kriterien können dann noch gewichtet werden.

MERKE

Um ein optimales Entlohnungs-System zu finden, muß geklärt werden, ob eine Umsatzorientierung und/oder Renditeorientierung vorzuziehen ist. Außerdem geht es um eine exakte Gewichtung beider Systeme. Die Unternehmensleitung hat dann eine Entscheidung, unter Berücksichtigung der festgelegten Unternehmensziele, zu treffen.

Die Vor- und Nachteile der Umsatzprovision und der Dekkungsbeitragsprovision müssen gegenübergestellt werden. Nach der sorgfältigen Analyse der beiden Entlohnungs-Systeme haben sich viele Unternehmen für die Deckungsbeitrags-Provision entschieden und große Erfolge damit erzielt.

2. Wie wird die Deckungsbeitrags-Provision errechnet?

Je enger die Provision an das tatsächliche Betriebsergebnis gekoppelt ist, desto stärker wirkt sie sich auf die Motivation und Leistungen der Mitarbeiter im Unternehmen aus. Auch kleinere und mittlere Unternehmen können mit der Deckungsbeitragsrechnung die Personalkosten und die Leistungen besser aufeinander abstimmen.

Den Maßstab für die Errechnung der Provision liefert die Deckungsbeitragsrechnung, die eine bessere Kontrolle der Erfolge im Unternehmen ermöglicht. Dieses Entlohnungs-System können Handwerksbetriebe, Dienstleistungsunternehmen und Handelsbetriebe ebenso nutzen wie die Industrieunternehmen.

Wenn Mitarbeiter im Unternehmen den Umsatz und bestimmte Kosten direkt beeinflussen können, ist dieses Entlohnungs-System auf der Basis der Deckungsbeiträge sinnvoll. Mit Hilfe der Deckungsbeitragsrechnung werden die Beiträge der Mitarbeiter im Außendienst zum Betriebsergebnis des gesamten Unternehmens einfach ermittelt.

Der Vorzug der Deckungsbeitragsrechnung besteht darin, daß die Unternehmer nicht mehr auf hohe Umsatzerlöse bei einzelnen Produktgruppen, in bestimmten Verkaufsgebieten oder bei einigen Kundengruppen hereinfallen. Mit Hilfe der Deckungsbeitragsrechnung werden von den Umsatzerlösen die entsprechenden variablen Kosten abgezogen. Dann erhalten wir den Deckungsbeitrag 1, der Auskunft gibt über die Ertragskraft der Produktgruppen, der Verkaufsgebiete und Kundengruppen. Die prozentuale Höhe der Deckungsbeiträge im Vergleich zu den Nettoumsatzerlösen macht klar, welche Beiträge zur Deckung der speziellen und allgemeinen Fixkosten sowie zum Gewinn geleistet werden.

Neben dem Deckungsbeitrag 1 kann auch der Deckungsbeitrag 2 unter Berücksichtigung der speziellen Fixkosten für Marketing und Vertrieb als Bezugsgröße für die Provision herangezogen werden. Dieser Deckungsbeitrag 2 wird in vielen Unternehmen als Bezugsgröße für die Deckungsbeitrags-Provision verwendet. Die Berechnung ist der *Tabelle 78* zu entnehmen.

Tabelle 78: Deckungsbeitrags-Provision (Leistungslohn nach Deckungsbeitrag)

1.		Brutto-Umsatzerlöse
2.	./.	Erlösschmälerungen (Boni, Skonti, Gutschriften, Reklamationen)
3.	=	Nettoumsatzerlöse (1 ./. 2)
4.	./.	Variable Kosten
5.	=	Deckungsbeitrag 1 (3 ./. 4)
6.	./.	Marketing- und Vertriebskosten (Gehalt = Fixum, Reisekosten, Werbung, Büro etc.)
7.	=	Deckungsbeitrag 2 (5 ./. 6)

Der Deckungsbeitrag 2 läßt erkennen, ob ein Unternehmen etwas verdient hat oder nicht. Wenn die Mitarbeiter im Außendienst die Aufstellung der Umsatzerlöse und der Deckungsbeiträge 1 und 2 monatlich erhalten, können sie stets erkennen, wie erfolgreich sie tätig waren. Dann kann es nicht mehr passieren, daß sie sich keine Gedanken machen, woher das Geld für Preisnachlässe, Sonderkonditionen und Gutschriften wegen Reklamationen kommt. In der monatlichen Aufstellung sind all diese Positionen enthalten. Dadurch wird auch erkennbar, welche Wirkung ein zusätzlicher Rabatt auf die Deckungsbeiträge 1 und 2 hat.

In vielen Unternehmen hat sich die Umstellung von der Umsatzprovision auf die Deckungsbeitrags-Provision sehr positiv ausgewirkt. Einige Unternehmen konnten ihr Betriebsergebnis sogar verdoppeln, da die Steuerung der Außendienstmitarbeiter durch die Umstellung wesentlich verbessert werden konnte.

Zur Errechnung der Deckungsbeiträge sind Profit-Center zu bilden. Für jedes Profit-Center können die Umsatzerlöse, variable Kosten, spezielle Fixkosten sowie die Deckungsbeiträge 1 und 2 errechnet werden. Die Deckungsbeiträge sind also eine objektive Bezugsgröße für die Festlegung der Provision.

Zur Ermittlung der Deckungsbeitrags-Provision müssen pro Monat die Umsatzerlöse und Kosten für die kurzfristige Erfolgsrechnung erfaßt werden. Die einzelnen Größen setzen sich wie folgt zusammen:

Tabelle 79: Kurzfristige Erfolgsrechnung

1 Bruttoumsatzerlöse	Bewertung der abgesetzten Mengen zum Preis laut Preisliste oder Kalkulation
2 Erlösschmälerungen	Rabatte (Mengen-, Funktions-, Natural-, Sortiments-, Aktions- oder Bevorratungs-Rabatte), Skonti, Boni, Preisnachlässe wegen Reklamationen, Gutschriften, Forderungsausfälle
3 Nettoumsatzerlöse (1 ./. 2)	Bewertung der abgesetzten Mengen zu Nettoverkaufspreisen
4 Variable Kosten	**Im Betrieb** Fertigungsmaterial, Hilfsstoffe, Fertigungslöhne einschließlich gesetzlicher und freiwilliger sozialer Aufwendungen, Energie und Fremdleistungen **Im Vertrieb** Verpackungen, Ausgangsfrachten, Verkaufsprovisionen
5. Deckungsbeitrag 1 (3 ./. 4)	Unterschied zwischen Nettoumsatzerlösen und variablen Kosten
6. Spezielle Fixkosten	**Produktgruppen** Gehälter einschließlich gesetzlicher und freiwilliger sozialer Aufwendungen, kalk. Abschreibung, kalk. Zinsen, Mieten, Heizung, Beleuchtung, etc. **Vertriebsgebiete** Gehälter einschließlich gesetzlicher und freiwilliger sozialer Aufwendungen, Kraftfahrzeugkosten, Reisespesen, Telephon, Porto, Werbung, kalk. Abschreibung, kalk. Zinsen, Büromaterial **Kundengruppen** Gehälter einschließlich gesetzlicher und freiwilliger sozialer Aufwendungen, Werbung, Verkaufsförderung, Listungsgebühren, kalk. Abschreibung, kalk. Zinsen, Telephonkosten, Porto, Büromaterial
7. Deckungsbeitrag 2 (5 ./. 6)	Unterschied zwischen Deckungsbeitrag 1 und speziellen Fixkosten

Im Außendienst gibt es unterschiedliche Entlohnungsformen. Einzelne Formen kommen auch kombiniert vor. Die einzelnen Entlohnungs-Systeme gehen aus der Tabelle 80 hervor.

Tabelle 80: Entlohnungs-Systeme im Außendienst

1. Fixum
2. Umsatz-Provision
   - lineare Umsatz-Provision
   - progressive Umsatz-Provision
   - degressive Umsatz-Provision
   - Mehrumsatz-Provision
3. Fixum + Umsatz-Provision
4. Prämiensysteme
   - Stück-Prämie
   - Plan-Erfüllungsprämie
5. Deckungsbeitrags-Provision
   - Einzel-Provision
   - Staffel-Provision nach Deckungsbeiträgen
   - Profit-Center-Beteiligung
   - Profit-Center-Pool-Beteiligung
6. Fixum + Deckungsbeitrags-Provision
7. Fixum + Umsatz-Provision + Deckungsbeitrags-Provision

Für die einzelnen Vertreter ist die Basis für die Errechnung der Deckungsbeitrags-Provision das Verkaufsgebiet, das als Profit-Center geführt wird. Nehmen wir an, daß die Bruttoumsatzerlöse 20 Mio. DM und die Erlösschmälerungen 2 Mio. DM ausmachen. Dann ergeben sich Netto-Umsatzerlöse in Höhe von 18 Mio. DM. Nach Abzug der variablen Kosten von 10,8 Mio. DM erhalten wir einen Deckungsbeitrag 1 von 7,2 Mio. DM. Unter Berücksichtigung der speziellen Fixkosten für das Verkaufsgebiet von 4,5 Mio. DM ergibt sich ein Deckungsbeitrag 2 von 2,7 Mio. DM. Die Einzelheiten können der *Tabelle 81* entnommen werden.

Tabelle 81: Profit-Center Verkaufsgebiet A

Bezeichnung	Mio. DM	%
Brutto-Umsatzerlöse ./. Erlösschmälerungen	20,0 2,0	111 11
= Nettoumsatzerlöse ./. variable Kosten	18,0 10,8	100 60
= Deckungsbeitrag 1	7,2	40
./. spezielle Fixkosten des Verkaufsgebiets	4,5	25
= Deckungsbeitrag 2	2,7	15

Nehmen wir an, daß bei der bisherigen Vergütungsmethode der Außendienstmitarbeiter ein Fixum von 3.500,– DM pro Monat erhielt. Er bekam also 42.000,– DM pro Jahr fest zugesagt. Daneben erhielt er eine Umsatz-Provision in Höhe von 20.000,– DM pro Jahr. Das gesamte Jahreseinkommen betrug also 62.000,– DM (vgl. Tabelle 82).

Tabelle 82: Bisherige Vergütungsmethode

Fixum:	3.500,– DM × 12	= 42.000,– DM
+ Umsatzprovision		= 20.000,– DM
Gesamtes Einkommen		= 62.000,– DM

Bei der neuen Vergütungsmethode bleibt das Fixum bestehen. Der variable Anteil von 20.000,– DM wird in Beziehung zum Deckungsbeitrag 2 seines Verkaufsgebietes gesetzt. Wenn die frühere Umsatz-Provision von 20.000,– DM durch die Höhe des Deckungsbeitrags 2 in Höhe von 2,7 Mio. DM geteilt wird, erhalten wir 0,74%. In Zukunft bekommt der Außendienstmitarbeiter jeweils 0,74% vom Deckungsbeitrag 2 seines Verkaufsgebietes, wie aus der *Tabelle 83* hervorgeht.

Tabelle 83: Neue Vergütungsmethode

Fixum:	*3.500,– DM* × 12	= 42.000,– DM
Bisheriges gesamtes Einkommen		= 62.000,– DM
Variables Einkommen		= 20.000,– DM

Profit-Center-Beteiligung

$$\frac{20.000,\text{– DM}}{2.700.000,\text{–DM}} = 0{,}74\%$$

Bei der Umstellung von der Umsatzprovision auf die Deckungsbeitragsprovision gehen wir davon aus, daß der Außendienstmitarbeiter zumindest so viel verdienen soll wie früher. In der Praxis zeigt sich meist, daß der Außendienstmitarbeiter nach der Umstellung mehr verdient, weil er dann die ertragsstärkeren Produkte eher forciert.

In vielen Unternehmen bestehen zum Teil erhebliche Spannungen zwischen dem Außen- und dem Innendienst. Dadurch gehen den Unternehmen oft beträchtliche Umsatzerlöse verloren. Um die bestehenden Konflikte zwischen Außen- und Innendienst zu beseitigen, sollte das Entlohnungs-System des Verkaufs-Innendienstes ebenfalls geändert werden.

Auch die Mitarbeiter im Verkaufs-Innendienst sollten eine Deckungsbeitrags-Provision erhalten, damit die Zusammenarbeit zwischen Außen- und Innendienst in Zukunft reibungsloser abläuft. Bei der Berechnung der Deckungsbeitrags-Provision für den Mitarbeiter im Verkaufs-Innendienst gehen wir folgendermaßen vor:

Wir nehmen an, daß er die Verkaufsgebiete A, B und C betreut. Die kurzfristige Erfolgsrechnung für die betreuten Verkaufsgebiete kann der *Tabelle 84* entnommen werden.

Tabelle 84: Profit-Center für die betreuten Verkaufsgebiete

Bezeichnung	Mio. DM	%
Bruttoumsatzerlöse Betreute Verkaufsgebiete A 20.000.000 DM B 5.000.000 DM C 10.000.000 DM	35,000	111
./. Erlösschmälerungen	3,500	11
= Nettoumsatzerlöse	31,500	100
./. variable Kosten	18,900	60
= Deckungsbeitrag 1	12,600	40
./. Spezielle Fixkosten der Verkaufsgebiete A, B, C	7,875	25
= Deckungsbeitrag 2	4,725	15

Tabelle 85: Bisherige Vergütungsmethode

Fixum:	3.000,– DM × 12	= 36.000,– DM
Umsatzprovision:		------
Gesamtes Einkommen		= 36.000,– DM

Der Mitarbeiter im Verkaufs-Innendienst soll in Zukunft ein Fixum von 80% erhalten. Das variable Einkommen beträgt dann 7.200,– DM. In Zukunft ist er am Profit-Center für die Verkaufsgebiete A, B und C beteiligt und erhält, wie aus der *Tabelle 86* hervorgeht, 0,15% bezogen auf den Deckungsbeitrag dieses Profit-Centers.

Tabelle 86: Neue Vergütungsmethode

Fixum:	80%	= 28.800,– DM
Bisheriges gesamtes Einkommen		= 36.000,– DM
Variables Einkommen		= 7.200,– DM

Profit-Center-Beteiligung

$$\frac{7.200,\text{– DM}}{4.725.000,\text{– DM}} = 0,15\%$$

MERKE

Die Provision wirkt um so stärker auf die Motivation und Leistungen der Mitarbeiter im Unternehmen, je enger die Provision an das tatsächliche Betriebsergebnis gekoppelt ist. Mit Hilfe der Deckungsbeitragsrechnung ist eine bessere Kontrolle der Erfolge im Unternehmen möglich. Die Unternehmer fallen dann nicht mehr auf hohe Umsatzerlöse herein, die möglicherweise sogar Verluste bringen.

Die Deckungsbeiträge 1 und/oder 2 dienen als Bezugsgröße für die Provision. Dadurch wird sichergestellt, daß die Provision für die Vertriebsleute nur dann steigt, wenn auch das Unternehmen mehr verdient.

In vielen Unternehmen hat sich die Umstellung von der Umsatzprovision auf die Deckungsbeitrags-Provision sehr positiv ausgewirkt. Da die Steuerung der Außendienstmitarbeiter durch die Umstellung wesentlich verbessert werden kann, kommt es meist zu einer beträchtlichen Erhöhung der Betriebsergebnisse.

3. Welche Probleme entstehen bei der Umstellung?

Bei der Umstellung von der Umsatz-Provision auf die Deckungsbeitrags-Provision entstehen bei vielen Mitarbeitern im Außendienst vor allem psychologische Probleme. Die meisten Außendienstmitarbeiter befürchten, daß sie in Zukunft weniger verdienen werden. Außerdem haben sie meist Angst, daß sie die neue Berechnungsweise nicht durchschauen können.

Die Umstellung von der Umsatz- zur Deckungsbeitrags-Provision kann unterschiedlich durchgeführt werden. Welches Verfahren gewählt werden soll, hängt insbesondere vom Vertrauensverhältnis zwischen der Unternehmensleitung und den Außendienstmitarbeitern ab. Die einzelnen Verfahren können der *Tabelle 87* entnommen werden.

Tabelle 87: Möglichkeiten der Umstellung

1. Umstellung ohne Parallel-Lauf
2. Umstellung ohne Parallel-Lauf, aber Risikobegrenzung nach unten
3. Umstellung mit einjährigem Parallel-Lauf
   3.1 Das Einkommen wird nach alter Methode bezahlt. Das Ergebnis der neuen Methode wird bekanntgegeben.
   3.2 Wer nach halbjährlichem Parallel-Lauf der neuen Methode zustimmt, erhält das Mehr-Einkommen der ersten 6 Monate ausgezahlt.
   3.3 Das Einkommen nach der neuen Methode wird von Anfang an ausgezahlt.
4. Umstellung mit mehrjährigem Parallel-Lauf
5. Mischformen der oben genannten Methoden

Wenn die Deckungsbeitrags-Provision in den Unternehmen eingeführt wird, reagieren die Außendienstmitarbeiter meist auf gleiche Weise. Die Ankündigung der Umstellung auf die Deckungsbeitrags-Provision ruft erfahrungsgemäß bei den meisten Mitarbeitern im Außendienst Mißtrauen hervor. Ohne die Einzelheiten zu kennen, vermuten die Außendienstmitarbeiter, daß ihre Einkommen gekürzt werden sollen.

Die Unternehmensleitung muß deshalb die Umstellung auf das neue Entlohnungs-System sorgfältig vorbereiten. Die Mitarbeiter im Außendienst sind im voraus ausführlich und anhand von Beispielen zu informieren, wie die Deckungsbeitrags-Provision errechnet wird und welche Auswirkungen das neue Entlohnungs-System auf das Einkommen der Außendienstmitarbeiter hat.

Die Unternehmensleitung sollte sich auch auf die Fragen, Einwände und Argumente gegen die Deckungsbeitragsentlohnung vorbereiten und mögliche Antworten parat haben. Es ist also nicht sinnvoll, das neue Entlohnungs-System im Rahmen einer Außendienst-Tagung nebenbei vorzustellen.

Fragen, Einwände und Argumente gegen die Deckungsbeitrags-Provision

a) Am häufigsten ist das Argument zu hören, daß durch die Umstellung auf die Deckungsbeitrags-Provision das Unternehmen den Außendienstmitarbeitern ihre Provisionen kürzen will, um selbst höhere Gewinne zu erzielen.

Den Mitarbeitern sollte klargemacht werden, daß für das Übergangsjahr eine Bestandsgarantie gewährt wird. Wenn ein Mitarbeiter nach der Deckungsbeitrags-Provision im ersten Jahr weniger als nach dem alten Entlohnungs-System verdient, erhält er einen Ausgleich am Ende des Geschäftsjahres.

b) Einige Außendienstmitarbeiter wenden ein, daß ihnen die betriebswirtschaftliche Berechnung als Basis für das neue Entlohnungs-System zu schwierig sei.

Die Unternehmensleitung muß anhand von einfachen Beispielen die Grundlagen der Berechnung erläutern. Diese Erläuterung sollte mündlich erfolgen und auf Wunsch auch in schriftlicher Form nachgeliefert werden.

c) Die Außendienstmitarbeiter fragen sich auch manchmal, welchen Einfluß sie auf die variablen Kosten und die speziellen Fixkosten haben.

Die variablen Kosten werden benötigt, um den Deckungsbeitrag 1 zu errechnen. Die speziellen Fixkosten für Marketing und Vertrieb können von den Mitarbeitern im Außendienst direkt beeinflußt werden. Die Mitarbeiter sollten aber auch auf die Materialkosten und die Lohnkosten einwirken, indem sie Vorschläge machen, auf welche Weise diese Kosten gesenkt werden können.

d) Manche Mitarbeiter meinen auch, daß die allgemeinen Fixkosten des Unternehmens laufend steigen und das Einkommen der Außendienstmitarbeiter negativ beeinflussen können.

Die Bemessungsgrundlage für den Prozentsatz der Provision ist der Deckungsbeitrag 2, der von den allgemeinen Fixkosten nicht beeinflußt wird. Die Erhöhung der allgemeinen Fixkosten für das gesamte Unternehmen hat also keinen Einfluß auf die Bezugsgröße für die Berechnung des Prozentsatzes.

e) Es kann auch vorkommen, daß im folgenden Geschäftsjahr die Umsätze zwar steigen, aber das Einkommen der Außendienstmitarbeiter geringer wird.

Diese Entwicklung tritt meist nicht ein. Eine Ursache dafür könnte sein, daß die Preise für das Material stark gestiegen sind, ohne daß diese Preiserhöhung an die Kunden weitergegeben werden kann. Es könnte auch vorkommen, daß in einem Verkaufsgebiet mehr Produkte mit geringeren Deckungsbeiträgen verkauft werden. Dadurch könnte die Rentabilität sinken. Weiterhin könnte passieren, daß die speziellen Fixkosten in den Verkaufsgebieten erheblich angestiegen sind.

Die Unternehmensleitung sollte die Mitarbeiter im Außendienst laufend darüber informieren, welche Veränderungen in den einzelnen Verkaufsgebieten pro Monat eingetreten sind. Der Mitarbeiter im Außendienst hat auch das Recht, die Provisions-Abrechnungen einzusehen und zu überprüfen.

f) Manche Außendienstmitarbeiter möchten auch wissen, welche Produkte forciert und welche Produkte eher eliminiert werden sollten.

Die Unternehmensleitung hat die Mitarbeiter laufend über die Produkte mit den höheren Deckungsbeiträgen 1 und 2 und über die ertragsschwachen Produkte zu informieren.

g) Es gibt auch immer noch Vertriebsleute, die meinen, daß sie die Kaufentschlüsse der Kunden nicht beeinflussen können. Sie behaupten, daß der Kunde nur kauft, was er auch kaufen will. Deshalb habe der Außendienstmitarbeiter keinen Einfluß auf das Sales-Mix.

Diese Ansicht entspricht nicht der Realität. Ein guter Mitarbeiter im Außendienst versucht stets, im Verkaufsgespräch die Produkte mit höheren Deckungsbeiträgen 1 und 2 herauszustellen. Da er dann auch eine höhere Provision erhält, wird er also meist die ertragsstarken Produkte forcieren.

MERKE

Der besondere Vorteil des neuen Entlohnungs-Systems liegt darin, daß beim Verkauf von ertragsstarken Produkten sowohl der Verkäufer als auch der Unternehmer mehr verdienen. Das Forcieren der Produkte mit hohen Deckungsbeiträgen 1 und 2 liegt also im Interesse beider Seiten.

4. Welche vertraglichen Änderungen müssen vorgenommen werden?

Bei der Umstellung des Entlohnungs-Systems von der Umsatz- auf die Deckungsbeitrags-Provision ist eine Änderung der Verträge mit den Außendienstmitarbeitern erforderlich. Die Unternehmensleitung muß eine Änderungskündigung vornehmen.

Für die Vertragsänderung sollte ein Rechtsanwalt eingeschaltet werden. Die Arbeitsverträge sind zu ändern und zu ergänzen.

Für einen Außendienstmitarbeiter, der bisher ein Fixum und eine Umsatzprovision erhielt, könnte die Ergänzung wie folgt aussehen:

Paragraph Vergütung

a) H. Meier erhält ein monatliches Bruttogehalt von DM ...., zahlbar am Ende eines jeden Monats.

b) Außerdem erhält H. Meier eine Deckungsbeitrags-Provision in Höhe von ....% aus dem in seinem Verkaufsgebiet erwirtschafteten Deckungsbeitrag 2.

c) Die Berechnung des Deckungsbeitrags 2 ergibt sich aus dem beiliegenden Beispiel, das mit H. Meier ausführlich besprochen wurde.

d) H. Meier erhält auf Wunsch jederzeit Einblick in die Berechnung und in die Unterlagen, die zum errechneten Ergebnis geführt haben.

e) Die Auszahlung der Deckungsbeitrags-Provision erfolgt nicht monatlich, sondern pro Quartal. Monatlich erhält er aber eine Abschlagszahlung in der erwarteten Höhe.

f) Die Abrechnung der erwirtschafteten Deckungsbeiträge 1 und 2 wird vierteljährlich vorgenommen.

MERKE

Die Verträge mit den Außendienstmitarbeitern müssen geändert werden, wenn das Entlohnungssystem von der Umsatz- auf die Deckungsbeitrags-Provision umgestellt werden soll. Deshalb ist auch eine Änderungskündigung erforderlich. Ein Rechtsanwalt kann die Vertragsänderungen einfach durchführen.

11 Qualitäts-Zirkel

1. Was verstehen wir unter Qualitäts-Zirkeln?

Qualitäts-Zirkel (Quality Circle) heißen die in japanischen Unternehmen üblichen Arbeitskreise. Seit Anfang der fünfziger Jahre ist es in fast allen japanischen Unternehmen üblich, mehrmals im Monat nach der Arbeitszeit gemeinsam über Produktionsverbesserungen nachzudenken. In der Zwischenzeit haben sich die Qualitäts-Zirkel in Japan längst von ihrer ursprünglichen Zielsetzung entfernt. Die Mitarbeiter beschränken sich nicht mehr nur auf Qualitätsverbesserungen, sondern erarbeiten auch gute Vorschläge zur Rationalisierung.

Die in Japan entwickelten Qualitäts-Zirkel haben in Europa inzwischen viele Nachahmer gefunden. Nach dem Erfolg der japanischen Arbeiterselbsthilfe in großen deutschen Unternehmen sollten auch kleinere und mittlere Unternehmen das fernöstliche Management-Modell einführen. Diese Form der gegenseitigen Motivation ist für die Unternehmen von großem Vorteil.

Mit den Qualitäts-Zirkeln können auch deutsche Unternehmen große Erfolge erringen. In manchen Unternehmen bestehen allerdings zwei große Hürden. Zwischen der Unternehmensleitung und den Mitarbeitern stehen oft zu hohe Mauern. Die Folge ist, daß sich die Arbeitnehmer im eigenen Unternehmen eher mit ihren Gewerkschaften als mit ihren Unternehmen identifizieren. Es kommt deshalb auch vor, daß die Arbeitnehmervertreter in manchen Unternehmen die Bemühungen boykottieren, Qualitäts-Zirkel einzuführen. In einigen Fällen kommt der Widerstand auch von den Führungskräften, weil durch die Einführung der Qualitäts-Zirkel die Entscheidungs- und Handlungsspielräume der Basis in den Unternehmen ausgeweitet werden. Mit der Einführung der Qualitäts-Zirkel in den Unternehmen kommt ein Lernprozeß in Gang, der für die Unternehmensleitung und die Mitarbeiter sehr positiv verlaufen kann.

Die europäischen Unternehmen müssen auf die japanischen Herausforderungen reagieren. Die höhere Produktivität der japanischen Unternehmen ist vor allem das Ergebnis einer besseren Motivation der japanischen Arbeitnehmer zur Leistung und Qualität. Manche europäischen Unternehmer versuchen immer noch, den Vormarsch der fernöstlichen Konkurrenz auf den Weltmärkten mit bewährten Ausreden zu erklären. Längere Arbeitszeiten, geringerer Urlaub, ein höherer Automatisierungsgrad und ein mentalitätsbedingter Arbeitseifer werden oft als Geheimrezepte für die Erfolge mit Autos, Kameras sowie Hifi- und Fernsehgeräten genannt. Bei genauerer Betrachtung der Situation müssen wir immer wieder feststellen, daß vor allem die Motivation als Führungsprinzip des japanischen Managements den Schlüssel zum Markterfolg darstellt.

MERKE

Die in Japan entwickelten Qualitäts-Zirkel wurden auch in vielen großen deutschen Unternehmen mit Erfolg eingeführt. Deshalb sollten kleinere und mittlere Unternehmen ebenfalls mit Qualitäts-Zirkeln arbeiten.

Zuerst beschränkten sich die Mitarbeiter der Qualitäts-Zirkel auf Qualitätsverbesserungen. Dann wurden auch gute Vorschläge zur Rationalisierung gemacht. Mit Hilfe der Qualitäts-Zirkel kann vor allem die Motivation der Mitarbeiter im Unternehmen wesentlich verbessert werden.

1.1 Definition

Ein Qualitäts-Zirkel besteht aus einer Gruppe von gewerblichen Mitarbeitern, die sich freiwillig etwa eine Stunde pro Woche oder Monat über Qualitätsprobleme im Unternehmen unterhalten. Wenn die Ursachen für die Probleme erkannt sind, werden Lösungsvorschläge erarbeitet und Verbesserungen veranlaßt. Die Mitarbeiter vor allem in der Produktion können also kreativ und innovativ tätig werden.

Ein Qualitäts-Zirkel muß das Problem und seine Ursachen möglichst umfassend erkennen und analysieren. Geschieht dies nicht, kann die Gruppe zwischen verschiedenen Lösungsansätzen hin und her schwanken. Es kommt dann auch vielfach zu völlig nutzlosen Lösungsvorschlägen.

Der Qualitäts-Zirkel darf sich aber nicht nur auf eine Diskussion am runden Tisch beschränken. Es müssen Daten gesammelt werden. Außerdem sind Gespräche mit den Betroffenen vor Ort zu führen. Praktische Versuche oder der Bau von Prototypen sowie kleine Testreihen können zum besseren Verständnis des Problemfalles beitragen. Dadurch werden eher Lösungsansätze gefunden. Solche Tätigkeiten stimulieren auch die Mitarbeiter in der Gruppe.

Für jeden Qualitäts-Zirkel sollte ein Moderator bestimmt werden, der die Arbeiten koordiniert. Der Moderator kann auch die Aufgaben innerhalb seiner Gruppe verteilen. Für Sonderprobleme sind zusätzliche Arbeitsgruppen zu bilden.

1.2 Zielsetzung

Die Ziele der Qualitäts-Zirkel sind sehr vielfältig. Neben der Motivation sind die Steigerung der Leistung und der höhere wirtschaftliche Nutzen positive Aspekte der Einführung der Qualitäts-Zirkel. Insbesondere das höhere Qualitätsbewußtsein und die bessere Einstellung zur Arbeit stellen weitere Vorteile dar. Eine zusätzliche Zielsetzung ist das verantwortliche Mitdenken der Mitarbeiter im Produktionsgeschehen. Die Arbeiter in der Produktion sollten zum selbständigen Denken angeregt werden. Anstatt ihre Arbeiten nur nach vorgegebenen Anweisungen auszuführen, sollten die Mitarbeiter konstruktive Vorschläge zur Beseitigung der bestehenden Probleme machen.

Tabelle 88: Ziele der Qualitäts-Zirkel

1. Verbesserung der Motivation
2. Qualitätsverbesserung durch ein höheres Qualitätsbewußtsein
3. Steigerung der Leistungen
4. Erhöhung des wirtschaftlichen Nutzens
5. Verbesserung der inneren Einstellung der Mitarbeiter zur Arbeit
6. Verantwortliches Mitdenken der Mitarbeiter
7. Anregung zum selbständigen Denken bei der Beseitigung von Problemen
8. Unterbreitung von konstruktiven Vorschlägen
9. Steigerung des Kostenbewußtseins der Mitarbeiter
10. Größere Verantwortungsbereitschaft der Mitarbeiter
11. Höhere Flexibilität im Unternehmen
12. Besseres Verhalten gegenüber Vorgesetzten
13. Freiwillige Aktivitäten der Mitarbeiter
14. Stärkeres Kundenbewußtsein
15. Reduzierung der Kosten durch Verringerung des Ausschusses
16. Senkung der Kosten durch Reduzierung der Reklamationen
17. Verminderung der Stillstandszeiten durch bessere Ausbildung
18. Steigerung der Produktivität durch schnelleres Erkennen von Störungen
19. Beseitigung von Schwachstellen durch eigene Verbesserungsvorschläge
20. Verbesserung des Betriebsklimas durch intensivere Zusammenarbeit

Die Anforderungen an das Qualitätsbewußtsein, an die Flexibilität der Mitarbeiter und an das Leistungsverhalten sollten erhöht werden. Auch die Verantwortungsbereitschaft, die Einstellung der Mitarbeiter zum Unternehmen und das Kostenbewußtsein können verbessert werden.

In der Anfangsphase beschäftigen sich die Qualitäts-Zirkel mit der Verbesserung der Produktqualität und mit den Problemen am Arbeitsplatz oder im unmittelbaren Arbeitsumfeld. Gemeinsam diskutieren die Teilnehmer der Qualitäts-Zirkel Produktionsprobleme und suchen nach Möglichkeiten, ihre Arbeit besser und kostengünstiger zu gestalten. Neben der Produktqualität und Qualitätssicherung geht es auch um die Qualitätsprüfung. Später verschieben sich die Schwerpunkte in Richtung Technik und Organisation.

Bei der Technik geht es insbesondere um neue Maschinen, Werkzeuge, Produktionsverfahren und Betriebsmittel. Weiterhin beschäftigen sich die Qualitäts-Zirkel dann intensiver mit der Aus- und Weiterbildung, mit der Sauberkeit und Sicherheit im Unternehmen. Es geht auch um die Verbesserung der Aufbau- und Ablauforganisation.

Im Laufe der Zeit findet also eine Verschiebung der Themen vom unmittelbaren Arbeitsplatz in Richtung eines höheren Automatisierungsgrads und einer Organisationsverbesserung statt. Für diese Trendänderung der Themen spielt die Sicherheit des Arbeitsplatzes eine große Rolle.

Folgende Gedankenkette zeigt sich immer wieder bei der Besprechung mit Qualitäts-Zirkeln:

Mehr Automatisierung

↓

Bessere Produktqualität

↓

Zufriedenere Kunden

↓

Höhere Marktfestigung

↓

Sicherer Arbeitsplatz

MERKE

Durch die Einführung der Qualitäts-Zirkel wird die Motivation der Mitarbeiter wesentlich verbessert. Daneben steht an oberster Stelle die Qualitätsverbesserung durch ein höheres Qualitätsbewußtsein der Mitarbeiter. Wenn die Qualität stimmt und die Zuverlässigkeit der Mitarbeiter zunimmt, erhöht sich auch die Produktivität im Unternehmen. Das Betriebsklima kann ebenfalls durch eine intensivere Zusammenarbeit zwischen der Unternehmensleitung und den Mitarbeitern verbessert werden.

1.3 Einführung

In einigen Unternehmen war die Unternehmensleitung am Anfang von der Idee der Qualitäts-Zirkel gar nicht begeistert. Nachdem sich aber die Erfolge gezeigt haben, hat mancher Unternehmer seine Meinung gründlich geändert. Die Ursache für den Sinneswandel lag oft im rapiden Rückgang der Zahl fehlerhafter Produkte. In einem Unternehmen wiesen bei der Endkontrolle früher über 10% der Produkte Mängel auf. Heute werden nur noch bei 2% der Produkte Fehler festgestellt.

Allerdings stellen sich die Erfolge nicht von selbst ein. Bis sie registriert werden, müssen erst die Mitarbeiter mit der neuen Idee vertraut gemacht werden. Auch die Moderatoren der Qualitäts-Zirkel sind erst auf ihre neuen Aufgaben vorzubereiten. Ohne intensives Training läuft auch in Qualitäts-Zirkeln nicht viel.

Wie alle organisatorischen Neuerungen durchlaufen auch Qualitäts-Zirkel mehrere Entwicklungsphasen. In vielen Unternehmen verlieren ihre Aktivitäten nach einer Anfangsbegeisterung an Interesse, wenn die Mitglieder der Gruppen nicht stetig motiviert werden und von der Unternehmensleitung nicht weiter gefördert werden.

In der Einführungsphase der Qualitäts-Zirkel kommt auf die Führungskräfte zusätzliche Arbeit zu, weil die Gruppen umfangreichere und genauere Informationen anfordern. Auch die Meister sind gefordert, denn sie müssen ihren kooperativen Führungsstil verbessern.

1.4 Zusammensetzung der Gruppe

Bei den Qualitäts-Zirkeln ist die Gruppenarbeit gefordert. Besonders den Individualisten im Unternehmen fällt die Gruppenarbeit schwer. Anders als beim betrieblichen Vorschlagswesen teilen sich bei diesem System alle Mitarbeiter der Gruppe den Erfolg oder Mißerfolg. Deshalb ist es meist erforderlich, daß in der Einführungsphase die Gruppenarbeit erst trainiert wird.

Fast in jedem Unternehmen gibt es Besserwisser, die die Gruppenatmosphäre vergiften. Auch Pessimisten stören die Gruppenarbeit mit der Bemerkung, daß der Vorschlag ja doch nicht realisiert wird. Die Theoretiker können auch notwendige Schritte im Unternehmen verhindern. Manche Praktiker wissen schon seit langem wie die Lösungen aussehen.

Die Gruppenbildung ist also nicht ganz einfach. Erst im Laufe der Zeit gelingt es, zufriedenstellende Gruppenzusammensetzungen aus verschiedenen Abteilungen und Bereichen zu finden. Die Kleinarbeit kann mühevoll sein. Der Lernprozeß ist oft langwierig.

Die Gruppe sollte als Team möglichst autonom agieren und ihre eigenen Aufgaben und Probleme selbständig handhaben. Die Qualitäts-Zirkel als Dauereinrichtung führen dann auch zu höheren Ansprüchen der Gruppenmitglieder. Sie fordern oft eine bessere Aus- und Weiterbildung für ihre Tätigkeit in den Qualitäts-Zirkeln und für ihre Arbeit im Unternehmen.

MERKE

Das wesentliche Ergebnis der Gruppenarbeit besteht in der besseren Motivation der Mitarbeiter am Arbeitsplatz. Die Arbeiter beginnen sich für die Probleme der Unternehmensleitung zu interessieren. Dadurch identifizieren sie sich auch wieder stärker mit dem Unternehmen.

1.5 Themenauswahl

Am Anfang ist es besonders schwierig, den Teilnehmern beizubringen, welche Themen sich für eine Diskussion in den Qualitäts-Zirkeln eignen.

Folgende Probleme können wir unterscheiden:

1. Probleme, die der Arbeitskreis selbst entdeckt, löst und abstellen kann.
2. Probleme, für deren Lösung der Qualitäts-Zirkel die Hilfe anderer Arbeitsgruppen benötigt.
3. Probleme, auf deren Beseitigung der Arbeitskreis keinen Einfluß hat.

Die ersten beiden Problemgruppen eignen sich für Diskussionen in Qualitäts-Zirkeln. Die Begeisterung der Teilnehmer hängt vor allem davon ab, wie schnell sich die einzelnen Vorschläge in der täglichen Arbeit verwirklichen lassen.

1.6 Moderator

Der Moderator bestimmt das Gruppengeschehen. In vielen Unternehmen übernehmen die vorgesetzten Meister die Rolle des Moderators. Der Moderator kann auch aus der gleichen Ebene wie die Mitarbeiter der Qualitäts-Zirkel kommen. In einigen Unternehmen hat sich gezeigt, daß der Moderator aus der Gruppenebene als die bessere Lösung angesehen wird. Der Moderator kann aber auch in einer anderen Abteilung arbeiten.

Die Wahl des Moderators eines Qualitäts-Zirkels sollte aber nicht ausschließlich der Gruppe überlassen werden, denn es werden nicht in allen Fällen die Fähigsten gewählt. Die Eigenschaften, die einen erfolgreichen Moderator einer Gruppe auszeichnen, sind nicht immer in einem Mitarbeiter zu finden, den alle schätzen.

1.7 Training der Moderatoren

Der Moderator hat eine wichtige Position inne. Er bestimmt das Gruppengeschehen und hat großen Einfluß auf den Erfolg oder Mißerfolg eines Qualitäts-Zirkels. Profilstreben des Moderators kann die Suche nach neuen Ideen behindern. Auch die fehlende Anerkennung des Moderators im Team kann sich negativ auf die Ergebnisse auswirken.

Die Moderatoren der Qualitäts-Zirkel müssen meist erst mit Hilfe von Videogeräten lernen, wie Diskussionen geleitet und wie die Ergebnisse in kurzen Berichten zusammengefaßt werden. Ein reibungsloser Ablauf stellt sich erst nach einiger Zeit ein.

In einigen Unternehmen werden die Moderatoren in einem Zwei-Tage-Training geschult. In anderen Unternehmen bilden sich die Moderatoren der Gruppen in regelmäßigen Abständen weiter. Dabei werden die Moderatoren mit verschiedenen Techniken vertraut gemacht, die in der Gruppenarbeit besonders erfolgreich eingesetzt werden können. Zu den Techniken gehören beispielsweise die ABC-Analyse und Kreativitätstechniken wie Brainstorming.

Den Leitern der Gruppen wird beispielsweise klar gemacht, daß nur eine geringe Zahl von Ursachen für die Mehrzahl aller Probleme verantwortlich ist. Deshalb müssen die Moderatoren regelmäßig geschult werden, laufend die kleine Zahl der folgenschweren Ursachen im Unternehmen zu suchen. Es geht also immer wieder darum, die wenigen A-Probleme zu finden, die große Kosten verursachen. Wenn die Mitarbeiter in den Qualitäts-Zirkeln die Technik der ABC-Analyse gut beherrschen, können in den Unternehmen erhebliche Kosten eingespart werden.

Die Moderatoren sollten im jährlichen Rhythmus in externen Seminaren weiter geschult werden. Ein regelmäßiger Erfahrungsaustausch in den eigenen Reihen ist ebenfalls sinnvoll.

Die Kosten, die beim sorgfältigen Training der Moderatoren entstehen, machen sich schnell bezahlt, da die Qualitäts-Zirkel dann wesentlich effizienter arbeiten können. In der Einführungsphase ist also großer Wert auf ein systematisches Training zu legen.

1.8 Koordinator

Wenn im Unternehmen mehrere Qualitäts-Zirkel tätig sind, ist es sinnvoll, einen Koordinator zu bestimmen, der die Themen der Qualitäts-Kreise abstimmt und die erforderlichen Informationen beschafft. Die Funktion des Koordinators kann beispielsweise der Controller wahrnehmen.

Die Aufgaben des Koordinators sind komplex und erfordern einen Mitarbeiter, der die notwendige Überzeugung für Qualitäts-Zirkel mitbringt und mit Engagement und Begeisterung die auf ihn zukommenden Probleme bewältigt.

Der Koordinator ist das Bindeglied zwischen der Unternehmensleitung und den einzelnen Qualitäts-Zirkeln. Er muß auch eine Vermittlertätigkeit zu anderen Abteilungen und zur Unternehmensleitung übernehmen.

Das Aufgabengebiet des Koordinators ist sehr umfangreich. Neben der Abstimmung der Themen für die Qualitäts-Zirkel und der Informationsbeschaffung muß der Koordinator aktive Hilfestellung bei der Erstellung von Testreihen oder bei der Durchführung von Versuchen leisten, das Interesse für die Qualitäts-Zirkel fördern, die Moderatoren und Mitarbeiter trainieren und eine Kontrollfunktion ausüben.

Tabelle 89: Aufgaben des Koordinators

1. Themenauswahl	Befragung der Abteilungen Aufstellung einer Prioritätenliste
2. Informationen	Beschaffung von Daten Vermittlungsgespräche
3. Betreuung	Erfahrungsaustausch Schlichtungsgespräche Motivationsverbesserungen
4. Förderung der Interessen	Unternehmensleitung Führungskräfte Mitarbeiter
5. Vermittlertätigkeit	Unternehmensleitung Abteilungen
6. Hilfestellungen	Erstellung von Testreihen Durchführung von Versuchen Sammlung von Beweisen
7. Training der Moderatoren	Interne und externe Schulung Gruppentraining ABC-Analyse Kreativitätstechniken
8. Berichtswesen	Monatsberichte Präsentationen
9. Kontrollfunktion	Gesprächstermine Gruppenharmonie Erfolgskontrolle

1.9 Ausblick

In den meisten Unternehmen weisen die Qualitäts-Zirkel eine Reihe von Erfolgen auf. Die Wirtschaftlichkeitsbetrachtung ist generell positiv. Neben den materiellen Ergebnissen, die eindeutig gemessen werden können, gibt es auch noch immaterielle Aspekte, die für die Einführung von Qualitäts-Zirkeln sprechen.

Die Zielgrößen für Qualitäts-Zirkel werden in der Regel erreicht. Neben der Verminderung der Qualitätsfehler und der Verbesserung der Qualitätssicherung zeigt sich vor allem meistens eine bessere Motivation der Mitarbeiter im Unternehmen.

Die Themen der Qualitäts-Zirkel erweitern sich im Laufe der Zeit. In einigen Unternehmen übernehmen die Qualitäts-Zirkel bereits Aufgaben, die früher im technischen Bereich angesiedelt waren. Dazu gehören beispielsweise:

Tabelle 90: Erweiterte Aufgaben der Qualitäts-Zirkel

1. Analyse von Ausschußschwachstellen
2. Aufstellung von Wartungsplänen
3. Überwachung von Produktionsverfahren
4. Überarbeitung von Arbeitsanweisungen
5. Erstellung von Checklisten für Maschineninspektionen

Neben den festen Qualitäts-Zirkeln können auch spezielle Qualitäts-Zirkel eingerichtet werden. Die festen Qualitäts-Zirkel wenden sich nach erfolgreicher Durchführung von erarbeiteten Lösungsvorschlägen neuen Themen zu. Spezielle Qualitäts-Zirkel werden für zeitlich begrenzte Problemstellungen eingesetzt und arbeiten wie Projekt-Gruppen. Die speziellen Arbeitskreise setzen sich aus wechselnden Mitarbeitern zusammen und lösen sich nach der Lösungsfindung und Durchführung der Lösungen wieder auf.

MERKE

Grundsätzlich kann die Einführung von Qualitäts-Zirkeln empfohlen werden. Die Einführung muß allerdings systematisch geplant und durchgeführt werden. Die Unternehmensleitung hat die Idee der Qualitäts-Zirkel voll zu unterstützen. Die erfolgreiche Einführung der Qualitäts-Zirkel hat unmittelbare Wirkung auf die Arbeitnehmer, denn sie sind dann stolz auf ihre Arbeit.

2. Wie sieht die Arbeitsmethode der Qualitäts-Zirkel aus?

Der Erfolg der Idee der Qualitäts-Zirkel hängt entscheidend davon ab, wie gründlich die Unternehmensleitung die Führungskräfte und die Mitarbeiter auf allen Ebenen vorbereitet. Die Unternehmensleitung und die Führungskräfte müssen oft erst vom Nutzen der Qualitäts-Zirkel überzeugt werden, bevor die Mitarbeiter an der Basis instruiert werden, wie sie mit der neuen Konzeption umzugehen haben.

Einige Grundregeln sind bei der Einführung der Qualitäts-Zirkel zu beachten, damit sich der Erfolg dieser Konzeption bald einstellt. Es kommt insbesondere auf folgende Merkmale an:

a) Personalentwicklung
Die Unternehmensleitung muß sich klar dafür entscheiden, die Personalentwicklung im Unternehmen zu fördern. Durch Qualitäts-Zirkel können brachliegende Fähigkeiten der Mitarbeiter aktiviert und nicht genutzte Reserven anderer Mitarbeiter entdeckt werden.

b) Zielsetzung
Die Ziele sind genau zu definieren. Die Verbesserung der Qualitäts-Standards und die Senkung der Kosten haben dabei neben der besseren Motivation höchste Priorität.

c) Freiwilligkeit
Die Mitarbeiter lassen sich nur dann davon überzeugen, daß die Qualitäts-Zirkel für sie von Interesse sind, wenn diese Arbeit auf freiwilliger Basis erfolgt. Der Erfolg bleibt meist aus, sobald die Unternehmensleitung bestimmt, wer in den Qualitäts-Zirkeln mitarbeiten muß.

d) Treffen
Die Treffen der Qualitäts-Zirkel sollten alle 2 bis 3 Wochen stattfinden. Die Gruppen bestehen aus 5 bis 10 Mitarbeitern.

e) Gruppenarbeit
Die Qualitäts-Zirkel setzen Gruppenarbeit voraus. Qualitäts-Kreise sind also kein Forum für Einzelkämpfer. Innerhalb der Gruppe muß jeder Teilnehmer die gleiche Chance zur Mitarbeit haben.

f) Gruppenerfolg
Das gemeinsam erarbeitete Ergebnis ist entscheidend. Es kommt also nicht auf die Beiträge der einzelnen Mitarbeiter innerhalb der Gruppe an. Die Initiativen einzelner Mitarbeiter der Gruppe müssen von den anderen Teilnehmern gemeinsam getragen und verteidigt werden.

g) Praxisnähe
Die Probleme und Themen, die in Qualitäts-Zirkeln behandelt werden, müssen aus dem eigenen Unternehmen kommen. Die Mitglieder der Gruppe sind nur auf ihren Gebieten wirkliche Experten.

h) Unternehmensleitung
Die Unternehmensleitung und die Führungskräfte müssen die Konzeption der Qualitäts-Zirkel kennen und unterstützen. Ob und wie die einzelnen erarbeiteten Vorschläge aus den Qualitäts-Kreisen verwirklicht werden, entscheidet allein die Unternehmensleitung.

i) Betriebsrat
Der Betriebsrat muß von Anfang an über die Ziele der Qualitäts-Zirkel informiert werden. Vor der Einführung der Qualitäts-Zirkel sollte der Betriebsrat diese neue Konzeption akzeptieren.

j) Training
Die Moderatoren der Qualitäts-Zirkel müssen systematisch geschult werden. Sie sind dafür verantwortlich, daß allen Mitgliedern der Gruppen das fachliche Wissen und die benötigten Informationen zur Verfügung stehen.

k) Koordinator
Für die konstruktive Arbeit der einzelnen Qualitäts-Zirkel sollte ein Koordinator sorgen. Seine Aufgaben sind klar zu definieren und allen Teilnehmern mitzuteilen.

l) Probelauf
Zuerst sollte ein Probelauf eines Qualitäts-Zirkels vereinbart werden. Sobald dieser Probelauf beendet ist, müssen alle Beteiligten das Ergebnis ihrer Arbeit qualitativ und quantitativ überprüfen. Dann ist festzulegen, ob der Qualitäts-Zirkel so weiter arbeiten sollte. Die Gruppe kann auch beschließen, ob die Qualitäts-Kreise noch ausgeweitet oder veränderten Bedingungen angepaßt werden sollten.

m) Präsentation
Jede Gruppe muß die erarbeiteten Lösungsvorschläge der Unternehmensleitung präsentieren. Die Arbeit der Qualitäts-Zirkel ist allerdings nicht mit der Präsentation abgeschlossen. Die Gruppe hat auch die Wege der Erfolgskontrolle aufzuzeigen.

n) Kontrolle
Die Gruppen müssen prüfen, ob die von ihnen vorgeschlagenen Lösungen in die Praxis umgesetzt wurden und ob sich die erwarteten Erfolge eingestellt haben. Bleibt der Erfolg hinter den Erwartungen zurück oder gar völlig aus, muß die Gruppe sich noch einmal mit diesem Fall beschäftigen. Auf diese Weise lassen sich die Vor- und Nachteile der durchgeführten Maßnahmen erkennen. Dadurch ist eine stetige Verbesserung in technischer und organisatorischer Hinsicht zu erreichen.

o) Erfolg

Die Qualitäts-Zirkel können in den Unternehmen erfolgreich tätig werden, wenn sie die volle Unterstützung der Unternehmensleitung erfahren. Die Mitarbeiter identifizieren sich eher mit dem Unternehmen. Das Interesse an der Arbeit wächst ständig durch die aktive Mitgestaltung bei Änderungen am Arbeitsplatz und beim Abbau von Mißständen. Durch die enge Zusammenarbeit mit der Unternehmensleitung nehmen auch die Mißverständnisse innerhalb des Unternehmens ab. Mit Hilfe der Mitentscheidung über Qualitäts-Zirkel können die Unternehmen ihre Mitarbeiter besser an das Unternehmen binden, denn sie identifizieren sich dann voll und ganz mit ihm.

Qualitäts-Zirkel entwickeln sich nach ihrem Erfolg. Lob und Anerkennung durch die Unternehmensleitung allein reichen nicht aus. Mißerfolge können die Qualitäts-Zirkel nur schwer verkraften. Falls die erhofften Ergebnisse ihrer Arbeit mehrmals ausbleiben, können sich Qualitäts-Zirkel langsam wieder auflösen. Qualitäts-Zirkel erwarten eine Bestätigung ihrer gemeinsamen Aktionen durch einen sichtbaren Erfolg. Die Gruppen leben also vom Feed-Back der Erfolgskontrollen.

MERKE

Die Arbeitsmethode der Qualitäts-Zirkel sollte genau festgelegt und allen Mitarbeitern bekanntgegeben werden. Die Unternehmensleitung, die Führungskräfte und die anderen Mitarbeiter in den einzelnen Abteilungen müssen gut zusammenarbeiten. Damit der Erfolg der Qualitäts-Zirkel sich bald zeigt, sind also einige Grundregeln bei der Einführung der Qualitäts-Zirkel zu beachten.

3. Welche Probleme können bei Qualitäts-Zirkeln auftreten?

Bei der Einführung der Qualitäts-Zirkel können verschiedene Probleme auftauchen. Aber auch nach erfolgreicher Durchführung von Qualitäts-Zirkeln entstehen immer wieder Fragen, die gelöst werden müssen, damit diese Konzeption weiterhin sinnvoll eingesetzt werden kann. Für viele Probleme gibt es Lösungsansätze und Verhaltensregeln, die beachtet werden sollten.

Folgende Probleme treten in den einzelnen Unternehmen immer wieder auf:

a) Die Unternehmensleitung zeigt relativ wenig Interesse an der Einführung von Qualitäts-Zirkeln.

Um die Idee der Qualitäts-Zirkel im Unternehmen erfolgreich zu praktizieren, ist es unbedingt erforderlich, daß die Unternehmensleitung die Konzeption der Qualitäts-Zirkel voll unterstützt. Ohne eine positive Einstellung der Unternehmensleitung zu

Qualitäts-Zirkeln sollte mit der Einführung dieser Konzeption nicht begonnen werden. In vielen Fällen ändert die Unternehmensleitung ihre Einstellung, wenn ihr Erfahrungsberichte über Qualitäts-Zirkel von anderen Unternehmen vorgelegt werden.

b) Der Betriebsrat ist gegen das System der Qualitäts-Zirkel.

Vor der Einführung der Qualitäts-Zirkel muß der Betriebsrat von dieser Idee überzeugt werden. Wenn es Schwierigkeiten geben sollte, können Besuche bei Unternehmen durchgeführt werden, die bereits positive Erfahrungen mit Qualitäts-Zirkeln gemacht haben. Ohne Akzeptanz durch den Betriebsrat sollte mit der Einführung der Qualitäts-Zirkel nicht begonnen werden.

c) Die Anzahl der freiwilligen Mitarbeiter ist zu gering.

Der Grund für die zu geringe Anzahl der Freiwilligen liegt oft darin, daß die Informationen über die positiven Aspekte der Qualitäts-Zirkel nicht umfassend waren. Deshalb sollte ein Seminar über einige Stunden durchgeführt werden, an dem die Mitarbeiter, die Meister und die Führungskräfte der einzelnen Abteilungen teilnehmen. Die Informationen müssen gezielt von oben nach unten und umgekehrt weitergegeben werden.

d) Zu viele Mitarbeiter möchten freiwillig an Qualitäts-Zirkeln teilnehmen.

Es ist sinnvoll, mit Pilotgruppen bei der Einführung zu beginnen. Für bestimmte Themen ist zunächst eine sorgfältige Auswahl der Teilnehmer zu treffen. Auf eine gute Zusammenarbeit der Teilnehmer ist zu achten, damit die ersten Themen erfolgreich bearbeitet und abgeschlossen werden können. Die restlichen Teilnehmer sollten erst bei weiteren Qualitäts-Zirkeln mitarbeiten.

e) Für die Bearbeitung durch die Qualitäts-Zirkel fehlen geeignete Themen.

Bei den Führungskräften und Meistern sollte eine Umfrage über geeignete Themen durchgeführt werden. Dabei ist darauf zu achten, daß die Problemfälle vor allem überschaubar und relativ einfach zu lösen sind. Die Gruppe sollte sich nicht gleich mit den kompliziertesten Problemen befassen. Nach der Umfrage ist ein Themenkatalog zusammenzustellen. Die Themen sollten nach Prioritäten geordnet werden.

f) Ein Qualitäts-Zirkel hat ein zu schwieriges Thema ausgewählt und kommt zu keiner überzeugenden Lösung.

Bei der Themenauswahl durch die Gruppe ist darauf zu achten, daß zunächst einfachere Themen ausgewählt werden, für die Lösungsmöglichkeiten in Sicht sind. Wenn ein Thema sich als zu schwierig erweist und keine überzeugenden Lösungen erarbeitet werden können, sollte dieses Thema einfach abgesetzt und erst zu einem späteren Zeitpunkt wieder aufgenommen werden.

g) Über die Reihenfolge der Themenbearbeitung besteht in der Gruppe keine Einigkeit.

Bei der Themenauswahl muß in der Gruppe auf eine demokratische Abstimmung geachtet werden. Die Reihenfolge der Themenbearbeitung sollte sich nach folgenden Kriterien richten:

1. Interesse für das Thema
2. Dringlichkeit
3. Schwierigkeitsgrad
4. Lösungsmöglichkeiten

h) Die Begeisterung der Gruppenmitglieder läßt langsam nach.

Zuerst müssen die Ursachen gefunden und die Fehler beseitigt werden. Die Teilnehmer der Qualitäts-Zirkel sind neu zu motivieren. Es können auch neue Mitglieder in die Gruppe kommen und andere Teilnehmer ausscheiden.

i) Einige Gruppenmitglieder zeigen kaum noch Interesse und fehlen häufiger.

Mit diesen Mitgliedern sind Einzelgespräche zu führen. Die Ursachen für das mangelnde Interesse müssen gesucht werden. Diesen Mitgliedern kann auch empfohlen werden, für eine bestimmte Zeit aus dem Qualitäts-Zirkel auszuscheiden.

j) Nicht-Beteiligte greifen Vorschläge der Qualitäts-Zirkel auf und reichen sie selbst als Einzelvorschläge ein.

Bei der Einführung der Qualitäts-Zirkel sollte in einer Betriebsvereinbarung festgelegt werden, daß alle ausgewählten Themen bis zum Ablauf eines Jahres nach der Präsentation durch die Qualitäts-Zirkel für Einzelvorschläge gesperrt sind.

k) Die Qualitäts-Zirkel entwickeln nur Scheinlösungen.

Damit Scheinlösungen vermieden werden, sollte jede Gruppe nach folgendem Schema vorgehen, um zu einer systematischen Lösung der ausgewählten Probleme zu kommen:

1. Klare Definition des Problems
2. Suche nach Ursachen, die zu diesem Problem führen
3. Sorgfältige Analyse der Ursachen und Suche nach Beweisen
4. Entwicklung von verschiedenen Lösungen
5. Bewertung der einzelnen Lösungen
6. Entscheidung möglichst für eine Lösung
7. Festlegung der Erfolgskontrolle

l) Die Qualitäts-Zirkel verlieren den Überblick und kommen nicht weiter.

Für alle Qualitäts-Zirkel ist ein bestimmter Ablauf der Sitzungen festzulegen. Nach jeder Sitzung ist ein kurzer Bericht anzufertigen, der folgende Punkte enthalten sollte:

1. Anwesende
2. Sitzungsinhalt
3. Stand der Dinge
4. Geplante Schritte
5. Nächste Sitzung

m) Ein Qualitäts-Zirkel bringt einen Lösungsvorschlag ein, der auch von der Unternehmensleitung genehmigt, aber dann nicht eingeführt wird.

Die Unternehmensleitung hat darauf zu achten, daß die genehmigten Lösungsvorschläge möglichst auch unverzüglich realisiert werden. Die Qualitäts-Zirkel brauchen nämlich Erfolgserlebnisse. Mit einem neuen Thema sollte nicht begonnen werden, solange die Bestätigung der vorherigen Arbeit fehlt. Es ist auch sinnvoll, Mitglieder des Qualitäts-Zirkels mit der Einführung der Lösungsvorschläge zu betrauen.

n) Die Unternehmensleitung lehnt die von einem Qualitäts-Zirkel gemachten Lösungsvorschläge ab.

Wenn die Lösungsvorschläge abgelehnt werden, sollte möglichst die Unternehmensleitung selbst den Gruppenmitgliedern erklären, weshalb die Lösungsvorschläge überhaupt nicht oder erst später realisiert werden können. Ist die Unternehmensleitung laufend über den aktuellen Stand der Lösungsvorschläge informiert, muß es erst gar nicht zur Ablehnung einer Präsentation kommen. Die Unternehmensleitung kann dann bereits vorher die Entwicklungsmöglichkeiten beeinflussen.

MERKE

Bei der Arbeit der Qualitäts-Zirkel können verschiedene Probleme auftreten. Zuerst sind die Ursachen für diese Probleme zu suchen und zu analysieren. Für viele Probleme ergeben sich Lösungsansätze und Verhaltensregeln, die von der Unternehmensleitung und allen Mitarbeitern in den Qualitäts-Zirkeln beachtet werden sollten.

12 Rabatt-Analyse

1. Welche Ziele werden mit der Gewährung von Rabatten verfolgt?

Rabatte sind Preisnachlässe für Waren und Leistungen, um einen einheitlichen Angebotspreis gegenüber verschiedenen Abnehmern zu differenzieren. Vom Istpreis wird entweder ein absoluter Betrag oder ein Prozentsatz des Angebotspreises abgezogen.

Rabatte ermöglichen eine flexiblere Handhabung der Preispolitik. Auf diese Weise kann eine Differenzierung der Preise für unterschiedliche Kunden vorgenommen werden. Die Beliebtheit der Rabatte beruht meist auf einem psychologischen Effekt. Die Kunden fühlen sich durch den Preisnachlaß bevorzugt behandelt. Es entsteht der Eindruck, daß der Kauf dieser Waren und Leistungen besonders günstig ist.

Die Gewährung von Preisnachlässen gegenüber Endverbrauchern wird durch das Rabattgesetz geregelt. Dieses Gesetz läßt das Ankündigen und Gewähren von Rabatten im geschäftlichen Verkehr mit Endverbrauchern nur in beschränktem Umfang zu. Skonti sind beispielsweise nur bis zur Höhe von 3% des Rechnungsbetrages zulässig.

Mit der Gewährung von Rabatten sollen folgende Ziele verfolgt werden:

Tabelle 91: Ziele der Rabattgewährung

1. Umsatzerhöhung (Mengenrabatte)
2. Zeitliche Verteilung des Auftragseinganges (Zeitrabatte)
3. Verstärkung der Kundenbindung (Treuerabatte)
4. Weitergabe von Rationalisierungsvorteilen
5. Bevorzugte Behandlung von Kunden
6. Günstigere Angebote
7. Differenzierung der Preise

MERKE

Rabatte sind Preisnachlässe, die den Abnehmern gewährt werden. Sie sind ein indirektes Mittel, um die Preise für einzelne Kunden zu variieren.

2. Welches Rabattsystem sollte gewählt werden?

Wir unterscheiden Rabattsysteme für Wiederverkäufer und für Endverbraucher. Aus der *Tabelle 92* können die verschiedenen Rabattarten entnommen werden.

Tabelle 92: Rabattsysteme

Wiederverkäufer-Ebene

Rabattsysteme Wiederverkäufer					
Funktions-Rabatte	Mengen-Rabatte	Zeit-Rabatte	Treue-Rabatte	Barzahlungs-Rabatte	Sonder-Rabatte
Pauschal-Rabatte	Volumen-Rabatte	Einführungs-Rabatte		Skonti	Personal-Rabatte
Absatz-Rabatte	Zusammensetzungs-Rabatte	Vorausbestellungs-Rabatte			Beamten-Rabatte
Finanzierungs-Rabatte	Abschluß-Rabatte	Saison-Rabatte			Vereins-Rabatte
	Umsatz-Rabatte	Auslauf-Rabatte			Weiterverarbeitungs-Rabatte
	Aktions-Rabatte	Bevorratungs-Rabatte			

Verbraucher-Ebene

Rabattsysteme Endverbraucher		
Skonti	Rabattmarken	Rückvergütungen

Ein Unternehmer kann einen oder auch mehrere Rabatte gleichzeitig gewähren. Von bedeutenden Kunden werden einigen Unternehmen auch eine Reihe von Rabatten abverlangt.

Folgende Rabatte können wir unterscheiden:

a) Funktionsrabatt
Dieser Rabatt wird an Händler gewährt, die einen Teil der Handelsfunktionen des Lieferanten übernehmen. Mit dieser Vergütung sollen die anfallenden Handlungskosten gedeckt werden.

b) Mengenrabatt
Dieser Preisnachlaß wird für die Abnehmer von größeren Mengen in einer Lieferung angeboten. Der Mengenrabatt soll ein Anreiz zum Kauf größerer Mengen pro Auftrag sein. Dadurch kann der Lieferant die Kosten pro Auftrag senken und auch die Abwicklungskosten reduzieren. Dieser Rabatt kann als Bar- oder Naturalrabatt (Mehrlieferung) gewährt werden.

Der Bonus ist auch ein Mengenrabatt, der auf eine Menge meist pro Jahr gewährt wird. In der Praxis bezieht sich der Bonus meist auf eine kumulierte Menge oder auf einen kumulierten Umsatz. Die Basis für die Berechnung des Bonus ist der insgesamt erreichte Absatz oder Umsatz mit einem Abnehmer am Ende eines jeden Jahres.

c) Zeitrabatt
Der Zeitrabatt wird angeboten, wenn die Bestellungen zu bestimmten Zeitpunkten oder in genau festgelegten Perioden erfolgen. Dadurch soll der Absatz des Lieferanten möglichst gleichmäßig über das Jahr verteilt werden. Dieser Rabatt wird auch gewährt, um bestimmte Auslaufmodelle zu verkaufen. Der gleiche Preisnachlaß kann aber für die vorzeitige Abnahme von Saisonartikeln angeboten werden.

d) Treuerabatt
Der Treuerabatt wird für langjährige Geschäftsverbindungen gewährt. Wenn ein Kunde bestimmte Produkte in einem festgelegten Zeitraum von einem Lieferanten bezieht, kann er ebenfalls einen Treuerabatt erhalten.

e) Barzahlungsrabatt
Dieser Rabatt wird angeboten, um den Zahlungsvorgang zu beschleunigen. Diese Vergütung kann für schnelle Zahlung der Rechnungen angeboten werden. Der Barzahlungsrabatt wird im gleichen Sinne wie Skonto verwendet.

f) Sonderrabatte
Es gibt viele Arten von Sonderrabatten. Der Personalrabatt beispielsweise wird den in einem Unternehmen Beschäftigten gewährt. Bestimmten Personen- und Berufsgruppen kann ebenfalls ein Rabatt eingeräumt werden. Dann reden wird von Beamten-, Vereins- oder Weiterverarbeitungsrabatten.

MERKE

Für den Unternehmer ist es wichtig, den Nutzen der Rabattgewährung zu bestimmen. Die Höhe der gewährten Rabatte hat sicherlich einen Einfluß auf die Kaufentscheidungen der Kunden. Dagegen stehen die Einbußen bei den Umsatzerlösen. Beide Gesichtspunkte sollten bei der Rabattgewährung berücksichtigt werden.

3. Wie sind die Rabatte zu kalkulieren?

Wenn ein Unternehmen Rabatte und Skonti anbietet, ist darauf zu achten, daß alle Preisnachlässe auch in der Kalkulation berücksichtigt werden. Ist dies nicht der Fall, dann reduzieren die gewährten Rabatte und Skonti den kalkulierten Gewinn.

Beispiel: Kalkulation eines Auftrags

Ein Auftrag mit folgenden Einzelkosten soll in einem Industrieunternehmen kalkuliert werden:

Fertigungsmaterial	300 DM
Fertigungslöhne	400 DM
Sondereinzelkosten der Produktion	250 DM
Sondereinzelkosten des Vertriebs	55 DM

Die Einzelkosten wurden von der Arbeitsvorbereitung ermittelt.

Der Betriebsabrechnungsbogen weist als Gemeinkostenzuschläge aus:

Materialgemeinkosten	15%
Fertigungsgemeinkosten	150%
Verwaltungsgemeinkosten	5%
Vertriebsgemeinkosten	10%

Zur Errechnung des Brutto-Angebotspreises wurden noch folgende Daten zur Verfügung gestellt:

Gewinnzuschlag	20%
Skonto	3%
Rabatt	30%

Tabelle 93: So kalkulieren Sie richtig:

1	Fertigungsmaterial	300 DM
2	Materialgemeinkosten (15% v. H.)	45 DM
3	Materialkosten (1+2)	345 DM
4	Fertigungslöhne	400 DM
5	Fertigungsgemeinkosten (150% v. H.)	600 DM
6	Sondereinzelkosten der Produktion	250 DM
7	Fertigungskosten (4+5+6)	1.250 DM
8	Herstellkosten (3+7)	1.595 DM
9	Verwaltungsgemeinkosten (5% v. H.)	80 DM
10	Vertriebsgemeinkosten (10 v. H.)	160 DM
11	Sondereinzelkosten des Vertriebs	55 DM
12	Selbstkosten	1.890 DM
13	Gewinnzuschlag (20 v. H.)	378 DM
14	Barverkaufspreis	2.268 DM
15	Skonto (3% i. H.)	70 DM
16	Zielverkaufspreis	2.338 DM
17	Rabatt (30% i. H.)	1.002 DM
18	Angebotspreis netto	3.340 DM

Bei der Berechnung des Skontos beträgt der Barverkaufspreis 97%. Auch bei der Ermittlung des Rabatts ist zu beachten, daß der Zielverkaufspreis 70% ausmacht.

MERKE

Bevor Rabatte gewährt werden, ist darauf zu achten, daß die Preisnachlässe auch in der Kalkulation berücksichtigt werden. Sonst wird der kalkulierte Gewinn reduziert.

Bei der Kalkulation errechnen wir beispielsweise die Materialgemeinkosten in Höhe von 15% auf der Basis des Fertigungsmaterials. Es handelt sich also um eine Vom-Hundert-Rechnung. Die Rabatte dagegen werden im Hundert errechnet.

4. Welche Auswirkung hat eine zusätzliche Rabattgewährung auf den Deckungsbeitrag?

In vielen Unternehmen wird nicht erkannt, wieviele Produkte mehr verkauft werden müssen, um nach der zusätzlichen Rabattgewährung den gleiche Gewinn wie vorher zu erzielen.

Teilweise werden Rabatte und Sonderrabatte eingeräumt, die bereits den Deckungsbeitrag des Produktes auf Null bringen. Selbst wenn das einzelne Produkt eine Kürzung des Deckungsbeitrages verkraften könnte, kann die Summe der Deckungsbeiträge aller Produkte des Unternehmens nicht mehr die speziellen und die allgemeinen Fixkosten des Unternehmens abdecken. Es kommt also zu einem nicht erwarteten Verlust.

Beispiel für eine Rabatt-Analyse

Die folgende Rabatt-Analyse zeigt die Auswirkungen einer zusätzlichen Rabattgewährung von 5,95% für den Deckungsbeitrag 1 deutlich auf. Dieser vom Verkäufer zusätzlich gewährte Rabatt war nicht im Verkaufspreis kalkuliert. Es ist sinnvoll, im eigenen Unternehmen ebenfalls zu überprüfen, welche Konsequenzen mit der eigenen Rabattgewährung verbunden sind.

Tabelle 94: Rabatt-Analyse

Kalkulation		Bezeichnung	Zusätzliche Rabattgewährung von 5,95%	
DM	%		DM	%
233,92	120,58	Verkaufspreis ./.5,95 zusätzlicher Rabatt	233,92 13,92	
		Preis nach zusätzlichem Rabatt	220,–	
23,39 210,53 10,53	(:0,9) 108,52 (:0,95)	./.10% Rabatt Preis nach Rabatt ./.5% Sonderrabatt	22,– 198,– 9,90	
200,– 6,–	103,09 (:0,97)	Brutto-Umsatzerlös ./.3% Skonto	188,10 5,64	
194,–	100,00	Netto-Umsatzerlös	182,46	100,00
60,– 44,–	30,93 22,68	Fertigungs-Material Fertigungslöhne	60,– 44,–	32,88 24,11
104,–	53,61	Variable Kosten	104,–	57,00
90,–	46,39	Deckungsbeitrag 1	78,46	43,00

Aus der Rabatt-Analyse geht hervor, daß bei einer zusätzlichen Rabattgewährung von 5,95% auf den Verkaufspreis von 233,92 DM der Brutto-Umsatzerlös von 200,– DM auf 188,10 DM sinkt. Die Auswirkungen auf den Deckungsbeitrag 1 können aus der Tabelle ebenfalls entnommen werden. Nach der Rabattgewährung ergibt sich nur noch ein Deckungsbeitrag 1 in Höhe von 78,46 DM. Im Vergleich zum Deckungsbeitrag 1 ohne zusätzliche Rabattgewährung in Höhe von 90,– DM ist der Deckungsbeitrag 1 nach dem Rabatt um 12,82% gesunken.

MERKE

Bei der Gewährung von zusätzlichen Rabatten täuschen sich oft die Vertriebsleute. Sie unterstellen häufig, daß ein zusätzlicher Rabatt von beispielsweise 5% auch nur einen Rückgang des Gewinnes um 5% bewirkt. Viele Vertriebsleute wissen nicht, daß bereits der Deckungsbeitrag 1 überproportional abnimmt.

Da die meisten Mitarbeiter im Außendienst immer noch eine Umsatzprovision erhalten, merken sie auch nichts von den Folgen. Anders verhält es sich bei einer Deckungsbeitrags-Provision. Jede Gewährung von zusätzlichen Rabatten macht sich dann nicht nur beim Unternehmen, sondern auch beim Einkommen der Mitarbeiter im Außendienst bemerkbar.

5. Welche Absatzsteigerung ist erforderlich?

Ein Absatz größerer Stückzahlen, der über den Preis erzielt werden soll, bedarf sehr eingehender Berechnungen in bezug auf seine Auswirkungen auf das Gesamtergebnis des Unternehmens. Außerdem ist in diesem Falle häufig eine Abstimmung mit der Produktion notwendig, um sicherzustellen, daß die erforderlichen Produktmengen auch rechtzeitig produziert werden können. Es ist deshalb wichtig, die notwendige Absatzsteigerung bei Preisnachlässen zu errechnen.

So rechnen Sie richtig:

Folgende Formel können Sie dazu verwenden:

$$\text{Notwendige Absatzsteigerung in \% der Einheiten} = \frac{\text{Preissenkung in \% vom bisherigen Verkaufspreis}}{100 - \text{bisherigen variable Kosten in \% vom bisherigen Netto-Umsatzerlös} - \text{Preissenkung in \% vom bisherigen Verkaufspreis}} \times 100$$

Auf unser ***Beispiel*** bezogen ergibt sich folgender Wert:

$$\text{Notwendige Absatzsteigerung in \% der Einheiten} = \frac{5{,}95}{100 - 53{,}61 - 5{,}95} \times 100$$

$$= 14{,}71\%$$

In unserem ***Beispiel*** wurden bisher 1000 Stück hergestellt und verkauft. Nach der Gewährung eines zusätzlichen Rabattes in Höhe von 5,95% müßte das Unternehmen 14,71% mehr Stück, also 1147,1 Stück absetzen, um den gleichen Deckungsbeitrag 1 wie bisher zu erzielen.

In der nachfolgenden *Tabelle 95* erfolgt die Probe. In der linken Spalte stehen die Zahlen für 1000 Stück bei einem Verkaufspreis von 233,92 DM. Nach der zusätzlichen Rabattgewährung in Höhe von 5,95% müssen 1147 Stück zu 220,– DM pro Stück abgesetzt werden, damit der gleiche Deckungsbeitrag von rund 90.000,– DM erzielt wird.

Tabelle 95: Abzusetzende Einheiten

	Bisher	Nach der Rabattgewährung
	DM	DM
Verkaufspreis	233.920	252.340
./. 10% Rabatt	23.392	25.234
Preis nach Rabatt	210.5428	227.106
./. 5% Sonder-Rabatt	10.526	11.355
Brutto-Umsatzerlös	200.002	215.751
./. 3% Skonto	6.000	6.473
Netto-Umsatzerlös	194.002	209.278
Variable Kosten	104.000	119.288
Deckungsbeitrag 1	90.002	89.990
Abzusetzende Einheiten	1.000	1.147

MERKE

Das Arbeiten mit Rabatten im Vertrieb kann gefährlich sein. Viele Vertriebsleute wissen nicht, welche Folgen die zusätzliche Rabattgewährung auf die dann zu verkaufenden Mengen hat. Wie aus unserem Beispiel hervorgeht, müssen bei einer zusätzlichen Rabattgewährung von 5,95% mehr Produkte in Höhe von 14,71% verkauft werden, um den gleichen Deckungsbeitrag 1 zu erwirtschaften wie vor der Rabattgewährung.

Zuerst muß überprüft werden, ob der Kunde dann auch diese zusätzliche Menge von 147 Stück oder besser mehr abnimmt. Das zweite Problem besteht darin, herauszufinden, ob die bestehende Kapazität im Unternehmen ausreicht, um die zusätzlichen Mengen auch zu rechten Zeit zu produzieren.

13 Verkaufsgebiets-Analyse

1. Wie sieht eine Abweichungs-Analyse aus?

Für Unternehmen, die ihre Produkte in verschiedenen Gebieten und in mehreren Ländern vertreiben, ist es empfehlenswert, auch Verkaufsgebiets-Analysen durchzuführen, um die unterschiedlichen Deckungsbeiträge der einzelnen Verkaufsgebiete genauer untersuchen zu können. Die Analyse der Verkaufsgebiete zeigt die Unterschiede in der Verkaufsgebietsstruktur sowie die Bedeutung der einzelnen Verkaufsgebiete für das Unternehmen.

Aus den Berichten kann man entnehmen, ob das Potential aller Gebiete gleichmäßig ausgeschöpft wird und ob das eine oder andere Gebiet zu groß oder aber zu klein ist. Auch die Verkaufsgebiete lassen sich als Profit-Center organisieren. Dann sind die Verkaufsleiter der einzelnen Gebiete für die Gewinnziele verantwortlich, die bei der Unternehmensplanung festgelegt werden.

Die Daten sollten monatlich erfaßt und kumuliert aufgezeichnet werden. Auch die Soll- und Ist-Werte sowie die Abweichungen sollten in dem Bericht enthalten sein (Tabelle 96).

Tabelle 96: Verkaufsgebiets-Analyse

Verkaufsgebiete	1		2		3	
	TDM	%	TDM	%	TDM	5
Umsatzerlöse	200	100,0	150	100,0	80	100,0
Variable Kosten	150	75,0	120	80,0	60	75,0
Deckungsbeitrag 1	50	25,0	30	20,0	20	25,0
Vertrieb	15	7,5	20	13,3	9	11,3
Lager	5	2,5	5	3,3	2	2,5
Versand	2	1,0	3	2,0	1	1,3
Produktion	3	1,5	6	4,0	2	2,5
Summe der speziellen Fixkosten	25	12,5	34	22,0	14	17,6
Deckungsbeitrag 2	25	12,5	(4)	(2,7)	6	7,4

Bei genauer Betrachtung der Verkaufsgebiets-Analyse stellen wir fest, daß im Verkaufsgebiet 2 die Deckungsbeiträge 2 negativ sind. Diese Tatsache ist im Unternehmen vor der Verkaufsgebiets-Analyse nicht bekannt gewesen.

Bei einer Abweichungsanalyse sollten schwache Verkaufsgebiete möglichst mit dem besten Verkaufsgebiet verglichen werden. Dann werden die Unterschiede und die Verbesserungsmöglichkeiten besonders deutlich. Wir vergleichen also das Verkaufsgebiet 2 mit dem Verkaufsgebiet 1.

Der Controller hat die Abweichungsanalyse anhand der vorliegenden Zahlen zu erstellen. Den Führungskräften sollten die Daten vor der Besprechung bereits zur Verfügung gestellt werden, damit sie sich entsprechend vorbereiten können.

Die Abweichungsanalyse sollte möglichst im Team durchgeführt werden. Dem Team haben folgende Führungskräfte anzugehören: Marketing- und Vertriebsleute, Produktleiter, Leiter der Materialwirtschaft sowie der Controller. Es ist sinnvoll, wenn der Controller die Arbeiten im Team koordiniert. Außerdem sollte er die Moderation im Team übernehmen, da zwischen dem Controller und den einzelnen Funktionsbereichen im Unternehmen normalerweise keine Konflikte bestehen.

Abweichungsanalyse des Verkaufsgebietes 2 im Vergleich zum Verkaufsgebiet 1

Der Controller sollte zuerst mit den Abweichungen bei den Deckungsbeiträgen 1 und 2 beginnen. Dann sind die Abweichungen bei den Umsatzerlösen sowie bei den variablen Kosten und speziellen Fixkosten zu ermitteln.

Der Deckungsbeitrag 1 beträgt im Verkaufsgebiet 1 25% und im Verkaufsgebiet 2 nur 20%. Die Differenz macht 5% Punkte oder 20% aus. Der Deckungsbeitrag 2 beläuft sich im Verkaufsgebiet 1 auf 12,5% und im Verkaufsgebiet 2 auf minus 2,7%. Es ergibt sich also eine Differenz von 15,2% Punkten oder von 121,6%.

Nachdem die einzelnen Ursachen für die ermittelten Abweichungen festgestellt worden sind, muß ein Maßnahmenplan erstellt werden, um die Deckungsbeiträge 1 und 2 im Verkaufsgebiet 2 zu verbessern. Eine bessere Steuerung des Verkaufsgebietes 2 kann um so schneller durchgeführt werden, je früher die Abweichungsanalyse im Team erfolgt und je konsequenter die beschlossenen Maßnahmen realisiert werden.

Umsatzerlöse

a) Analyse

Im Verkaufsgebiet 1 werden 200.000,– DM umgesetzt. In der gleichen Zeit betragen die Umsatzerlöse im Verkaufsgebiet 2 nur 150.000,– DM. Die Differenz macht 50.000,– DM oder 25% aus. Bevor die Ursachen analysiert werden, sollte noch die Zusammensetzung der Produktgruppen und der Kundengruppen in den beiden Verkaufsgebieten untersucht werden. Eine ABC-Analyse der Produkt- und Kundengruppen ist vorzunehmen, um die Unterschiede in den beiden Verkaufsgebieten deutlich zu machen.

b) Ursachen

Die Ursachen für den niedrigeren Umsatz im Verkaufsgebiet 2 sollten möglichst in Gruppenarbeit ermittelt und analysiert werden. Folgende Ursachen können für einen um 25% niedrigeren Umsatz im Verkaufsgebiet 2 maßgebend sein:

Tabelle 97: Ursachen für niedrigeren Umsatz

- geringere Kaufkraft
- kleineres Verkaufsgebiet
- unterschiedliche Kundenstruktur
- ungünstigere Konditionen
- Gewährung von höheren Rabatten
- schlechte Qualifikation der Verkäufer
- zu niedrige Besucherfrequenz bei A+B-Kunden
- geringes Marktpotential
- zu viele kleinere Aufträge
- ungünstige Zusammensetzung des Verkaufsprogrammes
- schlechter Informationsfluß
- höhere Forderungsausfälle
- weniger Aufträge wegen zu hoher Preise
- schlechtere Distribution
- mangelhafter Service
- zu schlechte Plazierung der Produkte
- schlechtere Werbung
- ungünstigere Vertriebswege
- stärkere Konkurrenz
- nicht optimales Produkt-Mix
- andere Nachfragestruktur
- schlechtere Führung der Vertriebsmannschaft
- zu hohe Reklamationen
- höhere Skonti
- mehr Rücklieferungen
- zu viele Qualitätsprobleme
- zu hohe Boni
- geringe Motivation der Vertriebsleute
- Nachfrageverschiebungen

Variable Kosten

a) Analyse

Die Analyse der variablen Kosten in den beiden Verkaufsgebieten macht deutlich, daß die Umsatzerlöse im Verkaufsgebiet 2 kleiner und die variablen Kosten im Vergleich zum Verkaufsgebiet 1 größer sind. Im Verkaufsgebiet 2 sind die variablen Kosten um 5% Punkte oder um 6,7% höher als im Verkaufsgebiet 1.

b) Ursachen
Für die unterschiedlich hohen variablen Kosten müssen im Team die Ursachen möglichst genau ermittelt werden. Maßgebend können die in *Tabelle 98* aufgeführten Ursachen sein.

Tabelle 98: Ursachen für höhere variable Kosten

- höhere Verpackungskosten
- Verkauf von Produkten mit höheren Lohnkosten (arbeitsintensivere Produkte)
- zu hohe Provisionen für freie Handelsvertreter
- Verkaufspreise zu niedrig, deshalb relativ hohe variable Kosten
- zu hohe Frachtkosten
- Verkauf von zu vielen Sonderanfertigungen
- Verkauf von mehr Produkten, die nur in geringerer Stückzahl hergestellt werden (= Erfahrungskurve kommt nicht zur Wirkung)
- höhere Stromkosten bei der Produktion
- Verkauf von materialintensiveren Produkten
- höhere Kosten für Fremdleistungen (Konstruktion, Subunternehmer)

Vertriebskosten

a) Analyse
Auch die Vertriebskosten in den beiden Verkaufsgebieten müssen exakt analysiert werden, da sie besonders stark voneinander abweichen. Die Vertriebskosten betragen im Verkaufsgebiet 1 7,5% und im Verkaufsgebiet 2 13,3%. Der Unterschied beträgt 5,8% Punkte oder 77,3%.

b) Ursachen
Da der Unterschied in den beiden Verkaufsgebieten 77,3% beträgt, sind insbesondere die Marketing- und Vertriebsleute gefordert, die wesentlichen Ursachen für die enormen Abweichungen zu bestimmen. Die möglichen Ursachen können der *Tabelle 99* entnommen werden.

Tabelle 99: Ursachen für höhere Vertriebskosten

- schlechte Vertriebsorganisation
- zu lange Vertriebswege
- zu hohe Gehälter der Vertriebsleute
- zu viele Mitarbeiter im Innen- und/oder Außendienst
- zu hohe Pkw-Kosten
- zu hohe Werbungskosten
- zu große Streuverluste bei der Werbung
- zu langes Kundenziel
- zu geringe durchschnittliche Auftragsgrößen
- zu viele B+C-Kunden-Besuche
- mehr gefahrene Kilometer pro Auftrag
- ungünstige Kundenstruktur
- weniger qualifizierte Verkäufer
- stärkerer Wettbewerb
- zu hohe Kosten für Verkaufsförderungsmaßnahmen
- zu hohe Mieten für die Büroräume
- höhere Schulungskosten
- zu häufige Besuche von weniger wichtigen Kunden
- ineffiziente Auftragsabwicklung
- zu hohe Reisekosten
- zu hohe Bewirtungskosten
- schlechte Tourenplanung
- höhere Kosten für Marktforschung
- keine effizienten Verkaufsförderungsmaßnahmen
- schlechte Auftragsbearbeitung
- zu hohe Telefonkosten
- viele kleinere Aufträge
- zu hohe Spesen
- höhere Provisionssätze
- schlechte Vorbereitung auf die Verkaufsgespräche
- Verkauf ertragsschwacher Produkte
- zu hohe Fluktuation der Vertriebsleute

Lagerkosten

a) Analyse

Die Lagerkosten belaufen sich im Verkaufsgebiet 1 auf 2,5% und im Verkaufsgebiet 2 auf 3,3%. Der Unterschied beträgt 0,8% Punkte oder 32%.

b) Ursachen
Folgende Ursachen können für die um 32% höheren Lagerkosten im Verkaufsgebiet 2 maßgebend sein:

Tabelle 100: Ursachen für höhere Lagerkosten

- größere Mengen auf Lager
- längere Lagerdauer
- höhere Kapitalbindung
- Fremdlager
- größeres Lager gemietet
- höhere Mieten für das Lager
- schlechtere Lagerhaltung
- höhere Verluste durch Schwund oder Diebstahl
- mehrere Läger
- schlechtere Organisation im Lager
- keine optimalen Bestellmengen errechnet
- mehr Lagerhüter
- weniger qualifizierte Lagerarbeiter
- schlechtere Leistungen der Lagerarbeiter
- höhere Versicherungskosten
- häufigere Pflege, Wartung, Bewegung
- Speziallager erforderlich (Kühlhaus)
- größere Räume erforderlich
- Umschlagshäufigkeit des Lagers geringer
- mehr Lagerpersonal
- teureres Regalsystem vorhanden
- größere Gabelstapler erforderlich

Versandkosten

a) Analyse
Die Versandkosten betragen im Verkaufsgebiet 1 1,0% und im Verkaufsgebiet 2 2,0%. Die Differenz macht 1,0% Punkte oder 100% aus. Der Versand im Verkaufsgebiet 2 ist also 100% teurer als im Verkaufsgebiet 1.

b) Ursachen
Für den doppelt so teuren Versand im Verkaufsgebiet 2 können folgende Ursachen vorliegen:

Tabelle 101: Ursachen für höhere Versandkosten

- aufwendigere Verpackung
- höhere Kosten für Spediteure
- mehr Kleinaufträge
- mehr Mitarbeiter im Versand
- weitere Versandwege
- zuviel Einzelversand
- besondere Versandvorschriften (Gefahrengüter)
- schlechtere Organisation
- längere Auftragsabwicklung
- Spezialtransporte erforderlich
- teureres Verpackungsmaterial
- mehr Expreßversand oder Eilgut
- zu aufwendiges Verpackungsmaterial
- keine Abholung durch Kunden
- schlechtere Verpackungstechnik
- zu wenig Sammeltransporte
- viele Kleinkunden
- wenig effiziente Bearbeitung im Versand

Produktionskosten

a) Analyse
Die Kosten der Produktion im Verkaufsgebiet 1 sind 1,5% im Gegensatz zu 4,0% im Verkaufsgebiet 2. Der Unterschied beträgt 2,5% Punkte oder 167%.

b) Ursachen
Da die Produktionskosten für das Verkaufsgebiet 2 167% höher liegen als im Verkaufsgebiet 1, müssen die Ursachen für diesen Unterschied sorgfältig ermittelt und analysiert werden.

Folgende Ursachen können vorliegen:

Tabelle 102: Ursachen für höhere Produktionskosten

- zu viel Einzelfertigung
- arbeitsintensivere Produktion
- Einsatz von Spezialmaschinen
- kostenintensivere Fertigung wegen strengerer gesetzlicher Auflagen
- zu viele Sonderanfertigungen
- Verkauf von Produkten in geringerer Stückzahl
- Einsatz von veralteten Maschinen
- weniger qualifizierte Mitarbeiter
- viel Nacharbeit erforderlich
- viele Probleme mit der Qualität
- höhere Umweltauflagen

MERKE

Wenn neben der Produktgruppen-Analyse auch eine Verkaufsgebiets-Analyse regelmäßig im Unternehmen durchgeführt wird, erhalten die Unternehmensleitung und die Führungskräfte einen besseren Einblick in die Stärken und Schwächen des eigenen Unternehmens.

Auch eine Kundengruppen-Analyse sollte gemacht werden. Diese speziellen Analysen bringen immer wieder überraschende Ergebnisse, die nicht stets positiv sind.

Durch die einzelnen Analysen kann die Transparenz in den Unternehmen verbessert werden. Nach den Analysen müssen die eigentlichen Ursachen für die Abweichungen möglichst objektiv ermittelt werden. Erst dann ist es möglich, gezielte Maßnahmen zu beschließen, um die aufgedeckten Schwächen im Unternehmen zu beseitigen.

Wenn die Analysen und die Ursachenforschungen im Team erledigt werden, findet ein enormer Lernprozeß statt. Die Unternehmensleitung und die Führungskräfte erhalten einen wesentlich besseren Einblick in die anderen Verantwortungsbereiche und können dann auch konstruktiver an Problemlösungen mitarbeiten.

2. Welche Maßnahmenpläne sind zu erstellen?

Die Maßnahmenpläne hängen von den Ergebnissen der Abweichungsanalyse ab. Der Vergleich der Verkaufsgebiete 1 und 2 ermöglicht einen guten Einblick in ihre Stärken und Schwächen.

Durch die separate Analyse der Umsatzerlöse, der variablen Kosten und der speziellen Fixkosten können die Ursachen für einzelne Abweichungen genauer ermittelt werden. Zuerst müssen Maßnahmen für die bedeutendsten Schwachstellen erarbeitet, beschlossen und verwirklicht werden.

Zur Beseitigung der Schwachstellen sollte ein Team gebildet werden, dem Führungskräfte aus den wichtigen Verantwortungsbereichen angehören. Die einzelnen Ursachen müssen sorgfältig überprüft werden. Sobald die wesentlichen Ursachen erkannt sind, hat das Team Maßnahmen, die in Maßnahmenpläne aufgenommen werden müssen, zu diskutieren und zu beschließen.

Neben den einzelnen Maßnahmen ist auch festzulegen, welche Führungskräfte für die Durchführung der einzelnen Maßnahmen verantwortlich sind. Das Team hat ebenfalls zu bestimmen, in welchen Abständen Kontrollen vorgenommen werden sollen, um sicherzustellen, ob die einzelnen Maßnahmen auch ihre Wirkung zeigen.

Aufgrund der einzelnen Maßnahmen können Soll-Werte in den betreffenden Verantwortungsbereichen festgelegt werden. Die geplanten Werte sind dann, möglichst auf monatlicher Basis, mit den effektiv erreichten Werten zu vergleichen. Durch den monatlichen Soll-Ist-Vergleich kann schnell ermittelt werden, ob die beschlossenen Maßnahmen greifen.

Werden weiterhin Abweichungen über mehrere Monate festgestellt, so sollte das Team die einzelnen Ursachen noch einmal ergründen und gegebenenfalls die beschlossenen Maßnahmen modifizieren, um die Probleme doch noch in den Griff zu bekommen. Durch die ständige Rückkopplung können die Unternehmensleitung und die Führungskräfte also schnell erkennen, wie erfolgreich die einzelnen Maßnahmen sind.

Die unterschiedlichen Maßnahmen sind in Maßnahmenpläne aufzunehmen, die für die Verantwortungsbereiche separat zu erstellen sind. Folgende Maßnahmen könnten von einem Team entwickelt und der Unternehmensleitung zur Genehmigung vorgeschlagen werden:

Tabelle 103: Maßnahmenplan

Gegenstand	Maßnahmen
Umsatzerlöse	Absatzmarkt genauer analysieren Höhere Umsatzvorgaben festlegen Verkaufspreise gezielt erhöhen Bessere Beratung der Kunden durchführen Service wesentlich verbessern Termintreue genauer beachten Kundenbedarf exakter ermitteln Besuchsfrequenzen für A- und B-Kunden neu festlegen Qualifikation der AD- und ID-Mitarbeiter verbessern Detailliertes Management-Informations-System einführen
Variable Kosten	Weniger materialintensive Produkte verkaufen Günstigere Einkaufspreise erzielen Beschaffungsmarkt besser analysieren Sorgfältigere Lieferantenauswahl treffen Materialfehler schneller entdecken Verbrauch von Hilfsstoffen senken Verpackungskosten reduzieren Verkauf von Sonderanfertigungen vermeiden Kosten für Fremdleistungen reduzieren Provisionsstaffel für freie Handelsvertreter überprüfen
Vertriebskosten	Bessere Auftragsabwicklung durchführen Intensivere Kundenpflege bei A- und B-Kunden betreiben Fachtagungen für Kunden organisieren Einsatz von Händlern für Standard-Produkte einplanen Gezieltere Werbung in Auftrag geben Reklamationen reduzieren Verkaufsaktivitäten verstärken Neue Produkte entwickeln Bessere Produktschulung durchführen Neu-Kunden-Werbung forcieren Bessere Verkaufsunterstützung gewähren Informationsfluß an AD-Mitarbeiter verbessern Gezielte Marktforschung betreiben Konkurrenz-Analyse vornehmen Personalkosten im Vertrieb senken Entlohnung auf Deckungsbeitrags-Basis (Nutzen-Provision) einführen

Gegenstand	Maßnahmen
Vertriebskosten	Aus- und Weiterbildung der AD- und ID-Mitarbeiter intensivieren Motivation der Mitarbeiter im Vertrieb verbessern Konzentration auf Produkte mit höheren Deckungsbeiträgen veranlassen
Lagerkosten	Lagermengen reduzieren Lagerumschlag der A- und B-Produkte erhöhen Fremdlager schließen Lagerhaltung verbessern Lagerhüter eliminieren Lagerpersonal besser schulen Optimale Bestellmengen ermitteln Lagerpersonal reduzieren Besseres Regalsystem einführen Lagerorganisation ändern
Versandkosten	Aufwendige Verpackung eliminieren Angebote von mehreren Spediteuren einholen Kleinaufträge vermindern Auftragsabwicklung verkürzen Weniger Expreßversand durchführen Kleinaufträge von Kunden abholen lassen Verpackungstechnik verbessern Mehr Sammeltransporte organisieren Zahl der Kleinkunden reduzieren Effizientere Bearbeitung im Versand durchführen
Produktionskosten	Maschinelle Ausstattung verbessern Rationellere Produktion durchführen Einarbeitung der Mitarbeiter verbessern Höhere Auslastung der Maschinen erreichen Bessere Vorgaben machen Personaleinsatz überprüfen Produktivität erhöhen Arbeitsablauf straffen Wartungskosten durch vorsorgliche Wartung senken Interne Pannen vermeiden Terminsteuerung verbessern Mehr Fachpersonal ausbilden Kapazitätsplanung einführen

Gegenstand	Maßnahmen
Produktionskosten	Arbeitsplatzanalysen durchführen EDV intensiver einsetzen Produktqualität verbessern Bessere Auftragssteuerung vornehmen Weniger Sonderanfertigungen veranlassen Arbeitsintensivere Produktion reduzieren Nacharbeit vermindern

MERKE

Zuerst müssen die Ursachen für die einzelnen Abweichungen ermittelt werden. Durch separate Analysen können die aufgetretenen Abweichungen genauer untersucht werden.

Zur Beseitigung der Schwachstellen sollte ein Team gebildet werden. Zunächst muß sich das Team mit den bedeutendsten Schwachstellen befassen. Alle Maßnahmen sind in Maßnahmenplänen aufzunehmen.

Es muß auch eindeutig festgelegt werden, welche Führungskräfte für die Durchführung der beschlossenen Maßnahmen verantwortlich sind. Auch die Kontrollen hinsichtlich der Wirkung sollten auf monatlicher Basis erfolgen.

Wenn weiterhin Abweichungen auftreten, die durch die laufenden Soll-Ist-Vergleiche aufgedeckt werden, muß das Team die einzelnen Ursachen noch einmal gründlich analysieren. Die beschlossenen Maßnahmen sind dann gegebenenfalls zu modifizieren, um die Probleme besser in den Griff zu bekommen.

14 Wertanalyse

1. Was ist eine Wertanalyse?

Die Wertanalyse ist ein nach besonderen Regeln ablaufendes Innovationsverfahren. Ursprünglich wurde die Wertanalyse besonders zur Kostensenkung bei Produkten eingesetzt. Dieses Verfahren eignet sich aber auch zum Aufspüren von Rationalisierungsmöglichkeiten und zur Verbesserung des Betriebsablaufs.

Die Wertanalyse wurde ständig weiterentwickelt. Sie kann zur Lösung immer neuer Probleme im Unternehmen eingesetzt werden. Dieses Verfahren wird beispielsweise auch für die Qualitätsverbesserung verwendet. Die Wertanalyse hat sich inzwischen zu einem Führungsinstrument entwickelt, das auch in kleineren und mittleren Unternehmen mit großem Erfolg praktiziert werden kann.

Durch den zunehmenden Wettbewerb nimmt der Druck auf die Verkaufspreise zu. Wesentliche Gründe für schrumpfende Gewinne liegen auch bei den laufend steigenden Kosten für Material und Löhne. Die höheren variablen Kosten führen dazu, daß die Deckungsbeiträge sinken, wenn die Preiserhöhungen nicht an die Kunden weitergegeben werden können. Die Wertanalyse ist für die Unternehmensleitung so wichtig, da mit dieser Methode die Kosten gesenkt werden können.

Das Ziel der Wertanalyse besteht darin, die notwendigen Funktionen eines Produktes, eines Materials oder einer Dienstleistung zu den niedrigsten Kosten zu erreichen, ohne daß auf Qualität, Sicherheit oder Verkäuflichkeit verzichtet werden muß. Im Gegensatz zu anderen Kostensenkungsprogrammen geht die Methode der Wertanalyse davon aus, die Funktion des Untersuchungsobjektes zu erfragen. Es wird untersucht, wie diese Funktion zu niedrigsten Kosten ausgeführt werden kann. Die Systematik der Wertanalyse soll allerdings nicht in Konkurrenz zu anderen Rationalisierungstechniken stehen. Die Wertanalyse stellt ein Instrument für die Unternehmensleitung dar, das andere Techniken ergänzen soll.

Die Zielvorgaben für Kostensenkungen liegen zwischen 10 und 20%. Der Erfolg der Wertanalyse-Methode hängt wesentlich von der Unterstützung durch die Unternehmensleitung ab. Wenn sie von der Leistungsfähigkeit dieser Methode überzeugt ist, kann sie auch die Mitarbeiter für die Wertanalyse-Methode begeistern. Allerdings setzt dieses Verfahren die Bereitschaft zur Teamarbeit voraus. Alle Verantwortungsbereiche müssen bereit sein, gemeinsam an Problemlösungen mitzuarbeiten.

Jeder Unternehmer muß sich bemühen, neue Produkte auf den Markt zu bringen, die mit niedrigsten Kosten hergestellt werden können. Das Umsetzen der Erfordernisse und der Bedürfnisse des Marktes in technische Lösungen erfolgt zuerst in der Konstruktion und in der Versuchsabteilung. Die Produktionskosten werden also wesentlich von den Entscheidungen beeinflußt, die in der Entwicklungsphase getroffen werden.

Die Änderungskosten für ein Produkt steigen progressiv an, wenn die Stadien Idee, Konzeption, Konstruktion, Materialeinkauf, Versuch, Arbeitsvorbereitung, Produktion und Gebrauch durchlaufen sind. In den Phasen der Konstruktion und des Materialeinkaufs zeigt die Wertanalyse ihre größte Wirkung.

Die Wertanalyse kann aber auch eingesetzt werden, wenn das Produkt bereits am Markt eingeführt ist. Da die Produkte dem Wettbewerb unterliegen, ist das Verhältnis zwischen Kosten und Nutzen sehr transparent. Wenn die Wertanalyse bei bereits vorhandenen Produkten eingesetzt wird, reden wir von Wertverbesserung.

Die Auftragsabwicklung kann auch einer Wertanalyse-Prüfung unterzogen werden. Dabei werden der Informationsfluß, die Zuständigkeiten und die einzelnen Arbeitsschritte unter die Lupe genommen.

Es wurde beispielsweise in einem Unternehmen festgestellt, daß 30% mehr Zeitaufwand in jedem Auftrag steckt als vorher angenommen wurde. Bisher galt das Zurufverfahren. Die Wertanalyse hat gezeigt, wieviel Zeit und Geld dieses Verfahren kostete. Jeder Mitarbeiter kümmerte sich um alles. Dadurch entstanden Informationspannen und Doppelarbeit.

Zuerst wurden Verbesserungsvorschläge gemacht, die die Unternehmensleitung dann auch einführte. Jetzt gibt es klare Zuständigkeiten und Hilfsmittel mit Durchlaufformularen, Checklisten und Bestellvordrucke. Genaue Kalkulationsunterlagen verbessern die Verhandlungsposition gegenüber den Lieferanten und den Kunden. Nach der Reorganisation kann das Unternehmen jetzt mehr Aufträge in gleicher Besetzung bewältigen.

Bei der Wertanalyse für Lieferanten wurde festgestellt, daß Kooperationen zwischen den Lieferanten und den Unternehmen sinnvoll sind. Auch der Lieferant kann durch die Wertanalyse eine Kostensenkung erreichen, die er dann auf seine gesamte Produktion übertragen kann.

Für den Erfahrungsaustausch zwischen den Lieferanten und den Unternehmen kann eine Checkliste verwendet werden. Damit soll vermieden werden, daß Punkte vergessen werden, die bei der Beschaffung von Roh-, Hilfs- und Betriebsstoffen oder Baugruppen eine Rolle spielen.

Die Checkliste in der *Tabelle 104* hat sich in der Praxis bewährt.

Tabelle 104: Checkliste für Lieferanten

Anfordernde Abteilung:
Funktionen: Funktionelle Anforderungen:
1. Kennen Sie für diesen Bedarf ein billigeres Normteil?
2. Produzieren Sie ein billigeres Teil, das die verlangten Funktionen erfüllt?
3. Können Sie einen billigeren Werkstoff empfehlen?
4. Sind Sie der Auffassung, daß Sie durch geringfügige Zeichnungsänderungen oder Änderungen der Bestellvorschriften wesentlich wirtschaftlicher produzieren könnten?
5. Sind Sie der Auffassung, daß Sie durch Toleranzänderungen wirtschaftlicher produzieren könnten?
6. Ist für dieses Teil ein anderes Produktionsverfahren besser geeignet?
7. Können Sie eine billigere Oberflächenbearbeitung empfehlen?
8. Können Sie Vorschläge zur Senkung der Verpackungs- oder Transportkosten machen?
9. Können Sie zu einem niedrigeren Preis anbieten, wenn wir eine andere Menge abnehmen?

MERKE

Bei der Wertanalyse handelt es sich um das systematische und analytische Durchdringen von Funktionsstrukturen mit dem Ziel, die Kosten zu senken und den Nutzen zu erhöhen. Zwischen dem Nutzen und den Kosten ist ein Optimum herzustellen.

Die Wertanalyse eignet sich vor allem für die Lösung komplexer wirtschaftlicher und technischer Probleme. Das Kosten-/Nutzen-Verhältnis wird besonders überprüft.

2. Welche Punkte sind zu beachten?

Bei der Durchführung der Wertanalyse sind folgende Punkte zu beachten, um die Effizienz des Verfahrens zu erhöhen:

2.1 Ziele der Wertanalyse

Mit der Wertanalyse werden verschiedene Ziele verfolgt. Die Ziele der Wertanalyse umfassen neben der Kostensenkung auch eine Produktivitätssteigerung, eine Nutzenerhöhung, eine Qualitätsverbesserung, eine Reorganisation und einen effizienteren Einsatz der Arbeitskräfte.

Tabelle 105: Ziele der Wertanalyse

1. Kostensenkung
2. Produktivitätssteigerung
3. Nutzenerhöhung
4. Qualitätsverbesserung
5. Reorganisation
6. Effizienterer Einsatz der Arbeitskräfte

2.2 Anwendung der Wertanalyse

Die Wertanalyse kann in vielfältiger Weise eingesetzt werden. Zu den Anwendungsgebieten der Wertanalyse zählen beispielsweise die optimale Gestaltung neuer Produkte, die Verbesserung bestehender Produkte, die Gestaltung neuer Arbeitsplätze, die Entwicklung neuer Hilfsmittel, die Verbesserung bestehender Arbeitsabläufe und die Gestaltung nicht gegenständlicher Objekte.

Tabelle 106: Anwendung der Wertanalyse

1. Optimale Gestaltung neuer Produkte
2. Verbesserung bestehender Produkte
3. Gestaltung neuer Arbeitsplätze
4. Entwicklung neuer Hilfsmittel
5. Verbesserung bestehender Arbeitsabläufe
6. Gestaltung nicht gegenständlicher Objekte

2.3 Arten der Wertanalyse

Wir unterscheiden verschiedene Arten der Wertanalyse. Eine Unterteilung der Wertanalyse kann nach der Art des Untersuchungsgegenstandes, nach dem Untersuchungszeitpunkt in der Lebenszyklusphase des betrachteten Objektes und nach dem Freiheitsgrad der Analyse vorgenommen werden.

Tabelle 107: Arten der Wertanalyse

1. Nach der Art des Untersuchungsgegenstandes
   1.1 Produkt-Wertanalyse
   1.2 Prozeß-Wertanalyse
2. Nach dem Untersuchungszeitpunkt in der Lebenszyklusphase des betrachteten Objektes
   2.1 Wertgestaltung (Value Engineering)
   Die Objekte befinden sich noch in der Entwicklungsphase.
   2.2 Wertverbesserung (Value Analysis)
   Die Produkte oder Prozesse sind bereits eingeführt.
3. Nach den Freiheitsgraden der Analyse
   3.1 Wertanalyse zur Kostensenkung
   Minimierung der Kosten bei vorgegebenen Funktionen
   3.2 Wertanalyse zur Werterhöhung
   Veränderung von Kosten und Funktionen

2.4 Wertanalyse-Team

Die Wertanalyse muß in Teamarbeit durchgeführt werden. Wenn im Unternehmen die Sachkenntnisse bestimmter Mitarbeiter und das kreative Potential in den einzelnen Verantwortungsbereichen systematisch genutzt werden, kommen meist praktikable Lösungsvorschläge auf den Tisch.

Hat das Unternehmen noch keine Wertanalyse-Erfahrung, ist es sinnvoll, einen externen Unternehmensberater zu beauftragen, die Moderation im Team zu übernehmen. Später kann dann ein analytisch geschulter Mitarbeiter die Sitzungen leiten.

Eine kostengünstigere Produktgestaltung erfordert einen ausgeprägten Informationsfluß zwischen den einzelnen Verantwortungsbereichen. Die Teamarbeit fördert diesen Informationsaustausch und trägt dazu bei, das negative Ressortdenken abzubauen. Außerdem regt die Teamarbeit zum kreativen Denken an.

Das Team sollte Spezialisten der kostenverursachenden Abteilungen umfassen. Daneben muß dem Team zumindest ein Mitarbeiter angehören, der über gute betriebswirtschaftliche Kenntnisse verfügt. Neben der sachlichen Eignung kommt es aber auch auf die menschliche Komponente der Teilnehmer an. Die Gruppe muß nämlich harmonisch zusammenarbeiten.

Der Teamleiter spielt eine große Rolle. Er muß von allen Teilnehmern akzeptiert werden und die Fähigkeit besitzen, die Arbeitsgruppe zielgerichtet zu führen. Der Leiter des Teams sollte auch über gute Kenntnisse des Unternehmens verfügen.

Die Hauptaufgabe des Teams besteht darin, Alternativen zu entwickeln. Alle denkbaren Lösungen sollten aufgezeigt werden. Das Team kann den Ideen freien Lauf lassen. In Teamarbeit wird ein funktionsorientierter Denkprozeß unter Einbeziehung intuitiv-kreativer Denktechniken wie Brainstorming in Gang gesetzt.

Das Team sollte aus sechs bis acht Personen bestehen, da sonst die Effizienz der Gruppe schnell abnimmt. Bei einer größeren Gruppe würde auch die Zusammenarbeit erschwert.

Zum Wertanalyse-Team sollten Mitarbeiter aus verschiedenen Verantwortungsbereichen gehören. Ein Wertanalyse-Team könnte sich aus den Mitarbeitern der folgenden Abteilungen zusammensetzen:

Tabelle 108: Zusammensetzung des Wertanalyse-Teams aus folgenden Abteilungen

1. Entwicklung
2. Konstruktion
3. Produktionsplanung
4. Arbeitsvorbereitung
5. Materialwirtschaft
6. Produktion
7. Kalkulation
8. Vertrieb
9. Controlling

2.5 Zeitplan

Bevor die Arbeitsgruppe beginnt, sollten alle betroffenen Abteilungen vom Unternehmer über die Ziele der Wertanalyse informiert werden. Dadurch können irrationale Ängste und Spannungen vermieden werden.

Bei einer präzisen Vorgabe reichen dann fünf bis acht Sitzungen aus, um das Problem zu lösen. Die Treffen sollten möglichst schnell aufeinander folgen. Den Teilnehmern muß aber genügend Zeit gelassen werden, in der Zwischenzeit die notwendigen Daten zu beschaffen.

Wenn nach acht Sitzungen noch keine Lösung gefunden wurde, sollte das Projekt abgebrochen werden. Die Dauer einer Wertanalyse-Studie darf also nicht länger als drei bis sechs Monate betragen.

2.6 Umsetzung der Vorschläge

Die Umsetzung der Vorschläge kann bis zu einem Jahr in Anspruch nehmen, wenn umfassende Änderungen vorzunehmen sind. Während der Verwirklichung der Lösung ist darauf zu achten, daß in festgelegten Abständen Kontrollen über den Fortgang des Projektes durchgeführt werden.

2.7 Hilfsmittel

Die Wertanalyse-Methode setzt verschiedene Hilfsmittel ein, um schneller neue Lösungen zu finden.

2.7.1 Teile-Auslegung

Die Teile-Auslegung hat sich in der Praxis gut bewährt, um Ansätze für die Kostensenkung zu finden. Die notwendigen Informationen über die ausgelegten Teile muß sich das Team beschaffen.

Alle Teile, die zu dem Produkt gehören, sollten separat auf einem Tisch ausgelegt werden. Für jedes Teil sind entsprechende Informationen zur Verfügung zu stellen. Dabei geht es insbesondere um die Teilenummer, das Gewicht, den Werkstoff und den Einkaufspreis. Die Zeichnungen und Arbeitspläne können ebenfalls hilfreich sein. Außerdem muß geklärt werden, ob es sich um A-, B- oder C-Teile handelt. Gleiche Teile sind ebenso wie Funktionsgruppen zusammenzustellen.

2.7.2 Konkurrenzanalyse

Die Produkte der Konkurrenz sind zu beschaffen und zu analysieren. Dabei kann das Team zusätzliche Ideen für eine kostengünstigere Produktion im eigenen Unternehmen erhalten. Es ist auch auf die Anzahl der Teile zu achten, die die Konkurrenz einsetzt.

2.7.3 Lieferanten

Da immer mehr Teile von Lieferanten gekauft werden, ist es sinnvoll, die Lieferanten bei der Teamarbeit mit einzubeziehen. Dabei können die Erfahrungen der Lieferanten gut genutzt werden. Für Gespräche mit Lieferanten können auch Checklisten eingesetzt werden (vgl. Tabelle 104).

2.8 Kosten

Die Kosten für eine Wertanalyse belaufen sich auf etwa 5.000 bis 30.000 DM. Die Höhe der Kosten hängt natürlich davon ab, wie komplex die Probleme sind und wie die erarbeiteten Lösungen aussehen. Selbst wenn ein Unternehmensberater als Moderator eingesetzt wird, amortisieren sich die Kosten meist sehr schnell.

MERKE

Bei der Durchführung der Wertanalyse müssen einige Punkte beachtet werden, um die Effizienz des Verfahrens zu erhöhen. Zuerst sind die Ziele der Wertanalyse eindeutig festzulegen.

Die Wertanalyse kann sehr vielfältig eingesetzt werden. Sie eignet sich gut für die optimale Gestaltung neuer Produkte und zur Verbesserung bereits vorhandener Produkte. Die Wertanalyse kann aber auch zur Gestaltung neuer Arbeitsplätze und zur Entwicklung neuer Hilfsmittel verwendet werden. Auch bereits bestehende Arbeitsabläufe werden mit Hilfe der Wertanalyse verbessert.

Das Wertanalyse-Team muß alle denkbaren Lösungen eines Problems aufzeigen. Im Team wird ein funktionsorientierter Denkprozeß in Gang gesetzt. Wegen der guten Zusammenarbeit sollte das Team nur aus 6 bis 8 Personen verschiedener Verantwortungsbereiche bestehen.

Der Zeitplan muß genau festgelegt werden. Alle betroffenen Abteilungen sind von der Unternehmensleitung über die Ziele der Wertanalyse zu informieren, um irrationale Ängste und Spannungen abzubauen. Die Anzahl der Sitzungen sollte auf 3 bis 6 begrenzt werden.

Die erarbeiteten Vorschläge sind nach der Genehmigung durch die Unternehmensleitung möglichst schnell umzusetzen. Während der Verwirklichung der Lösungen müssen Kontrollen über den Fortgang des Projektes durchgeführt werden.

Um schneller zu neuen Lösungen zu kommen, können auch verschiedene Hilfsmittel eingesetzt werden. Dazu gehören die Teile-Auslegung, die Konkurrenz-Analyse und die Einschaltung der Lieferanten.

3. Wie sieht der Arbeitsplan aus?

Die Methode der Wertanalyse umfaßt im wesentlichen vier Merkmale:

Tabelle 109: Methode der Wertanalyse

1. Planmäßiges Vorgehen nach einem systemtechnisch strukturierten Arbeitsplan
2. Kostenorientiertes Arbeiten auf der Grundlage von quantitativen Zielvorgaben
3. Funktionsgerichtete Betrachtungsweisen
4. Interdisziplinäre Teamarbeit

Das Verfahren der Wertanalyse gewährleistet damit, daß eine bestmögliche Integration aller abteilungsspezifischen Informationen erfolgen kann. Dies ist insbesondere in der Phase der Konstruktion von erheblicher Bedeutung.

Die Wertanalyse hat sich als Methode zur Kostensenkung und Steigerung der Wirtschaftlichkeit in der Praxis bewährt. Der Erfolg der Maßnahmen wird um so eher erreicht, je genauer der Arbeitsplan eingehalten wird.

Der Wertanalyse-Arbeitsplan (DIN 69910) wird in die aus Tabelle 110 hervorgehenden Schritte eingeteilt.

Tabelle 110: Wertanalyse – Arbeitsplan

Grundschritt	Teilschritt
1 Vorbereitende Maßnahmen	1 Auswählen des Wertanalyse-Objektes und Stellen der Aufgabe 2 Festlegen des quantifizierten Zieles 3 Bilden der Arbeitsgruppen 4 Planen des Ablaufs
2 Ermitteln des Ist-Zustandes	1 Informationen beschaffen, Beschreibung des Objektes 2 Beschreibung der Funktion 3 Ermitteln der Funktionskosten
3 Prüfen des Ist-Zustandes	1 Prüfen der Funktionserfüllung 2 Prüfen der Kosten
4 Ermitteln von Lösungen	1 Suchen nach allen denkbaren Lösungen
5 Prüfen der Lösungen	1 Prüfen der sachlichen Durchführbarkeit 2 Prüfen der Wirtschaftlichkeit
6 Vorschlag und Verwirklichung einer Lösung	1 Auswählen der Lösung 2 Empfehlen der Lösung 3 Verwirklichung der Lösung

Der sechsstufige Arbeitsplan mit verschiedenen Teilschritten ist nicht so kompliziert wie es auf den ersten Blick erscheint. Er stellt eine gute Kombination bewährter Methoden dar.

Es ist sinnvoll, bei der ersten Anwendung der Wertanalyse im Unternehmen einen Unternehmensberater einzusetzen, der bereits Erfahrungen mit der Wertanalyse gesammelt hat.

Der Arbeitsplan für die Wertanalyse sichert den Ablauf. Gleichzeitig läßt er genug Freiraum für die spezielle Ausgangssituation des Unternehmens.

Wir unterscheiden Grundschritte und Teilschritte. Das Verfahren sollte am besten nach folgenden Schritten durchgeführt werden:

3.1 Vorbereitende Maßnahmen

Die vorbereitenden Maßnahmen dienen dazu, sich Klarheit über die bestehenden Probleme im Unternehmen zu verschaffen. Am Anfang sollten keine zu komplizierten Probleme für die Wertanalyse ausgewählt werden. Die Arbeitsgruppe muß erst einmal einige Erfahrungen sammeln.

Die Anregungen für Wertanalyse-Objekte können von verschiedenen Abteilungen kommen. Die Grundlage für die Auswahl der Wertanalyse-Objekte bilden Schwachstellen-Analysen, das Vorschlagswesen und die Produktanalysen. Anregungen können aber auch von den Konstruktions-, Rationalisierungs- oder Organisationsabteilungen kommen.

Die Ziele müssen von den Gegebenheiten am Markt bestimmt werden. Ansätze für die quantifizierten Ziele bilden die Marktpreise und die Konkurrenzsituation. Wenn von den Marktpreisen die variablen Kosten abgezogen werden, erhalten wir die Deckungsbeiträge 1. Nach Abzug der speziellen Fixkosten ergeben sich die Deckungsbeiträge 2. Aus der prozentualen Höhe der Deckungsbeiträge 1 und 2 kann dann abgeleitet werden, welche Kostensenkungen bei den variablen Kosten und den speziellen Fixkosten durchgeführt werden müssen, um erfolgreich tätig zu sein.

Die Kostenrechnung hat dem Wertanalyse-Team detaillierte Unterlagen über die einzelnen Kosten im Unternehmen zur Verfügung zu stellen. Die Kosten müssen auch sachlich richtig sein. Außerdem ist darauf zu achten, daß die variablen Kosten und die speziellen Fixkosten bezogen auf das Wertanalyse-Objekt einfach dargestellt werden. Alle Kosten, die von der Entwicklung nicht betroffen werden, sollten außer Ansatz bleiben. Die Zuschlagskalkulation ist für Kostenvergleiche sehr problematisch und darf nicht angewendet werden.

Die variablen und die fixen Kosten werden insbesondere für die Funktionsanalyse des

Ist-Zustandes, die Bewertung der Alternativen und für die Kalkulation von realistischen Lösungen benötigt.

Das Kostenziel kann beispielsweise darin bestehen, die variablen Kosten eines Produktes um 20% zu senken. Bei der Festlegung des Kostenziels sollte man sich möglichst auf Erfahrungen aus ähnlichen Projekten stützen.

Die Kosten für die Konstruktion, die Versuche, die Modelle sowie für die Werkzeuge werden errechnet oder geschätzt und den jeweiligen Planungsabschnitten zugeordnet. Es ist darauf zu achten, daß die anfallenden Kosten möglichst exakt ermittelt werden.

Nach der Festlegung der Ziele und nach der Zusammenstellung des Wertanalyse-Teams ist der Ablauf zu planen. Zur Projektsteuerung kann ein einfaches Balkendiagramm eingesetzt werden, aus dem der Ablaufplan ersichtlich ist. Das Team muß neben dem Beginn des Projektes auch das Ende des Projektes bestimmen.

3.2 Ermittlung des Ist-Zustandes

Bei der Ermittlung des Ist-Zustandes kommt es darauf an, Informationen zu sammeln und das Objekt genau zu beschreiben. Die einzelnen Funktionen des untersuchten Objektes sind exakt aufzuführen. Es werden beispielsweise die einzelnen Arbeitsabläufe im Vertrieb, in der Produktion oder bei der Auftragsbearbeitung zerlegt. Die Arbeitsgruppe überprüft, wer die einzelnen Tätigkeiten ausführt. Der Zeitaufwand und die Kosten werden untersucht. Statistiken im Unternehmen und Schätzungen können Auskunft über den Zeitaufwand und die Kosten geben.

Eine enge Zusammenarbeit zwischen der Kostenrechnung und dem Wertanalyse-Team ist also erforderlich. Bei den Untersuchungen sollten nur die variablen Kosten pro Stück und die speziellen Fixkosten berücksichtigt werden. Die Funktionskosten sind möglichst präzise zu erfassen. Das Team braucht also Informationen darüber, wieviel Kosten für die Verwirklichung einer Funktion erforderlich sind.

Bei der Funktionsanalyse kommt es insbesondere darauf an, die Ist-Funktion zu beschreiben und zu bewerten. Daraus kann dann der Soll-Funktions-Katalog als Grundlage für die Lösungsmöglichkeit abgeleitet werden.

3.3 Prüfung des Ist-Zustandes

Bei der Prüfung des Ist-Zustandes werden alle Haupt- und Nebenfunktionen genau analysiert. Es wird gefragt, ob alle Funktionen erfüllt werden. Die entstehenden Kosten sind ebenfalls sorgfältig unter die Lupe zu nehmen.

Für die variablen Kosten ist eine ABC-Analyse durchzuführen. Es kann beispielsweise festgestellt werden, daß 10 Normteile rund 50% der Gesamtteile ausmachen, aber nur 5% der Gesamtkosten darstellen.

3.4 Entwicklung neuer Lösungen

Nachdem sich die Gruppe einen kompletten Überblick über das Wertanalyse-Objekt verschafft hat, geht es jetzt darum, neue Lösungen zu suchen. Jede Teilfunktion muß auf Alternativen abgeklopft werden. Die Teilfunktionen selbst sind in Frage zu stellen. Es muß geklärt werden, ob sie alle wirklich nötig sind. Vielleicht können sie etwa durch die EDV oder durch andere Mitarbeiter wirtschaftlicher erledigt werden. Bei der Ideensuche sind auch Kreativitätstechniken einzusetzen.

Eine Reihe von Ideen-Findungs-Methoden helfen bei der Suche nach alternativen Lösungen. Brainstorming wird in der Praxis häufig angewendet. Spezielle Checklisten haben sich ebenfalls bewährt. Auch die Metaplan-Techniken können erfolgreich eingesetzt werden, um neue Ideen zu entwickeln und um andere Lösungen zu finden.

3.5 Prüfung der neuen Lösungen

Die einzelnen Lösungen oder Lösungsansätze müssen dann genau begutachtet werden. Alle Vorschläge kommen also auf den Prüfstand. Die sachliche Durchführbarkeit ist ebenso zu prüfen wie die Wirtschaftlichkeit.

Im Team werden meist mehrere alternative Vorschläge entwickelt. Aus diesen Vorschlägen sind etwa 2 bis 3 Vorschläge auszuwählen, die dann einer genaueren technischen und wirtschaftlichen Überprüfung unterzogen werden.

Die Konstruktion muß die Prüfung der Lösungen auf Funktionstauglichkeit durchführen. Die Produktion hat die Fertigungsfreundlichkeit und die Teilezahl zu untersuchen. Der Controller muß sich mit der Wirtschaftlichkeit befassen.

3.6 Vorschlag und Verwirklichung einer Lösung

Wenn alle Lösungsvorschläge genau untersucht worden sind, muß das Team sich möglichst für eine Lösung entscheiden. Die Arbeitsgruppe hat dann eine Lösung zu empfehlen, für die ein Maßnahmenkatalog zu erstellen ist. Auch ein Zeitplan muß erarbeitet werden. Gleichzeitig ist festzulegen, in welchen Abständen die Verwirklichung der Lösung kontrolliert werden soll. Die Kontrolle hat anhand der Planzahlen und Istzahlen zu erfolgen. Der Soll-Ist-Vergleich gibt dann Aufschluß darüber, ob die Lösung den gewünschten Erfolg bringt oder nicht.

Das Besondere an der Wertanalyse ist das systematische Vorgehen nach einem Arbeitsplan. Für die einzelnen Grundschritte können auch bestimmte Fragen gestellt werden. Die Fragetechnik spielt innerhalb der Wertanalyse eine große Rolle.

Folgende Fragen sollten von den Teilnehmern im Wertanalyse-Team gestellt werden:

Tabelle 111: Fragen des Wertanalyse-Teams

Grundschritt	Fragen
1 Vorbereitende Maßnahmen	Wo liegen Schwachstellen? Welche Reserven bestehen? Wer kann was verbessern? Wo sollte was geändert werden? Wann ist eine Verbesserung möglich?
2 Ermittlung des Ist-Zustandes	Was ist es? Was tut es? Was kostet es?
3 Prüfung des Ist-Zustandes	Was soll es tun? Was kostet es?
4 Ermittlung von Lösungen	Welche Möglichkeiten gibt es noch?
5 Prüfung der Lösungen	Funktioniert es? Welche Vorteile sind damit verbunden?
6 Vorschlag und Verwirklichung einer Lösung	Welche Prioritäten bestehen? Was ist zu entscheiden? Wer hat was, wann zu tun?

MERKE

Der Arbeitsplan stellt eine gute Kombination von bewährten Methoden dar und sichert den systematischen Ablauf für das Wertanalyse-Team. Gleichzeitig läßt er genug Freiraum für die spezielle Ausgangssituation im Unternehmen.

Die Grund- und Teilschritte sind möglichst einzuhalten. Nach den vorbereitenden Maßnahmen muß der Ist-Zustand ermittelt werden. Auf die Prüfung des Ist-Zustandes folgt die Entwicklung neuer Lösungen. Wenn die einzelnen Lösungen nach wirtschaftlichen und technischen Gesichtspunkten begutachtet sind, sollte sich das Team möglichst für eine Lösung entscheiden, die dann auch zügig zu verwirklichen ist.

15 XYZ-Analyse

1. Wie wird die XYZ-Analyse erstellt?

Neben dem Mengen-Wert-Verhältnis der ABC-Analyse können auch andere Kriterien zur Beurteilung von Massen herangezogen werden. Kenntnisse über die Verbrauchsstruktur einzelner Materialarten sind auch wichtig. Bei der XYZ-Analyse werden die Materialien nach der Verbrauchsstruktur eingeteilt.

Das X-Material zeichnet sich durch eine hohe Konstanz des Verbrauchsablaufs aus. Beim Y-Material steigt oder fällt der Verlauf trendmäßig. Der Verbrauch kann bei Y-Teilen aber auch saisonalen Schwankungen unterliegen. Das Z-Material zeigt nur unregelmäßige Verläufe des Verbrauchs auf. Die Zusammenhänge können der *Tabelle 112* entnommen werden.

Tabelle 112: XYZ-Analyse nach der Verbrauchsstruktur

Material	Verbrauchsstruktur
X-Material	Material, das eine hohe Konstanz des Verbrauchsablaufs aufweist
Y-Material	Material, dessen Verbrauch trendmäßig steigend oder fallend verläuft oder saisonalen Schwankungen unterliegt
Z-Material	Material, dessen Verbrauch unregelmäßige Verläufe aufzeigt

Die nach der Verbrauchsstruktur klassifizierten Materialien liefern bessere Entscheidungshilfen für die jeweils geeigneten Dispositionsmaßnahmen. Für die X-, Y- und Z-Materialien gelten dann unterschiedliche Grundsätze bei der Beschaffung.

Folgende Maßnahmen sollten berücksichtigt werden, wenn einzelne Materialien für das Unternehmen beschafft werden müssen:

Tabelle 113: Beschaffungsmaßnahmen

Material	Beschaffung
X-Material	Fertigungssynchrone Beschaffung
Y-Material	Vorratsbeschaffung
Z-Material	Einzelbeschaffung

Eine weitere Einteilung kann nach der Prognosegenauigkeit durchgeführt werden. Das X-Material weist eine hohe Voraussagegenauigkeit auf. Beim Y-Material liegt nur eine mittlere Voraussagegenauigkeit vor. Das Z-Material zeichnet sich durch eine geringe Voraussagegenauigkeit aus (vgl. Tabelle 114).

Tabelle 114: XYZ-Analyse nach der Prognosegenauigkeit

Material	Prognosegenauigkeit
X-Material	Material mit einer hohen Voraussagegenauigkeit
Y-Material	Material mit einer mittleren Voraussagegenauigkeit
Z-Material	Material mit einer geringen Voraussagegenauigkeit

MERKE

Die nach der Verbrauchsstruktur klassifizierten Materialien liefern bessere Entscheidungshilfen für die jeweils geeigneten Dispositionsverfahren. Für das X-Material sollte eine fertigungssynchrone Beschaffung vorgenommen werden. Die Vorratsbeschaffung ist für das Y-Material vorzusehen. Die Einzelbeschaffung eignet sich für das Z-Material.

Die XYZ-Analyse liefert nach der Prognosegenauigkeit zusätzliche Informationen für die richtige und kostengünstige Disposition des Materials. Deshalb ist es sinnvoll, daß insbesondere die Führungskräfte der Materialwirtschaft und der Produktion die XYZ-Analyse regelmäßig durchführen.

2. Soll die ABC-Analyse mit der XYZ-Analyse kombiniert werden?

Die Ergebnisse der ABC-Analyse und der XYZ-Analyse können auch miteinander kombiniert werden. Wenn wir die Mengen-Wert-Verhältnisse der ABC-Analyse mit den Verbrauchsstruktur-Mengen-Verhältnissen der XYZ-Analyse kombinieren, erhalten wir wertvolle Planungs-, Kontroll- und Steuerungsinstrumente für die Materialwirtschaft.

Die Kombination der ABC-Analyse mit der XYZ-Analyse ermöglicht zusätzliche Aussagen über das Material, das im Unternehmen verbraucht wird. Aus der *Tabelle 115* sind die weiteren Einzelheiten zu entnehmen.

Tabelle 115: Kombination der ABC-Analyse mit der XYZ-Analyse

	A	B	C
X-Material	hoher Verbrauchswert - - - - - - - - - - - - - hoher Vorhersagewert	mittlerer Verbrauchswert - - - - - - - - - - - - - hoher Voraussagewert	niedriger Verbrauchswert - - - - - - - - - - - - - hoher Vorhersagewert
Y-Material	hoher Verbrauchswert - - - - - - - - - - - - - mittlerer Vorhersagewert	mittlerer Verbrauchswert - - - - - - - - - - - - - mittlerer Vorhersagewert	niedriger Verbrauchswert - - - - - - - - - - - - - mittlerer Voraussagewert
Z-Material	hoher Verbrauchswert - - - - - - - - - - - - - niedriger Vorhersagewert	mittlerer Verbrauchswert - - - - - - - - - - - - - niedriger Vorhersagewert	niedriger Verbrauchswert - - - - - - - - - - - - - niedriger Vorhersagewert

MERKE

Die Ergebnisse der ABC-Analyse und der XYZ-Analyse sollten miteinander kombiniert werden. Dadurch erhalten die Unternehmensleitung und die Führungskräfte einen noch besseren Einblick in die Vorgänge, die in der Materialwirtschaft und Produktion ablaufen.

Die zusätzlichen Erkenntnisse ermöglichen dann eine exaktere Planung, eine genauere Kontrolle und eine schnellere Steuerung der Materialwirtschaft und der Produktion. Auf diese Weise lassen sich die Kosten insbesondere in der Materialwirtschaft leicht senken, da der Lagerbestand an Roh-, Hilfs- und Betriebsstoffen eher abgebaut werden kann. In kleineren und mittleren Unternehmen ist der Lagerbestand meist zu hoch und bindet damit zu viel Kapital.

B Strategische Analysen und Werkzeuge

Beim Controlling unterscheiden wir den operativen und den strategischen Bereich. Für diese beiden Bereiche können unterschiedliche Instrumente eingesetzt werden, die die Unternehmensleitung bei der Führung der Unternehmen unterstützen sollen.

Die strategischen Instrumente werden vor allem zur Bestimmung und Verbesserung der zukünftigen Chancen und Risiken des Unternehmens verwendet. Neue Erfolgspotentiale müssen gesucht, aufgebaut und erhalten werden.

Zu den strategischen Zielen gehören insbesondere die Entwicklung neuer Produkte und Dienstleistungen. Der Ausbau von Kapazitäten, die Verwendung neuer Technologien, die systematische Schulung der Mitarbeiter, der Einsatz zusätzlichen Kapitals, die Erschließung neuer Märkte, die Verbesserung der Organisation, der Ausbau von Marktanteilen und die Erschließung neuer Vertriebswege stellen ebenfalls strategische Ziele dar.

Tabelle 116: Strategische Ziele

1. Entwicklung neuer Produkte und Dienstleistungen
2. Ausbau von Kapazitäten
3. Verwendung neuer Technologien
4. Systematische Schulung der Mitarbeiter
5. Einsatz zusätzlichen Kapitals
6. Erschließung neuer Märkte
7. Verbesserung der Organisation
8. Ausbau von Marktanteilen
9. Erschließung neuer Vertriebswege

Um diese Ziele besser und schneller zu verwirklichen, müssen die Unternehmensleitung und die Führungskräfte eine Reihe von strategischen Instrumenten einsetzen.

Das strategische Controlling befaßt sich also mit den Chancen und Risiken des Unternehmens. Es geht um die bereits vorhandenen und neu zu entwickelnden Erfolgspotentiale sowie um die künftig erforderlichen Ressourcen.

Beim strategischen Controlling handelt es sich um eine langfristige Betrachtung, die in der Gegenwart beginnt und etwa 4 bis 5 Jahre umfaßt. Bevor neue Strategien entwickelt werden können, muß sich die Unternehmensleitung mit den Frühwarnindikatoren beschäftigen. Die Veränderungen der Umwelt haben einen erheblichen Einfluß auf das strategische Controlling.

Der Erfolg eines Unternehmens hängt von den Fähigkeiten der Unternehmensleitung und der Führungskräfte ab, betriebliche Probleme rechtzeitig zu erkennen und zu analysieren. Dann können schnell Lösungsmöglichkeiten aufgezeigt werden. Die entscheidungsrelevanten Informationen müssen zum richtigen Zeitpunkt aufbereitet und den Führungskräften zur Verfügung gestellt werden. Ein wirkungsvolles Controlling ist hierfür die unverzichtbare Voraussetzung, denn der Controller soll regelmäßig Analysen durchführen und Werkzeuge einsetzen, um die Unternehmensleitung mit den erforderlichen Informationen zu versorgen.

Das operative und das strategische Controlling können nicht streng voneinander getrennt werden, denn es besteht eine ständige Wechselwirkung zwischen diesen beiden Bereichen. Die operative Planung hängt sehr stark von der strategischen Planung ab. Umgekehrt liefern operative Überlegungen wichtige Impulse für die strategische Ausrichtung des Unternehmens. Zwischen dem operativen und strategischen Controlling besteht also ebenfalls ein Regelkreis.

Die folgenden Analysen und Werkzeuge sollten auch in kleineren und mittleren Unternehmen eingesetzt werden, um die Existenzsicherung der Unternehmen zu verbessern.

16 Benchmarking

Die Unternehmen stehen vor großen Herausforderungen, da die Situation der Unternehmen immer komplizierter und komplexer wird. Der sich verschärfende Wettbewerb durch die Globalisierung der Märkte, die sich schnell ändernden Kundenanforderungen und der wachsende Kostendruck zwingen die Unternehmen dazu, immer effizienter zu werden.

Benchmarking ist eine Konzeption, die es den Unternehmen erlaubt, durch eine systematische Beobachtung des unternehmerischen Umfeldes die Effizienz und die Effektivität des eigenen Unternehmens zu verbessern. Dieses neue Instrument wurde in den 70er Jahren vor allem von Xerox in den USA entwickelt und laufend verfeinert.

Namhafte Unternehmen in den USA haben mit Benchmarking positive Erfahrungen gemacht. Weitere Unternehmen interessieren sich für Benchmarking und benötigen eine Handlungsanleitung, um dieses Instrument ebenfalls im eigenen Unternehmen erfolgreich anzuwenden.

1. Was verstehen wir unter Benchmarking?

Benchmarking umfaßt einen systematischen und kontinuierlichen Vergleich des eigenen Unternehmens mit anderen Unternehmen, die Spitzenleistungen erzielen. Verglichen werden insbesondere die Effizienz, die Effektivität, die Qualität, die Produktivität, die Strukturen, die Prozesse und die Produkte sowie die Dienstleistungen der exzellent geführten Unternehmen mit dem eigenen Unternehmen.

Benchmarking bezeichnet den Prozeß des fortlaufenden Messens und Vergleichens von Erfolgsfaktoren des eigenen Unternehmens mit weltweit führenden Unternehmen mit dem Ziel, die Leistungsfähigkeit des eigenen Unternehmens zu verbessern und die Kosten zu senken. Mit Hilfe des Benchmarking kann der Wille zu schnellen Veränderungen bei den Mitarbeitern im eigenen Unternehmen gestärkt werden.

Das Benchmarking konzentriert sich normalerweise weniger auf die Produkte oder Dienstleistungen, die am Markt abgesetzt werden. Im Mittelpunkt stehen vielmehr Kernprozesse, die den Kunden tangieren (Angebotserstellung, Auftragsabwicklung, Auslieferung etc.) oder interne Prozesse (Belegbearbeitung, Beschaffungsmethoden im Einkauf etc.). Dies hat den bedeutenden Vorteil, daß die Benchmark-Partner viel eher zu einer Zusammenarbeit bereit sind, da die anderen Unternehmen keine Konkurrenten am Markt darstellen.

Durch ständige Vergleiche mit anderen, sehr gut geführten Unternehmen ergeben sich kontinuierlich neue Ideen für Verbesserungen und Veränderungen im eigenen Unternehmen. Das Lernen von exzellenten Unternehmen wird institutionalisiert und nicht dem Zufall überlassen. Dadurch entsteht eine lernende Organisation, in der die permanente Verbesserung forciert wird.

Für eine ergebnisorientierte Durchführung ist allerdings eine detaillierte Kenntnis der wesentlichen Punkte erforderlich, die exzellent geführte Unternehmen in die Lage versetzen, Spitzenleistungen zu erbringen. Es kommt insbesondere auf eine erfolgversprechende Vorgehensweise an, um die Wettbewerbsfähigkeit des eigenen Unternehmens zu erhöhen.

Benchmarking läßt sich operativ und strategisch in jedem Unternehmen einsetzen. Bestehende Probleme können mit Hilfe des Benchmarking gezielter gelöst werden, da die eigenen Leistungen und Kosten im Vergleich mit anderen Unternehmen objektiver bewertet werden. Dadurch kann ein systematischer Wandel im eigenen Unternehmen schneller und effizienter durchgeführt werden, um die eigene Wettbewerbsposition in Zukunft zu stärken.

2. Warum brauchen wir Benchmarking?

Unsere Wirtschaft wird durch immer höhere Kundenanforderungen geprägt. Die einzelnen Märkte unterliegen ständigen Veränderungen, die laufend neue Innovationen erforderlich machen. Die Unternehmen müssen in Zukunft flexibler reagieren, um auch langfristig mit Erfolg tätig sein zu können.

Unter diesen Bedingungen ist es unbedingt notwendig, daß sich das eigene Unternehmen möglichst an den besten Unternehmen orientiert. Das permanente Lernen sollte systematisch betrieben werden und sich an den führenden Unternehmen ausrichten. Der Lernprozeß ist also durch den ständigen Vergleich der eigenen Leistungen und Kosten mit den am Markt führenden Unternehmen zu intensivieren.

Die Verbesserung der Qualität und die Erhöhung der Kundenzufriedenheit waren die wichtigsten Anliegen der Unternehmen in den USA, sich mit Benchmarking systematisch zu beschäftigen.

Der Schwerpunkt beim Vergleich liegt darin, die Unterschiede zu den anderen Unternehmen zu ermitteln und zu analysieren. Für den Vergleich werden adäquate Informationen benötigt. Es ist also ein Prozeß zur Beschaffung und zur Verarbeitung von spezifischen Informationen erforderlich. Benchmarking ist die Suche nach Orientierungswerten, also nach den Benchmarks.

Diese Orientierungswerte können bei Wettbewerbern, bei Kunden oder bei branchenfremden Unternehmen gefunden werden. Bei den Benchmarkingobjekten handelt es sich vor allem um spezielle Vorgehensweisen, um schlankere Strukturen oder um effizientere Prozesse. Die besonderen Sachverhalte werden auch als „Best Practices" bezeichnet, die bessere Parameter beinhalten. Neue Informationen über mögliche Alternativen müssen gesucht werden. Das Denken in Varianten wird gefördert, um progressive Lösungen zu finden.

Das systematische Suchen nach besseren Vorgehensweisen und nach konstruktiveren Lösungen führt zu nachhaltigen Veränderungen von Strukturen und Prozessen. Mit Hilfe von Benchmarking sind die Unternehmen in der Lage, verkrustete Strukturen aufzubrechen und die veralteten Prozesse neu zu gestalten.

Die Unternehmen sollten sich mit den Besten vergleichen, um im eigenen Unternehmen Veränderungen zu veranlassen. Anspruchsvollere Ziele sind zu definieren und zu realisieren, um die Strukturen und die Prozesse in Zukunft zu optimieren. Der Lernprozeß muß so gestaltet werden, daß das festgestellte externe Know-how identifiziert, für das eigene Unternehmen modifiziert und in das eigene Unternehmen eingesetzt wird. Benchmarking bedeutet also, daß maßnahmenorientierte Lernprozesse durchzuführen sind und daß neue Zielsetzungen vereinbart und umgesetzt werden sollten.

MERKE

Benchmarking beinhaltet, daß die Erfahrungen der besten Unternehmen gezielt genutzt werden, um eigene Probleme systematisch zu lösen. Die Innovationen der exzellent geführten Unternehmen sind unter Berücksichtigung der eigenen Bedingungen möglichst konsequent im eigenen Unternehmen zu implementieren.

Eine neue Orientierung an den Bestleistungen anderer Unternehmen ist vorzunehmen. Die Produkte, Dienstleistungen, Strukturen und Prozesse sind zu verändern. Die Motivation der Mitarbeiter für die notwendigen Veränderungen muß verbessert werden. Neue Ideen lassen sich in konkrete Ziele umsetzen. Dadurch kann das zielgerichtete Handeln der Mitarbeiter gefördert werden. Benchmarking trägt also zur Sicherung und Verbesserung des Erfolgs der Unternehmen wesentlich bei.

3. Welche Zielgrößen sind zu beachten?

Die für das Benchmarking heranzuziehenden Vergleichsmaßstäbe reichen von internen Vergleichsgrößen wie dem Vergleich der eigenen Leistungen und Kosten im Zeitverlauf und dem Vergleich mit den besten Leistungen und niedrigsten Kosten im eigenen Unternehmen bis zum Vergleich mit den Branchenführern, den besten Unternehmen der Industrie und den exzellent geführten Unternehmen der Welt.

Alle Aktivitäten der Unternehmen sollten darauf ausgerichtet sein, die wirtschaftlichen Kennzahlen zu verbessern. In der Zielhierarchie stehen die Zielgrößen Umsatz, Kosten, Gewinn und Cash-Flow an oberster Stelle. Es geht außerdem um die Rentabilität, die Produktivität und die Qualität.

Ein besonderer Hebel zur Verbesserung dieser Zielgrößen besteht darin, die Wettbewerbsfähigkeit zu stärken, die Kundenzufriedenheit zu erhöhen und die Marktanteile anzuheben. Benchmarking sollte dazu eingesetzt werden, die Zielgrößen positiv zu beeinflussen. Die wichtigsten Ziele können dann bezogen auf einzelne Projekte weiter spezifiziert werden.

Zuerst müssen die Zielgrößen im eigenen Unternehmen gemessen werden, um sie mit den Ergebnissen anderer Unternehmen vergleichen zu können. Neben dem Messen ist der Lernprozeß von großer Bedeutung. Zur Erreichung der Ziele der Konkurrenz sind Aktivitäten zu beschließen, um durch laufende Veränderungen im eigenen Unternehmen in Zukunft die Ergebnisse zu verbessern. Durch Benchmarking können die erforderlichen Konsequenzen schneller gezogen und die notwendigen Veränderungen eher realisiert werden.

Zur eindeutigen Formulierung von besseren und realistischeren Zielen werden die „Best Practices“ der anderen Unternehmen herangezogen. Die Bestlösungen und die vorbildlichen Vorgehensweisen ermöglichen eine genauere Fixierung der Ziele, die in Zukunft verwirklicht werden sollten. Die gut geführten Unternehmen haben bereits bewiesen, daß diese Ziele erreicht werden können.

Die wirtschaftlichen Zielvorstellungen müssen genau formuliert werden. Die einzelnen Zielgrößen und die beabsichtigten Veränderungen sind zu quantifizieren. Die Ziele können wie folgt lauten:

Tabelle 117: Zielgrößen

1. Erhöhung der Gesamtkapitalrentabilität um 20 %
2. Verminderung der Vertriebskosten um 15 %
3. Steigerung der Umsatzerlöse um 25 %
4. Verbesserung der Kapitalumschlagshäufigkeit um 10 %
5. Reduzierung der Herstellkosten um 35 %
6. Verringerung der Lagerdauer um 20 %
7. Verkürzung der Durchlaufzeit der Aufträge um 40 %
8. Erhöhung des Auftragsvolumens pro Mitarbeiter im Vertrieb um 25 %
9. Verkürzung der Produktentwicklungszeit um 30 %
10. Reduzierung der Nachbearbeitungsquote um 80 %
11. Verbesserung der Liefertermintreue auf 95 %

MERKE

Für die regelmäßigen Vergleiche müssen entsprechende Maßstäbe ausgewählt werden. Die Zielgrößen beziehen sich auf die einzelnen Leistungen und Kosten im Vergleich zu den Maßstäben der Benchmarking-Partner.

Die wirtschaftlichen Zielvorstellungen müssen genau formuliert werden. Die einzelnen Zielgrößen und die beabsichtigten Veränderungen sind möglichst zu quantifizieren.

4. Ist Teamwork erforderlich?

Wenn ein Unternehmen eine Benchmarking-Studie erstellen will, sollte ein funktionsübergreifend besetztes Team für die Durchführung dieses Projektes gebildet werden. Für das Team sind die Mitarbeiter mit den richtigen Fähigkeiten auszuwählen. Durch die Integration der Mitarbeiter aus den verschiedenen Verantwortungsbereichen erhalten die Mitglieder des Teams meist einen zusätzlichen Motivationsschub, neue Denkweisen zu praktizieren und originelle Ansichten zu äußern.

Um eine effiziente Gruppenarbeit zu gewährleisten, sollte das Team nicht mehr als 7 bis 10 Mitglieder umfassen. Dann sind die besten Voraussetzungen gegeben, das Projekt mit Erfolg durchzuführen und abzuschließen.

Die Mitglieder des Teams aus den verschiedenen Verantwortungsbereichen des Unternehmens erhalten außerdem einen zusätzlichen Einblick in die Aufgabengebiete der anderen Mitglieder. Dadurch ist die Schaffung von Synergieeffekten möglich.

4.1 Vorbereitungen

Die Vorbereitungen für ein Benchmarking-Projekt sollten sorgfältig vorgenommen werden. Es ist zu klären, welche Problembereiche dazu geführt haben, dieses Projekt durchzuführen, um notwendige Veränderungen im eigenen Unternehmen zu veranlassen.

Tabelle 118: Projekt

1. Ziele
2. Zeit
3. Ressourcen
4. Resultate

Für jede Benchmarking-Studie sind die konkreten Ziele festzulegen, die benötigte Zeit zu planen, die erforderlichen Ressourcen zu bestimmen und die erwarteten Resultate zu benennen. Ein Durchführungsplan sollte erstellt werden, um den Erfolg der Studie möglichst sicherzustellen.

4.2 Projektmitglieder

Die geplanten Ziele und die Aufgabenstellung des Projektes beeinflussen die Tatsache, welche Mitarbeiter für das Benchmarking-Team ausgewählt werden sollten. Die Anforderungen an die Mitglieder des Teams sind vielfältig. Deshalb müssen qualifizierte Mitarbeiter der betroffenen Verantwortungsbereiche des Unternehmens im Team vertreten sein.

Tabelle 119: Anforderungen an Mitarbeiter im Team

1. Teamgeist
2. Fachwissen
3. Kommunikationsfähigkeit
4. Kreativität
5. Analytische Fähigkeiten
6. Kenntnisse über Informationsbeschaffung
7. Fähigkeit zur selbständigen Arbeit
8. Zeit für das Projekt
9. Erfahrungen mit Benchmarking
10. Änderungswille
11. Glaubwürdigkeit

Unternehmensberater können auch einen Teil der Arbeiten oder das ganze Projekt durchführen, wenn sie bereits Erfahrungen mit Benchmarking gesammelt haben. Der Vorteil des Einsatzes von Unternehmensberatern liegt darin, daß sie nicht in die inneren Angelegenheiten des Unternehmens verwickelt sind. Weiterhin zeichnen sich die Unternehmensberater dadurch aus, daß sie die Situationen in anderen Unternehmen kennen und nicht betriebsblind sind.

4.3 Projektleiter

Der Projektleiter hat das Projekt zu beaufsichtigen. Er ist auch für den erfolgreichen Abschluß des Benchmarking-Projektes verantwortlich. Für die Umsetzung der durch das Benchmarking aufgezeigten Potentiale an Verbesserungen trägt der Projektleiter aber nicht die Verantwortung. Der Linienmanager sollte die Umsetzung durchführen.

Die Hauptaufgabe des Projektleiters besteht darin, das Team zu bilden und zu führen. Er muß regelmäßig Berichte über die Fortschritte des Projektes an die Unternehmensleitung erstellen. Der Projektleiter sollte die Methode des Benchmarking gut kennen. Außerdem hat er sich mit den Tätigkeitsbereichen vertraut zu machen, die er untersuchen soll. Der Projektleiter muß also auch über die nötige Sachkompetenz verfügen.

MERKE

Die Benchmarkingstudien sollten von einem funktionsübergreifenden Team durchgeführt werden. Durch die Integration der Mitarbeiter aus den verschiedenen Verantwortungsbereichen erhalten die Mitglieder des Teams meist einen zusätzlichen Motivationsschub, um neue Denkweisen zu praktizieren .

Eine sorgfältige Vorbereitung ist für die einzelnen Benchmarking-Projekte erforderlich. Die Projektmitglieder müssen vom Projektleiter nach ihren Fähigkeiten ausgewählt werden, damit das Team effizient tätig sein kann.

5. Wie sollte die Durchführung vorgenommen werden?

Benchmarking stellt einen systematischen Ansatz dar, um Spitzenleistungen der Unternehmen zu erkennen. Die Strukturen und die Prozesse der erfolgreichen Unternehmen werden untersucht. Das eigene Unternehmen muß sich nach den Potentialen zur Verbesserung der Leistungen und zur Senkung der Kosten im Umfeld umsehen.

Benchmarking sollte vor allem für die erfolgsentscheidenden Prozesse eingesetzt werden. Die Auswahl der Prozesse kann sich beispielsweise an dem Ausmaß der erreichbaren Leistungssteigerung beim Kunden, an dem Anteil der reduzierbaren Kosten eines Prozesses im Vergleich zu den Gesamtkosten oder an der Höhe des geschätzten Potentials für Verbesserungen des Prozesses orientieren.

Für die Durchführung des Benchmarking sollte folgendes Ablaufschema beachtet werden:

Ablaufschema

1. Was sollte mit Benchmarking untersucht werden?
2. Wer sollten die Benchmarking-Partner sein?
3. Welche Informationen sollten beschafft werden?
4. Wie sollten die Informationen analysiert werden?
5. Wozu sollten die Ergebnisse verwendet werden?

Wenn diese Vorgehensweise gewährleistet wird, können die Unternehmen davon ausgehen, daß Leistungssteigerungen und/oder Kostensenkungen in den Unternehmen erzielt werden können. Dabei sollte ein Weg aufgezeigt werden, auf welche Weise Benchmarking-Erkenntnisse im eigenen Unternehmen wirkungsvoll realisiert werden können.

5.1 Was sollte mit Benchmarking untersucht werden?

Die Untersuchungen durch Benchmarking können sich auf verschiedene Punkte beziehen. Die Unternehmensleitung und die Führungskräfte müssen festlegen, welche Leistungen, welche Kosten oder welche Qualität genauer untersucht werden sollten, um die Produktivität und die Rentabilität im Unternehmen in Zukunft zu verbessern.

Tabelle 120: Benchmarking-Untersuchungsobjekte und Ziele

1. Kostenstruktur	Niedrigere Gesamtkosten oder niedrigere Fixkosten
2. Strategien	Erfolgreichere Unternehmensentwicklung
3. Innovationen	Neue, rentable Produkte oder Dienstleistungen
4. Qualität	Höhere Kundenzufriedenheit, niedrigere Fehlerbeseitigungskosten
5. Geschäftsprozesse	Kürzere Durchlaufzeiten, geringere Fehlerquoten
6. Kapitalstrukturen	Geringere Kapitalkosten
7. Kundennutzen	Zusätzliche Funktionen, besserer Service
8. Verkaufsprogramm	Reduzierung der Variantenvielfalt, bessere Präsentation
9. Dienstleistungspalette	24-Stunden-Service, Wartungsverträge

5.2 Wer sollten die Benchmarking-Partner sein?

Sobald die Ziele von der Unternehmensleitung und den Führungskräften festgelegt sind und das Benchmarking-Objekt ausgewählt ist, müssen Spitzenunternehmen ermittelt werden, die in die Benchmarking-Studie einzubeziehen sind. Es sind die Unternehmen zu suchen, die auf den betreffenden Gebieten die besten Leistungen erzielen oder die niedrigsten Kosten haben. Dann sind diese Unternehmen dazu zu bewegen, an der Benchmarking-Studie auch mitzuarbeiten. Für ein Projekt sollten etwa drei Benchmarking-Partner ausgesucht werden.

Die geeigneten Benchmarking-Partner müssen also in den jeweiligen Bereichen exzellente Leistungen erbringen oder die niedrigsten Kosten verursachen. Außerdem ist es wünschenswert, daß die Partner mit dem eigenen Unternehmen möglichst gut vergleichbar sind.

Die Bezeichnung Benchmarking-Partner soll zum Ausdruck bringen, daß zwischen dem eigenen Unternehmen und den Partnern ein offener Austausch von Informationen stattfinden sollte. Benchmarking beinhaltet also keine Industriespionage. Die Beziehung des eigenen Unternehmens und der Benchmarking-Partner sollte möglichst auf eine Zusammenarbeit ausgerichtet sein, die sich über mehrere Jahre erstreckt.

5.3 Welche Informationen müssen beschafft werden?

Sobald die Benchmarking-Partner zugesagt haben, sich an der Benchmarking-Studie zu beteiligen, müssen die relevanten Informationen beschafft werden. Es geht dabei in erster Linie um quantitative Daten (Mengen, Zeiten, Kosten). Daneben sind die Strukturen, die Prozesse und andere Faktoren zu ermitteln, die die bessere Leistungsfähigkeit der Benchmarking-Partner auszeichnen. Die Sammlung der Informationen muß sorgfältig und systematisch durchgeführt werden, um brauchbare Vergleiche anstellen zu können. Die ermittelten Daten und Faktoren sind anschließend korrekt zu dokumentieren.

MERKE

Die Daten der Unternehmen mit Spitzenleistungen können auf unterschiedlichen Wegen ermittelt werden. Für die Definition der gesuchten Informationen sowie für die Abstimmung der Vorgehensweise sind gegenseitige Besuche sehr zu empfehlen. Der Erfolg oder Mißerfolg der Besuche hängt wesentlich von der Professionalität der Vorbereitung der Besuche ab. Zur Vorbereitung gehört die Erstellung eines Fragenleitfadens, eine klare Aufteilung der Rollen im Team und die Erprobung des Vorgehens.

5.4 Wie werden die Informationen analysiert?

Die Analyse der Informationen stellt die höchsten Anforderungen an die kreativen und analytischen Fähigkeiten des Projektteams. Die Ähnlichkeiten und die Unterschiede bei den einzelnen Unternehmen müssen erkannt und verstanden werden. Die Einflußfaktoren, die zu den Spitzenleistungen bei den Benchmark-Partnern geführt haben, müssen herausgestellt werden. Danach können die Leistungslücken bei den Prozessen im eigenen Unternehmen ermittelt werden. Die Resultate der Analyse lassen sich dann interpretieren.

Die beschafften Informationen sind systematisch zu ordnen und zusammenzustellen, um einen Vergleich der verschiedenen Kriterien der Leistungen und der Kosten beurteilen zu können. Die Qualität der Informationen ist anschließend zu überprüfen.

Die Benchmarking-Studie muß umfassend dokumentiert werden. Die Basis der Informationen, die Analyse der Fakten und die gezogenen Rückschlüsse sind in einem Benchmarking-Bericht zu erfassen.

5.5 Wozu werden die Ergebnisse verwendet?

Die erkannten Möglichkeiten zur Verbesserung der Leistungen und zur Senkung der Kosten werden im eigenen Unternehmen umgesetzt. Außerdem ist im eigenen Unternehmen ein leistungsorientiertes Verhalten der Mitarbeiter zu fördern. Aufgrund der neuerworbenen Kenntnisse über die Spitzenleistungen sollte sich das Unternehmen weiterentwickeln, um die Rentabilität, die Qualität und die Produktivität zu verbessern.

Die Unternehmensleitung und die Führungskräfte haben neue und realistische Ziele festzulegen, die von den Ergebnissen der Benchmarking-Studie abgeleitet werden. Die erkannten Potentiale zur Verbesserung der Leistungen und zur Senkung der Kosten müssen systematisch erschlossen werden. Die erkannten Leistungslücken im eigenen Unternehmen sind zu schließen und die Möglichkeiten zur Kostensenkung wahrzunehmen.

Die Hauptziele sollten in Unterziele aufgeteilt werden, damit die Mitarbeiter im Unternehmen erkennen können, welche Ziele in den einzelnen Verantwortungsbereichen in Zukunft erreicht werden sollten. Die Struktur und die Prozesse des Unternehmens müssen so angepaßt werden, daß die beteiligten Mitarbeiter die vereinbarten Ziele auch realisieren können.

MERKE

Die Erkenntnisse aus der Benchmarking-Studie dienen dazu, neue Ziele mit den Mitarbeitern zu vereinbaren, um konkrete Verbesserungen im eigenen Unternehmen durchzuführen. Es geht insbesondere um die Schließung der erkannten Leistungslücken und um die Senkung der zu hohen Kosten.

Das Potential für Verbesserungen kann aufgrund der Benchmarking-Studie klar definiert und eindeutig quantifiziert werden. Zur Nutzung der aufgedeckten Potentiale müssen die Mittel und die Wege für die Verbesserungen mit den betroffenen Mitarbeitern besprochen werden, damit jeder Mitarbeiter erkennen kann, welchen Beitrag er zu leisten hat, um die Verbesserungen auch zu realisieren.

Bei der Umsetzung der erarbeiteten Maßnahmen muß das Benchmarking-Team eingeschaltet werden. Die Mitglieder des Teams haben bei der Beschaffung und der Analyse der Informationen über das eigene Unternehmen und über die Benchmarking-Partner wichtige Erfahrungen und Fakten sammeln können. Dieses Wissen sollten sie an die Mitarbeiter im eigenen Unternehmen weiter geben, um die aufgedeckten Leistungslücken zu schließen und die Kostensenkungen systematisch durchzuführen.

Um das erkannte Potential zur Verbesserung ausnutzen zu können, sollte das Benchmarking-Team einen Plan erstellen, wie die notwendigen Veränderungen im eigenen Unternehmen durchgeführt werden müssen. In diesem Plan sind alle notwendigen Maßnahmen aufzuführen, die die entdeckten Leistungslücken schließen und die Kosten senken sollen. Die Umsetzung der einzelnen Maßnahmen sollte dann zur Verbesserung der Ergebnisse führen.

6. Welche Konsequenzen sind zu ziehen?

Benchmarking veranlaßt einen ständigen Lernprozeß in den Unternehmen. Deshalb sollte Benchmarking nicht nur einmal durchgeführt werden. Benchmarking kann nur dann erfolgreich betrieben werden, wenn diese Konzeption wiederholt zur Anwendung kommt.

Sobald eine Benchmarking-Studie im eigenen Unternehmen einmal systematisch durchgeführt und erfolgreich umgesetzt wurde, ist ein Instrument geschaffen worden, das auch in Zukunft wieder verwendet werden kann. Die Mitglieder des Benchmarking-Teams können systematisch geschult werden. Die einmal geknüpften Kontakte zu Benchmarking-Partnern lassen sich auch in Zukunft sinnvoll nutzen.

Benchmarking sollte weiterhin als Instrument im eigenen Unternehmen eingesetzt werden, um laufende Verbesserungen der Struktur, der Prozesse und der Produkte sicherzustellen. Die Mitarbeiter erfahren, welche Faktoren für den Erfolg eines Unternehmens wichtig sind. Wenn die Mitarbeiter die neuen Erkenntnisse und Erfahrungen in der Zukunft konsequent bei der Erledigung ihrer Aufgaben berücksichtigen, findet ein laufender Lernprozeß im Interesse des Unternehmens statt, der zu einer Verbesserung der Leistungen, zu einer Senkung der Kosten und folglich zu einer Steigerung des Gewinns führt.

Die Resultate von Benchmarking-Studien können verschiedene Konsequenzen nach sich ziehen. Die Auswirkungen auf die Leitbilder und die Ziele des Unternehmens sind besonders zu beachten.

Tabelle 121: Auswirkungen des Benchmarking

1. Leitbilder	⟶	2. Ziele	⟶	2.1 Hauptziele
			⟶	2.2 Unterziele

Nach der erfolgreichen Durchführung und Umsetzung einer Benchmarking-Studie ergibt sich oft, daß die Unternehmen ihre Leitbilder (Unternehmensphilosophie) neu formulieren oder ergänzen müssen. Die Unternehmen sollten besonderen Wert auf ihre Kernkompetenzen legen und das Kerngeschäft in Zukunft forcieren. Da die Ziele von den Leitbildern abgeleitet werden, verändern sie sich entsprechend.

Die Potentiale zur Verbesserung können nur dann systematisch erschlossen werden, wenn die Unternehmensleitung in enger Zusammenarbeit mit den Führungskräften und mit den übrigen Mitarbeitern in Zukunft anspruchsvollere Ziele vereinbart. Bei der Vereinbarung von Zielen ist besonders darauf zu achten, daß die Ziele meßbar und realistisch sind. Die Ziele müssen also auch erreichbar sein, wenn sie als Anreiz für die Steigerung der Leistungen und für die Senkung der Kosten von den Mitarbeitern angesehen werden sollen.

Wenn eine Benchmarking-Studie erstellt wurde, ist zu erkennen, welche Erhöhung der Leistungen und welche konsequente Reduzierung der Kosten angestrebt werden sollte, um im Vergleich zu den Benchmarking-Partnern zu bestehen. Aufgrund der eigenen Erkenntnisse und Erfahrungen kann festgestellt werden, welche Verbesserungen im eigenen Unternehmen als realistisch angesehen werden können.

Es ist sinnvoll, die Ziele in Hauptziele und Unterziele für die einzelnen Verantwortungsbereiche zu unterteilen. Dann kann eine Zielhierarchie für das ganze Unternehmen top-down – von oben nach unten erstellt werden. Die Unternehmensleitung und die Führungskräfte beginnen mit den Hauptzielen und können sich dann schrittweise nach unten in der Organisation vorarbeiten, um die Unterziele ebenfalls klar zu formulieren.

Wenn die Mitarbeiter die Zusammenhänge und Abhängigkeiten der einzelnen Ziele im Unternehmen klar erkennen, besteht die hohe Wahrscheinlichkeit, daß die Mitarbeiter die einzelnen Ziele akzeptieren und auch realisieren.

Die vereinbarten Ziele stellen dann die Basis dar, um die konkreten Maßnahmenpläne in den einzelnen Verantwortungsbereichen zu erstellen. Für die Durchführung der Maßnahmen wird jeweils ein Mitarbeiter benannt, der für die Umsetzung der Maßnahmen verantwortlich ist. Außerdem ist festzulegen, wann mit den geplanten Maßnahmen begonnen werden sollte. Weiterhin muß vereinbart werden, in welchen zeitlichen Abständen Kontrollen durchgeführt werden, um festzustellen, ob die eingeleiteten Maßnahmen erfolgreich verlaufen oder nicht.

Der Prozeß der Veränderungen kann dann systematisch vorangetrieben werden. Die identifizierten Potentiale für die Verbesserungen lassen sich dann konsequent ausnutzen.

MERKE

Benchmarking bedeutet, daß die Leistungen und die Kosten des eigenen Unternehmens mit den Maßstäben der exzellenten Unternehmen verglichen werden. Das vordringliche Ziel des Benchmarking besteht darin, die eigenen Leistungen und Kosten fortlaufend zu überprüfen und kontinuierlich zu verbessern, um die eigene Wettbewerbsfähigkeit zu erhöhen. Intern orientierte Diskussionen können dann beendet werden. Sie lassen sich durch klare und überzeugende Ziele ersetzen, die exzellent geführte Unternehmen bereits als Resultate erreicht haben.

Benchmarking führt zu einem permanenten Lernen und damit zur kontinuierlichen Verbesserung im eigenen Unternehmen. Jede Veränderung bedeutet, daß Altbekanntes aufgegeben werden muß, um neue Tatsachen zu schaffen. Deshalb regt Benchmarking zu neuem Denken an und trägt zu einem intensiven Lernen der Mitarbeiter im eigenen Unternehmen bei. Dadurch wird das Unternehmen in eine lernende Organisation umgewandelt, die in Zukunft bessere Leistungen erbringt und niedrigere Kosten verursacht. Die Effizienz und die Effektivität können damit wesentlich verbessert werden, so daß die Gewinne erheblich gesteigert werden können.

17 Eigenfertigung – Fremdbezug

1. Wie unterscheidet sich die Eigenfertigung vom Fremdbezug?

Die Unternehmer sollten nicht Produkte und Teile herstellen oder Dienstleistungen erbringen, die andere Unternehmen besser und billiger produzieren oder durchführen können. Die Entscheidungen über Eigenfertigung oder Fremdbezug (Make or Buy Decision) sind allerdings nicht ganz einfach. Ob bestimmte Produkte im eigenen Unternehmen hergestellt oder von außen bezogen werden sollten, muß gründlich überlegt werden. Das gleiche gilt für Dienstleistungen, die selbst erbracht oder zugekauft werden können.

Die Alternative Eigenfertigung oder Fremdbezug stellt sich als langfristige Optimierungsaufgabe dar. Deshalb fällt die Entscheidung über Eigenfertigung oder Fremdbezug in den strategischen Bereich.

In Zeiten der Hochkonjunktur wächst die Neigung der Unternehmer, eigene Kapazitäten aufzubauen. Kommt eine Rezession, ergibt sich schnell eine Überkapazität. Dann wird häufig Kritik laut, Fehlinvestitionen durchgeführt zu haben. Verkaufen sich allerdings die Produkte gut und werden die bestehenden Kapazitäten knapp, wird oft kritisiert, daß sich das Unternehmen auf Fremdbezug eingelassen hat.

Die Alternative Eigenfertigung oder Fremdbezug muß deshalb mit den Werkzeugen des Controllers möglichst gründlich und umfassend analysiert werden. Dann wird die Kritik an den getroffenen Entscheidungen meist geringer ausfallen.

Eigenfertigung oder Fremdbezug sind alternative Bereitstellungsformen für Produkte und Dienstleistungen. Über Eigenfertigung oder Fremdbezug muß im wesentlichen in den aus Tabelle 122 ersichtlichen Fällen entschieden werden.

Tabelle 122: Entscheidungen über Eigenfertigung oder Fremdbezug

1. Reduzierung der Produktionstiefe bei bestehendem Produktionsprogramm und gegebenen Produktionskapazitäten
2. Fremdbezug von einzelnen Vor- und Zwischenprodukten (Baugruppen) für neu entwickelte Produkte
3. Abrundung des Verkaufsprogramms durch Zukauf von Handelswaren
4. Fremdbezug von Hilfs- und Betriebsstoffen, Werkzeugen und Energie
5. Zukauf von Dienstleistungen wie Instandhaltung, Marktforschung, Werbung und EDV

Die Entscheidungen über Eigenfertigung oder Fremdbezug sind oft sehr komplexer Natur. Die Eigenfertigung oder der Fremdbezug müssen im wesentlichen unter wirtschaftlichen, technologischen, qualitativen und logistischen Gesichtspunkten beurteilt werden.

Im Rahmen der strategischen Planung hat die Unternehmensleitung oft eine Entscheidung über Eigenfertigung oder Fremdbezug zu treffen. Die Faktoren, die die Entscheidungen stark beeinflussen können, sind sehr unterschiedlicher Natur.

Wir unterscheiden verschiedene Einflußfaktoren, die die Entscheidungen für Eigenfertigung oder Fremdbezug wesentlich beeinflussen können. Im Vertriebsbereich kommt es insbesondere auf die Sortimentspolitik, die Markttransparenz, die Konkurrenz, die Termintreue und die schnelleren Marktveränderungen an. Das Know-how, die Sicherheit der Arbeitsplätze, der Beschäftigungsgrad, die höhere Qualifikation der Mitarbeiter, Engpaßkapazitäten, das Investitionsrisiko, gesetzliche Restriktionen, die Qualität, die größere Abhängigkeit von Lohnherstellern und die höhere Flexibilität sind wichtige Einflußfaktoren im Produktionsbereich. Zu den weiteren Einflußfaktoren gehören das vorhandene Anlage- und Umlaufvermögen, die realisierten Deckungsbeiträge sowie die geplante Umsatz- und Gesamtkapitalrentabilität.

Tabelle 123: Einflußfaktoren auf die Entscheidung Eigenfertigung oder Fremdbezug

Bereich	Einflußfaktoren
Vertrieb	Sortimentspolitik Markttransparenz Konkurrenz Termintreue Marktveränderungen
Produktion	Know-how Sicherheit der Arbeitsplätze Beschäftigungsgrad Qualifikation der Mitarbeiter Engpaßkapazitäten Investitionsrisiko Gesetzliche Restriktionen Qualität Abhängigkeit von Lohnherstellern Flexibilität

MERKE

Die Unternehmer sollten nicht Produkte und Teile herstellen, die andere Unternehmen besser und billiger produzieren können. Das gleiche gilt für Dienstleistungen.

Die Entscheidungen über Eigenfertigung oder Fremdbezug sind oft schwierig und müssen unter wirtschaftlichen, technologischen, qualitativen und logistischen Gesichtspunkten getroffen werden. Die Einflußfaktoren auf die Entscheidung über Eigenfertigung oder Fremdbezug sind sorgfältig zu überprüfen.

2. Für welche Bereiche gibt es Alternativen?

Für Eigenfertigung oder Fremdbezug gibt es in jedem Unternehmen unterschiedliche Alternativen. In jedem Verantwortungsbereich muß geklärt werden, ob die Funktionen im eigenen Unternehmen oder außer Haus durchgeführt werden sollten. Wegen der Wahrung des eigenen Know-how und wegen der Geheimhaltung bestimmter Spezialkenntnisse können manche Produkte und Dienstleistungen im eigenen Interesse nicht außer Haus gegeben werden.

Da die Entscheidungen über Eigenfertigung oder Fremdbezug oft schwierig sind, sollten die Alternativen sorgfältig überprüft werden. Dabei kommt es auf unterschiedliche Prüfinhalte und Prüfmethoden an, die aus der *Tabelle 124* zu ersehen sind.

Tabelle 124: Prüfinhalte und Prüfmethoden

Prüfinhalte	Prüfmethoden
Stimmt die Entscheidung mit den Zielen des Unternehmens überein?	Festlegung neuer Ziele Änderung der bisherigen Ziele
Wie hoch ist die Kapitalbindung bei Eigenfertigung im Vergleich zu Fremdbezug?	Überprüfung des Sachanlage- und Umlaufvermögens
Ist die Qualität bei Fremdbezug gesichert?	Analyse der eigenen Produkte und der Zukaufteile
Wie hoch sind die variablen und die fixen Kosten bei Fremdbezug?	Vergleiche der Gesamtkosten bei Eigenfertigung oder Fremdbezug
Wie hoch sind die Deckungsbeiträge bei Eigenfertigung oder Fremdbezug?	Ermittlung der variablen und fixen Kosten für beide Alternativen
Welche Auswirkungen hat die Entscheidung auf die Mitarbeiter?	Sicherheit der Arbeitsplätze Qualifikation der Mitarbeiter
Treten Umweltbelastungen auf?	Bau von Entsorgungsanlagen Gesetzliche Auflagen für Material, Produktion, Vertrieb

Für die einzelnen Leistungsbereiche des Unternehmens sind Alternativen für Eigenfertigung oder Fremdbezug möglich. Die *Tabelle 125* gibt einen Überblick über wichtige Bereiche des Unternehmens.

Tabelle 125: Alternativen für Eigenfertigung oder Fremdbezug

Bereich	Eigenfertigung/ Eigenleistung	Fremdbezug
Vertrieb	Werbeabteilung Marktforschung Außendienst	Werbeagentur Marktforschungsinstitut Freie Handelsvertreter
Produktion	Hilfsstoffe Baugruppen Halbfabrikate Fertigfabrikate	Lieferanten Lieferanten Lieferanten Handelswaren
Lager und Versand	Werkslager Eigener Fuhrpark Eigener Versand	Fremdlager Spediteur Spediteur
Dienstleistungen	Konstruktionsabteilung Eigenentwicklung Werkstätten Kesselhaus Eigene Kläranlage Eigene Stromerzeugung Eigener Brunnen	Ingenieurbüro Lizenznahme Handwerksbetriebe Fernwärme Klärwerk Öffentliches Stromnetz Wasserwerk
Forschung und Entwicklung	Labor Eigene Entwicklung Patentabteilung	Forschungsanstalten Entwicklungsbüro Patentanwalt
Verwaltung	Eigene EDV Rechtsabteilung Buchhaltung	Rechenzentrum Anwaltsbüro Steuerberater

Die Produktionsprozesse werden laufend technisch ausgereifter. Die Entwicklung neuer Produkte verlangt ein immer umfangreicheres Know-how. Die moderne Technik erfordert einen stetig wachsenden Kapitaleinsatz.

Jeder Unternehmer könnte alle Produkte und Dienstleistungen selbst herstellen und erbringen. Dafür benötigen die Unternehmer das Know-how, die Maschinen und die Vorrichtungen. Da diese Voraussetzungen oft fehlen und die Kosten für die einzelnen Teile bei Eigenfertigung viel zu hoch wären, sind die Unternehmer gezwungen, bestimmte Produkte und Dienstleistungen fremd zu beziehen.

Bei den Produkten und Dienstleistungen können wir im wesentlichen zwei Kategorien unterscheiden, die aus der *Tabelle 126* hervorgehen.

Tabelle 126: Verkauf und Bedarf an Produkten und Dienstleistungen

1. Produkte und Dienstleistungen werden vom Unternehmen selbst verkauft.
2. Produkte und Dienstleistungen werden für den innerbetrieblichen Ge- und Verbrauch benötigt.

Da die Kunden die Produkte und Dienstleistungen beim Hersteller direkt kaufen wollen, kommt für die erste Kategorie meist nur die Eigenfertigung in Frage. Bei der zweiten Kategorie ist ein Fremdbezug generell vorzuziehen.

Die Unternehmen greifen oft auf fremde Dienstleistungen zurück. Die Werbung kann eine gute Werbeagentur meist besser durchführen. Ein Patentanwalt ist oft eher in der Lage, die patentrechtliche Bearbeitung der Erfindungen vorzunehmen. Es gibt also eine breite Palette von Dienstleistungen, die auf fremde Dritte verlagert werden können. Kleinere und mittlere Unternehmen müssen ohnehin auf diese Spezialisten zurückgreifen, da der Arbeitsanfall im eigenen Unternehmen begrenzt ist und die Kosten beträchtlich wären.

Die Kosten für die eigenen Dienstleistungsabteilungen sind in vielen Unternehmen oft zu hoch. Das liegt auch daran, daß die Unternehmer die eigenen Werkstätten nicht richtig kontrollieren. Auf die Erfassung der Kosten in den eigenen Werkstätten sollte mehr geachtet werden. Für jede Werkstatt ist eine Kostenstelle einzurichten. Dabei sind die Personalkosten von den Sachkosten genau zu trennen.

Erst wenn die Kosten der eigenen Werkstätten systematisch und möglichst pro Monat erfaßt werden, ist die Unternehmensleitung in der Lage zu beurteilen, ob die eigenen Mitarbeiter teurer sind als die Fremdhandwerker. In vielen Fällen hat der Vergleich der eigenen Kosten mit den Stundensätzen der Handwerksbetriebe gezeigt, daß fremde Handwerker weniger kosten als die eigenen Facharbeiter. Viele Unternehmer haben daraus die Konsequenz gezogen, daß für die eigenen Werkstätten nur noch eine minimale Besetzung mit Personal erfolgt. Die normalen Reparaturen und vorsorgliche Instandhaltung werden von fremden Handwerksbetrieben durchgeführt. Da das Reparaturvolumen zeitlich stark schwankt und die eigenen Reparaturen sehr vielfältig sein können, wird von den fremden Reparaturunternehmen ein hohes Maß an Flexibilität verlangt. Der Unternehmer zahlt aber nur für die effektiv in Anspruch genommenen Dienstleistungen und kann dadurch beträchtliche Kosten einsparen.

MERKE

Für die Eigenfertigung oder den Fremdbezug gibt es in jedem Unternehmen unterschiedliche Alternativen. Bei ihrer Überprüfung müssen verschiedene Prüfinhalte und Prüfmethoden berücksichtigt werden.

Die Kosten des eigenen Unternehmens sind pro Monat genau zu ermitteln, um festzustellen, ob die eigenen Mitarbeiter teurer sind als fremde Handwerker. Viele Unternehmer statten die eigenen Werkstätten nur noch mit minimalem Personal aus. Reparaturen und Instandhaltungsarbeiten werden bereits häufig an Spezialunternehmen vergeben, die kostengünstiger arbeiten.

3. Welche Entscheidungsgrundlagen sind zu berücksichtigen?

Bevor Entscheidungen über Eigenfertigung oder Fremdbezug getroffen werden, müssen neben den Kosten noch andere Punkte berücksichtigt werden. Die Entscheidungen hängen also nicht allein von den Kosten ab.

3.1 Kosten

Die variablen Kosten pro Stück bleiben bei der Unterstellung linearer Kostenverläufe gleich. Die fixen Kosten pro Stück sinken dagegen mit zunehmender Ausbringung. Bei gegebenen Umsatzerlösen steigt der Gewinn bei der Senkung der Kosten. Ob Eigenfertigung oder Fremdbezug verwendet werden soll, hängt also davon ab, welche Alternative die kostengünstigere Lösung darstellt.

Die Gegenüberstellung der Stückkosten bei Eigenfertigung oder Fremdbezug bringt nur dann die richtige Lösung, wenn die Stückkosten bei der Stillegung der Eigenfertigung in voller Höhe wegfallen oder beim Aufbau eigener Produktionskapazitäten zusätzlich anfallen. In der Praxis ist das meist nicht der Fall. Deshalb muß jeweils überprüft werden, welche Anteile der Kosten bei der Einstellung der Eigenfertigung wegfallen und welche Kosten bei der Aufnahme der eigenen Produktion zusätzlich entstehen. Bei der Untersuchung der Alternativen müssen also die variablen und die fixen Kosten separat aufgeführt und analysiert werden.

Die relevanten Kosten sind also bei der Entscheidung über Eigenfertigung oder Fremdbezug zu ermitteln. Zu diesen Kosten gehören bei einer Reduzierung der Produktionstiefe all die Kosten, die bei einem Fremdbezug tatsächlich abgebaut und somit eingespart werden können. Das sind die variablen Kosten und die abbaubaren fixen Kosten.

Auf längere Sicht nehmen die abbaubaren Fixkosten tendenziell zu. Die Vorteile des Fremdbezugs steigen dann gegenüber der Eigenfertigung. Durch den Abbau der Fixkosten kann das Unternehmen flexibler auf Beschäftigungsschwankungen reagieren.

In vielen Unternehmen fallen relativ hohe Fixkosten an, da die Produktionsanlagen meist sehr teuer sind. Eine Fixkostendegression kann nur durch große Stückzahlen erreicht werden. Dadurch sinken die Stückkosten insgesamt mit zunehmender Ausbringung (vgl. Abb. 33).

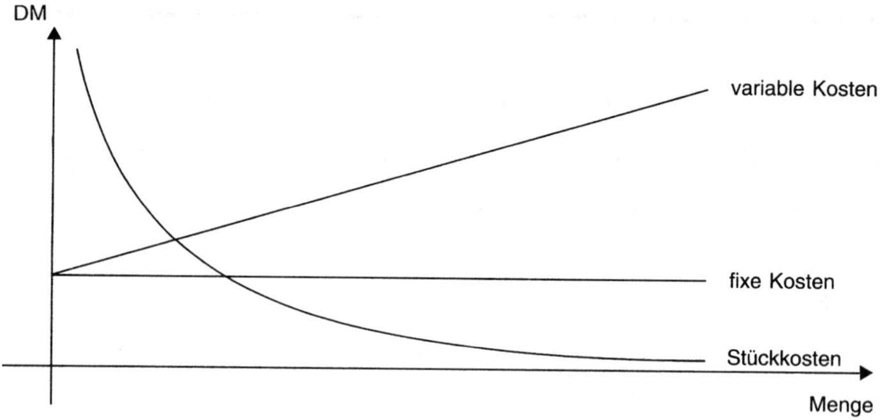

Abb 33: Verlauf der variablen und fixen Kosten sowie der Stückkosten

Wenn die Kapazität aufgestockt werden muß, entstehen sprungfixe Kosten. In der graphischen Darstellung ergeben sich dann Treppenstufen für die Fixkosten. Die gesamte Stückkostenkurve nimmt eine Art Sägezahn-Form an, wie aus der *Abb. 34* hervorgeht.

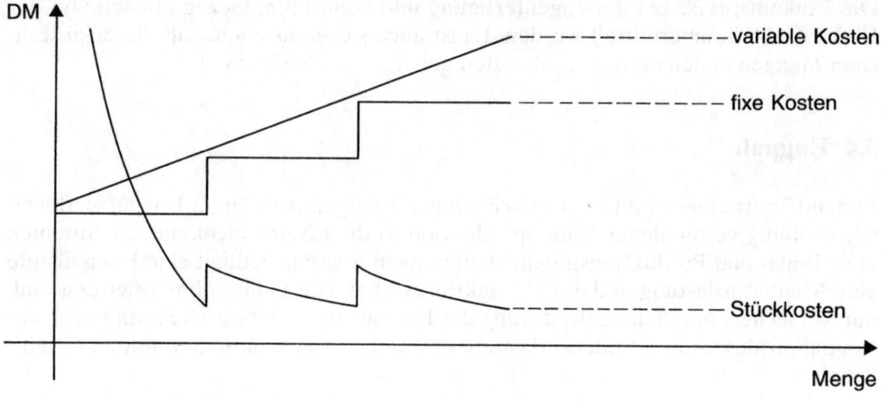

Abb. 34: Verlauf der sprungfixen Kosten und der Stückkosten

3.2 Absatz/Umsatzerlöse

Wenn ein Unternehmer untersucht, ob er die eigene Produktionskapazität weiter ausbauen oder ob er besser die Produkte oder Teile zukaufen sollte, so muß er zuerst die optimale Produktionskapazität errechnen. Die Schwierigkeit besteht in der Praxis meist darin, genauere Kenntnisse über die Entwicklung der Absatzmengen und der Umsatzerlöse zu erhalten. Die Kosten dagegen können einigermaßen genau festgestellt werden.

In den Unternehmen sind ständig Absatz- und Produktionsmöglichkeiten miteinander abzustimmen. Die einzelnen Produktionsstufen müssen hinsichtlich ihrer Auslastungen genau überprüft werden.

Die zukünftigen Absatzmengen sollten vom Vertrieb oder von der Marktforschung festgelegt werden. Die Höhe der Absatzmengen hat einen großen Einfluß auf die Entscheidungen über Eigenfertigung oder Fremdbezug. Deshalb muß bei ihrer Festlegung sehr sorgfältig und genau vorgegangen werden.

3.3 Beschaffung

Neben dem Absatz ist auch der Beschaffungsmarkt einer genauen Untersuchung zu unterziehen. Der Absatz und die Beschaffung können Grenzen setzen und die Entscheidung über Eigenfertigung oder Fremdbezug wesentlich beeinflussen.

Die Einkaufspreise bei der Eigenfertigung und beim Fremdbezug müssen von der Einkaufsabteilung ermittelt werden. Es ist auch sicherzustellen, daß die erforderlichen Mengen in den einzelnen Monaten geliefert werden können.

3.4 Engpaß

In den Unternehmen gibt es in verschiedenen Fertigungsstufen oft Engpässe. Bei einer vielfältig verbundenen Stufenproduktion ist die Lösung nicht einfach. Stimmen die Absatz- und Produktionsmöglichkeiten nicht überein, bedingt eine Engpaßstufe eine Minderauslastung anderer Produktionsstufen. Die Unternehmensleitung muß nun versuchen, durch die Erweiterung der Engpaßstufe oder durch Fremdbezug der Engpaßprodukte die Minderauslastung der anderen Produktionsstufen zu beseitigen.

Die Entscheidung für Eigenfertigung oder Fremdbezug ist beim Vorhandensein von Engpässen wesentlich komplizierter. Wenn nur ein Engpaß gegeben ist, muß die rechnerische Lösung aufgrund der relativen Deckungsbeiträge erfolgen. Sind im Unternehmen gleichzeitig mehrere Engpässe vorhanden, sollte eine Lösung mit Hilfe der linearen Programmierung gefunden werden.

3.5 Qualität

Für die Kunden ist die Qualität des Endproduktes wichtig. Deshalb müssen die Qualitätsanforderungen an fremdbezogene Teile, Produkte und Dienstleistungen mindestens dem eigenen Qualitätsstandard entsprechen. Für die Lieferanten sind dann bestimmte Qualitätsstandards vorzugeben. Die Qualität ist durch regelmäßige Kontrollen beim Lieferanten und durch Wareneingangsprüfungen sicherzustellen.

Zahlreiche Lieferanten haben sich auf die Produktion von bestimmten Teilen spezialisiert. Aufgrund langjähriger Erfahrungen können diese Lieferanten über einen höheren Qualitätsstandard verfügen als das eigene Unternehmen. Dann ist zu prüfen, ob bei der geplanten Eigenfertigung der gleiche Qualitätsstandard erreicht werden kann.

3.6 Technologie

Unter technologischen Gesichtspunkten ist zu berücksichtigen, ob durch den Fremdbezug eigenes Know-how verlorengeht oder weitergegeben werden muß. Ein Lieferant kann ein Vor- oder Zwischenprodukt weiterentwickeln und dann selbst vermarkten.

Wenn Teile nur von einem oder wenigen Lieferanten angeboten werden, besteht bei Fremdbezug die Gefahr der Abhängigkeit von einzelnen Lieferanten. Deshalb sollte bei Fremdbezug der Zukauf von mehreren Lieferanten möglich sein.

3.7 Logistik

Bei der Entscheidung über Eigenfertigung oder Fremdbezug sind auch die Auswirkungen auf den Materialfluß zu untersuchen. Die Reduzierung der Produktionstiefe kann zur Folge haben, daß nicht mehr so viele Einzelteile disponiert und im Wareneingang bearbeitet werden müssen. Das Unternehmen kann sich dann auf wenige zugekaufte Vor- und Zwischenprodukte konzentrieren.

Dagegen steigen die Kosten beim Wareneingang wegen der intensiveren Wareneingangskontrollen. Bei der Reduzierung der Produktionstiefe erhöhen sich meist auch die Lagerhaltungskosten. Wegen der höherwertigen Vor- und Zwischenprodukte ist unter Kostengesichtspunkten eine Just-in-Time Anlieferung anzustreben. Dies ist allerdings nur bei größeren Unternehmen möglich. Außerdem ist eine Einbindung der Lieferanten in das eigene logistische System erforderlich.

MERKE

Die Entscheidungen über Eigenfertigung oder Fremdbezug hängen nicht alleine von den Kosten ab. Folgende Punkte sind bei den Entscheidungen ebenfalls zu berücksichtigen: Absatz-/Umsatzerlöse, Beschaffung, Engpässe, Qualität, Technologie und Logistik.

4. Welche Alternativen müssen wir unterscheiden?

Bei der Entscheidung über Eigenfertigung oder Fremdbezug müssen unterschiedliche Alternativen sorgfältig überprüft werden. Das eigene Unternehmen kann noch über freie Kapazitäten verfügen. Die Unternehmensleitung muß auch überlegen, ob eigene Kapazitäten stillgelegt werden müssen. Eine weitere Möglichkeit ist der Ausbau eigener Kapazitäten.

4.1 Freie eigene Kapazitäten

Ein Kostenvergleich läßt sich auf der Basis der entscheidungsrelevanten Kosten durchführen. Wenn im eigenen Unternehmen freie Kapazitäten vorhanden sind, müssen die variablen Stückkosten der Eigenfertigung als entscheidungsrelevante Kosten angesehen werden. Sie stellen die Vergleichsbasis für den Fremdbezug dar. Durch die Entscheidung für die Eigenfertigung fallen dann keine zusätzlichen Fixkosten an, da die Beschaffung beispielsweise weiterer Maschinen nicht erforderlich ist.

Bei freien Kapazitäten ist die Eigenfertigung immer dann günstiger, wenn die variablen Kosten der Eigenfertigung geringer sind als die Einstandspreise des Fremdbezugs. Die durch die Betriebsbereitschaft verursachten Fixkosten fallen unabhängig davon an, ob produziert wird oder nicht. Deshalb dürfen in diesem Fall nur die durch die Eigenfertigung zusätzlich anfallenden variablen Kosten mit den Kosten des Fremdbezugs verglichen werden.

Ein Unternehmer hat beispielsweise zu entscheiden, ob er ein Werkzeug für eine CNC-Maschine selber bauen oder zukaufen soll. Im eigenen Werkzeugbau ist genügend freie Kapazität vorhanden, so daß das Werkzeug ohne zusätzliche fixe Kosten selbst produziert werden kann.

Fremdbezug
Die Kosten für den Fremdbezug des Werkzeugs ergeben sich wie folgt:

	Einkaufspreis	DM 7.500,–
+	Warenbezugskosten	DM 500,–
=	Einstandspreis	DM 8.000,–

Eigenfertigung
Für die Eigenfertigung ergeben sich folgende Kosten:

Da noch freie Kapazitäten vorhanden sind, fallen keine zusätzlichen Fixkosten an. Deshalb sind die variablen Kosten für das Werkzeug als Entscheidungsgrundlage anzusehen. Zusätzliche variable Kosten entstehen nur im Material- und Produktionsbereich.

Die zusätzlichen Kosten werden wie folgt errechnet:

Materialbereich
a) Materialkosten durch den Einkauf des benötigten Materials für das Werkzeug,
b) variable Materialgemeinkosten für Hilfs- und Betriebsstoffe.

Produktionsbereich
a) Fertigungslöhne für die Herstellung des Werkzeugs,
b) variable Fertigungsgemeinkosten für die Energie.

Berechnung der variablen Kosten insgesamt:

1. **Material**	
1.1 Fertigungsmaterial	DM 4.000,–
1.2 Variable Materialgemeinkosten	DM 500,–
1.3 Materialkosten (1.1 + 1.2)	DM 4.500,–
2. **Produktion**	
2.1 Fertigungslöhne	DM 2.500,–
2.2 Variable Fertigungsgemeinkosten	DM 100,–
2.3 Variable Produktionskosten (2.1 + 2.2)	DM 2.600,–
3. **Variable Stückkosten** (1.3 + 2.3)	DM 7.100,–

Kostenvergleich:	
Fremdbezug	DM 8.000,–
Eigenfertigung	DM 7.100,–
Differenz	DM 900,–

Die Differenz zwischen Eigenfertigung und Fremdbezug beträgt 900,– DM. Deshalb ist es günstiger, das Werkzeug selbst herzustellen. Wegen der Beschäftigungssituation ist die Eigenfertigung auch von Vorteil, da die vorhandene Kapazität durch die Eigenfertigung besser ausgelastet wird.

4.2 Stillegung eigener Kapazitäten

Bei der Entscheidung über Eigenfertigung oder Fremdbezug kommt es also darauf an, Kostenvergleiche durchzuführen. Der Zukauf ist günstiger, wenn die gesamten Kosten beim Fremdbezug niedriger sind als die variablen Kosten bei der Eigenfertigung, soweit freie Kapazitäten vorhanden sind.

In manchen Unternehmen kann nur ein Teil der fixen Kosten abgebaut werden, wenn die eigene Kapazität stillgelegt werden soll. Dann ist zu untersuchen, ob die Kosten für den Fremdbezug einschließlich der verbleibenden Fixkosten niedriger sind als die gesamten Kosten der Eigenfertigung.

Tabelle 127: Kalkulation eines Produktes

Bezeichnung	Variable Kosten DM/Stück	Fixe Kosten TDM/Jahr
Fertigungs-Material Fertigungs-Löhne Energie	60,– 30,– 5,–	
Variable Kosten insgesamt	95,–	
Personal Reparaturen Kalk. Abschreibungen Kalk. Zinsen Sonstige Kosten		300,– 150,– 600,– 300,– 500,–
Fixkosten insgesamt		1.750,–
Zukauf	80,–	

Die Vorteilhaftigkeit von Eigenfertigung oder Fremdbezug kann mit Hilfe von Investitionsrechnungen ermittelt werden. Eine derartige Rechnung ist aus der *Tabelle 127* ersichtlich.

4.3 Ausbau eigener Kapazitäten

Wenn die eigenen Kapazitäten erst noch aufgebaut werden sollen, ist die Entscheidung über Eigenfertigung oder Fremdbezug komplizierter. Zunächst ist die optimale Kapazität für die Produktion zu ermitteln. Außerdem müssen die Absatzzahlen errechnet werden.

Die Kosten können relativ einfach festgestellt werden. Schwieriger ist die Ermittlung der Nachfrage. Mit Hilfe der Marktforschung können Informationen über das Potential des Marktes beschafft werden. Der eigene Vertrieb kann die Absatzmengen auch relativ genau bestimmen, sobald sich kompetente Führungskräfte mit dieser Frage intensiver beschäftigen.

Wenn die Nachfrage groß ist und die Erwartungen für die Zukunft hoch eingeschätzt werden, ist es sinnvoll, die eigenen Kapazitäten auszubauen. Ergibt die Marktforschung allerdings eine geringere Nachfrage und geringere Aussichten für die Zukunft, sollten die bestehenden Kapazitäten genutzt werden. Der zusätzliche Bedarf ist dann durch Zukauf von anderen Unternehmen abzudecken.

Der Unternehmer möchte vielleicht auch wissen, bei welcher Nachfrage ein Ausbau der Kapazitäten sinnvoll ist. Um diese Frage zu klären, müssen wir die Absatzzahlen und die Umsatzerlöse sowie die Kosten für die benötigten zusätzlichen Kapazitäten ermitteln. Aufgrund der geschätzten Mengen und Verkaufspreise ist die optimale Kapazität zu errechnen. Daneben sind auch andere Einflußgrößen zu berücksichtigen, die die Entscheidung wesentlich beeinflussen können. Dazu gehören die Umweltbelastung, das verfügbare Gelände, die vorhandene Infrastruktur, die Mindestgröße der technischen Anlagen sowie der erwartete technische Fortschritt hinsichtlich der Prozesse und Verfahren.

Tabelle 128: Entscheidungsfaktoren für Eigenfertigung oder Fremdbezug

1. Geschätzte Nachfrage
2. Verkaufsmengen
3. Verkaufspreise
4. Variable Kosten
5. Fixe Kosten
6. Umweltbelastungen
7. Verfügbares Gelände
8. Vorhandene Infrastruktur
9. Mindestgröße der technischen Anlage
10. Technischer Fortschritt
11. Erforderliche Prozesse
12. Nötige Verfahren

Mit Hilfe der Break-Even-Analyse kann festgestellt werden, bei welchen Mengen der Break-Even-Punkt für Eigenfertigung oder Fremdbezug erreicht wird. Aus der *Abb. 35* können die Zusammenhänge klar ersehen werden. Die durchgehenden Linien stellen die Kostenverläufe bei Fremdbezug dar. Die gestrichelten Linien beziehen sich auf die Eigenfertigung.

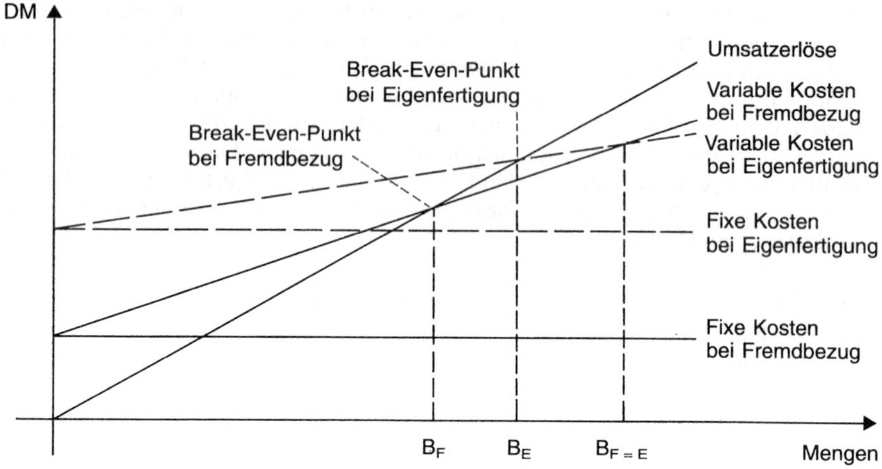

Abb. 35: Break-Even-Diagramm bei Eigenfertigung und Fremdbezug

Der Break-Even-Punkt bei Fremdbezug (B_F) ist eher erreicht als dieser Punkt für die Eigenfertigung (B_E). Bei Überschreiten des Break-Even-Punktes kommt das Unternehmen in die Gewinnzone. Soll die Eigenfertigung rentabel sein, müssen also größere Mengen produziert und abgesetzt werden. Im Schnittpunkt der Gesamtkostenkurven von Fremdbezug und Eigenfertigung ($B_{F=E}$) sind die gesamten Kosten beider Alternativen gleich.

Bis zum Break-Even-Punkt für Eigenfertigung ist Fremdbezug sinnvoll. Nach Überschreiten des Break-Even-Punktes für Eigenfertigung lohnt der Ausbau der eigenen Kapazitäten. Bei zunehmenden Absatzmengen muß die Entscheidung zugunsten der Eigenfertigung fallen. Wird aber befürchtet, daß der Absatz zurückgeht, ändern sich die entsprechenden variablen und fixen Kosten. Dann wäre der Fremdbezug die bessere Lösung.

Neben den Absatzmengen sind auch die Umsatzerlöse genauer zu analysieren. Eine Änderung der Verkaufspreise hat unmittelbaren Einfluß auf die Umsatzerlöse. Dadurch kann sich der Break-Even-Punkt ebenfalls verschieben.

Aus dem Break-Even-Diagramm geht hervor, daß es nicht ausreicht, wenn wir die variablen Kosten für die Eigenfertigung den variablen Kosten bei Fremdbezug gegenüberstellen. Für beide Alternativen müssen die jeweiligen Fixkosten ermittelt und hinzugefügt werden. Die fixen Kosten fallen bei Eigenfertigung für die Bereitstellung der erforderlichen Kapazitäten an. Auch beim Fremdbezug entstehen Fixkosten, die genau und umfassend errechnet werden müssen. Zu den fixen Kosten bei Fremdbezug gehören insbesondere die zusätzlichen Lager- und Verwaltungskosten.

Aus der *Tabelle 129* können die Daten eines Kostenvergleichs zwischen Eigenfertigung und Fremdbezug entnommen werden. Sorgfältig errechnete variable und fixe Kosten erleichtern die Entscheidung für die eine oder andere Alternative.

Tabelle 129: Eigenfertigung und Fremdbezug

Bezeichnung	Eigenfertigung		Fremdbezug	
	Variable Kosten DM/Stück	Fixe Kosten TDM/Jahr	Variable Kosten DM/Stück	Fixe Kosten TDM/Jahr
Fertigungsmaterial	40,–			
Fertigungslöhne	30,–			
Energie	5,–			
Personal	300,–		50,–	
Reparaturen		20,–		
Kalk. Abschreibung		150,–		
Kalk. Zinsen		100,–		
Einkauf		10,–	160,–	
Lager	20,–		80,–	
Verwaltung		15,–	10,–	
Sonstige Kosten		30,–		
Summe	75,–	645,–	160,–	140,–

Die variablen Kosten betragen bei Eigenfertigung 75,– DM pro Stück im Vergleich zu 160,– DM pro Stück bei Fremdbezug. Bei Eigenfertigung sind die variablen Kosten also um 85,– DM niedriger. Allerdings sind die fixen Kosten bei der Eigenfertigung wesentlich höher. Dies liegt insbesondere daran, daß einige qualifizierte Mitarbeiter eingestellt und neue Maschinen gekauft werden müssen. Die fixen Kosten betragen 645.000,– DM pro Jahr. Bei Fremdbezug ergeben sie nur 140.000,– DM pro Jahr.

Die Stückkosten sollten auch bei unterschiedlicher Auslastung der Kapazitäten ermittelt werden. Der *Tabelle 130* können die einzelnen Daten entnommen werden.

Tabelle 1305: Stückkosten bei unterschiedlicher Kapazitätsauslastung

	Kapazitätsauslastung in Stück 10.000	5.000
Eigenfertigung		
Variable Kosten	75,–	75,–
Fixe Kosten	$\frac{645,-}{10}$ = 65,–	$\frac{645,-}{5}$ = 129,–
Gesamtkosten/Stück	140,–	204,–
Fremdbezug		
Variable Kosten	160,–	160,–
Fixe Kosten	$\frac{140,-}{10}$ = 14,–	$\frac{140,-}{5}$ = 28,–
Gesamtkosten/Stück	174,–	188,–

Wenn 10.000 Stück verkauft werden können, machen die Gesamtkosten pro Stück bei Eigenfertigung 140,– DM und bei Fremdbezug 174,– DM aus. Werden nur 5.000 Stück abgesetzt, ergeben sich Gesamtkosten pro Stück in Höhe von 204,– DM bei Eigenfertigung und 188,– DM bei Fremdbezug.

Jetzt stellt sich die Frage nach der kritischen Menge, bei der die Gesamtkosten pro Stück bei Eigenfertigung und Fremdbezug gleich sind. Die kritische Menge muß zwischen 5.000 und 10.000 Stück liegen.

Folgende Formel gibt Aufschluß über die kritische Menge:

$$\text{Kritische Menge} = \frac{\text{Fixkosten (E/F)} - \text{Fixkosten (F/B)}}{\text{variable Kosten (F/B) pro Stück} - \text{variable Kosten (E/F) pro Stück}}$$

$$= \frac{645.000 - 140.000}{160 - 75}$$

$$= \frac{505.000}{85}$$

$$= 5.941 \text{ Stück}$$

Die kritische Menge liegt also bei 5.941 Stück. Bei dieser Menge sind die Gesamtkosten pro Stück bei Eigenfertigung und Fremdbezug gleich. Übersteigt die absetzbare Menge 5.941 Stück, ist die Eigenfertigung günstiger. Sinkt der Absatz unter 5.941 Stück, ist der Fremdbezug die bessere Lösung.

Die Probe bestätigt das Ergebnis. Bei einer Produktion oder einem Fremdbezug von 5.941 Stück betragen die Gesamtkosten rund 1.090.570,– DM, wie aus der *Tabelle 131* zu entnehmen ist.

Tabelle 131: Kritische Menge

Kosten	Eigenfertigung	Fremdbezug
Variable Kosten	445.575	950.560
Fixe Kosten	645.000	140.000
Gesamtkosten	1.090.575	1.090.560

Bevor eine Entscheidung über Eigenfertigung oder Fremdbezug getroffen werden kann, müssen neben den quantitativen Größen aber auch qualitative Aspekte berücksichtigt werden. Zu den qualitativen Gesichtspunkten gehören neben der Qualität und der Liefertreue auch das technische Know-how. Größere Flexibilität, hohe Qualifikation der Mitarbeiter, gesetzliche Restriktionen und schnelle Marktveränderungen sind bei der Entscheidung ebenfalls zu beachten.

MERKE

Bei der Eigenfertigung oder dem Fremdbezug handelt es sich um schwierige betriebswirtschaftliche Entscheidungen. Die einzelnen Alternativen müssen gründlich untersucht werden, um Fehlentscheidungen zu vermeiden.

Die Ergebnisse der Kostenvergleichsrechnung stellen bei diesem Entscheidungsproblem nur eines von mehreren Kriterien dar. Neben den quantitativen Größen müssen auch noch die qualitativen Aspekte berücksichtigt werden, bevor eine Entscheidung über Eigenfertigung oder Fremdbezug getroffen werden sollte.

18 Erfahrungskurve

1. Was sagt die Erfahrungskurve aus?

Die Erfahrungskurve hängt mit der Lernkurve zusammen. Durch empirische Untersuchungen konnte nachgewiesen werden, daß die Kosten für sich ständig wiederholende Aufgaben sinken, wenn die Erfahrungen der Mitarbeiter bei den Ausführungen dieser Arbeiten zunehmen. Die Effekte der Lernkurve wurden zuerst in der Flugzeugindustrie in den USA beobachtet.

Nach systematischen Untersuchungen wurde festgestellt, daß mit jeder Verdoppelung der im Zeitablauf kumulierten Produktionsmengen die auf die Wertschöpfung bezogenen und preisbereinigten Stückkosten eines Produktes potentiell um 20 bis 30 % zurückgehen. Die Verdoppelung der kumulierten Produktionsmengen und damit der potentielle Kostenrückgang treten um so schneller ein, je höher die Wachstumskurve eines Produktes steigt (vgl. Abb. 36).

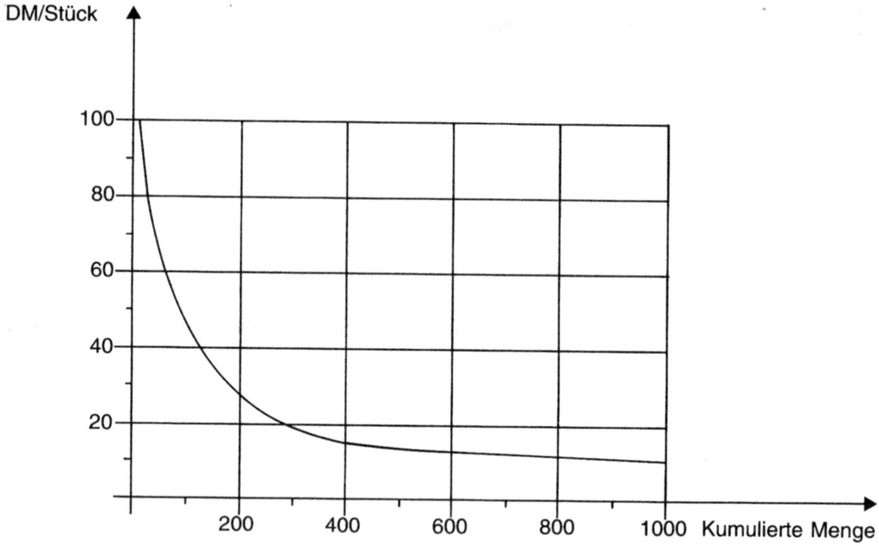

Abb. 36: Erfahrungskurve

Die Erfahrungskurve bezieht sich also auf die Wertschöpfung. Der Rationalisierungseffekt ist demnach um so größer, je höher die Wertschöpfung ist.

Die Wertschöpfung ist die Differenz zwischen dem Produktionswert und den Vorleistungen und wird wie folgt berechnet:

Produktionswert
/. Vorleistungen
= Wertschöpfung

Gesamtleistung
Sonstige Erträge
= Produktionswert

Roh-, Hilfs- und Betriebsstoffe
\+ Abschreibungen
\+ Sonstige Aufwendungen
= Vorleistungen

In den einzelnen Unternehmen fällt die Wertschöpfung sehr unterschiedlich aus. Bei Handelsbetrieben ist die Wertschöpfung wesentlich geringer als in Industrie- und Dienstleistungsunternehmen, was aus der *Tabelle 132* ersichtlich ist.

Tabelle 132: Höhe der Wertschöpfung

Unternehmen	Prozent
Handelsunternehmen	20–30 %
Industrieunternehmen	40–50 %
Dienstleistungsunternehmen	70–80 %

Die Wertschöpfung in Handelsbetrieben beträgt erfahrungsgemäß etwa 20 bis 30 %. Wenn ein Händler seine Ware für 100,– DM verkauft, muß er die Produkte etwa für 70,– bis 80,– DM einkaufen. In Industrieunternehmen ist die Wertschöpfung höher. Ein Industriebetrieb benötigt Vorleistungen in Höhe von 50,– bis 60,– DM, um einen Umsatz von 100,– DM zu machen. In Dienstleistungsunternehmen fällt die Wertschöpfung noch höher als in Industrieunternehmen aus. Für einen Umsatz von 100,– DM sind, beispielsweise bei einer Unternehmensberatung, Vorleistungen etwa in Höhe von 20,– bis 30,– DM zu erbringen.

MERKE

Die Erfahrungskurve besagt, daß mit jeder Verdoppelung der im Zeitablauf kumulierten Produktionsmengen die auf die Wertschöpfung bezogenen und preisbereinigten Stückkosten eines Produktes potentiell um 20 bis 30 % zurückgehen. In Dienstleistungsunternehmen ist die Wertschöpfung wesentlich höher als in Handels- und Industrieunternehmen.

2. Welche Gründe liegen für die Effekte der Erfahrungskurve vor?

Für das Wirken der Erfahrungskurve sind verschiedene Einflußfaktoren maßgebend. Oft liegt eine Kombination von Gründen vor, die zu Kostensenkungen in den Unternehmen führen. In der Praxis ist es oft schwierig, die Effekte der Erfahrungskurve in einzelne Ursachen aufzugliedern. Es besteht aber kein Zweifel darüber, daß aufgrund der Erfahrungskurve die Kosten in den Unternehmen gesenkt werden können.

Folgende Einflußfaktoren können in den Unternehmen für die Effekte der Erfahrungskurve verantwortlich sein:

Tabelle 133: Einflußfaktorenfür die Effekte der Erfahrungskurve

1. Lerneffekte bei den einzelnen Mitarbeitern und in den Gruppen
2. Verbesserung der Aufbau- und Ablauforganisation
3. Einführung von Management-Informations-Systemen
4. Aufbau einer effizienteren Planung
5. Durchführung wirksamerer Kontrollen
6. Einleitung von gezielten Maßnahmen zur Unternehmenssteuerung
7. Verbesserung der Arbeitsmethoden
8. Erhöhte Koordination der Arbeitsabläufe
9. Einführung einer leistungsfähigeren Instandhaltung
10. Durchführung einer effizienteren Lagerhaltung
11. Verbesserung der Produkte
12. Höhere Effizienz der Mitarbeiter durch systematisches Lernen am Arbeitsplatz und durch die Wiederholung der Tätigkeit
13. Sparsamere Verwendung von Material
14. Geringerer Ausschuß
15. Bessere Beaufsichtigung der Arbeiten
16. Weniger Nacharbeiten
17. Neuere Produktionsprozesse
18. Geringerer Energiebedarf
19. Verbesserte Produktionsmethoden
20. Intensivere Studien über die industrielle Fertigung
21. Einsatz neuer technologischer Produktionsverfahren
22. Gezielte Neukonstruktion von Produkten
23. Reduzierung der teuren Teile in den Produkten
24. Eliminierung von unnötigen Teilen an Produkten aufgrund von Wertanalysen
25. Standardisierung der Produkte
26. Reduzierung von Änderungen an den Produkten
27. Erhöhung der Wiederholvorgänge in der Produktion und im Vertrieb
28. Günstigere Losgrößen
29. Bessere Ausstattung mit Werkzeugen und Maschinen
30. Optimalere Auslastung der Maschinen
31. Bessere räumliche Ausstattung der Unternehmung

MERKE

Für das Wirken der Erfahrungskurve sind verschiedene Einflußfaktoren maßgebend. Die einzelnen Ursachen müssen sorgfältig untersucht und systematisch genutzt werden. Oft liegt eine Kombination von Gründen vor, die zu Kostensenkungen in den Unternehmen führen.

3. Wann wirkt die Erfahrungskurve?

Die Erfolge der Erfahrungskurve stellen sich aber nicht automatisch ein. Die Unternehmensleitung und die Führungskräfte müssen ständig daran arbeiten, daß mit steigender Ausbringung laufend Verbesserungen in allen Bereichen des Unternehmens vorgenommen werden, um die Kosten zu senken. Die Effekte der Erfahrungskurve lassen sich also nur erzielen, wenn die Qualifikation der Mitarbeiter laufend steigt und kontinuierlich neue Konzeptionen, Techniken und Instrumente im Unternehmen eingeführt werden. Auf diese Weise lassen sich die Stückkosten etwa um 20 bis 30 % senken.

Im wesentlichen geht es also darum, daß die Unternehmensleitung einen quantitativen und qualitativen Lernprozeß im Unternehmen fördert. Durch die Erhöhung der Produktionsmengen (Economy of Scale) lassen sich dann bedeutende Rationalisierungsmaßnahmen durchführen.

Die Effekte der Erfahrungskurve beziehen sich auf die variablen und die fixen Kosten. Bei zunehmenden Produktionskapazitäten müssen ständig neue Rationalisierungsmaßnahmen durchgeführt werden. Insbesondere in der Wachstumsphase der Produkte werden größere Kapazitäten in den Unternehmen benötigt. Damit nimmt auch der Druck auf Veränderungen in dieser Phase insbesondere in der Produktion, in der Lagerhaltung und im Vertrieb zu.

In den Unternehmen ist meist ein beträchtliches Kosteneinsparungspotential vorhanden. Durch ein bewußtes Kostenmanagement kann dieses Potential zur Einsparung der variablen und fixen Kosten konsequenter ausgeschöpft werden. Die Konkurrenzfähigkeit der Unternehmen wird somit erhalten oder sogar noch verbessert.

Die Effekte der Erfahrungskurve werden insbesondere in den kaufmännischen und technischen Bereichen der Unternehmen sichtbar.

a) Kaufmännischer Bereich

Bei größeren Produktionsmengen lassen sich die Rationalisierungserfolge im kaufmännischen Bereich beispielsweise erreichen:

- durch effizienteren Vertrieb,
- durch wirkungsvollere Marketingmaßnahmen,
- durch verbesserte Aufbau- und Ablauforganisation,
- durch sparsameren Materialverbrauch,
- durch bessere Ausnutzung der Energie,
- durch vorsorgliche Instandhaltung,
- durch verbesserte Arbeitsorganisation,
- durch günstigeren Einkauf der Materialien,
- durch ein aussagefähiges Informations-System,
- durch bessere Produkte,
- durch eine genauere Planung, schnellere Kontrolle und effizientere Steuerung.

b) Technischer Bereich
Wenn die maschinelle Ausstattung des Unternehmens dem neuesten Stand der Technik entspricht, können die variablen und fixen Kosten gesenkt werden:

- durch leistungsfähigere Maschinen,
- durch verbesserte Produktionsmethoden,
- durch eine höhere Auslastung der vorhandenen Maschinen,
- durch kontinuierliche Produktivitätssteigerungen in den einzelnen Bereichen,
- durch die bessere Ausnutzung der eingesetzten Maschinen,
- durch veränderte Technologien,
- durch laufende Produktinnovationen,
- durch schnellere Mechanisierung und Automatisierung,
- durch geringeren Ausschuß,
- durch standardisierte Produktionsabläufe.

MERKE

In den meisten Unternehmen ist ein beträchtliches Kosteneinsparungspotential vorhanden. Durch ein bewußtes Kostenmanagement kann dieses Potential zur Einsparung der variablen und der fixen Kosten konsequent ausgeschöpft werden. Dies bewirkt eine Zunahme der Konkurrenzfähigkeit der Unternehmen.

Die Effekte der Erfahrungskurve stellen sich nicht automatisch ein. Die Unternehmensleitung und die Führungskräfte müssen ständig daran arbeiten, daß mit steigender Ausbringungsmenge laufend Verbesserungen zur Kostensenkung in allen Bereichen des Unternehmens vorgenommen werden.

19 Konkurrenz-Analyse

1. Wie machen wir eine Konkurrenz-Analyse?

Auch in Zukunft unterliegt das Wettbewerbsumfeld der Unternehmen ständigen Veränderungen. Es kann sein, daß sich bei der Durchführung der neuen Strategien Probleme ergeben. Die kleineren und mittleren Unternehmen konkurrieren meist mit mehreren oder vielen Wettbewerbern in einem spezifischen Marktsegment. Aus der Sicht der Abnehmer bieten bestimmte Unternehmen ähnliche oder gleichwertige Produkte oder Dienstleistungen an.

Die Anzahl der Anbieter verändert sich mit dem Stadium der Marktentwicklung. In der Einführungsphase sind häufig nur wenige Anbieter am Markt, die eine Innovation vorstellen. Im Verlauf der Marktexpansion nimmt die Zahl der Konkurrenten normalerweise zu.

Wenn andere Unternehmen feststellen, daß mit neuen Produkten in der Wachstumsphase viel Geld zu verdienen ist, werden sie ebenfalls versuchen, in diesen Markt einzudringen. Bis zur Reifephase wird die Konkurrenz immer größer. Da der Markt dann meist nicht mehr wächst oder bereits stagniert, kommt es schnell zu einem Verdrängungswettbewerb. In der Sättigungsphase nehmen dann die Probleme noch weiter zu.

Die Gefahren drohen von gegenwärtigen und potentiellen Konkurrenten. Die Unternehmen müssen sich über ihre bekannten und neuen Konkurrenten laufend informieren. Deshalb ist die Abschätzung des zukünftigen Verhaltens der alten und neuen Konkurrenz für die Planung der eigenen Wettbewerbsstrategie von großer Bedeutung.

Die gegenwärtigen Strategien und Markterfolge der wichtigen Konkurrenten müssen genau unter die Lupe genommen werden. Es ist für das eigene Unternehmen wichtig, sich über die strategischen Ziele, die Marktposition und das Wachstum der Konkurrenz Klarheit zu verschaffen. Auch über die Investitionen und die Kunden der Konkurrenz müssen Informationen eingeholt werden. Die Marktanteile, die Geschäftsfelder und die vorhandenen Kapazitäten der Konkurrenz sind ebenfalls bedeutsam. Auch über die Ressourcen, die Organisation und die Qualifikation der Führungskräfte der Wettbewerber sind Einzelheiten zu erfragen. Die einzelnen Kriterien sind aus der *Tabelle 134* zu entnehmen.

Die drei bis fünf wichtigsten Konkurrenten sollten mit dem eigenen Unternehmen verglichen werden. Die Skala in der *Tabelle 134* wird in 3 Kategorien eingeteilt. Das Zeichen + bedeutet, daß die Konkurrenz besser ist als das eigene Unternehmen. Wenn die Konkurrenz genauso gut ist wie das eigene Unternehmen, ist das Zeichen = zu verwenden. Sollte sich ergeben, daß die Konkurrenz schlechter ist als das eigene Unternehmen, dann ist das Zeichen – einzusetzen.

Die aufgeführten Kriterien gehören zu dem Katalog von Beurteilungskriterien, die bei der Konkurrenz-Analyse verwendet werden sollten. Mit Hilfe dieser Kriterien können das eigene Unternehmen und die Konkurrenz einfach und schnell beurteilt werden.

Von der richtigen Einschätzung der Konkurrenz hängt oft der eigene Erfolg am Markt ab. Deshalb ist es notwendig, über die bedeutenden Wettbewerber regelmäßig eine systematische Konkurrenz-Analyse zu erstellen. Wichtig ist auch die Frage, ob die Konkurrenz offensiv oder defensiv am Markt operiert. Wie die Konkurrenz auf eine Veränderung der eigenen Strategie reagieren wird, sollte ebenfalls ermittelt werden.

Tabelle 134: Konkurrenz-Analyse für das gesamte Unternehmen

Beurteilungskriterien	Konkurrenten				
Unternehmen Ertragskraft Finanzkraft Strategische Ziele Investitionen Ressourcen Organisation					
Markt Marketingkonzeption Produktpalette Marktposition Preis-Leistungsverhältnis Serviceleistungen Umsatz Marktanteil Wachstum Kunden Geschäftsfelder					
Produktion Kapazitäten Flexibilität Innovationsfähigkeit Lieferzeiten Forschung + Entwicklung Qualität Produktivität Know-how					
Mitarbeiter Qualifikation der Unternehmensleitung Qualifikation der AD-Mitarbeiter Qualifikation der ID-Mitarbeiter					
Material Rohstoffqualität Preise Lieferanten					

Zeichen: + = besser als das eigene Unternehmen
= = genauso gut wie das eigene Unternehmen
– = schlechter als das eigene Unternehmen

Bei der Konkurrenz-Analyse sollten auch bestimmte Produkte oder Produktgruppen des eigenen Unternehmens mit denen der Konkurrenz verglichen werden. Am besten ist der Vergleich des eigenen Unternehmens mit dem Marktführer. Es zeigt sich immer wieder, daß es massive Gründe dafür gibt, warum das eigene Unternehmen nicht der Marktführer ist. Nach meinen Erfahrungen ist der Vergleich zwischen dem eigenen Unternehmen und dem Marktführer sehr aussagefähig, weil schnell deutlich wird, daß der Marktführer bei bestimmten Kriterien einfach besser als das eigene Unternehmen ist. Das zeigt sich auch bei den einzelnen Produkten oder Produktgruppen.

Bei der Konkurrenz-Analyse müssen die Führungskräfte im Unternehmen mitwirken, die die Produkte des Marktführers und der anderen Konkurrenten gut kennen. Dazu gehören insbesondere die Mitarbeiter in den Verantwortungsbereichen Marketing und Vertrieb, Produktion sowie Forschung und Entwicklung.

Damit die Beurteilung möglichst objektiv und spontan ausfällt, ist es sinnvoll, daß die Formulare ohne Nennung des Namens der Mitarbeiter abgegeben werden. Ich habe immer wieder beobachtet, daß viele Führungskräfte früher und objektiver das Formular der Konkurrenz-Analyse ausfüllen, wenn sie anonym bleiben können.

Es ist also wichtig, auch bestimmte Erzeugnisgruppen der Konkurrenten mit den eigenen Produktgruppen zu vergleichen. Die einzelnen Kriterien, die die Produktgruppen auszeichnen, müssen zuerst festgelegt werden. Am besten sollte die Bestimmung der Kriterien für eine Produktgruppe in einem internen Seminar stattfinden. Für einzelne Produktgruppen können auch unterschiedliche Kriterien in Frage kommen.

Neben den einzelnen Kriterien kann auch ein Anforderungsprofil für die Produktgruppe erstellt werden. Aus diesem Anforderungsprofil ist zu erkennen, welche Bedeutung die einzelnen Kriterien für den Verkauf dieser Produktgruppe haben.

Tabelle 135 zeigt ein Anforderungsprofil für eine CNC-Maschine. Die geringe Reparaturanfälligkeit gehörte neben dem funktionierenden Ersatzteildienst zu den wichtigsten Punkten. Die vielfältige Ausbaumöglichkeit war neben dem Zubehör zur mannlosen Schicht von geringster Bedeutung.

Tabelle 135: Konkurrenz-Analyse für CNC-Maschinen

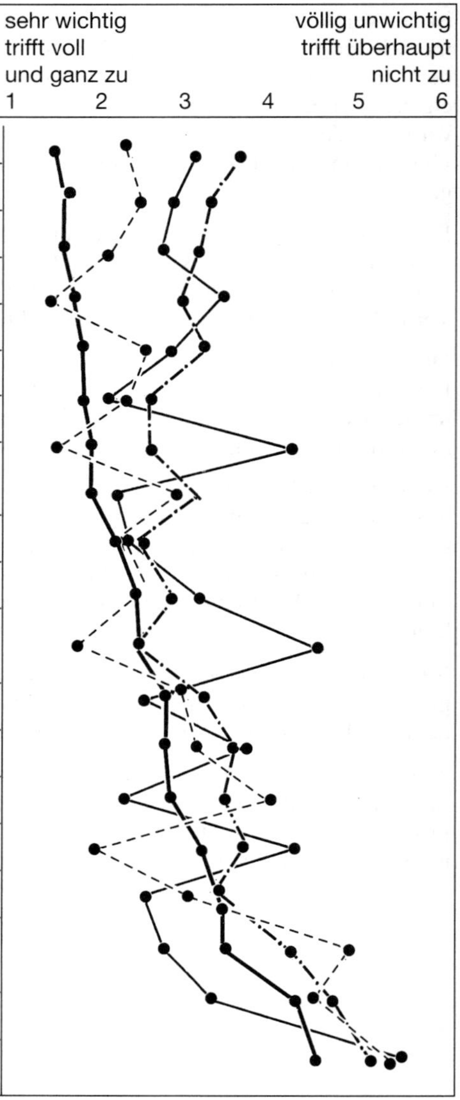

Geringe Reparaturanfälligkeit
Funktionierender Ersatzteildienst
Hohe Verfügbarkeit
Preis-/Leistungsverhältnis
Wartungsfreundlichkeit
Sehr hohe Dauergenauigkeit
Preis
Hohe Steifigkeit von Führungs- und Antriebssystem
Einfachheit der Bedienung
Sehr kurze Span-zu-Span-Zeit
Service für Mechanik und Steuerung aus einer Hand
Höchste Genauigkeit
Umfangreiches Fehlerdiagnosesystem
Direkte Wegmeßsysteme
Kurze Lieferzeit
Spitzentechnik
Eingehen auf spezifische Kundenprobleme
Vielfältige Ausbaumöglichkeit
Zubehör ermöglicht mannlose Schicht

——— Anforderungsprofil
——— Eigenes Unternehmen
- - - - - - Marktführer
—·—·— Wichtigster Konkurrent

Die Skalierung geht in diesem Beispiel von 1 bis 6. Dabei bedeutet 1 sehr wichtig, trifft voll und ganz zu, und 6 völlig unwichtig, trifft überhaupt nicht zu.

Diese Checkliste mit 6 Bewertungspunkten wurde jedem Teilnehmer in einem internen Führungsseminar zur Verfügung gestellt. Die Aufgabe bestand darin, innerhalb von 10 bis 15 Minuten die CNC-Maschinen des eigenen Unternehmens sowie die CNC Maschinen von zwei wesentlichen Konkurrenten zu bewerten.

Nach der Auswertung der einzelnen Kriterien wurden neben dem Anforderungsprofil die Punkte der drei Unternehmen miteinander verbunden. Die sich ergebende Zickzacklinie macht deutlich, inwieweit das eigene Unternehmen und die zwei Konkurrenten die einzelnen Kriterien erfüllen.

MERKE

Die Unternehmen sollten regelmäßig Konkurrenz-Analysen durchführen, um die Stärken und Schwächen des eigenen Unternehmens im Vergleich zu den wichtigsten Konkurrenten zu ermitteln. Die Konkurrenz-Analyse kann sich auf das gesamte Unternehmen erstrecken. Daneben sollte auch eine Konkurrenz-Analyse für einzelne Produktgruppen durchgeführt werden.

Die Kriterien, die für eine Beurteilung des eigenen Unternehmens und der Konkurrenz maßgebend sind, können am besten in einem internen Seminar bestimmt werden. Die Bewertung durch die eigenen Führungskräfte sollte ohne Namensnennung in etwa 10 bis 15 Minuten erfolgen. Die Ergebnisse müssen dann graphisch dargestellt werden.

2. Welche Folgen ziehen wir aus den Ergebnissen der Konkurrenz-Analyse?

Die Ergebnisse der Konkurrenz-Analyse müssen ausgewertet und möglichst graphisch dargestellt werden. Die graphische Darstellung in der *Tabelle 135* macht deutlich, daß sich zwischen den drei Unternehmen doch zum Teil beträchtliche Abweichungen ergeben. Es zeigt sich auch, daß einige Kriterien sogar das vorher festgelegte Anforderungsprofil überboten.

Zuerst sollten sich die Teilnehmer an der Konkurrenz-Analyse mit den großen negativen Ausschlägen des eigenen Unternehmens befassen. Diese Ausschläge deuten auf besondere Schwächen der eigenen Produktgruppe hin. Auch auf die positiven Ausschläge ist besonders hinzuweisen. Nach der graphischen Darstellung der ausgewerteten Ergebnisse sollten die einzelnen Resultate offen diskutiert werden. Aufgrund der Diskussion können dann Maßnahmenpläne erstellt werden, um die Konkurrenzfähigkeit des eigenen Unternehmens und der eigenen Produktgruppe zu verbessern.

Es können nicht alle aufgezeigten Schwächen der eigenen Produktgruppe sofort beseitigt werden. In den Maßnahmenplänen muß deshalb festgehalten werden, welche Schwächen innerhalb bestimmter Monate oder Jahre zu beseitigen sind. Wenn die eigene Führungsmannschaft die einzelnen Schwächen der eigenen Produktgruppe gegenüber der Konkurrenz kennt, ist sie auch bemüht, diese Schwächen möglichst schnell zu reduzieren oder zu beseitigen.

Durch die Konkurrenz-Analyse der eigenen Produktgruppe mit den Produktgruppen der Konkurrenz kann die Unternehmensleitung Anregungen für die Verbesserung oder Weiterentwicklung der eigenen Produkte erhalten. Das Gedeihen der Unternehmen hängt insbesondere von neuen Produkten mit wettbewerbsfähigen Preisen ab. Um auch in Zukunft erfolgreich tätig zu sein, müssen die alten Produkte verbessert oder neue Produkte laufend entwickelt und in kurzen Zeitintervallen am Markt eingeführt werden.

Eine dynamische und innovative Forschungs- und Entwicklungsabteilung ist deshalb eine wichtige Voraussetzung für wettbewerbsstarke Unternehmen. Der Erfolg vieler Unternehmen hängt davon ab, welche Strategien diese Abteilung verfolgt, wie sie organisiert ist und wie sie geführt wird.

Viele Unternehmen operieren heute in nur noch gering wachsenden Märkten. Die weitere Entwicklung von Wettbewerbspositionen stößt zunehmend an Grenzen. Um zukünftig Erfolge zu sichern, müssen die Unternehmen brachliegende und oft verborgene Nutzenpotentiale aufdecken und aktivieren. Die Konkurrenz-Analyse kann den Unternehmen dabei helfen, verbesserte und umfassendere Strategien zu entwickeln.

Die Basis der strategischen Unternehmensführung bilden möglichst umfassende Informationen über die Entwicklungstendenzen der Wirtschaft sowie über die Stärken und Schwächen des eigenen Unternehmens und der Wettbewerber. Der Controller hat die Aufgabe, alle relevanten Einflußgrößen auf das Unternehmen meß- und vergleichbar darzustellen.

Bei der Erstellung einer umfassenden Informations-Analyse sollte der Controller federführend sein. Er ist dafür verantwortlich, daß die entsprechenden Basisdaten vollständig erfaßt sowie gründlich analysiert und interpretiert werden.

Mit Hilfe der Konkurrenz-Analyse kann das Unternehmen auch die eigenen Stärken erkennen, auf die neue Strategien aufgebaut werden können. Die ermittelten Schwächen sollten dann im Rahmen neuer Strategien beseitigt werden. Die Konkurrenz-Analyse kann auch dazu beitragen, neue strategische Erfolgspotentiale zu erkennen.

Durch die Konkurrenz-Analyse sollten die Zielsetzungen der Wettbewerber deutlich gemacht werden. Dadurch können eigene strategische Möglichkeiten und drohende Gefahren rechtzeitig festgestellt werden. Das Erkennen der Schwächen der Konkurrenz bietet Ansatzpunkte für eigene Offensivstrategien.

Dadurch können Voraussetzungen geschaffen werden, um ein langfristiges Wachstum und solide Gewinne zu erzielen. Auf diese Weise ist die Existenz der Unternehmen langfristig zu sichern.

Die Neuorientierung der Unternehmen ist eine permanente und schwierige Aufgabe der Unternehmensleitung. Jedes Unternehmen sollte sich ständig auf den Weg zu neuen Zielen begeben.

Etwa 80 % von dem, was das eigene Unternehmen an Produkten auf den Markt bringt, kann die Konkurrenz ebensogut wie das eigene Unternehmen liefern. Nur etwa 20 % unterscheidet das eigene Unternehmen von der Konkurrenz. Dieser Unterschied hängt insbesondere von der Spezialisierung, der Flexibilität und der Innovation des eigenen Unternehmens ab.

Die Unternehmer müssen sich öfter fragen, warum die Konkurrenz so stark ist. Bei gründlicher Analyse können wir in vielen Fällen feststellen, daß die Konkurrenz nur deshalb so stark ist, weil die eigenen Schwächen, die durch eine Konkurrenz-Analyse leicht aufgedeckt werden können, nicht konsequent und schnell genug beseitigt werden. Weiterhin zeigt sich immer wieder, daß die Stärken des eigenen Unternehmens nicht wirkungsvoll dargestellt werden. Deshalb sollte für jede Produktgruppe eine Konkurrenz-Analyse durchgeführt werden, die die Stärken und Schwächen der eigenen Produktgruppen schnell und einfach aufzeigt.

Die Konkurrenz-Analyse kann noch verfeinert werden. Allerdings sind dann zusätzliche Informationen nötig, die für die einzelnen Konkurrenten nicht immer leicht zu beschaffen sind. Die weiteren Details, die über die Konkurrenz ermittelt werden sollten, können der *Tabelle 136* entnommen werden.

Tabelle 136: Konkurrenz-Analyse mit weiteren Details

Beurteilungskriterien	Konkurrenten				
Erkennbare Strategien Kostensenkungsprogramme Qualitätskontrollen Beziehungen zu öffentlichen Auftraggebern Design Lieferantenbeziehungen Produktkostenschätzungen Produktdifferenzierungen Kapazitätsauslastungen					

MERKE

Die graphisch dargestellten Ergebnisse der Konkurrenz-Analyse müssen offen diskutiert werden. Zuerst sollten für die größten aufgedeckten Schwächen Maßnahmenpläne erstellt werden, um diese Schwächen möglichst schnell zu beseitigen.

Durch die Konkurrenz-Analyse kann die Unternehmensleitung auch Anregungen für die Verbesserung oder Weiterentwicklung der eigenen Produkte erhalten. Langfristig läßt sich die Existenz der Unternehmen nur sichern, wenn laufend auch neue Produkte am Markt eingeführt werden.

Die Ergebnisse der Konkurrenz-Analyse können den Unternehmen dabei helfen, verbesserte und umfassendere Strategien zu entwickeln. Dadurch kann die Wettbewerbsposition des eigenen Unternehmens weiter ausgebaut werden.

20 Logistik

1. Was gehört zur Logistik?

Über Logistik wird in der Praxis immer häufiger gesprochen. Bei genauerer Betrachtung des Problemkreises fällt aber auf, daß oft nur die Gesichtspunkte der Just-in-Time-Produktion behandelt werden. Die strategische Bedeutung der Logistik wird noch häufig übersehen oder unterschätzt. Weiterhin ist festzustellen, daß die Logistikkosten in vielen Unternehmen noch zu niedrig angesetzt werden.

Die Logistik soll sicherstellen, daß die erforderlichen Einsatzstoffe (Roh-, Hilfs- und Betriebsstoffe) und Produkte (Halb- und Fertigfabrikate) zur rechten Zeit am richtigen Ort in der benötigten Menge und in der gewünschten Qualität zur Verfügung stehen. In den Unternehmen erfüllt die Logistik also eine Servicefunktion.

Tabelle 137: Aufgaben der Logistik

Sicherstellung
1. der erforderlichen Einsatzstoffe und Produkte
2. zur rechten Zeit
3. am richtigen Ort
4. in der benötigten Menge
5. in der gewünschten Qualität

Bei jeder Warenbewegung oder Lagerung, angefangen bei den Lieferanten bis zu den Kunden, haben wir es mit Vorgängen zu tun, die die Logistik betreffen. In der Logistik wird also der gesamte Warenstrom von den Rohstofflieferanten bis zu den Kunden durch das Unternehmen verfolgt. Die abgegrenzten Funktionsbereiche Beschaffung, Produktion und Vertrieb werden durch die Logistik koordiniert.

Beschaffung	Rohstofflieferanten	Handelswaren
	↓	↓
	Rohstofflager	Lager
	↓	│
Produktion	Produktionsstufen	│
	↓	│
	Zwischenlager	│
	↓	↓
Vertrieb	Versandlager	Versandlager
	↓	↓
	Kunden	Kunden

Abb. 37: Warenbewegungen im Unternehmen

Die Logistik setzt optimale Waren- und Informationsflüsse innerhalb und außerhalb des Unternehmens voraus. Dann gibt es viele Ansätze für Rationalisierungsmaßnahmen des Betriebsablaufs mit dem Ziel der Kostensenkung.

Die Logistik erfordert einen Umdenkprozeß der verschiedenen Verantwortungsbereiche im Unternehmen. Das bereichsbezogene Denken muß verschwinden. Die optimale Auslastung aller Kapazitäten im gesamten Unternehmen hat im Vordergrund zu stehen. Die logistischen Probleme müssen von der Forschung und Entwicklung, der Beschaffung, der Produktion und dem Vertrieb gemeinsam bewältigt werden.

Tabelle 138: Logistische Probleme

Gemeinsame Bewältigung von logistischen Problemen durch
1. Forschung und Entwicklung
2. Beschaffung
3. Produktion
4. Vertrieb

Bei der Logistik geht es also um die betriebswirtschaftliche Optimierung des produktions- und kundenbezogenen Material- und Warenflusses. Daneben befaßt sich die Logistik mit dem bestmöglichen Abbau der Lager für Roh-, Hilfs- und Betriebsstoffe sowie für Halb- und Fertigfabrikate. Auch die Entsorgung spielt eine immer größere Rolle.

Tabelle 139: Ziele der Logistik

1. Optimierung des produktions- und kundenbezogenen Material- und Warenflusses
2. Bestmöglicher Abbau der Lager für Roh-, Hilfs- und Betriebsstoffe sowie der Halb- und Fertigfabrikate
3. Schaffung guter Entsorgungsmöglichkeiten
4. Aufbau eines aussagefähigen Informations-Systems

Für den Optimierungserfolg ist der Einsatz einer speziellen Systemtechnik wichtig. Diese muß ein weitgehend integriertes Planungs-, Kontroll- und Steuerungssystem umfassen. Der optimierte Material- und Warenfluß hängt insbesondere von den Markt-, Produktions-, Lager- und Transportgegebenheiten in den einzelnen Unternehmen ab.

Das kreative Logistikmanagement gewinnt in den Unternehmen immer mehr an Bedeutung. Durch den EG-Binnenmarkt werden die Unternehmen gezwungen, über neue Logistik-Konzeptionen nachzudenken. Mit logistischen Netzwerken kann europaweit ein schnellerer Materialdurchfluß erreicht werden.

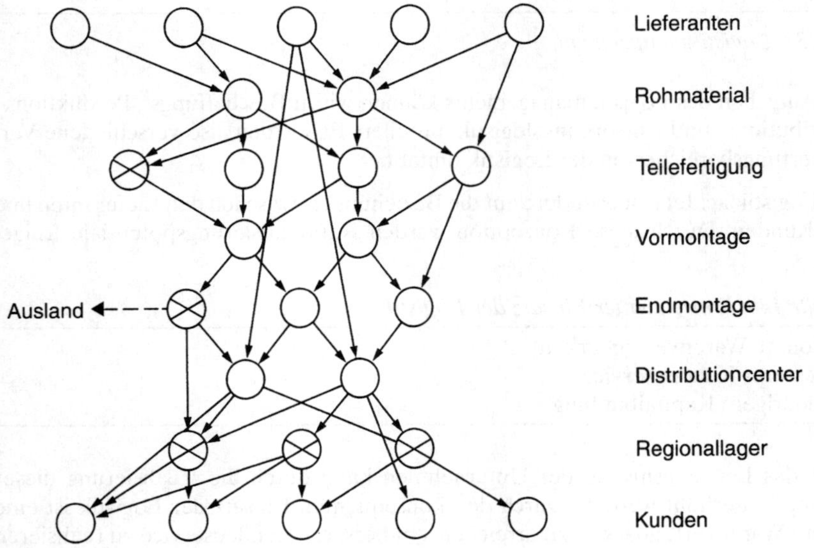

Abb. 38: Logistisches Netzwerk

Zwischen den Lieferanten, den Rohmateriallagern, den Teilefertigungen, der Vormontage, der Endmontage, den Distributionszentren, den Regionallagern und den Kunden bestehen Netzwerke. Der Trend geht dahin, daß die logistischen Netzwerke immer großflächiger und internationaler werden. Dies gilt für die Beschaffung, die Produktion sowie für den Vertrieb. Nationale Netzwerke müssen überprüft und meist bereinigt werden. Regionallager sind zu straffen oder aufzulösen. Die Kunden werden immer häufiger von einer Zentrale aus beliefert. Die Straffung des logistischen Netzwerkes ist mit den durchkreuzten Kreisen gekennzeichnet (vgl. Abb. 38).

Deutsche Unternehmen bedienen ihre europäischen Kunden jetzt öfter direkt aus Deutschland. Die Dienstleistungsaktivitäten können aber auch an externe Dienstleister vergeben werden. Das Denken in ganzheitlichen logistischen Lösungen scheint sich durchzusetzen.

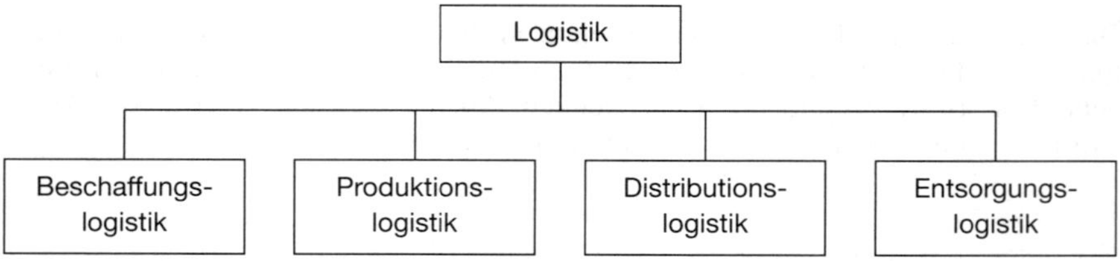

Abb. 39: Logistikmanagement

Die Aufgaben des Logistikmanagements können wir in Beschaffungs-, Produktions-, Distributions- und Entsorgungslogistik aufteilen. Es werden also verschiedene Verantwortungsbereiche von der Logistik umfaßt.

Die Logistik achtet insbesondere auf die Beziehungen zwischen den Lieferanten und den Kunden. Durch diese Konzeption werden Rationalisierungspotentiale freigesetzt.

Tabelle 140: Konsequenter Einsatz der Logistik

1. Höhere Warenverfügbarkeit
2. Besserer Kundenservice
3. Niedrigere Kapitalbindung

Auch das Leistungsniveau der Unternehmen kann durch die Realisierung dieser Konzeption erhöht werden. Durch den konsequenten Einsatz der Logistik ist eine höhere Warenverfügbarkeit zu erreichen, ein besserer Kundenservice zu realisieren und eine niedrigere Kapitalbindung zu verwirklichen.

Der Aufbau eines aussagefähigen Informations-Systems ist zur Planung, Kontrolle und Steuerung logistischer Prozesse unbedingt erforderlich. Detaillierte Informationen und eine gute Kommunikation bilden also die Voraussetzungen für eine kostengünstige und marktgerechte Logistik. Die informationstechnische Verknüpfung mit den Lieferanten und den Kunden ermöglicht eine effizientere Logistik.

Die optimale Gestaltung der Waren- und Informationsflüsse basiert auf der unternehmensübergreifenden Verbindung der am Markt beteiligten Partner. Das partnerschaftliche Denken sollte die noch häufig vorherrschende Gegnerschaft von Lieferanten und Kunden ersetzen. Dadurch kann die Wettbewerbsfähigkeit der Unternehmen langfristig gefestigt werden.

Integrierte Informations-Systeme ermöglichen es, daß die verschiedenen Benutzer auf allen Stufen der Warenversorgungskette die gleichen Informationen erhalten. Die Notwendigkeit von Information und Kommunikation gewinnt also erheblich an Bedeutung.

Nur relativ wenig Zulieferanten stehen mit ihren Hauptabnehmern im direkten Datenverbund. Dadurch wird deutlich, daß insbesondere mittlere Unternehmen doch große Schwächen in ihren logistischen Konzeptionen aufweisen. Durch den direkten Datenverbund sind die Unternehmen in der Lage, die Fertigungstiefe zu verringern und die Kosten zu senken. Der enge Datenverbund ermöglicht es den Unternehmen, die Waren produktions- und absatzsynchron zu beschaffen und auszuliefern.

Die Rationalisierungspotentiale in der Produktion sind weitgehend ausgeschöpft. Die Lieferanten, insbesondere für die größeren Unternehmen, müssen sich immer mehr mit der Just-in-Time-Konzeption vertraut machen. Das logistische Know-how und dessen Umsetzung werden immer wichtiger, da sich die Märkte in Zukunft schneller wandeln. Neben den großen Unternehmen müssen sich mittlere und auch kleinere Unternehmen sowie der Handel und die Dienstleistungsunternehmen diesen Anforderungen stellen.

MERKE

Die Unternehmer sollten die Logistik als ein schlagkräftiges strategisches Instrument einsetzen, um auf veränderte Marktanforderungen flexibel reagieren zu können. Wenn einzelne Unternehmer die Bedeutung der Logistik nicht erkennen, droht die Gefahr, von der Konkurrenz überrollt zu werden.

2. Wie hoch sind die Logistikkosten?

Die Logistikkosten sind viel höher als manche Führungskräfte vermuten. Der Anteil der Logistikkosten am Umsatz beträgt im Durchschnitt etwa 20 bis 30 %.

Nur relativ wenige Unternehmen machen eine Kostenrechnung für die Logistik. Immer mehr planen allerdings die Logistikkosten in Zukunft genauer zu erfassen, da sie meinen, daß der Erfolg der Unternehmen in Zukunft wesentlich von der Logistik beeinflußt wird.

Durch die Produktion und Lieferung auf Abruf (Just-in-Time) besteht die Möglichkeit, die Materialbestände um etwa 80 %, die erforderlichen Lagerflächen um etwa 60 % und die Handling-Kosten um etwa 50 % zu senken. Mit der Verbesserung der Produktivität in der Logistik kann also die betriebliche Gewinnspanne wesentlich gesteigert werden.

Die Logistikkosten sind systematisch zu erfassen und auszuwerten. Dabei geht es um die Kosten der Beschaffung, der Disposition, der Lagerhaltung, des Transportwesens und der Distribution. Auch die Anzahl der einzelnen Vorgänge muß laufend beobachtet und kontrolliert werden.

Aus der Kosten- und Leistungsrechnung können folgende Kennzahlen für die logistisch orientierte Unternehmensleitung entnommen werden:

Tabelle 141: Erfassung der Anzahl und Kosten in den einzelnen Bereichen

1. Beschaffung
   1.1 Anzahlung der Bestellungen
   1.2 Beschaffungskosten pro Bestellung
   1.3 Lieferantenziel
2. Disposition
   2.1 Anzahl der Kundenaufträge
   2.2 Kosten pro Disposition
   2.3 Dispositionsvorgänge pro Disponent
3. Lagerhaltung
   3.1 Anzahl der Lagerbewegungen
   3.2 Kosten pro Lagerbewegung
   3.3 Lagerbewegungen pro Mitarbeiter
4. Transportwesen
   4.1 Anzahl der Transporte
   4.2 Kosten pro Transportvorgang
   4.3 Kosten pro Kilometer
5. Distribution
   5.1 Anzahl der Aufträge
   5.2 Kosten pro Auftragsposition
   5.3 Kosten pro Mitarbeiter

Durch die Umgestaltung der Produktionsflächen können interne Materialflußkosten eingespart werden. Die Optimierung der Lagerhaltung ermöglicht weitere Kostensenkungen. Durch eine flächensparende Lagertechnik kann die Effizienz verbessert werden. Eine zentrale Lagerung und die Abschaffung dezentraler Lager führt zu weiteren Kosteneinsparungen. Durch eine vollautomatische Lagerung können die Zugriffszeiten zu den einzelnen Werkstoffen beträchtlich reduziert werden. Da die bisher üblichen Zwischenpuffer bei der Lagerung in Zukunft wegfallen, ist es möglich, die Durchlaufzeit von der Anlieferung der Teile bis zur Auslieferung der Endprodukte um bis zu 10 Tage zu verkürzen. Dadurch werden die Lagerhaltungskosten bis zu 20 % gesenkt. Das Unternehmen kann wesentlich flexibler auf Marktveränderungen reagieren und die speziellen Kundenwünsche schneller berücksichtigen.

Diese Gesichtspunkte erhalten in vielen Branchen ein immer größeres Gewicht. Die Unternehmen, die insbesondere auf engen Märkten agieren und gegen eine große Konkurrenz bestehen müssen, sind gezwungen, die Potentiale, die in der Logistik liegen, konsequent zu nutzen. Auf diese Weise erhalten die Unternehmen einen Konkurrenzvorsprung.

Aus der Sicht der Kosten- und Leistungsrechnung müssen auch die Fragen der Eigenfertigung und des Fremdbezugs genauer überprüft werden. Die Unternehmensleitung hat sich mit der Frage, ob alle Logistikdienstleistungen auch in Zukunft selbst zu erbringen sind oder ob nicht besser Logistik-Dienstleistungsunternehmen von außen mit diesen Arbeiten und Vorgängen betraut werden sollten, zu befassen.

Die Leistungen, die an den Schnittstellen zwischen dem Unternehmen und dem Markt anfallen, können teilweise oder komplett gekauft werden. Die Dienstleistungsunternehmen können beispielsweise die Lagerung, den Transport oder den Vertrieb von Waren komplett übernehmen. Die Unternehmensleitung muß prüfen, ob es für das Unternehmen kostengünstiger ist, die logistischen Leistungen selbst zu erbringen oder logistisches Know-how dazu zu kaufen. Jede Make-or-Buy-Entscheidung bietet die Möglichkeit, Fixkosten in erheblichem Ausmaß einzusparen.

Die Logistik ist keineswegs nur für die großen Unternehmen geeignet. Auch die mittleren Unternehmen mit ihrer systembedingten Flexibilität können durch den konsequenten Einsatz der logistischen Strukturen erhebliche Rationalisierungspotentiale erschließen.

MERKE

Die Logistikkosten müssen im Unternehmen systematisch erfaßt und laufend kontrolliert werden. Wo Logistikkosten entstehen, sollten jeweils Kostenstellen angelegt werden, um eine verursachungsgerechte Erfassung dieser Kosten zu ermöglichen. Die Logistikkosten werden dann auf die Kostenstellen oder Produktgruppen, die die Logistikleistungen in Anspruch genommen haben, verrechnet.

3. Welche Auswirkungen hat der EU-Binnenmarkt?

Die Realisierung des EU-Binnenmarktes und der geplanten Währungsunion verdeutlicht, daß die Unternehmer sich intensiver mit der Logistik beschäftigen müssen. Der größere europäische Markt wird vor allem die Beschaffungs- und Distributionslogistik beeinflussen. Die vielfältigen Anforderungen des EU-Binnenmarktes zwingen die Unternehmen, ihre Logistik in Zukunft besser zu planen, genauer zu kontrollieren und kurzfristiger zu steuern.

Der EU-Binnenmarkt hat eine neue Region ohne Binnengrenzen geschaffen, in der Produkte, Dienstleistungen, Kapital und Personen ohne Schranken ausgetauscht werden können. Die neue Einheit führt aber nicht zu homogenen Märkten und Kunden. Die Vielfalt der Bedürfnisse wird eher zunehmen. Das gleich gilt für die Konkurrenten, die noch aggressiver in andere Gebiete vordringen werden.

Die Logistik wird in Zukunft noch größere Bedeutung erlangen, da sich die Warenversorgungsstrukturen verändern werden. Der EU-Binnenmarkt stellt also eine Herausforderung für die Logistik dar.

Folgende Gründe sind maßgebend:

a) Harmonisierung der Normen und Standards
Durch die Harmonisierung der Normen und Standards kommt es zu einer Konzentration der Leistungserstellung. Synergetische Effekte ermöglichen eine Kostensenkung in der Produktion und bei Dienstleistungen.

b) Liberalisierung der Dienstleistungen und des Kapitalverkehrs
Die Liberalisierung der Dienstleistungen und des Kapitalverkehrs bewirken einen stärkeren Wettbewerb auf dem Speditionsmarkt. Die Transportkosten können dadurch reduziert werden. Das Leistungsspektrum der Spediteure wird vielfältiger.

c) Abbau der Grenzkontrollen
Der Abbau der Grenzkontrollen bringt auch eine Reduzierung der Formalitäten mit sich. Dadurch kann der Güterverkehr wesentlich vereinfacht und die Wartezeiten erheblich verkürzt werden.

Die Bildung des EU-Binnenmarktes beschleunigt die Entwicklung der Logistik. Die geplanten Maßnahmen können dadurch schneller durchgeführt werden.

MERKE **Die Logistik ist ein strategisches Instrument, um auf den hart umkämpften Märkten der Konkurrenz voraus zu sein. Vor allem im europäischen Binnenmarkt spielt sie eine immer größere Rolle. Mit Hilfe der Logistik sind die Unternehmen in der Lage, die Kosten zu senken, den Lieferservice zu verbessern und die Just-in-Time-Produktion durchzuführen.**

4. Was heißt ganzheitliche Logistikorientierung?

Die Unternehmer sollten erkennen, daß eine ganzheitliche Logistikorientierung notwendig ist. Mit der Logistik können erhebliche Kostensenkungspotentiale erschlossen werden. Dadurch erzielen die Unternehmen langfristig Wettbewerbsvorteile.

Die Logistikkette erstreckt sich vom Lieferanten bis zum Kunden. Zwischen dem Unternehmen und den Kunden können noch der Handel und Logistik-Dienstleistungsunternehmen eingeschaltet werden. Die ganzheitliche Denkweise umfaßt also die horizontale Integration der logistischen Kette. Folgende Verantwortungsbereiche kann die ganzheitliche Organisation der Logistik umfassen: Einkauf, Disposition, Lagerhaltung, Produktionsplanung, Produktionssteuerung und Versand.

Tabelle 142: Ganzheitliche Logistikorganisation

1. Einkauf
2. Disposition
3. Lagerhaltung
4. Produktionsplanung
5. Produktionssteuerung
6. Versand

Die meisten Unternehmen trennen die eigenen Verantwortungsbereiche vertikal scharf voneinander ab. Die einzelnen Funktionsbereiche verfolgen das Ziel, die Bereichskapazitäten optimal auszulasten. Diese Konzeption berücksichtigt aber nicht den Markt als wichtigste Erfolgsgröße.

Das ganzheitliche Denken dagegen faßt die horizontal verbundenen Organisationseinheiten zusammen. Dadurch wird eher das Ziel, auf die ständig wechselnden Anforderungen des Marktes schnell zu reagieren, erreicht.

Die prozeßorientierte Denkweise kann auch unternehmensübergreifend gesehen werden. Die Lieferanten sind dann in den horizontalen Verbund mit einzuschließen.

Durch eine engere Kooperation zwischen den Lieferanten und den Unternehmen kann die Wettbewerbsfähigkeit der Unternehmen langfristig gesichert werden. Zwischen den Lieferanten und den Unternehmen sollte statt der Konfrontation eher die Kooperation gefördert werden.

Viele Unternehmer kennen bereits die Vorteile der Logistik. Trotzdem wird sie bei der Aufstellung der strategischen Unternehmensplanung oft noch vernachlässigt. Dieser Schwachpunkt kann für einige Unternehmen schwere Folgen für die zukünftige Wettbewerbsfähigkeit haben.

Da sich die internationale Konkurrenz laufend verschärft, ist besonders auf die Logistik zu achten. Die Unternehmer müssen sich fragen, ob sie für die logistischen Herausforderungen der Zukunft gerüstet sind. Nur dann sind sie in der Lage, auch in Zukunft flexibel und in kürzerer Zeit auf Marktveränderungen zu reagieren. Je besser die Unternehmer die Logistik im eigenen Unternehmen realisieren, desto eher können sie im künftigen Wettbewerb bestehen. Die Unternehmer benötigen geradlinige Konzeptionen und keine Insellösungen. Die Konzeption muß das gesamte Spektrum vom Transport, der Lagerhaltung, dem Materialfluß bis zum Kundenservice abdecken.

Die Logistik ist wegen der Globalisierung der Absatzmärkte und wegen der immer kürzer werdenden Produkt-Lebenszyklen ein strategischer Erfolgsfaktor geworden. Die Unternehmensleitung und die Führungskräfte müssen erkennen, daß die komplexen Probleme der Logistik, die sich durch das gesamte Unternehmen ziehen, möglichst schnell gelöst werden müssen. Viele Unternehmer haben allerdings die Bedeutung der Logistik als Kosten- und Wettbewerbsfaktor noch nicht richtig erkannt.

Die Logistik ist in Zukunft der Schlüssel zum Erfolg. Die Unternehmen, die die Logistik vernachlässigen, werden am Markt größere Schwierigkeiten haben. Das bessere Logistik-System wird in Zukunft ein entscheidender Vorteil im Wettbewerb werden, denn die Logistik ist ein strategisches Instrument im Kampf um Marktanteile. Ohne Logistik wird kein Unternehmen langfristig Erfolg haben. Die Unternehmer, die diese Tatsache nicht beachten, werden eher aus dem Markt gedrängt.

Nach der Analyse der Verantwortungsbereiche für Beschaffung, Produktion, Distribution und Entsorgung kann festgestellt werden, daß der Einfluß der Logistik auf die Wettbewerbsfähigkeit der Unternehmen in den nächsten Jahren stark zunehmen wird. Die strategische Bedeutung der Logistik wird deutlich.

Folgende Ausblicke können gewagt werden:

Tabelle 143: Ausblicke für die Logistik

1. Die Logistik wird in Zukunft stärker in den Mittelpunkt unternehmerischen Denkens treten.
2. Höher qualifizierte Mitarbeiter müssen in der Logistik eingesetzt werden.
3. In der Organisation wird die Logistik auf der obersten Hierarchiestufe angesiedelt sein.
4. Durch die Logistik können niedrigere Warenbestände und kürzere Lieferzeiten realisiert werden.
5. Die Wertschöpfung wird durch bessere Informations- und Kommunikationstechnologien gesteigert.
6. Eine durchgängige Logistik fordert mehr partnerschaftliches Handeln.
7. Die Logistikkosten werden in den Unternehmen sinken.
8. Die Gewinne der Unternehmen können durch eine konsequente Anwendung der Logistik erhöht werden.

MERKE

Nur relativ wenige mittlere Unternehmen haben die Logistik als Teil einer ganzheitlichen Unternehmensstrategie erkannt. Allerdings deuten Befragungen darauf hin, daß das Interesse an logistischen Konzeptionen zunimmt, um die Beschaffungs- und Absatzmärkte besser in den Griff zu bekommen.

21 Portfolio-Analyse

1. Was verstehen wir unter Portfolio-Analyse?

Die Portfolio-Analyse ist eine neue Methode, um insbesondere die strategische Unternehmensplanung zu verbessern. Diese Technik erlaubt eine Analyse des gesamten Unternehmens auf längere Sicht. Aufgrund der Ergebnisse der Portfolio-Technik können Unternehmensleitung und Führungskräfte präzisere Entscheidungen über die zukünftigen Aktivitäten des Unternehmens treffen.

Wegen des permanenten Wachstums und der relativ hohen Renditen in der Vergangenheit waren die Unternehmensstrategien meist auf eine starke Expansion ausgerichtet. Durch fallende Zuwachsraten am Markt, durch verstärkten Wettbewerb um Marktanteile und durch sinkende Rentabilität wurden viele Unternehmen gezwungen, eine Konsolidierung vorzunehmen. Strukturelle Probleme müssen überwunden werden, um die Unternehmen langfristig in ihrer Existenz zu sichern.

Folgende Fragen müssen von der Unternehmensleitung beantwortet werden:

1. Wie ist die Wettbewerbssituation?
2. Ist das Produkt-Mix in den bestehenden Märkten ausgewogen (Produktpalette, Sortimentsbreite)?
3. Werden die eigenen Produkte in attraktiven Märkten angeboten?
4. Betätigt sich das Unternehmen auf zu vielen Teilmärkten?
5. In welcher Phase der Produktlebenszykluskurve befinden sich die Produktgruppen?
6. Wie groß ist die Ertragskraft der einzelnen Produktgruppen?
7. Welche Produktgruppen müssen gefördert werden?
8. Müssen Produktgruppen in Zukunft eliminiert werden, da mit ihnen Verluste erwirtschaftet werden?
9. Ist es notwendig, zukünftig neue Produkte am Markt einzuführen?
10. Welchen Cash-Flow können wir von den einzelnen Produktgruppen in Zukunft erwarten?
11. Welche Investitionen sollten für die einzelnen Produktgruppen in Zukunft getätigt werden?
12. Welche Strategien müssen wir einleiten, um die Situation des Unternehmens langfristig zu verbessern?

Die Portfolio-Technik ist eine neue Konzeption, die zur Lösung dieser Fragen geeignet ist.

Mit Hilfe der Portfolio-Technik kann das gesamte Unternehmen getrennt nach den einzelnen Portfolios analysiert werden. Als Portfolios oder *strategische Geschäftsein-*

heiten eignen sich besonders die Produktgruppen, die auch in der kurzfristigen Erfolgsrechnung verwendet werden. Für die einzelnen Produktgruppen können dann unterschiedliche Strategien entwickelt werden.

Der Begriff Portfolio kommt aus dem finanzwirtschaftlichen Bereich und wurde zuerst bei der Anlage von finanziellen Mitteln in Wertpapieren angewandt. Diese Konzeption läßt sich auch auf Produkte im Unternehmen übertragen und beinhaltet eine Zusammenstellung von Produkten, die nach bestimmten Kriterien bewertet werden.

Die Grundlage der Portfolio-Analyse ist also die Bildung strategischer Geschäftseinheiten, die in strategische Geschäftsfelder eingetragen werden. Ein Unternehmen besteht aus einzelnen strategischen Geschäftsfeldern, die in ihrem Zusammenwirken analysiert werden können. Ein strategisches Geschäftsfeld stellt eine Produkt-Markt-Kombination dar, für das eine eigenständige Strategie entwickelt werden kann. Die Chancen und Risiken der strategischen Geschäftsfelder hängen von bestimmten Erfolgsfaktoren ab.

Eine strategische Geschäftseinheit ist die Zusammenfassung eines homogenen Leistungsprogramms für einen spezifischen Markt mit einheitlicher Wettbewerbssituation. In der Praxis bezeichnen wir Produkte, Produktgruppen oder Dienstleistungen als strategische Geschäftseinheiten. Durch die Bildung von strategischen Geschäftseinheiten sollen beispielsweise transparente und strategisch selbständig planbare Produktgruppen geschaffen werden. Diese Produktgruppen stellen Erfolgspotentiale für das Unternehmen dar.

Die Vorteile der Bildung strategischer Geschäftseinheiten bestehen vor allem in folgenden Punkten:

Tabelle 144: Vorteile der strategischen Geschäftseinheiten

1. Entlastung der Unternehmensleitung
2. Delegation von Verantwortung und der dazugehörigen Kompetenz für strategische Geschäftseinheiten an bestimmte Führungskräfte im Unternehmen
3. Zusammenarbeit aller Funktionsbereiche, um marktgerechtere Entscheidungen zu treffen
4. Steigerung der Flexibilität durch die Dezentralisierung von Produkt-Markt-Entscheidungen
5. Steigerung der Motivation der Führungskräfte durch Beteiligung an der Festlegung von Strategien
6. Verbesserung der Identifikation der Führungskräfte
7. Verantwortung der Führungskräfte für das Erreichen der geplanten Ergebnisse
8. Beibehaltung der funktionalen Organisationsform
9. Verbesserung der Planungs-, Kontroll- und Steuerungssysteme im Unternehmen

MERKE

Portfolios oder strategische Geschäftseinheiten sind Produktgruppen, die auch in der kurzfristigen Erfolgsrechnung aufgeführt sind. Die Grundlage der Portfolio-Analyse ist die Bildung von strategischen Geschäftseinheiten, die in strategische Geschäftsfelder eingetragen werden.

Für die strategischen Geschäftseinheiten können eigenständige Strategien entwickelt werden. Mit der Bildung von Portfolios ergeben sich eine Reihe von Vorteilen für die Unternehmensleitung und für die Führungskräfte. Die Portfolio-Analyse erleichtert insbesondere die strategische Planung.

2. Warum verwenden wir das Marktanteils-Marktwachstums-Portfolio?

Der Marktanteil und das Wachstum eignen sich besonders als Kriterien für die Analyse der einzelnen Produktgruppen im Unternehmen. Das Marktanteils-Marktwachstums-Portfolio ermöglicht eine einfache Analyse der Produkte eines Unternehmens, um produktspezifische Strategien zu entwickeln. Die Portfolio-Darstellung geht von folgenden strategischen Erfolgsfaktoren aus:

1. Relativer Marktanteil
2. Künftiges Marktwachstum

Das in der Praxis bekannteste und anschaulichste Portfolio ist das von der Boston Consulting Group entwickelte Marktanteils-Marktwachstums-Portfolio. Basis für dieses Portfolio stellen die Effekte der Erfahrungskurve und die Produkt-Lebenszyklus-Konzeption dar.

Das Marktwachstum und der relative Marktanteil werden als wesentliche Erfolgsfaktoren für die Unternehmen ausgewählt. Wenn wir die beiden Faktoren in einer Matrix gegenüberstellen, erhalten wir vier strategische Felder. Die einzelnen strategischen Geschäftseinheiten lassen sich anhand dieser zwei Kategorien bewerten und in eine zweidimensionale Matrix einordnen. Die vier Felder ermöglichen dann Rückschlüsse auf Erfolgspotentiale.

Der relative Marktanteil und das Marktwachstum sind also entscheidende Erfolgsfaktoren dieser Analyse. Der besondere Vorteil dieser Darstellung als strategisches Instrument besteht darin, daß ein komplizierter Sachverhalt auf zwei wesentliche Komponenten reduziert wird. Dadurch ist es möglich, der Unternehmensleitung und

Portfolio-Analyse den Führungskräften komplizierte Zusammenhänge einfach und verständlich darzustellen.

Die Produktgruppen werden nach den Kriterien relativer Marktanteil (X-Achse) und Marktwachstum (Y-Achse) in den vier Feldern eingetragen. Für die einzelnen Felder können spezielle Strategien entwickelt werden. Das Marktanteils-Marktwachstums-Portfolio kann wie folgt dargestellt werden:

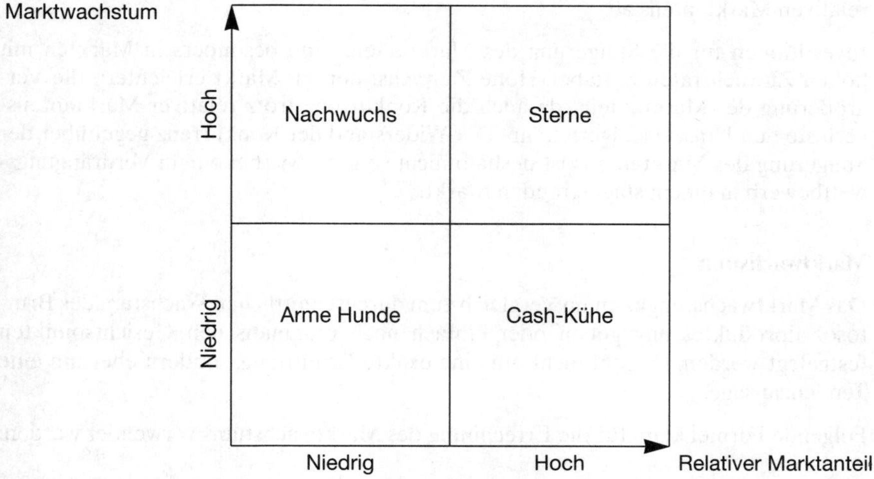

Abb. 40: Marktanteils-Marktwachstums-Portfolio

Relativer Marktanteil

Wegen der Erfahrungskurve hat der relative Marktanteil eine besondere Bedeutung. Mit steigendem Marktanteil sinken nämlich die potentiellen Stückkosten. Damit erhöht sich konsequenterweise auch die potentielle Ertragsspanne.

Jedes Unternehmen sollte versuchen, einen hohen relativen Marktanteil zu erringen, da die Wettbewerbsposition verbessert wird und die Ertragskraft des Unternehmens steigt. Je größer der relative Marktanteil ist, desto kostengünstiger kann das Unternehmen produzieren. Ein hoher relativer Marktanteil ist also ein Indiz für besondere Stärken des Unternehmens.

Der relative Marktanteil des Unternehmens wird folgendermaßen definiert:

$$\text{Relativer Marktanteil} = \frac{\text{Marktanteil des Unternehmens}}{\text{Marktanteil des Marktführers}} \times 100$$

Der relative Marktanteil ist also der Marktanteil eines Unternehmens im Verhältnis zum Marktanteil des Marktführers.

Es gibt einen direkten Zusammenhang zwischen dem Ertrag und dem Marktanteil. Unter Verwendung der Erfahrungskurve wurde festgestellt, daß mit jeder Verdoppelung der im Zeitablauf kumulierten Produktionsmengen die auf die Wertschöpfung bezogenen und preisbereinigten Stückkosten eines Produktes potentiell um 20–30 % zurückgehen. Das Ertragspotential eines Produktes hängt also von der Höhe des relativen Marktanteils ab.

Investitionen für die Steigerung des Marktanteils sind besonders in Märkten mit hohen Zuwachsraten rentabel. Hohe Zuwachsraten im Markt erleichtern die Vergrößerung des Marktanteils, da auch die Konkurrenz trotz relativer Marktanteilsverluste den Umsatz steigern kann. Der Widerstand der Konkurrenz gegenüber der Steigerung des Marktanteils ist deshalb nicht so groß wie bei einem Verdrängungswettbewerb in einem stagnierenden Markt.

Marktwachstum

Das Marktwachstum kann im Vergleich zum durchschnittlichen Wachstum des Bruttosozialproduktes angegeben oder einfach nach pragmatischen Gesichtspunkten festgelegt werden. Es geht nicht um eine exakte Ermittlung, sondern eher um eine Tendenzausage.

Folgende Formel kann für die Errechnung des Marktwachstums verwendet werden:

$$\text{Marktwachstum} = \frac{\text{Zusätzlich prognostiziertes Marktvolumen im Planungszeitraum}}{\text{Marktvolumen im Vorjahr}} \times 100$$

Hohe Zuwachsraten des Marktvolumens beschleunigen den Effekt der Erfahrungskurve und führen zu einem erheblichen Rückgang der Stückkosten. Ein Unternehmen, das sich durch die Vergrößerung seines Marktanteils die Marktführerschaft sichert, kann im Vergleich zu seiner Konkurrenz schneller die Kosten senken und bei gleichen Marktpreisen die Gewinnspanne verbessern.

MERKE

Das Marktanteils-Marktwachstums-Portfolio erlaubt eine einfache Analyse der Produkte im Unternehmen, um produktspezifische Strategien zu entwickeln. Die Basis für dieses Portfolio bilden die Effekte der Erfahrungskurve und die Konzeption der Produkt-Lebenszykluskurve.

Als strategische Erfolgsfaktoren verwenden wir den relativen Marktanteil und das künftige Marktwachstum. Wenn wir die beiden Faktoren in einer Matrix gegenüberstellen, erhalten wir vier strategische Geschäftsfelder. Die strategischen Geschäftseinheiten lassen sich in eines der vier Felder einordnen, die Rückschlüsse auf Erfolgspotentiale ermöglichen.

Der besondere Vorteil der Portfolio-Analyse besteht darin, daß ein komplizierter Sachverhalt auf den relativen Marktanteil und das künftige Marktwachstum reduziert wird. Dadurch können der Unternehmensleitung und den Führungskräften komplizierte Zusammenhänge einfach und verständlich dargestellt werden.

3. Wie wird die Portfolio-Analyse dargestellt?

Die im Unternehmen vorhandenen strategischen Geschäftseinheiten sind in den einzelnen Strategiefeldern zu positionieren. Diese Aufgabe kann auch gut in einem innerbetrieblichen Führungsseminar durchgeführt werden.

Nach Einführung in die Besonderheiten der Portfolio-Analyse sollten die einzelnen Gruppen, die sich aus Führungskräften der verschiedenen Verantwortungsbereiche zusammensetzen, die ihnen gestellten Aufgaben lösen. Nach meinen Erfahrungen ist es sinnvoll, etwa 4 bis 6 Produkte auszuwählen, die in die einzelnen Strategiefelder einzuordnen sind. Bei der Auswahl der Produkte sollte darauf geachtet werden, daß neben erfolgreichen Produkten auch problematische Produkte und neu eingeführte Produkte für die Einordnung bestimmt werden. Die Ergebnisse der einzelnen Gruppen müssen jeweils vom Sprecher der Gruppen vorgetragen und begründet werden. Anschließend ist den Führungskräften Gelegenheit zu geben, über die unterschiedlichen Auffassungen ausführlich zu diskutieren und neue Strategien für die einzelnen Produkte zu entwickeln.

Die Produktgruppen eines Unternehmens können aufgrund ihrer Position auf der Lebenszykluskurve und ihrer Marktstellung in bestimmte Portfolio-Kategorien eingeteilt werden. Wir können folgende Portfolio-Kategorien unterscheiden:

a) Nachwuchs (Wild Cats)
Diese Produktgruppen zeichnen sich durch einen relativ niedrigen Marktanteil aus, erzielen aber hohe Wachstumsraten. Nachwuchsprodukte müssen genau analysiert werden, denn sie können erfolgreich im Markt eingeführt oder aber vom Markt nicht akzeptiert werden.

b) Sterne (Stars)
Die Sterne haben einen relativ hohen Marktanteil und eine hohe Wachstumsrate. Diese Produktgruppen zeichnen sich durch ein überdurchschnittliches Wachstum aus. Sie haben das Potential für eine dominierende Marktposition bis zur Reifephase. Die Stars sind die wichtigsten Produkte im Hinblick auf die Zukunft.

c) Cash-Kühe (Cash-cows)
Die Cash-Kühe-Position besagt, daß diese Produktgruppen einen relativ hohen Marktanteil errungen haben, aber nur noch eine niedrige Wachstumsrate aufweisen. Diese Produktgruppen befinden sich in kaum noch wachsenden oder bereits in stagnierenden oder schrumpfenden Märkten.

d) Arme Hunde (Dogs)
Arme Hunde sind Produktgruppen, die nur einen niedrigen relativen Marktanteil erreicht haben und auch nur eine niedrige Wachstumsrate aufweisen. Für das Unternehmen sind sie weniger interessant, da sie kein großes Marktpotential mehr haben und auch keinen besonderen strategischen Wettbewerbsvorteil besitzen. Diese Produktgruppen haben eine nachrangige Position am Markt, der stagniert oder bereits schrumpft.

Das Marktanteils-Marktwachstums-Portfolio kann auch bildlich dargestellt werden.

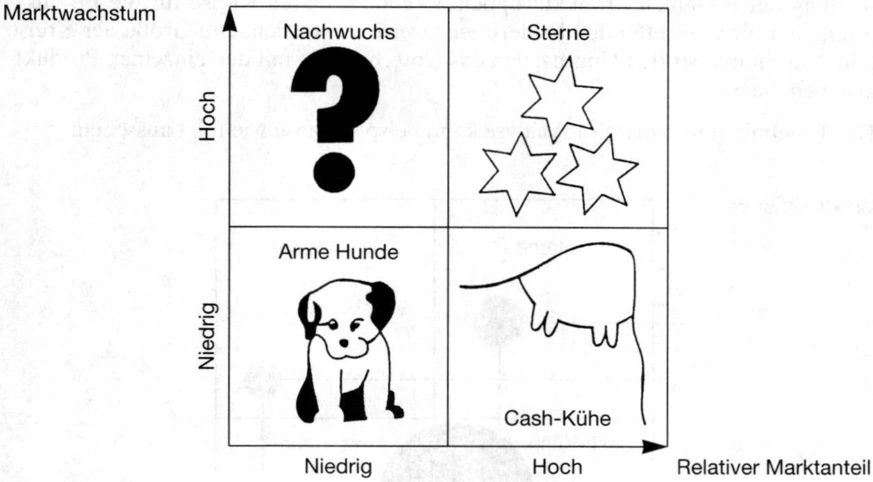

Abb. 41: Portfolio-Analyse mit Symbolen

Die Unternehmensleitung muß darauf achten, daß nach der Einführung neuer Produkte alle strategischen Geschäftsfelder von diesen Produkten durchlaufen werden. Die Nachwuchsprodukte sollten sich zu Sternen entwickeln, dann zu Cash-Kühen werden und letztlich als arme Hunde aus dem Markt ausscheiden.

Wenn ein Unternehmen neue Produkte am Markt erfolgreich einführt, dann muß der Zyklus folgendermaßen ablaufen:

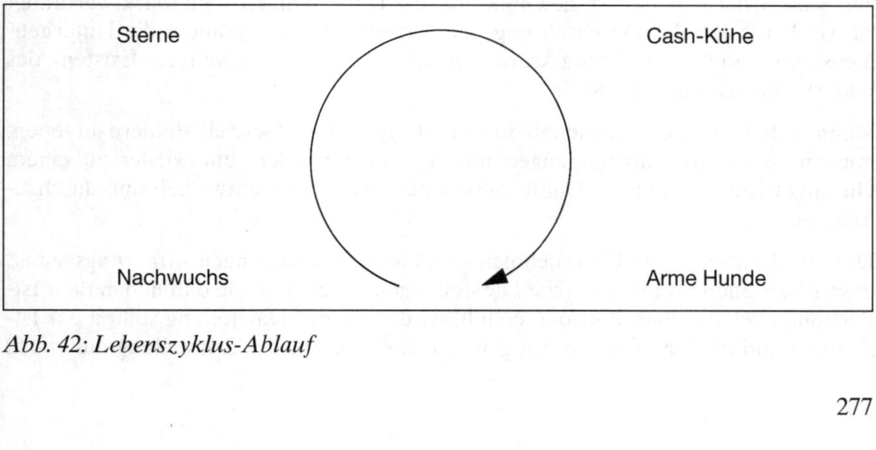

Abb. 42: Lebenszyklus-Ablauf

Damit die Unternehmensleitung sowie die Führungskräfte im Unternehmen die Bedeutung der einzelnen Produktgruppen erkennen, sollten Kreise für die Produktgruppen in den betreffenden Feldern eingezeichnet werden. Die Größe der Kreise gibt Aufschluß über den Umsatz, den das Unternehmen mit den einzelnen Produktgruppen macht.

Das Ergebnis einer Portfolio-Analyse kann beispielsweise wie folgt aussehen:

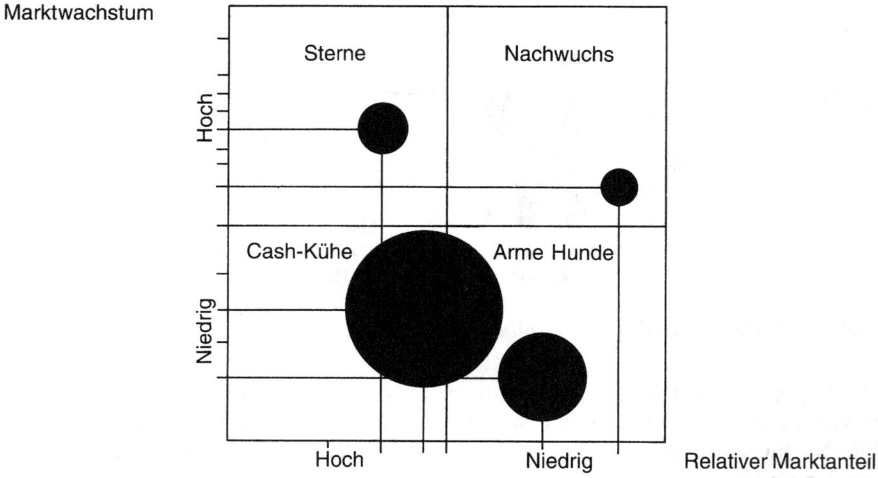

Abb. 43: Portfolio-Analyse mit Umsatzgrößen

Je eher die einzelnen Kreise sich im Laufe der Jahre auf das Feld der armen Hunde zubewegen, desto größer ist die Gefahr für das Unternehmen, vom Markt verdrängt zu werden. Nach der Durchführung der Portfolio-Analyse können die Unternehmensleitung und die Führungskräfte schnell erkennen, inwieweit die Existenz des Unternehmens gefährdet ist.

Wenn sich Unausgewogenheiten in den strategischen Geschäftsfeldern ergeben, müssen besondere Anstrengungen unternommen werden, um wieder zu einem Gleichgewicht zu kommen. Dafür müssen neue Strategien entwickelt und durchgeführt werden.

Da die Mitarbeiter im Unternehmen graphische Darstellungen erfahrungsgemäß besser verstehen als tabellarische Darstellungen, ist es sinnvoll, daß neben dem Ist-Portfolio auch das Plan-Portfolio erstellt wird. In dieser Darstellung sollten der Ist-Zustand und die Planung deutlich gemacht werden. Aus der Darstellung muß auch ersichtlich sein, welche Produktgruppen in Zukunft eliminiert werden sollten und wie die strategische Stoßrichtung für andere Produktgruppen aussehen soll.

Aus der nachfolgenden Darstellung kann der Ist-Zustand und die Planung für die einzelnen Produktgruppen entnommen werden:

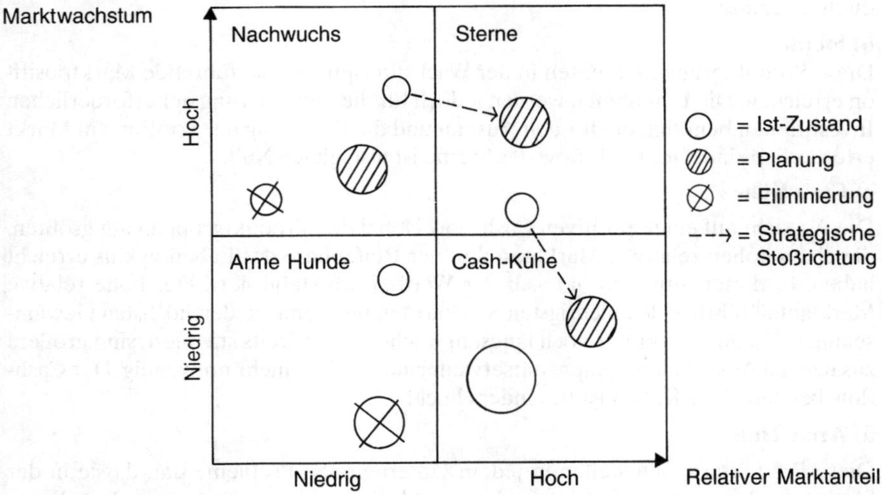

Abb. 44: Ist- und Plan-Portfolios und strategische Stoßrichtungen

MERKE

Die Verteilung der Geschäftseinheiten auf die vier strategischen Geschäftsfelder macht deutlich, ob das Produktions- und Verkaufsprogramm des Unternehmens ausgewogen ist. Aus der graphischen Darstellung wird klar, ob sich positive oder negative Verschiebungen in den einzelnen strategischen Feldern ergeben, wenn die Portfolio-Analyse in regelmäßigen zeitlichen Abständen durchgeführt wird.

4. Welcher Cash-flow kann erwartet werden?

Die Unternehmensleitung und die Führungskräfte müssen wissen, welcher Cash-flow von den einzelnen Portfolios in Zukunft erwartet werden kann. Deshalb sind alle vier Portfolio-Kategorien genau zu analysieren.

a) Nachwuchs

Um für eine Produktgruppe in den ersten Phasen des Lebenszyklus einen hohen relativen Marktanteil und um damit frühzeitig eine Kostendegression zu erzielen, sind große Investitionen erforderlich. Die Ausgaben sind wegen des zunächst geringen Umsatzes höher als die Einnahmen. Der Cash-flow ist deshalb bei Nachwuchs-Produkten negativ.

b) Sterne

Diese Produktgruppen konnten in der Wachstumsphase eine führende Marktposition erreichen. Die Einnahmen werden jedoch für die Finanzierung der erforderlichen Investitionen benötigt, die für den Ausbau und die Sicherung der Position am Markt erforderlich sind. Der Cash-flow der Sterne ist also gleich Null.

c) Cash-Kühe

Die Aussicht auf einen positiven Cash-flow ist bei den Produktgruppen am größten, die einen hohen relativen Marktanteil in der Reifephase des Lebenszyklus erreicht haben. In dieser Situation hat sich der Wettbewerb stabilisiert. Der hohe relative Marktanteil führt zu den niedrigsten Stückkosten und somit zu den höchsten Gewinnspannen. Da der Markt nur noch langsam wächst oder bereits stagniert, sind größere zusätzliche Ausgaben für Kapazitätserweiterungen nicht mehr notwendig. Der Cash-flow bei den Cash-Kühen ist besonders hoch.

d) Arme Hunde

Diese Produktgruppen stellen in jedem Unternehmen Probleme dar, da sie in der Sättigungsphase einen niedrigen relativen Marktanteil erreicht haben. Mit diesen Produktgruppen werden aufgrund der relativ ungünstigen Marktanteile und der relativ hohen Kosten in der Regel nur ausgeglichene Ergebnisse oder sogar Verluste erwirtschaftet. Der Cash-flow bei den armen Hunden ist deshalb gleich Null oder negativ.

Die Cash-flow-Analyse kann folgendermaßen dargestellt werden:

Tabelle 145: Cash-flow-Analyse

Relativer Marktanteil	**Cash-flow**	
Hoch	**Sterne** Einnahmen ++ Ausgaben – – Cash-flow 0	**Cash-Kühe** Einnahmen +++ Ausgaben – Cash-flow ++
Niedrig	**Nachwuchs** Einnahmen + Ausgaben – – Cash-flow –	**Arme Hunde** Einnahmen + Ausgaben – (–) Cash-flow 0 (–)

MERKE

Die Unternehmensleitung und die Führungskräfte müssen dafür sorgen, daß laufend neue Produkte entwickelt werden, die als Nachwuchsprodukte am Markt erfolgreich eingeführt werden können. Eine ausreichende Menge an Star-Produkten ist am Markt zu positionieren, um das Zukunftsgeschäft abzusichern. Auch eine genügend große Anzahl an Cash-Kuh-Produkten sollte vorhanden sein, um den Cash-flow zu erwirtschaften, derfür die Nachwuchsprodukte und die Sterne erforderlich ist. Die armen Hunde sind möglichst schnell zu eliminieren, da sie das Unternehmen nur belasten und meist keinen positiven Cash-flow erbringen.

5. Welche Strategien sind zu entwickeln?

Wenn die Unternehmensleitung und die Führungskräfte die Positionen der einzelnen Produktgruppen auf der Lebenszykluskurve kennen, können die zukünftigen Aktivitäten genauer festgelegt werden. Bei anstehenden Investitionen müssen dann die erfolgversprechenden Produktgruppen mehr berücksichtigt werden. Sämtliche Verantwortungsbereiche des Unternehmens können somit in die strategische Konzeption des Unternehmens eingeschlossen werden.

Mit Hilfe der Portfolio-Technik werden in der Praxis bessere Strategien entworfen und durchgeführt. Die Einteilung der Produktgruppen in Portfolios ermöglicht also bessere Entscheidungen für den sinnvollen Einsatz des Kapitals im Unternehmen.

Für die vier Portfolio-Kategorien können wir differenzierte Strategien beschließen, um Fehlentscheidungen bei Investitionen zu vermeiden.

a) Nachwuchs
Die Normalstrategie für Nachwuchs-Produkte sollte sein, daß Investitionen vorgenommen werden müssen, um höhere Marktanteile zu gewinnen. Die finanziellen Mittel sollten von den Cash-Kühen kommen, die bereits einen hohen Cash-Flow erzielen.

Wenn diese Produktgruppen erfolgreich am Markt eingeführt sind, müssen sie weiter gefördert werden. Sollte sich herausstellen, daß diese Produktgruppen am Markt nicht gut ankommen, ist eine Desinvestition vorzunehmen. Sie müssen dann wieder aus dem Markt genommen werden.

Die Nachwuchsprodukte erfordern höhere Investitionen. Sie benötigen mehr Liquidität, solange es dem Unternehmen nicht gelingt, für sie einen hohen relativen Marktanteil zu erreichen. Wenn sie Sterne geworden sind, bringen sie das Wachstum von morgen. Die Nachwuchsprodukte erfordern in der Einführungsphase also einen hohen Kapitaleinsatz.

Tabelle 146: Normal-Strategien

1. Nachwuchs	Fördern oder eliminieren
2. Sterne	Forcieren
3. Cash-Kühe	Melken
4. Arme Hunde	Eliminieren

b) Sterne

Für die Sterne sollte die Normalstrategie so aussehen, daß zusätzliche Investitionen durchgeführt werden, um weitere Marktanteile zu gewinnen. Dann kann der Umsatz noch ausgedehnt werden.

Diese Produktgruppen finanzieren ihr weiteres Wachstum in der Regel selbst. Sie erzielen einen Cash-flow, der zur Erhaltung und Erhöhung der Marktanteile in einem stark wachsenden Markt reinvestiert werden muß. Sterne bringen das Wachstum von heute. Sie werden bei nachlassendem Marktwachstum zu Cash-Kühen und bringen dann wegen geringerer Investitionen den Cash-flow von morgen. Diese Produkte haben in der Wachstumsphase also einen hohen Finanzbedarf.

c) Cash-Kühe

Die Normalstrategie für die Cash-Kühe lautet, diese Produktgruppen zu melken. Da der Markt für sie nicht mehr wächst, sollte der Cash-flow, der von den Cash-Kühen kommt, zur Entwicklung neuer Produkte und zur Förderung der Nachwuchs-Produkte verwendet werden.

Die Cash-Kühe bringen hohe Einnahmen, die weit über den zur Erhaltung ihres Marktanteils notwendigen Ausgaben liegen. Sie erwirtschaften also den Cash-flow von heute für das gesamte Unternehmen. Die Cash-Kühe sind daher marktbestimmende Produkte, die einen hohen Finanzüberschuß erzielen.

d) Arme Hunde

Bei den armen Hunden sollte die Normalstrategie so aussehen, daß die von ihnen beanspruchte Kapazität im Unternehmen den Nachwuchs-Produkten und den Sternen zur Verfügung gestellt werden muß, sobald diese beiden Produktgruppen wegen der Umsatzerhöhung zusätzliche Kapazitäten im Unternehmen benötigen.

Die armen Hunde sind Problem-Produktgruppen und bringen in der Regel keinen Cash-flow oder sogar Verluste. Deshalb sollten diese Produktgruppen möglichst bald aus dem Produktionsprogramm eliminiert werden. Allerdings müssen sie weiter angeboten werden, wenn sie zur Abrundung des Verkaufsprogrammes erforderlich sind. Dann sollten sie als Handelsware mitgeführt werden. Statt Eigenfertigung ist dann ein Fremdbezug vorzunehmen.

MERKE

Das Marktanteils-Marktwachstums-Portfolio zielt auf die Sicherung einer strategischen Ausgewogenheit der Portfolios ab. Die Existenzsicherung der Unternehmen ist dann gegeben, wenn die gegenwärtige und zukünftige Ertragskraft des Unternehmens gewährleistet ist. Nachwuchsprodukte, Sterne und Cash-Kühe müssen dafür sorgen, daß finanzmittelverbrauchende und finanzmittelfreisetzende Produkte das finanzielle Gleichgewicht des Unternehmens auf Dauer sicherstellen.

6. Welche Investitionsentscheidungen sind zu treffen?

Entscheidungen über Investitionen müssen sorgfältig vorbereitet und durchgeführt werden. Da die Finanzierungsmöglichkeiten in den meisten Unternehmen begrenzt sind, dürfen nur Investitionen in erfolgversprechende Produktgruppen erfolgen.

Alle Investitionen sollten zielorientiert gemacht werden, um den Return on Investment (ROI) zu verbessern. Mit Hilfe der Portfolio-Analyse kann der Erfolg einzelner Investitionen genauer überprüft werden.

Wenn sich eine Verschiebung der Produktgruppen-Positionen in der Portfolio-Matrix bei der Analyse in bestimmten Zeitabständen ergeben sollte, dann muß auch der Investitionsplan überprüft und notfalls geändert werden.

Die Erhöhung des ROI ist nur dann möglich, wenn sinnvolle Investitionen im Unternehmen vorgenommen werden. Fehlinvestitionen verursachen nur fixe Kosten, die den ROI negativ beeinflussen.

Folgende Investitionen sollten für die einzelnen Portfolio-Kategorien durchgeführt werden:

Tabelle 147: Investitionsentscheidungen

Nachwuchs	Erweiterungsinvestitionen
Sterne	Rationalisierungsinvestitionen
Cash-Kühe	Rationalisierungsinvestitionen
Arme Hunde	Desinvestitionen

MERKE

Investitionsentscheidungen sind in den meisten Unternehmen sehr schwierig. Wegen der begrenzten Finanzierungsmöglichkeiten sollten nur Investitionen für erfolgversprechende Produktgruppen durchgeführt werden. Mit Hilfe der Portfolio-Analyse kann der Erfolg einzelner Investitionen besser und genauer überprüft werden.

Um den Return on Investment (ROI) zu verbessern, müssen alle Investitionen gewinnorientiert vorgenommen werden. Aufgrund der Ergebnisse der Portfolio-Analyse können Fehlinvestitionen weitgehend vermieden werden.

22 Potential-Analyse

1. Wie wird die Potential-Analyse durchgeführt?

Ob ein Unternehmen am Markt erfolgreich tätig sein kann oder nicht, hängt von verschiedenen Kriterien ab, die mit Hilfe der Potential-Analyse geprüft werden können. Dadurch werden die Stärken und Schwachstellen im Unternehmen offengelegt. Die Unternehmen sind um so konkurrenzfähiger, je besser sie alle Chancen voll nutzen und je schneller sie alle Schwachstellen im Unternehmen beseitigen.

Einmal im Jahr sollten die Unternehmensleitung und die Führungskräfte eine Potential-Analyse durchführen, um systematisch die genutzten und ungenutzten Potentiale des Unternehmens zu bestimmen. Zuerst müssen die wichtigsten Kriterien festgelegt werden, die erfüllt werden müssen, um am Markt erfolgreich zu operieren.

Da eine marktorientierte Unternehmensführung praktiziert werden sollte, gehören zu den wichtigsten Kriterien insbesondere Fakten aus dem Verantwortungsbereich Marketing und Vertrieb. Aber auch aus den anderen Funktionsbereichen müssen Kriterien bestimmt werden, die auf eine erfolgreiche Unternehmensführung schließen lassen.

Alle Führungskräfte sollten in einem internen Führungsseminar dazu beitragen, die für das Unternehmen wichtigsten Kriterien zu bestimmen. *Tabelle 148* liefert dazu ein Beispiel. Diese einzelnen Kriterien können gewichtet werden.

Tabelle 148: Kriterien für eine Potential-Analyse

Sortimentsbreite
Kundenstruktur
Vertriebsorganisation
Distribution im Handel
Auftragsbearbeitung
Zubehörprogramm
Kostenkontrolle
Logistik
Werbung
Produktionstechnik
Innovationskraft
Kapazitätsauslastung
Verkaufsprogramm
Lieferfähigkeit
Flexibilität bei Entscheidungen
Qualität
Außendienst

Nach der Festlegung des Kriterienkatalogs müssen die einzelnen Kriterien bewertet werden. Am besten sollten die Kriterien im Vergleich zum Marktführer beurteilt werden. Die Skala kann von 1 (sehr gut) bis 9 (sehr schlecht) reichen. In der Abbildung 45 gehen wir von einer Skala aus, die von +3 bis –3 geht.

Bei der Durchführung der Potential-Analyse sollten alle Führungskräfte des Unternehmens teilnehmen. Jede Führungskraft kann seine Erfahrungen miteinbringen. Die einzelnen Fragebogen werden dann ausgewertet. In vielen Fällen hat es sich gezeigt, daß es besser ist, die Fragebogen ohne Namensnennung ausfüllen zu lassen. Dann werden sich viele Führungskräfte freier entscheiden und objektiver ihre Meinung kundtun.

Auf der Basis aller Fragebogen werden Durchschnittswerte ermittelt. Die Skalierung spiegelt dann das tatsächliche Unternehmensprofil wider.

Aus der graphischen Darstellung einer Potential-Analyse können wir sehen, ob beispielsweise der Marktführer einige Kriterien besser erfüllt als das eigene Unternehmen. Aufgrund dieser Analyse ist dann das genutzte und nutzbare Potential für das eigene Unternehmen zu ermitteln.

In der Praxis zeigt sich immer wieder, daß der Marktführer in verschiedenen Verantwortungsbereichen bessere Leistungen erbringt als das eigene Unternehmen. Der Marktführer beschäftigt beispielsweise qualifiziertere Mitarbeiter, bringt bessere Produkte auf den Markt und nutzt die Marktchancen intensiver als das eigene Unternehmen. Es gibt also meist gute Gründe, weshalb der Marktführer dem eigenen Unternehmen überlegen ist.

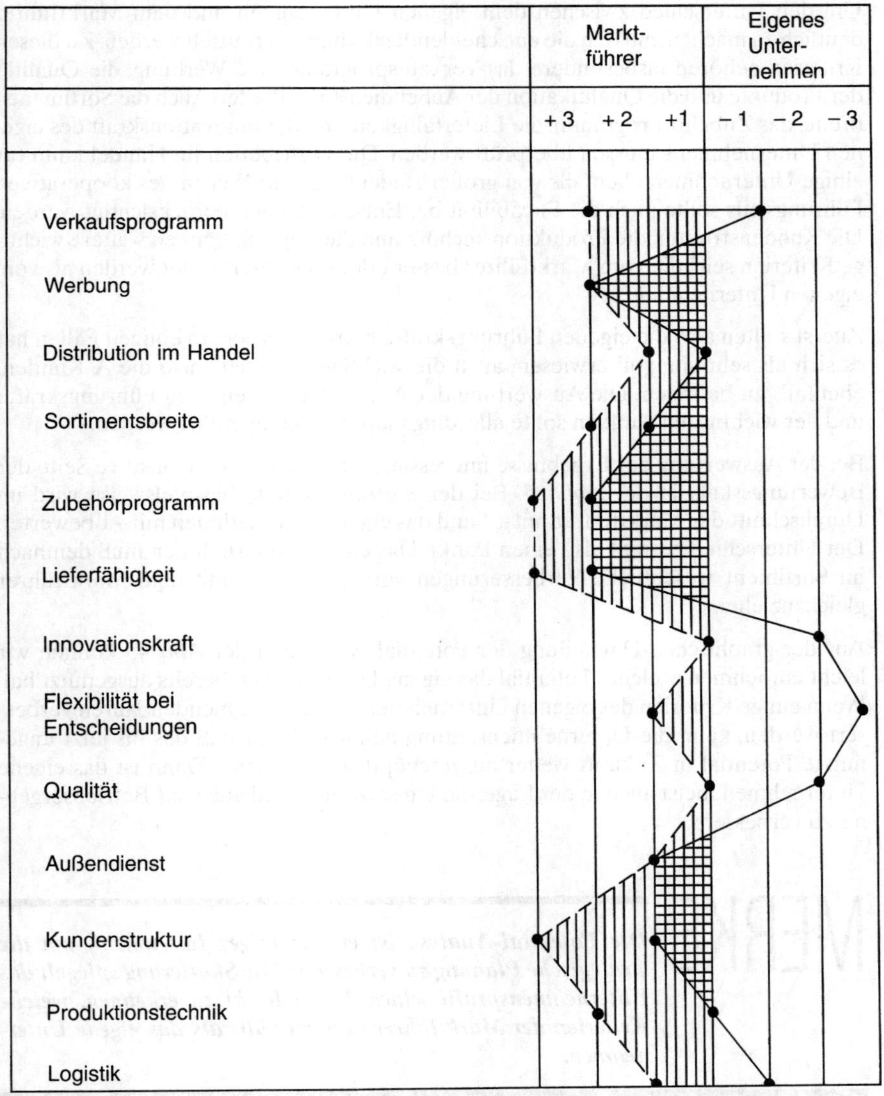

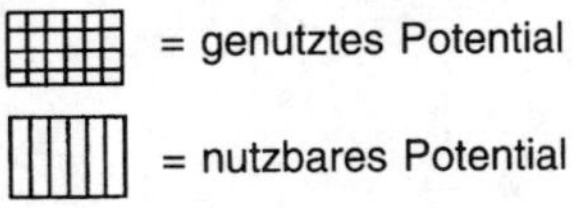

Abb. 45: Potential-Analyse

Um den Unterschied zwischen dem eigenen Unternehmen und dem Marktführer deutlich zu machen, müssen die entscheidenden Kriterien ermittelt werden. Zu diesen Kriterien gehören insbesondere das Verkaufsprogramm, die Werbung, die Qualität der Produkte und die Qualifikation der Außendienstmitarbeiter. Auch die Sortimentsbreite, das Zubehörprogramm, die Lieferfähigkeit und die Innovationskraft des eigenen Unternehmens müssen überprüft werden. Die Distribution im Handel kann für einige Unternehmen ebenfalls von großer Bedeutung sein. Wegen des kooperativen Führungsstils sollte auch die Flexibilität bei Entscheidungen berücksichtigt werden. Die Kundenstruktur, die Produktionstechnik und die Logistik können weitere wichtige Kriterien sein, die vom Marktführer besser oder schlechter erfüllt werden als vom eigenen Unternehmen.

Zuerst sollten also die eigenen Führungskräfte befragt werden. In einigen Fällen hat es sich als sehr sinnvoll erwiesen, auch die wichtigen Kunden, also die A-Kunden, ebenfalls zu befragen. Die Auswertung der Antworten der eigenen Führungskräfte und der wichtigsten Kunden sollte allerdings separat durchgeführt werden.

Bei der Auswertung der Ergebnisse interessiert uns besonders die positive Seite der Bewertungsskala in der *Abb. 45*. Bei der Sortimentsbreite beispielsweise wird im Durchschnitt der Marktführer mit +2 und das eigene Unternehmen mit +1 bewertet. Der Unterschied beträgt also einen Punkt. Das eigene Unternehmen muß demnach im Sortiment wesentliche Verbesserungen vornehmen, um mit dem Marktführer gleichzuziehen.

Aus der graphischen Darstellung der Potential-Analyse in der *Abb. 45* können wir leicht entnehmen, welches Potential das eigene Unternehmen bereits ausgenutzt hat. Wenn einige Kriterien des eigenen Unternehmens in den kommenden Jahren verbessert werden, kann die Unternehmensleitung damit rechnen, daß das bis jetzt ungenutzte Potential in Zukunft weiter ausgeschöpft werden kann. Dann ist das eigene Unternehmen meist auch in der Lage, die Umsatzerlöse und auch das Betriebsergebnis zu verbessern.

MERKE

Die Potential-Analyse ist ein wichtiges Instrument, um die strategische Planung zu verbessern. Die Skalierung spiegelt das Unternehmensprofil wider. Es ist leicht zu erkennen, welche Kriterien der Marktführer besser erfüllt als das eigene Unternehmen.

2. Welchen Einfluß haben die Ergebnisse auf die Strategien?

Die einzelnen Fragebogen sind auszuwerten, um die Durchschnittswerte für die einzelnen Kriterien zu ermitteln. Nach der Auswertung der Potential-Analyse sollten die Ergebnisse für den Marktführer und das eigene Unternehmen, wie in *Abb. 45* zu ersehen, graphisch dargestellt werden.

Die Unternehmensleitung und die Führungskräfte müssen sich zuerst mit den Kriterien befassen, die im Vergleich zum Marktführer besonders niedrig bewertet wurden. Dann sind wirkungsvolle Schritte zur Verbesserung dieser Kriterien festzulegen und zu terminieren. Es wäre unklug, alle Positionen gleichzeitig verbessern zu wollen. Dies würde eher zu einer Verzettelung führen und die Erfolge in Frage stellen. Zuerst müssen die größeren Probleme in Angriff genommen werden. Die Mitarbeiter sollten nach kurzer Zeit erkennen können, daß die aufgedeckten Probleme systematisch bearbeitet und gelöst werden.

Die Wettbewerbsaktivitäten und das Nachfrageverhalten unterliegen fortlaufenden Veränderungen in der Industrie, im Handel und in Dienstleistungsunternehmen. Dadurch treten ständig neue Marktsituationen ein. Um weiter erfolgreich tätig zu sein, müssen sich die Unternehmen deshalb immer wieder auf veränderte Anforderungen des Marktes einstellen.

Die Potential-Analyse sollte nicht nur einmal durchgeführt werden. Da sich die Unternehmen permanent mit den Konkurrenten messen müssen, ist es sinnvoll, sie möglichst einmal pro Jahr durchzuführen.

Der immer schärfer werdende Wettbewerb, die Strukturveränderungen und ein geringeres Wachstum der Wirtschaft zwingen die Unternehmer, sich auf die eigenen Stärken zu konzentrieren und die Schwächen der Konkurrenz systematisch auszunutzen. Außerdem müssen sich die Unternehmen an dem sich ständig wandelnden Bedarf der Kunden ausrichten.

Auf der Basis der Potential-Analyse sind spezielle Maßnahmen einzuleiten, um die festgestellten Stärken weiter zu forcieren und die erkannten Schwächen schrittweise zu eliminieren. Da sich die einzelnen Kriterien der Potential-Analyse nur über einen längeren Zeitraum verbessern lassen, müssen neue Strategien festgelegt und durchgeführt werden. Die Ergebnisse der Potential-Analyse haben also einen unmittelbaren Einfluß auf die Strategien der Unternehmen.

Wie aus der *Abb. 45* hervorgeht, wurde das Verkaufsprogramm des Marktführers mit +2 und das eigene Verkaufsprogramm mit -1 bewertet. Der Unterschied macht also 3 Punkte aus. Das Verkaufsprogramm des Marktführers ist also wesentlich attraktiver als das eigene Programm. Bei der genaueren Analyse wurde beispielsweise in einem Unternehmen festgestellt, daß aufgrund der starken Kundenorientierung das Verkaufsprogramm in Randbereichen ausuferte. Dadurch wurde auch die Rentabilität negativ beeinflußt.

Es wäre nicht richtig gewesen, das Verkaufsprogramm einfach zusammenzustreichen. Zuerst wurde eine Portfolio-Analyse durchgeführt, um die Zukunftsaussichten der eigenen Produktgruppen zu überprüfen. Das Ergebnis dieser Analyse bestand darin, eine Programmdominanz herauszuarbeiten. Dadurch konnte die Attraktivität des Verkaufsprogramms wesentlich verbessert werden. Die Vielfalt der Produkte wurde gleichzeitig wesentlich eingeschränkt.

Die Ergebnisse der Potential-Analyse sollten auch dazu verwendet werden, die bestehenden strategischen Ziele zu überprüfen und neue zu formulieren. Diese Ziele sind auf die spezielle Wettbewerbssituation und auf die Marktentwicklung zu beziehen. Danach sind die einzuschlagenden Strategien festzulegen. In terminierten Maßnahmenplänen müssen die einzelnen Aktionen klar definiert werden. Außerdem muß aus den Maßnahmenplänen hervorgehen, welche Mitarbeiter die Verantwortung für die Erreichung der einzelnen Ziele tragen. Mit Hilfe der EDV werden dann die Daten erarbeitet, die erkennen lassen, welcher Stand der Zielerreichung vorliegt.

MERKE

Die Ergebnisse der Potential-Analyse sind die Grundlage für die Überprüfung und Verbesserung der Strategien im Unternehmen. Das eigene Unternehmen sollte bestimmte Kriterien mit dem Marktführer vergleichen. Dadurch können die Unternehmensleitung und die Führungskräfte erkennen, welches Potential des Marktes bereits genutzt wird und wie groß das noch nutzbare Potential ist.

Die Unternehmer, die eine Potential-Analyse durchführen, können sich intensiver mit der zukünftigen Entwicklung ihrer Unternehmen beschäftigen. Dadurch kann dann meist sichergestellt werden, daß sie diese auch in Zukunft auf Erfolgskurs halten können.

23 Produkt-Lebenszyklus-Kurve

1. Was ist eine Produkt-Lebenszyklus-Kurve?

Die Lebenszyklus-Kurve für Produkte geht von der Annahme aus, daß jedes Produkt zwischen der Markteinführung und dem Ausscheiden aus dem Markt eine typische Entwicklung durchläuft, die sich in vier charakteristische Phasen einteilen läßt (vgl. Tabelle 149). In diesem Fall wird der Lebenszyklus eines Produktes mit dem Marktzyklus gleichgesetzt.

Tabelle 149: Phasen der Lebenszyklus-Kurve

1. Einführung
2. Wachstum
3. Reife
4. Rückgang (Sättigung)

Eine weitere Konzeption der Lebenszyklus-Kurve umfaßt den Zeitraum von der Entwicklung der Produktidee bis zum Ausscheiden des Produktes aus dem Markt. Die Entwicklungsphase bis zur Produktionsreife darf bei der strategischen Planung nicht außer acht gelassen werden. Diese Konzeption ist allerdings wesentlich umfangreicher.

Die Produktlebenszyklen werden immer kürzer und drücken auf die Gewinnmargen der Unternehmen. Die Lebenszeit eines Computers hat sich seit 1980 von 7,8 auf 4,4 Jahre verringert. Auch im Maschinen- und Anlagenbau und in der Fahrzeugindustrie zeigen Untersuchungen einen ähnlichen Trend. Die Produktlebenszeit und die Amortisationszeit kommen sich bereits so nahe, daß viele Unternehmen kaum noch Zeit haben, mit neuen Produkten Gewinne zu erwirtschaften. Wenn Pannen bei der Entwicklung der Produkte auftreten, wird der Spielraum für die Erzielung von Gewinnen noch enger. Untersuchungen haben ergeben, daß eine Verzögerung das Unternehmen bereits rund 1/3 des erzielbaren Gewinnes kostet, sobald ein Produkt mit einer prognostizierten Lebensdauer von 5 Jahren nur um 6 Monate zu spät zur Marktreife gelangt.

MERKE

Die Aussagekraft der Lebenszyklus-Kurve ist beträchtlich, wenn die Analyse systematisch durchgeführt wird. In der Praxis ist oft nicht klar, was unter einem neuen Produkt zu verstehen ist. Es wird auch die Frage gestellt, ob eine Produktvariation bereits ein neues Produkt begründet oder den alten Lebenszyklus nur fortsetzt. Wenn eine Produktvariation, eine Produktdifferenzierung oder eine Produktinnovation neu auf den Markt kommt, dann handelt es sich stets um ein neues Produkt, für das eine neue Lebenszyklus-Kurve entsteht. Das neue Produkt muß am Markt durch zusätzliche Werbemaßnahmen oder Verkaufsförderungsaktivitäten wieder eingeführt werden.

2. Wie wird die Produkt-Lebenszyklus-Kurve dargestellt?

Die Darstellung der Lebenszyklus-Kurve erfolgt in der Form, daß in einem Koordinatensystem auf der X-Achse die Zeit und auf der Y-Achse die Umsatzerlöse sowie der Cash-flow abgetragen werden. Die Kurve der Umsatzerlöse steigt von der Einführungsphase bis zur Reifephase und bildet sich dann wieder zurück. Beim Cashflow verläuft die Kurve etwas anders, denn die Cash-flow-Kurve erreicht bereits am Anfang der Reifephase den Höhepunkt und sinkt dann auch schneller als die Umsatzerlös-Kurve.

Jedes Produkt im Unternehmen unterliegt einem Lebenszyklus. Zuerst muß das Produkt am Markt eingeführt werden. Anschließend kommt es in eine Wachstumsphase. Wenn das Wachstum langsam nachläßt, erreicht das Produkt die Reifephase. Schließlich gelangt es in die Rückgangsphase.

Die vier Phasen im Lebenszyklus eines Produktes können graphisch dargestellt werden. Der Verlauf der Umsatz- und der Cash-flow-Kurven können der folgenden Darstellung entnommen werden.

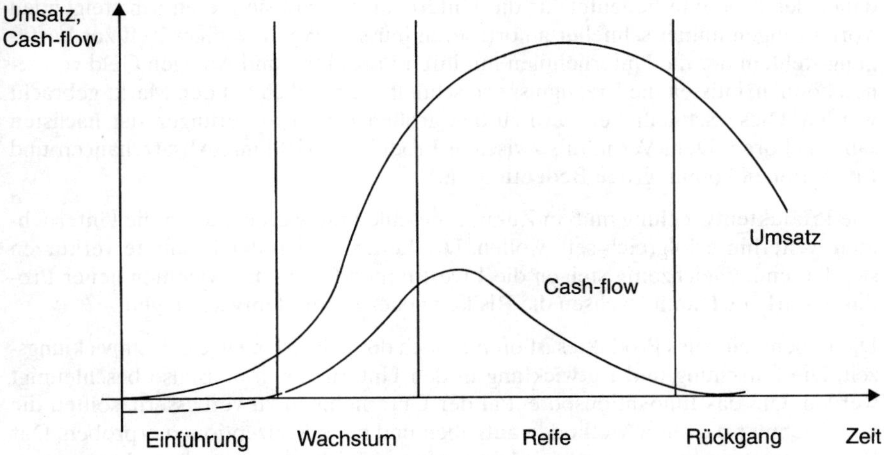

Abb. 46: Lebenszyklus-Kurve

In der Einführungsphase ist der Cash-flow negativ, da zur Einführung eines Produktes am Markt hohe Kosten entstehen. Außerdem besteht eine gewisse Unsicherheit über die Erfolgschancen des Produktes.

Der Cash-flow nimmt in der Wachstumsphase stark zu, wenn das Produkt am Markt erfolgreich eingeführt wurde. In vielen Fällen ergibt sich auch ein Wettbewerbsvorsprung.

Es ist bemerkenswert, daß der Cash-flow bereits am Anfang der Reifephase wieder zurückgeht. In der Regel kommen zu Beginn der Reifephase auch Nachahmer auf den Markt. Da das Wachstum sich bereits verlangsamt hat, müssen die neuen Wettbewerber Preisnachlässe gewähren, um noch einen Marktanteil zu gewinnen. Wegen des Preiskampfes nehmen die Gewinnmöglichkeiten also ab. Der starke Wettbewerb um Marktanteile in einem stagnierenden Markt führt zu weiteren Preiszugeständnissen der Konkurrenz. Der Cash-flow nimmt deshalb in der Reifephase schnell wieder ab.

In der Rückgangsphase geht der Umsatz beträchtlich zurück. Da das Produkt veraltet, müssen weitere Preisnachlässe gewährt werden.

Die einzelnen Phasen der Lebenszyklus-Kurve können unterschiedlich lang sein. Dies hängt insbesondere von den einzelnen Produkten ab. *Konsumgüter haben i. d. R. eine kürzere Lebenszyklus-Kurve als Investitionsgüter.* Der Lebenszyklus bei den Investitionsgütern verkürzt sich aber auch seit einiger Zeit immer stärker. Kürzere Lebensdauer der Produkte bedeutet für die Unternehmen, daß sie die enorm steigenden Vorleistungen immer schneller amortisieren müssen. Wenn weniger Zeit zur Verfügung steht, in der die Unternehmen mit ihren Produkten und Anlagen Geld verdienen können, müssen die Erzeugnisse so schnell wie möglich auf den Markt gebracht werden. Diese Schnelligkeit wird zu den großen Herausforderungen der nächsten Jahre gehören. Dem Verhältnis zwischen Produktentwicklung, Absatzchancen und Investitionen kommt große Bedeutung zu.

Die Produktentwicklung muß in Zukunft beschleunigt werden, wenn die Unternehmen weiterhin erfolgreich sein wollen. Die Lebenszyklen der Produkte verkürzen sich laufend. Gleichzeitig steigen die Investitionen für die Entwicklung neuer Produkte stark an. Damit wachsen die Risiken neuer Produktentwicklungen.

Die Lebenszeit eines Produktes ist oft nur noch doppelt so lang wie die Entwicklungszeit. Die Forschung und Entwicklung in den Unternehmen muß also beschleunigt werden. Um das Innovationspotential der Unternehmen zu verbessern, sollten die Unternehmer die alten Methoden aufgeben und neue Konzeptionen erproben. Das Projektmanagement ist ein solches Instrument, das sich besonders für heikle und umfangreiche Produktentwicklungen eignet. Statt die Entwicklungsphasen eines Produktes in verschiedenen Abteilungen hintereinander zu schalten, werden sie in Projektteams gleichzeitig bearbeitet.

MERKE

Die einzelnen Phasen der Lebenszyklus-Kurve haben eine unterschiedliche Bedeutung für die Unternehmensleitung, denn in jeder Phase sind die Umsatzerlöse der einzelnen Produkte verschieden. Auch der Cash-flow, der mit den einzelnen Produkten erwirtschaftet wird, verändert sich in den einzelnen Phasen. Diese Auswirkungen müssen die Unternehmensleitung und die Führungskräfte ermitteln und bei den anstehenden Entscheidungen berücksichtigen.

3. Welche Bedeutung haben die einzelnen Phasen?

Die Produkt-Lebenszyklus-Kurve ist für die strategische Planung wichtig. Der Lebenszyklus der einzelnen Produkte läuft allerdings nicht automatisch bei allen Produkten gleich ab. Durch fördernde Maßnahmen kann der Lebenszyklus verlängert werden. Wenn die Unternehmensleitung allerdings falsche Maßnahmen beschließt, ist eine schnellere Verkürzung der Lebenszyklus-Kurve möglich.

In der Entwicklungsphase wird versucht, für das Produkt einen Markt zu entwickeln.

Die anfangs geringen Umsatzerlöse steigen um so schneller, je besser das Produkt bei den Kunden ankommt und je größer die Nachfrage nach diesem Produkt ist. Das Unternehmen muß versuchen, weitere Marktanteile zu gewinnen. Durch zusätzliche Investitionen ist das Unternehmen in der Lage, seine Position am Markt zu verbessern.

Wenn die Wettbewerbsposition allerdings schwach ist, müssen die Unternehmensleitung und die Führungskräfte entscheiden, ob eine starke Verbesserung der Position möglich ist oder ob es nicht besser ist, daß neue Produkt vom Markt wieder zurückzuziehen.

In der Einführungsphase entstehen also hohe Ausgaben. Der Cash-flow ist meist negativ. In dieser Phase muß die Unternehmensleitung klären, ob das Produkt am Markt gut oder schlecht ankommt. Wenn das Produkt vom Markt gut aufgenommen wird, muß es weiter gefördert werden. Sollte sich herausstellen, daß sich das Produkt zu einem Flop entwickelt, dann muß die Unternehmensleitung dieses Produkt wieder vom Markt zurückziehen. Jede weitere Investition für ein schwaches Produkt in der Einführungsphase würde zu einer Fehlinvestition führen.

Die Wachstumphase zeigt, daß die Umsatzerlöse der erfolgreichen Produkte überproportional steigen. Es sind zusätzliche Investitionen erforderlich, um den Marktanteil weiter auszubauen. Wenn die Wettbewerbsposition allerdings nicht so günstig ist, sollte die Unternehmensleitung versuchen, eine Marktnische zu finden und zu erhalten.

In der Wachstumsphase steigen die Einnahmen stark an. Es entstehen aber auch weiterhin erhebliche Ausgaben, um die Position des Produktes am Markt zu verbessern. Die Einnahmen und Ausgaben gleichen sich in etwa aus. Der Cash-flow ist in dieser Phase gleich Null, weil die Mittel, die mit den Produkten verdient werden, gleich wieder benötigt werden, um die weitere Expansion der Produkte zu finanzieren.

Sollte sich herausstellen, daß die erwirtschafteten Mittel nicht ausreichen, um die erforderliche Expansion zu finanzieren, müssen die Ursachen erforscht werden. Wenn die Konzeption des Produktes falsch ist, sollte die Wachstumsphase abgebrochen werden. Stellt sich aber heraus, daß das absatzpolitische Instrumentarium bisher falsch eingesetzt wurde, hat die Unternehmensleitung eine Änderung herbeizuführen. Durch die Ursachenforschung können wichtige Erkenntnisse für die Zukunft gewonnen werden.

In der Reifephase verlangsamen sich die Umsatzerlöse. Diese Entwicklung ergibt sich durch eine sich abzeichnende Marktsättigung und durch das Auftauchen von zusätzlichen Konkurrenten am Markt. Außerdem können bereits wieder neue Produkte am Markt eingeführt werden, die alternative oder bessere Problemlösungen anbieten.

Bei starker Wettbewerbsposition sollte die Unternehmensleitung versuchen, die Position zu halten und mit dem Markt weiter zu wachsen. Wenn sich die Position am Markt allerdings verschlechtert, muß eine stufenweise Reduzierung des Engagements überlegt werden.

Da die Ausgaben für die Markteinführung und Marktbearbeitung stark zurückgehen, erwirtschaften die Produkte in der Reifephase einen hohen Cash-flow. Diese Mittel müssen zur Entwicklung neuer Produkte verwendet werden.

Wie schnell diese Produkte dann aus dem Markt genommen werden sollten, hängt oft davon ab, inwieweit schon Nachfolgeprodukte vorhanden sind, um den bereits eroberten Marktanteil zu erhalten.

Die Rückgangsphase zeigt, daß die Umsatzerlöse weiter schwinden. Die Nachfrage nimmt ständig ab, da die Produkte durch neue Erzeugnisse ersetzt werden, die bessere und/oder billigere Problemlösungen anbieten.

MERKE

Sobald die Unternehmensleitung und die Führungskräfte erkennen, daß der Rückgang der Umsatzerlöse nicht mehr aufzuhalten ist, muß besonderer Wert auf die Entwicklung neuer oder alternativer Produkte gelegt werden. Zusätzliche Investitionen für das alte Produkt wären dann sinnlos und würden sich als Fehlinvestitionen herausstellen.

Neben den Umsatzerlösen sollte auch der Cash-flow als Kurve eingezeichnet werden (vgl. Abb. 46). Wenn wir die Cash-flow-Kurve betrachten, stellen wir fest, daß sich der Verlauf dieser Kurve von der Umsatzerlös-Kurve unterscheidet. Beide Kurven verlaufen nicht parallel.

In der Einführungsphase ist der Cash-flow zunächst meist negativ, da die Ausgaben für das Produkt höher sind als die Einnahmen. Die Einführung der Produkte am Markt erfordert beispielsweise eine intensive Werbung.

Der Cash-flow steigt in der Wachstumsphase stark an. Die Einnahmen nehmen dabei viel stärker zu als die Ausgaben.

In der Reifephase geht der Cash-flow allerdings schneller zurück als die Umsatzerlöse. Neue Konkurrenten treten am Markt auf, die sich nur durch günstige Preise einen Marktanteil erobern können. Durch den Verdrängungswettbewerb ist das eigene Unternehmen gezwungen, die Preise ebenfalls zu senken.

Der Cash-flow sinkt weiter in der Rückgangsphase. Die Attraktivität des Produktes nimmt ständig ab. Mit zunehmendem Rückgang der Umsatzerlöse sinkt natürlich auch der Cash-flow weiter.

MERKE

In den einzelnen Phasen verändern sich also die Umsatzerlöse und der Cash-flow. Die sich wandelnden Kundenanforderungen verlangen andere Marketingstrategien. Auch die Wettbewerbsintensität kann in den einzelnen Phasen wechseln. Die wichtigsten Veränderungen und die größte Dynamik findet meist in der Wachstumsphase statt. Sobald die Konkurrenz erkennt, daß ein Produkt mit großem Erfolg am Markt plaziert wird und mit diesem Produkt ein hoher Cash-flow erwirtschaftet wird, versucht der Wettbewerb, diesen Markt auch zu erschließen. Die Konkurrenz entwickelt dann ebenfalls gleiche oder ähnliche Produkte, um einen Teil der Nachfrage zu befriedigen.

Der erwirtschaftete Cash-flow ist von wesentlicher Bedeutung, da er Auskunft über die Möglichkeiten der Innenfinanzierung gibt. Um weiterhin konkurrenzfähig zu bleiben, sollte der verdiente Cash-flow stets wieder investiert werden. Mit dem Cash-flow kann die Entwicklung der nachfolgenden Produkte oder gänzlich neuer Produkte finanziert werden. Der Unternehmer muß stets versuchen, neue Produkte rechtzeitig in wachsende Märkte einzuführen, um einen relativen Wettbewerbsvorteil zu erlangen. Deshalb ist es für die Unternehmensleitung und die Führungskräfte so wichtig, in welcher Phase des Lebenszyklus sich die einzelnen Produkte des Unternehmens befinden.

Die Positionierung bestimmter Produkte auf der Lebenszyklus-Kurve kann in einem internen Führungsseminar durchgeführt werden. In verschiedenen Gruppen sollten bestimmte Produkte des Unternehmens, die vorher gemeinsam ausgewählt wurden, den einzelnen Phasen der Lebenszyklus-Kurve zugeordnet werden. Jede Gruppe muß dann ihre Entscheidungen vortragen und begründen.

Da die Lebensdauer der Produkte immer kürzer wird, kann in dem Seminar deutlich gemacht werden, welche Bedeutung die Entwicklung neuer Produkte für die langfristige Existenzsicherung des Unternehmens hat.

MERKE

Jedes Unternehmen benötigt bestimmte Produkte, die den Cash-flow von morgen erwirtschaften müssen. Die Lebenszyklus-Konzeption gibt Aufschluß darüber, ob das Produktions- und Verkaufsprogramm des Unternehmens ausgewogen ist. Mit Hilfe der Lebenszyklus-Kurve können komplizierte und undurchsichtige Zusammenhänge der Unternehmensleitung und den Führungskräften relativ schnell klar gemacht werden.

4. Warum können Marketing-Entscheidungen verbessert werden?

Die Lebenszyklus-Kurve ist ein Instrument, das Anregungen zur gedanklichen Durchdringung von Absatz- und Umsatzproblemen liefert. Die Ergebnisse der Lebenszyklus-Kurven-Analyse stellen ein Erfahrungspotential dar, um die Marketingentscheidungen zu verbessern.

Wir können auch untersuchen, wie sich die Verkaufspreise und Stückkosten in den einzelnen Phasen der Lebenszyklus-Kurve verhalten. Aus der *Abb. 47* geht hervor, in welcher Phase der Lebenszyklus-Kurve das Unternehmen die höchsten Gewinne erzielt.

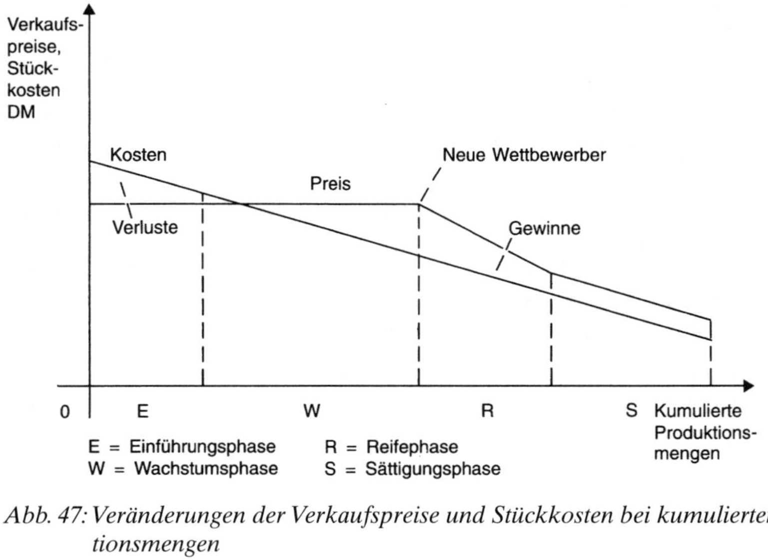

Abb. 47: Veränderungen der Verkaufspreise und Stückkosten bei kumulierten Produktionsmengen

In der Einführungsphase sind die Stückkosten höher als die festgesetzten Verkaufspreise. Erst wenn größere Stückzahlen abgesetzt werden, erzielt das Unternehmen aufgrund der sinkenden Stückkosten, die insbesondere durch die Effekte der Erfahrungskurve realisiert werden, einen Gewinn. Das Unternehmen erwirtschaftet generell am Ende der Wachstumsphase die höchsten Gewinne.

Sobald bekannt wird, daß ein Projekt sehr gewinnträchtig ist, werden Konkurrenten angezogen, die ebenfalls dieses Produkt herstellen werden. Meist dauert es einige Zeit, bis die Konkurrenz in der Lage ist, die Herstellung dieses Produktes zu organisieren. Um dann einen Marktanteil zu erringen, muß der Konkurrent dieses Produkt am Markt billiger anbieten.

Da das Produkt sich oft in der Zwischenzeit aus der Wachstumsphase in die Reifephase fortbewegt hat, läßt die Nachfrage langsam nach. Es entsteht ein Verdrängungswettbewerb, der letztlich dazu führt, daß das eigene Unternehmen ebenfalls Preiszugeständnisse machen muß.

Durch den schärferen Wettbewerb sinken also die Verkaufspreise bei weiter sinkenden Stückkosten. Die Gewinnmargen nehmen ab und stabilisieren sich dann wieder auf einem wesentlich niedrigeren Niveau.

Wenn ein Unternehmer sich mit der Lebenszyklus-Kurve auseinandersetzt, erhält er rechtzeitig diese Informationen. Er arbeitet schon längst an der Entwicklung neuer Produkte, sobald seine alten Produkte das Ende der Wachstumsphase erreicht haben. Mit den neuen Produkten verdient er dann ebenfalls wieder mehr als die Konkurrenz, die keine Forschung und Entwicklung betreibt und erst wieder später auf den Markt kommt.

Wenn sich die Unternehmensleitung und die Führungskräfte mit der Produkt-Lebenszyklus-Kurve intensiv befassen, können sie leicht feststellen, ob die einzelnen Produkte innerhalb des Produktions- und Verkaufsprogramms des Unternehmens hinsichtlich der Lebenszyklusphasen aufeinander abgestimmt sind oder nicht. Jedes Unternehmen benötigt genügend Produkte, die den aufwendigen Wachstumsprozeß bereits abgeschlossen haben und einen entsprechend hohen Cash-flow erwirtschaften, um die neuen Produkte finanzieren zu können. Gleichzeitig müssen ausreichend viele Produkte in die Wachstumsphase kommen, um später für den Cash-flow zu sorgen. Die Analyse macht auch deutlich, daß rechtzeitig neue Produkte entwickelt werden müssen, damit die ausscheidenden Erzeugnisse ersetzt werden können.

MERKE

Mit Hilfe der Produkt-Lebenszyklus-Kurve kann das Produktions- und Verkaufsprogramm einfach analysiert werden. Aufgrund der effektiven Zusammensetzung des Produktions- und Verkaufsprogramms kann für die Zukunft eine bessere Zusammensetzung geplant werden, um die Existenz des Unternehmens langfristig zu sichern.

24 Prozeßkostenrechnung

1. Welche Schwachpunkte weisen die traditionellen Kostenrechnungssysteme auf ?

Die traditionellen Kostenrechnungssysteme können die seit vielen Jahren laufend steigenden Gemeinkosten nicht verursachungsgemäß auf die Produkte oder Dienstleistungen verrechnen. Eine konsequente Planung, Kontrolle und Steuerung der Gemeinkosten war mit diesen Systemen bisher nur schwer möglich.

Mit Hilfe der Prozeßkostenrechnung können die Unternehmen die Gemeinkosten besser in den Griff bekommen. Die Prozeßkostenrechnung sollte dann zu einem Prozeßkostenmanagement weiterentwickelt werden.

Die Prozeßkostenrechnung wurde also vor allem wegen der Schwachpunkte der traditionellen Kosten- und Leistungsrechnung entwickelt. Die Planung der Kosten für die indirekten Leistungsbereiche bot keine Basis für eine effiziente Kontrolle und Steuerung der Gemeinkosten, da die Planungsansätze sich weitgehend an den Daten der Vergangenheit orientierten, ohne daß eine Überprüfung der Wirtschaftlichkeit vorgenommen wurde.

Dieses Problem ergibt sich bei den Kostenrechnungssystemen der Vollkostenrechnung und der Deckungsbeitragsrechnung. Bei beiden Systemen wurden bisher die Fixkosten in den Gemeinkostenbereichen vernachlässigt. Zu den Gemeinkostenbereichen zählen beispielsweise die Auftragsabwicklung, die Qualitätssicherung, die Beschaffung, die Forschung und Entwicklung sowie die Lagerhaltung.

Da diese Kosten den Produkten oder Dienstleistungen nicht verursachungsgerecht zugeordnet werden können, werden die Kosten der indirekten Leistungsbereiche in der Zuschlagskalkulation mit Hilfe von Zuschlagssätzen auf das Fertigungsmaterial, auf die Fertigungslöhne und auf die Herstellkosten den Produkten oder Dienstleistungen zugerechnet. Wegen dieser problematischen Behandlung der Gemeinkosten in der Vollkostenrechnung kommt es öfter zu Fehlentscheidungen durch das Management.

MERKE

Die traditionellen Kostenrechnungssysteme verrechnen die ständig steigenden Gemeinkosten nicht verursachungsgemäß auf die Produkte und die Dienstleistungen. Deshalb ist eine konsequente Planung, Kontrolle und Steuerung der Gemeinkosten mit diesen Systemen nicht möglich.

Die Kosten der indirekten Leistungsbereiche werden in der Zuschlagskalkulation mit Hilfe von Zuschlagssätzen auf das Fertigungsmaterial, auf die Fertigungslöhne und auf die Herstellkosten den Produkten und den Dienstleistungen zugerechnet. Dadurch kommt es öfter zu Fehlentscheidungen durch das Management.

2. Wie sieht die Zielsetzung aus ?

Die Prozeßkostenrechnung wurde deshalb von der Praxis geschaffen, um in Zukunft das Problem der Gemeinkosten besser in den Griff zu bekommen. Die Besonderheit der Prozeßkostenrechnung besteht darin, daß auch für die Gemeinkostenbereiche Bezugsgrößen ermittelt werden, die sich zu den Kosten weitgehend proportional verhalten. Mit Hilfe dieser Bezugsgrößen lassen sich dann die Gemeinkosten verursachungsgerechter auf die Produkte oder Dienstleistungen zurechnen.

Die Prozeßkostenrechnung ermöglicht den Unternehmen, die Kosten der indirekten Bereiche des Unternehmens besser zu planen, genauer zu kontrollieren und effizienter zu steuern. Auch die verursachungsgerechtere Zurechnung der Kosten der Gemeinkostenbereiche in der Kalkulation ist dann eher möglich.

Für die Produktionsprozesse gibt es ein Mengengerüst durch Stücklisten und Arbeitspläne. In den Gemeinkostenbereichen wurde bisher ein Mengengerüst in den traditionellen Kostenrechnungssystemen nicht erstellt. Deshalb war es auch nicht möglich, die Kosteneinflußfaktoren für die Gemeinkosten eindeutig zu ermitteln.

Die Kosten- und Leistungsrechnung muß der Unternehmensleitung und den Führungskräften ein Informationssystem zur Verfügung stellen, das dem Management entscheidungsunterstützende Daten liefert. Heute interessieren das Management weniger die direkten Produktionskosten als vielmehr die indirekten Kosten, denn die Kostenstruktur in den Unternehmen hat sich wesentlich verändert. In vielen Unternehmen machen die Gemeinkosten heute mehr als 50 % der Gesamtkosten aus.

Die internationale Konkurrenz hat sich deutlich verschärft. Deshalb muß sich das Management intensiver damit befassen, insbesondere die Gemeinkosten zu senken, um die Wettbewerbsfähigkeit wieder zu erhöhen. Es müssen auch Ansatzpunkte gefunden werden, um die zunehmende Komplexität in den Unternehmen zu verringern. Auch die Kosten einzelner Prozesse in den Unternehmen sind zu ermitteln. Außerdem werden Lösungen gesucht, um die geänderte Kostenstruktur in den Unternehmen besser darzustellen und anders zu gestalten.

Folgende Fragen interessieren heute das Management von vielen Unternehmen:

Tabelle 150: Management-Fragen

1. Wie viele Kundenaufträge werden in der Kostenstelle „Vertrieb/Innendienst" pro Monat bearbeitet?
2. Welche Kosten werden durch die Bearbeitung eines Kundenauftrags verursacht?
3. Wieviel Kosten lassen sich einsparen, wenn die Bearbeitungsvorgänge rationeller gestaltet werden?
4. Wie hoch sind die gesamten Kosten für die Abwicklung eines Kundenauftrags?
5. Wieviel Bearbeitungsvorgänge für Kaufteile werden im Einkauf pro Monat durchgeführt?
6. Was kostet ein Bestellvorgang?
7. Werden die vorhanden Ressourcen in den Gemeinkostenbereichen effizient genutzt?

Die traditionellen Kostenrechnungssysteme geben auf diese Fragen keine Antworten. Unter Einsatz der Prozeßkostenrechnung können aber diese relevanten Fragen beantwortet werden.

Die Untersuchung über die Kostenstrukturen der Unternehmen zeigt, daß eine starke Verlagerung der Kosten in die indirekten Bereiche stattgefunden hat. Die bestehenden Kostenrechnungssysteme bieten für das Problem der steigenden Gemeinkosten keine Lösungen an. Deshalb kann die Steuerung dieser Kosten auch kaum durchgeführt werden. Bei den Entscheidungen wird die Höhe der Gemeinkosten mitunter falsch eingeschätzt, so daß es öfter zu Fehlentscheidungen kommen kann.

Die Entwicklung der Prozeßkostenrechnung wurde also von der Praxis veranlaßt, um die indirekten Gemeinkosten besser in den Griff zu bekommen. Die Prozeßkostenrechnung konzentriert sich auf die Gemeinkostenbereiche in den Unternehmen, um eine verursachungsgerechtere Zuordnung der Gemeinkosten auf die Produkte oder Dienstleistungen zu ermöglichen. Außerdem geht es um den effizienten Einsatz von Ressourcen in den Gemeinkostenbereichen. Dieses Ziel kann durch die Steigerung der jeweiligen Prozeßmenge und/oder durch die Einsparung von Kosten erreicht werden.

Die Prozeßkostenrechnung stellt also einen neuen Ansatz des Managements dar, um die weiter wachsenden Gemeinkostenbereiche in den Unternehmen besser zu beherrschen. Es geht insbesondere um eine neue Strukturierung der Gemeinkostenbereiche in sachlich zusammenhängende und kostenstellenübergreifende Prozeßketten. Diese einzelnen Geschäftsprozesse stellen dann die Bezugsgröße in der Kostenrechnung dar.

Bei der Prozeßkostenrechnung ermitteln wir für die Prozesse (Aktivitäten) die kostentreibenden Einflußfaktoren auf die Entstehung und die Höhe der Gemeinkosten. Die gesamten betrieblichen Tätigkeiten werden als Abfolge von Vorgängen erfaßt, die die Produktion und den Vertrieb der Produkte und der Dienstleistungen fördern. Durch die Prozeßkostenrechnung soll vor allem eine Optimierung der Prozesse und eine Erhöhung der Transparenz in den indirekten Leistungsbereichen erzielt werden.

MERKE

Die Zielsetzung der Prozeßkostenrechnung ist vielgestaltig. In der Praxis wurde die Prozeßkostenrechnung entwickelt, um das Problem der rasant steigenden Gemeinkosten besser in den Griff zu bekommen. Die Prozeßkostenrechnung erlaubt den Unternehmen, die Kosten der indirekten Bereiche besser zu planen, genauer zu kontrollieren und effizienter zu steuern.

Für die Geschäftsprozesse ist ein Mengengerüst, ähnlich den Stücklisten und Arbeitsplänen aufzubauen. Dann können die Einflußfaktoren für die Gemeinkosten eindeutig ermittelt werden.

Die Kosten- und Leistungsrechnung muß der Unternehmensleitung und den Führungskräften ein aussagefähiges Informationssystem zur Verfügung stellen, um in Zukunft bessere Entscheidungen treffen zu können. Besonderer Wert liegt auf den Gemeinkosten, die immer stärker anwachsen.

Die Prozeßkostenrechnung bietet einen neuen Ansatz, um die weiter wachsenden Gemeinkostenbereiche besser zu beherrschen. Es erfolgt eine neue Strukturierung der Gemeinkostenbereiche in sachlich zusammenhängende und kostenstellenübergreifende Prozeßketten.

3. Welche Aufgaben sollten erfüllt werden?

Dank des Einsatzes der Prozeßkostenrechnung können Aufgaben erfüllt werden, die von den traditionellen Kostenrechnungssystemen bisher nicht zufriedenstellend erledigt werden konnten. Zu diesen Aufgaben gehören die Erhöhung der Transparenz, die Optimierung der Prozesse, die Prozeßorientierung der Kalkulation und die Verbesserung des Gemeinkostenmanagements.

Tabelle 151: Aufgaben der Prozeßkostenrechnung

1. Erhöhung der Transparenz
2. Optimierung der Prozesse
3. Prozeßorientierung der Kalkulation
4. Verbesserung des Gemeinkostenmanagement

3.1 Erhöhung der Transparenz

Durch die Analyse der bestehenden Aktivitäten und der eingesetzten Ressourcen kann die Transparenz in den Gemeinkostenbereichen erhöht werden. Mit Hilfe der Prozeßkostenrechnung lassen sich die Art, die Häufigkeit und der Zusammenhang von Arbeitsabläufen ermitteln und dokumentieren.

Die Bedeutung der einzelnen Prozesse wird klar, wenn wir den einzelnen Arbeitsabläufen die entsprechenden Kosten zuordnen. Dann können die Stärken und Schwächen in den Gemeinkostenbereichen erkannt werden. Die Einleitung von wirkungsvollen Maßnahmen zur Verbesserung der Prozesse ist dann eher möglich. Außerdem können dann die Ressourcen in den Gemeinkostenbereichen effizienter eingesetzt werden.

3.2 Optimierung der Prozesse

Beim Aufbau der Prozeßkostenrechnung lassen sich neben den Kosten noch zusätzliche Prozeßmerkmale genauer erfassen. Dazu gehören insbesondere die Zeit, die Effizienz und die Qualität. Durch die Beobachtung dieser Kriterien neben den Kosten kann die Optimierung der Prozesse und eine bessere Steuerung der Gemeinkostenbereiche erreicht werden.

Tabelle 152: Prozeßmerkmale

1. Zeit
2. Effizienz
3. Qualität

3.2.1 Zeit

Die Zeit ist ein wichtiger Erfolgsfaktor in den Unternehmen. Deshalb müssen auch in den indirekten Leistungsbereichen exakte Aufzeichnungen über die angefallenen Stunden vorgenommen werden. Dann können wir feststellen, ob in den einzelnen Kostenstellen die vorhandenen Kapazitäten richtig genutzt werden oder nicht.

Durch eine streng funktionale Aufbauorganisation und Arbeitsteilung ist der Überblick über die Geschäftsprozesse nicht möglich. Die Prozesse werden gesplittet und auf verschiedene Abteilungen im Unternehmen verteilt. Die Konsequenz daraus sind Ablaufverzögerungen durch Übergabe-, Warte- und Liegezeiten. Außerdem entsteht ein überhöhter Bedarf an Kommunikation und Koordination. Desweiteren fallen zusätzliche Kontroll- und Prüfungsvorgänge an. Die alten Strukturen in den Unternehmen erschweren es also zunehmend, auf die höheren Anforderungen des Marktes zu reagieren.

Ziel der Unternehmen sollte sein, möglichst viele Schnittstellen zwischen verschiedenen Bereichen zu eliminieren. Je weniger Schnittstellen existieren, desto schneller kann ein Prozeß durchgeführt werden. Erfahrungen aus der Unternehmenspraxis haben gezeigt, daß die Durchlaufzeiten der Prozesse bei entsprechender Umorganisation um 40 % oder mehr verkürzt werden können. Dies ist nicht zuletzt deshalb notwendig, da die Kunden immer kürzere Lieferfristen oder Wartezeiten auf den Kundenservice fordern.

Die verbesserte Struktur ermöglicht schnellere und auf die spezifischen Kundenbedürfnisse abgestellte Entscheidungen. Außerdem wird durch die neue Struktur die Anzahl der Ansprechpartner drastisch – im Idealfall auf 1 – reduziert.

3.2.2 Effizienz

Durch die Optimierung der Prozesse kann die Effizienz in den Kostenstellen verbessert werden. Die Steigerung der Produktivität hat zur Folge, daß auch eine Kostensenkung erreicht werden kann. Die Bildung von Sach- und Fachkompetenz und die Optimierung der Effizienz ist eine wichtige Aufgabe der Unternehmensführung.

Die Strukturen und Prozesse in den Unternehmen müssen also laufend den Anforderungen der Kunden und der Märkte angepaßt werden. Auch in der EDV sind grundlegende strukturelle Verbesserungen durchzuführen.

3.2.3 Qualität

Die Erhöhung der Prozeßqualität kann zu bedeutenden Kosteneinsparungen führen. Auftragsabwicklungen oder Bestellabwicklungen enthalten seltener Fehler, so daß Rückfragen, Nachlieferungen oder Nachbesserungen entfallen. „Fehlerbeseitigungskosten“ entfallen, die Kundenzufriedenheit wird erhöht und damit die Konkurrenzfähigkeit wesentlich verbessert.

Die Strukturen der Unternehmen müssen den Erfordernissen des Marktes angepaßt werden. Die Ausgangspunkte für die Veränderungen sind die zunehmende Komplexität der Geschäftsfelder und die steigenden Anforderungen der Kunden. Das Ziel der neuen Strukturen sollte sein, eine Straffung der Tätigkeiten zu erreichen und prozeßbezogene Schwerpunkte in der täglichen Arbeit zu setzen. Damit kann dann auch die Arbeit der Mitarbeiter vielseitiger, interessanter und damit „sinnvoller“ gestaltet werden.

Die Unternehmen stehen vor der Herausforderung, die marktrelevanten Kernprozesse den Erfordernissen der Kunden anzupassen. Die Prozeßkostenrechnung als eine marktorientierte Konzeption bietet entsprechende Vorteile. Die unternehmensinternen Prozesse können bewertet werden mit dem Ziel der Rationalisierung der Prozesse und der Verbesserung der Prozeßqualität.

3.3 Prozeßorientierung der Kalkulation

Durch die Anwendung der Prozeßkostenrechnung kann ermittelt werden, wie hoch die Inanspruchnahme der Ressourcen durch die internen Prozesse zu Herstellung und Vertrieb der Produkte und Dienstleistungen tatsächlich ist. Dann ist eine genauere Zurechnung der Gemeinkosten auf die Produkte und Dienstleistungen möglich. Durch eine prozeßorientierte Kalkulation können wir feststellen, mit welchen Produkten die Unternehmen mehr Gewinne erwirtschaften oder Verluste erzielen. Diese Erkenntnisse können dann beispielsweise zu einer Sortimentsbereinigung führen.

Für neue Produkte läßt sich bereits eine Kalkulation durchführen, die schon in der Phase der Produktentwicklung beginnt und alternative Varianten berücksichtigt, die unterschiedliche Ressourcen in Anspruch nehmen. Durch die Erkenntnisse können die künftigen Kosten der neuen Produkte genauer erfaßt werden. Die Wettbewerbsfähigkeit der Unternehmen kann somit wesentlich verbessert werden.

3.4 Verbesserung des Gemeinkostenmanagements

Die Prozeßkostenrechnung erlaubt eine permanente Darstellung und Steuerung der Gemeinkosten in den Unternehmen. Mit Hilfe eines verbesserten Gemeinkostenmanagements wird ermittelt, welche Einflüsse die veränderten Strukturen der Abläufe und die rationellere Durchführung von Prozessen auf die Höhe der Kosten und auf die Inanspruchnahme der bestehenden Kapazitäten haben.

Die Potentiale zur Kostensenkung können aufgrund der Erkenntnisse der Prozeßkostenrechnung besser erkannt und genutzt werden. Kurzfristig lassen sich die Gemeinkosten meist nicht verändern. Bei expandierenden Unternehmen werden aber bei einem effizienteren Einsatz der Ressourcen dann nur unterproportionale Zuwächse der Kapazität und damit der Fixkosten erforderlich. Bei stagnierenden oder schrumpfenden Unternehmen können die Kapazitäten langfristig eher angepaßt werden.

MERKE

Durch den Einsatz der Prozeßkostenrechnung können Aufgaben in den Unternehmen gelöst werden, die mit Hilfe der traditionellen Kostenrechnungssysteme bisher nicht zufriedenstellend erledigt wurden. Neben der Erhöhung der Transparenz geht es um die Optimierung der Prozesse. Durch die Prozeßorientierung der Kalkulation wird eine verursachungsgerechtere Zurechnung der Gemeinkosten möglich. Außerdem kann das Gemeinkostenmanagement verbessert werden.

Bei der Optimierung der Geschäftsprozesse ist neben den Kosten auch auf die Zeit, auf die Effizienz und auf die Qualität zu achten. Durch die Berücksichtigung dieser zusätzlichen Prozeßmerkmale ist eine bessere Steuerung der Gemeinkostenbereiche möglich.

Die prozeßorientierte Kalkulation läßt besser erkennen, mit welchen Produkten oder mit welchen Dienstleistungen Gewinne erwirtschaftet oder Verluste erzielt werden. Diese Erkenntnisse erleichtern Entscheidungen über eine Sortimentsbereinigung.

Die Potentiale zur Kostensenkung können aufgrund der Erkenntnisse der Prozeßkostenrechnung besser genutzt werden. Auch der Einsatz der Ressourcen läßt sich gezielter bestimmen, wenn detaillierte Informationen über die Gemeinkostenbereiche vorliegen.

4. Was ist bei der Einführung zu beachten?

Vor der Einführung einer Prozeßkostenrechnung sollte geprüft werden, ob im Unternehmen die Voraussetzungen gegeben sind, um diese Konzeption systematisch und schrittweise zu verwirklichen. Der Bedarf an Mann-Tagen und die erwarteten Kosten für die Einführung und die permanente Anwendung einer Prozeßkostenrechnung müssen geschätzt werden.

Zuerst sollten die Kostenstellen als Untersuchungsbereiche ausgesucht werden, an denen hohe Gemeinkosten anfallen und an denen häufig wiederkehrende und gleichartige Tätigkeiten durchgeführt werden.

Außerdem ist festzustellen, ob entsprechend qualifizierte Spezialisten für ein interdisziplinäres Projektteam vorhanden sind. Sollte dies nicht der Fall sein, sind externe Unternehmensberater einzusetzen.

Bevor die Einführung realisiert werden sollte, ist es auch wichtig, daß die Unternehmensleitung die betreffenden Führungskräfte und Mitarbeiter sowie den Betriebsrat umfassend über das neue Projekt informiert. Dann ergeben sich meist keine größeren Schwierigkeiten in den Unternehmen.

Bei der Einführung der Prozeßkostenrechnung sollten folgende Verfahrensschritte berücksichtigt werden, um die Prozeßkostenrechnung systematisch zu realisieren.

Tabelle 153: Verfahrensschritte

1. Information der Mitarbeiter
2. Analyse der Prozesse
3. Bestimmung der Kostentreiber
4. Ermittlung der Prozeßkostensätze
5. Kalkulation mit Prozeßkosten

4.1 Information der Mitarbeiter

Vor jeder Analyse müssen unbedingt zunächst die Führungskräfte und Mitarbeiter der betroffenen Bereiche oder Kostenstellen umfassend über die Vorgehensweise und die Zielsetzung der Prozeßkostenrechnung informiert werden. Da in Gemeinkostenbereichen regelmäßig die Personalkosten den größten Kostenblock bilden, sind Einsparungen am einfachsten durch Personalabbau, sprich Entlassungen, zu realisieren.

Dieser Zusammenhang ist jedem Mitarbeiter sofort klar, auch ohne große Erklärung. Deswegen müssen Zielsetzung und Vorgehensweise offen erläutert werden. Außerdem sollten den Mitarbeitern die Vorteile wie sichere Arbeitsplätze durch eine höhere Kundenzufriedenheit oder eine interessantere Aufgabenstellung dargestellt werden. Weiterhin sollten Alternativen zu Entlassungen wie z. B. Umsetzungen, Übernahme anderer Tätigkeiten, Teilzeitarbeit, Beschränkung auf die Fluktuation etc. in Aussicht gestellt werden.

4.2 Analyse der Prozesse

Bevor die Prozeßkostenrechnung eingeführt werden kann, muß eine Analyse der Prozesse (Tätigkeiten) durchgeführt werden, die die Gemeinkosten verursachen. Außerdem sollte untersucht werden, welche Aktivitäten erforderlich sind, um den gewünschten Kundennutzen zu stiften. Es ist sinnvoll, eine Funktionsanalyse zu erstellen.

Die Kostenstellen, in denen die Prozeßkostenrechnung eingeführt wird, müssen sorgfältig ausgewählt werden. Es bieten sich insbesondere folgende Kostenstellen im Unternehmen an: Finanzbuchhaltung, Personalwesen, Telefonzentrale, Materialwirtschaft/Lager, Einkauf sowie Verkauf/Innendienst.

Bei der Analyse werden zunächst die sich wiederholenden, gleichartigen Tätigkeiten je Kostenstelle untersucht und als Teilprozesse klassifiziert. Diese Teilprozesse stellen die Kostentreiber der Kostenstelle dar. Außerdem werden die sonstigen Tätigkeiten wie Abteilungsbesprechungen, interne Verwaltung etc. ermittelt.

Die Tätigkeiten lassen sich mit Hilfe von Schätzungen, Selbstaufzeichnungen und Zeitaufnahmen der betreffenden Mitarbeiter bestimmen. Die Prozesse können auch durch strukturierte Interviews mit den Verantwortlichen der Kostenstellen ermittelt werden. Wegen der entstehenden Kosten muß ein Kompromiß zwischen der Genauigkeit und der Wirtschaftlichkeit des eingesetzten Verfahrens getroffen werden.

Tabelle 154: Erfassung der Tätigkeiten und Zeiten

1. Schätzungen
2. Selbstaufzeichnungen
3. Zeitaufnahmen
4. Interviews

An den Kostenstellen muß auch ermittelt werden, wie hoch der für die einzelnen Tätigkeiten benötigte Zeitaufwand ist. Dieser Zeitbedarf ist in Prozent der gesamten Kapazität jeder Kostenstelle zu errechnen.

Durch die kostenstellenübergreifende Zusammenfassung von mehreren sachlich zusammenhängenden Teilprozessen entstehen Hauptprozesse, die die Grundlage der prozeßorientierten Kalkulation darstellen.

Weiterhin ist zu klären, welche Prozesse zur Erreichung der Unternehmensziele unbedingt notwendig sind. Welche bisher verrichteten Tätigkeiten nicht erforderlich sind, ist ebenfalls zu ermitteln. Es sollte auch analysiert werden, welche Aktivitäten in einer anderen Form wirtschaftlicher ausgeführt werden können.

Aufgrund dieser Untersuchungen kann dann bereits eine Rationalisierung und Optimierung der Abläufe und der Strukturen in den indirekten Leistungsbereichen vorgenommen werden.

Beispiel: Beschaffung

Nehmen wir als Beispiel die Kostenstelle „Beschaffung". Der Hauptprozeß umfaßt die Beschaffung von Rohstoffen. Die Teilprozesse von diesem Hauptprozeß bestehen aus Angebote bearbeiten, Material disponieren, Bestellungen durchführen und Termine verfolgen.

Tabelle 155: Teilprozesse

1. Angebote bearbeiten
2. Material disponieren
3. Bestellungen durchführen
4. Termine verfolgen

Aufgrund der Tätigkeitsanalyse konnten neben dem Hauptprozeß diese Teilprozesse ermittelt werden.

Tabelle 156: Tätigkeitsübersicht

Kostenstelle:	Beschaffung
Hauptprozeß:	Beschaffung von Rohstoffen
Teilprozesse:	Bemerkungen:
Angebote bearbeiten	1. Angebote bei Lieferanten einholen 2. Angebotsvergleiche durchführen 3. Lieferantenauswahl treffen
Material disponieren	1. Bestellzeitpunkt durch EDV errechnen 2. Dispositionen vorbereiten
Bestellungen durchführen	1. Dispositionsvorschläge überprüfen 2. Bestellmengen auslösen
Termine verfolgen	1. Terminüberschreitungen durch EDV feststellen 2. Mahnungen vornehmen

Im Zusammenhang mit der Tätigkeitsanalyse werden auch die Kostentreiber (Bezugsgrößen für die Kostenverursachung) ermittelt. In der Prozeßkostenrechnung sind also für die leistungsmengenabhängigen Prozesse der indirekten Leistungsbereiche direkte oder volumenabhängige Bezugsgrößen zu suchen, die dann auch für die Kostenplanung und für die Verrechnung der Gemeinkosten eingesetzt werden können.

4.3 Bestimmung der Kostentreiber

Im Zusammenhang mit der Tätigkeitsanalyse werden auch die Kostentreiber (Bezugsgrößen für die Kostenverursachung) ermittelt. In der Prozeßkostenrechnung sind also für die leistungsmengenabhängigen Prozesse der indirekten Leistungsbereiche direkte oder volumenabhängige Bezugsgrößen zu suchen, die dann auch für die Kostenplanung und für die Verrechnung der Gemeinkosten eingesetzt werden können.

Für die Kostenplanung wird unterstellt, daß zwischen den direkten Bezugsgrößen und den entsprechenden Gemeinkosten der Prozesse zumindest langfristig eine proportionale Beziehung besteht. Bei repetitiven Tätigkeiten ist meist eine Proportionalität zwischen den Prozessen und den Kostentreibern in der Praxis gegeben.

Tabelle 157: Kostentreiber in der Kostenstelle „Beschaffung"

1. Anzahl der Angebotspositionen
2. Anzahl der Teile
3. Anzahl der Schriftstücke
4. Anzahl der Belege
5. Anzahl der Bestellungen

Bei der ersten Analyse der Tätigkeiten müssen viele Mengengrößen geschätzt werden. Diese geschätzten Zahlen sollten aber im folgenden Geschäftsjahr durch genaue Aufzeichnungen ersetzt werden.

In Einzelgesprächen sind zunächst Informationen zu erfragen, die in der folgenden Tabelle aufgezählt sind.

Tabelle 158: Fragen für Einzelgespräche (Beispiele)

1. Welche Tätigkeiten werden durchgeführt?
2. Von welchen Kostentreibern sind die Tätigkeiten abhängig?
3. Wie groß ist die Anzahl der Kostentreiber?
4. Wie hoch ist der prozentuale Anteil der in Anspruch genommenen Zeit je Kostentreiber im Vergleich zur gesamten Kapazität?
5. Sind alle Teilprozesse erforderlich, um die funktionalen Abläufe an der Kostenstelle sicherzustellen?
6. Welche Teilprozesse können abgebaut werden?

Das Ziel besteht darin, einen effizienten Einsatz der Ressourcen zu erreichen. Die vorhandenen Kapazitäten sollten möglichst mit notwendigen Teilprozessen ausgelastet werden. Eine genaue Analyse der Haupt- und Teilprozesse und der Kostentreiber kann schnell zu Maßnahmen führen, die beträchtliche Kosteneinsparungen ermöglichen.

Kostentreiber stellen die Bezugsgrößen für die Verrechnung der angefallenen Gemeinkosten dar. Die Höhe der Materialgemeinkosten beispielsweise ist nicht, wie in der Zuschlagskalkulation unterstellt, vom Wert der beschafften Materialien abhängig. Die Materialgemeinkosten werden vielmehr durch die Anzahl der getätigten Bestellungen, der Dispositionsvorgänge und der Lagerbewegungen verursacht.

Die Kostentreiber sollten folgende Anforderungen erfüllen, die aus der Tabelle hervorgehen.

Tabelle 159: Anforderungen an Kostentreiber

1. Maßstab für die Leistung der Kostenstelle
2. Parallelität der Kostenstellenkosten und der Prozeßgrößen
3. Erfaßbarkeit durch die EDV
4. Direkte und indirekte Beziehung zum Produkt bzw. zum Kunden

4.4 Ermittlung der Prozeßkostensätze

Während der Analyse der Tätigkeiten sind den Teilprozessen die entsprechenden Kosten zuzuordnen. Dafür müssen detaillierte Zeitmessungen durchgeführt werden.

Tabelle 160: Teilprozesse, Kostentreiber, Prozeßmenge, Prozeßkosten und Prozeßkostensätze für den Hauptprozeß „Beschaffung von Rohstoffen“

Kostenstelle: Hauptprozeß:	Beschaffung „Beschaffung von Rohstoffen“

Teilprozesse	Kostentreiber	Prozeßmenge pro Monat	Prozeßkosten pro Monat	Prozeßkostensatz (DM/ME)
Angebote bearbeiten	Anzahl der Angebotspositionen	650	25.025	38,50
Material disponieren	Anzahl der Teile	1.420	73.130	51,50
Bestellungen durchführen	Anzahl der Teile	1.500	30.750	20,50
Termine verfolgen	Anzahl der Bestellungen	1.250	15.625	12,50

Da in den indirekten Leistungsbereichen meist eine hohe Personalintensität gegeben ist, genügt es, eine genaue Kostenanalyse der Personalkosten durchzuführen. Die

Sachkosten sind in der Regel nicht so bedeutend. Deshalb können die Sachkosten anhand der Personalkosten als Schlüsselgröße verteilt werden.

Der Prozeßkostensatz wird ermittelt, indem wir die Prozeßkosten durch die Prozeßmenge teilen.

$$\text{Prozeßkostensatz} = \frac{\text{Prozeßkosten}}{\text{Prozeßmenge}}$$

4.5 Kalkulation mit Prozeßkosten

Wenn die traditionelle Zuschlagskalkulation verwendet wird, ergibt sich meist eine kostenmäßige Begünstigung der Kleinaufträge gegenüber den Großaufträgen. Auch die Unterschiede in den Kosten bei größeren Produktvarianten im Gegensatz zu standardisierten Produkten können anhand der Prozeßkostenrechnung besser beurteilt werden. Einfache Produkte und Produkte mit hoher Komplexität lassen sich mit der Prozeßkostenrechnung exakter kalkulieren. Die Kosten für zusätzliche Leistungen für bestimmte Produkte können ebenfalls klarer ermittelt werden. Unter Einsatz der Prozeßkostenrechnung lassen sich strategische Entscheidungen hinsichtlich der Produkte und der Preise in Zukunft fundierter treffen.

Die Kosten für die Materialdisposition beispielsweise sind nicht vom Wert des Materials abhängig. Auch die Kosten der Qualitätssicherung hängen nicht von der Höhe der Fertigungslöhne ab. Diese Problematik wird noch verschärft durch den wegen zunehmender Automatisierung abnehmenden Anteil der Fertigungslöhne.

Durch diese Verteilung der Gemeinkosten auf die Produkte ohne Rücksicht auf die tatsächlich in Anspruch genommenen Leistungen ergeben sich in der Praxis folgende Probleme:

Tabelle 161: Probleme der traditionellen Vollkostenrechnung

1. Die Serienprodukte werden zu teuer und die Standardprodukte zu billig kalkuliert.
2. Die Sonderprodukte werden von den Kunden stärker nachgefragt, weil diese Produkte zu niedrig kalkuliert sind.
3. Die Variantenvielfalt nimmt zu. Dadurch sind zusätzliche Aktivitäten erforderlich, die weitere Gemeinkosten verursachen.
4. Die Komplexität erhöht sich.

Unter Berücksichtigung der Prozeßkosten ändern sich die Verkaufspreise für Klein- und Großaufträge. Die Kleinaufträge liegen im Verkaufspreis höher, während die Großaufträge einen niedrigeren Verkaufspreis ergeben.

Die Ergebnisse der Kalkulation können durch die Verwendung der Prozeßkostenrechnung wegen der verursachungsgerechteren Zurechnung der Prozeßkosten auf die Produkte wesentlich verbessert werden. Die kostenintensiveren Prozesse sollten dann genauer analysiert werden. Mit Hilfe von direkten Bezugsgrößen lassen sich diese Kosten dann exakter auf die Produkte verrechnen. Zu den kostenintensiveren Prozessen gehören beispielsweise die Kosten der Beschaffung und die Kosten der Auftragsabwicklung in den Unternehmen.

Die Prozeßkostenrechnung ist eine Vollkostenrechnung. Bei der Vollkostenrechnung können wir die Proportionalisierung der Fixkosten nicht vermeiden. Da die Prozeßkosten aber genauer ermittelt werden können, bleibt nur noch ein geringerer Teil an Fixkosten übrig. Deshalb spielt in der Praxis die Proportionalisierung des restlichen Teils der Fixkosten keine so große Rolle mehr.

Ein Beispiel der Zuschlagskalkulation zeigt auf, welche Unterschiede im Ergebnis bestehen können, wenn einmal die traditionelle Zuschlagskalkulation verwendet und wenn zum anderen auch mit Prozeßkosten gearbeitet wird. Wir vergleichen die Zuschlagskalkulation für folgende Klein- und Großaufträge:

Tabelle 162: Zuschlagskalkulation für Klein- und Großaufträge

Bezeichnung	**Kleinauftrag**	**Großauftrag**
Fertigungsmaterial	280	35.890
+ Materialgemeinkostenzuschlag 10 %	28	3.589
= Materialkosten	308	39.749
Fertigungslöhne	1.120	11.280
+ Fertigungsgemeinkostenzuschlag 150 %	1.680	16.290
= Fertigungskosten	2.800	28.200
= Herstellkosten	3.108	67.679
+ Verwaltungsgemeinkostenzuschlag 10 %	311	6.768
+ Vertriebsgemeinkostenzuschlag 15 %	466	10.152
= Selbstkosten	3.885	84.599
+ Gewinnzuschlag 10 %	389	8.460
= Verkaufspreis	4.274	93.059

Bei der traditionellen Zuschlagskalkulation betragen die Verkaufspreise für Kleinaufträge 4.274 DM und für die Großaufträge 93.059 DM.

Tabelle 163: Zuschlagskalkulation für Klein- und Großaufträge unter Berücksichtigung der Prozeßkosten

Bezeichnung	**Kleinauftrag**	**Großauftrag**
Fertigungsmaterial	2280	35.890
+ Prozeßkosten	50	50
+ Restgemeinkosten	30	50
= Materialkosten	360	36.420
+ Fertigungslöhne	1.120	11.280
+ Prozeßkosten	1.350	1.350
+ Restgemeinkosten	980	9.260
= Fertigungskosten	3.450	21.890
= Herstellkosten	3.810	58.310
+ Prozeßkosten Vertrieb	480	480
+ Restgemeinkosten	210	2.350
= Selbstkosten	4.500	61.140
+ Gewinnzuschlag 10 %	450	6.114
= Verkaufspreis	4.950	67.254

Unter Berücksichtigung der Prozeßkosten ändern sich die Verkaufspreise für Klein- und Großaufträge. Die Kleinaufträge liegen im Verkaufspreis höher, während die Großaufträge einen niedrigeren Verkaufspreis ergeben.

MERKE

Vor der Einführung der Prozeßkostenrechnung ist zu prüfen, ob in den Unternehmen die Voraussetzungen vorhanden sind, um diese neue Konzeption systematisch und schrittweise einzuführen. Auch die Kosten müssen geschätzt werden, die bei der Einführung entstehen.

Die Verfahrensschritte sollten die Information der Mitarbeiter, die Analyse der Prozesse, die Bestimmung der Kostentreiber, die Ermittlung der Prozeßkostensätze und die Kalkulation mit Prozeßkosten umfassen. Die Implementierung der Prozeßkostenrechnung ist nicht einfach und erfordert, daß sich die Mitarbeiter gründlich mit der neuen Konzeption vertraut machen.

5. Welche strategischen Vorteile gibt es?

Die Prozeßkostenrechnung stellt der Unternehmensleitung und den Führungskräften im Vergleich zu den traditionellen Kostenrechnungssystemen zusätzliche Informationen zur Verfügung. Mit diesen Daten können insbesondere strategische Entscheidungen besser getroffen werden. Es geht vor allem um die strategische Gestaltung des Produktions- und Verkaufsprogramms und um die gezielte Beeinflussung der Gemeinkosten. Wir können drei Effekte besonders hervorheben, die die Allokation, die Variantenvielfalt und Komplexität sowie die Degression umfassen.

Tabelle 164: Strategische Vorteile der Prozeßkostenrechnung

1. Allokation
2. Variantenvielfalt und Komplexität
3. Degression

5.1 Allokation

Bei der Anwendung der Prozeßkostenrechnung ist eine Zuordnung (Allokation) der Gemeinkosten auf die Produkte aufgrund der mengenmäßigen Bezugsgrößen und unabhängig von der Höhe traditionell wertorientierter Zuschlagsbasen (Materialeinzelkosten, Fertigungslöhne) möglich. Die Gemeinkosten werden nach der Inanspruchnahme der betrieblichen Ressourcen auf die einzelnen Produkte verteilt. Die Kosten, die beispielsweise für die Beschaffung und Lagerung des Fertigungsmaterials entstehen, werden nicht vom Wert des Materialeinsatzes abgeleitet, sondern durch die Kostensätze der zur Abwicklung erforderlichen Prozesse bestimmt.

5.2 Variantenvielfalt und Komplexität

Mit Hilfe der Prozeßkostenrechnung können wir die Variantenvielfalt und die Komplexität der Produkte als kostenbestimmende Faktoren in der Kalkulation beachten. Die Komplexitätskosten beispielsweise müssen verursachungsgerecht verrechnet werden, weil bei der Herstellung von komplexeren Produktvarianten gegenüber einfachen Produkten ein deutlich höherer Bedarf an gemeinkostenverursachenden Aktivitäten notwendig ist. Dies gilt insbesondere für die Materialdisposition, die Produktionssteuerung und die Qualitätssicherung. Bei der traditionellen Zuschlagskalkulation werden die Komplexitätskosten fälschlicherweise in Abhängigkeit von der Höhe der jeweiligen Zuschlagsbasen (Materialeinzelkosten, Fertigungslöhne) verrechnet.

Unter dem Einsatz der Prozeßkostenrechnung können wir nachweisen, daß Standardprodukte mit niedriger Komplexität und geringerer Wertschöpfung weniger Gemeinkosten verursachen. Dagegen fallen bei Produkten mit großer Komplexität und hoher Wertschöpfung auch mehr Gemeinkosten an, da bei diesen Produkten auch die betrieblichen Ressourcen stärker in Anspruch genommen werden.

Diese zusätzlichen Erkenntnisse führen dazu, daß die Unternehmensleitung und die Führungskräfte in Zukunft verlustträchtige Strategien vermeiden können. Die Produkte mit höherem Komplexitätsgrad müssen deshalb zu einem höheren Verkaufspreis angeboten werden. Wenn die Kunden nicht bereit sind, einen höheren Marktpreis zu bezahlen, sollte die Komplexität der Produkte reduziert werden, da dann auch weniger betriebliche Ressourcen in Anspruch genommen werden müssen.

5.3 Degression

Bei der traditionellen Zuschlagskalkulation wird jeweils ein konstanter Gemeinkostensatz pro Stück verrechnet, weil eine Proportionalisierung der Gemeinkosten vorgenommen wird. Diese proportionale Zuordnung der Gemeinkosten auf die Produkte ist aber nicht realistisch, da die Prozeßkosten pro Stück für die interne Abwicklung der Kundenaufträge, der Materialbestellung und der Produktionslose sinken, wenn sich die Stückzahlen erhöhen.

Der Einsatz der Prozeßkostenrechnung führt zu neuen Werten für die einzelnen Produktkosten. Die Produkte, die in geringen Stückzahlen hergestellt werden, verursachen höhere Kosten und müssen deshalb zu einem höheren Preis verkauft werden. Für die Produkte dagegen, die in großen Mengen produziert werden, fallen niedrigere Kosten wegen der Fixkostendegression und wegen der Erfahrungskurve an. Deshalb können für diese Produkte niedrigere Verkaufspreise angesetzt werden.

MERKE

Die Prozeßkostenrechnung bietet strategische Vorteile, da sie der Unternehmensleitung und den Führungskräften im Vergleich zu den traditionellen Kostenrechnungssystemen zusätzliche Informationen zur Verfügung stellt. Strategische Entscheidungen können dann besser getroffen werden, die sich insbesondere auf die Gestaltung des Produktions- und Verkaufsprogramms sowie auf die Beeinflussung der Gemeinkosten beziehen.

Eine genauere Zuordnung der Gemeinkosten auf die Produkte ist aufgrund der mengenmäßigen Bezugsgrößen und unabhängig von der Höhe der traditionell wertorientierten Zuschlagsbasen möglich. Die Gemeinkosten werden also nach der Inanspruchnahme der betrieblichen Ressourcen auf die einzelnen Produkte verteilt.

Die Variantenvielfalt und die Komplexität der Produkte werden als kostenbestimmende Faktoren in der Kalkulation beachtet. Die Standardprodukte mit niedrigerer Komplexität und geringerer Wertschöpfung verursachen weniger Gemeinkosten. Bei Produkten mit großer Komplexität und hoher Wertschöpfung fallen mehr Gemeinkosten an, da bei diesen Produkten auch die betrieblichen Ressourcen stärker in Anspruch genommen werden.

Bei der traditionellen Zuschlagskalkulation wird jeweils ein konstanter Gemeinkostensatz pro Stück verrechnet, weil eine Proportionalisierung der Gemeinkosten vorgenommen wird. Die proportionale Zurechnung der Gemeinkosten auf die Produkte ist aber nicht realistisch.

Die Produkte, die in geringen Stückzahlen hergestellt werden, verursachen höhere Kosten und müssen deshalb zu einem höheren Preis verkauft werden. Für die Produkte dagegen, die in großen Mengen hergestellt werden, fallen niedrigere Kosten wegen der Fixkostendegression und wegen der Erfahrungskurve an.

6. Ist der Einsatz spezieller Software erforderlich?

Für den Einsatz der Prozeßkostenrechnung ist eine geeignete Software erforderlich, da viele zusätzliche Daten erfaßt und verarbeitet werden müssen. Diese Software hat die Gesichtspunkte der Prozeßkostenrechnung und des Prozeßmanagements zu berücksichtigen.

Die Prozeßkostenrechnung stellt der Unternehmensleitung und den Führungskräften verdichtete Informationen zur Verfügung. Diese Führungsinformation erfordert aber die Berücksichtigung und Vernetzung vieler Daten im Unternehmen. Die Anwendung der Prozeßkostenrechnung ist deshalb ohne eine geeignete Software kaum möglich. Mit Hilfe einer guten Software können auch unterschiedliche Alternativen von Entscheidungen simuliert werden.

Die Prozeßkostenrechnung ermöglicht eine realistischere Kalkulation und erhöht die Transparenz der einzelnen Vorgänge in den Gemeinkostenbereichen. Dadurch wird eine erhebliche Steigerung der Produktivität und eine wirkungsvollere Kostensenkung in diesen Bereichen möglich.

25 Qualitätsmanagement

1. Wie sieht die Konzeption aus?

Das Total Quality Management (TQM) ist eine anspruchsvolle Führungskonzeption, die einen umfassenden Charakter hat. Um das TQM erfolgreich in den Unternehmen einzuführen, müssen auch oft die Unternehmensphilosophie oder die Leitbilder geändert werden.

Das TQM ist eine Führungskonzeption, die das gesamte Unternehmen umfaßt. Diese Konzeption ist ein langfristiges und integriertes Managementsystem, um die Qualität der Produkte und der Dienstleistungen der Unternehmen zu verbessern. Die Qualität bezieht sich insbesondere auf die Entwicklung, die Konstruktion, die Produktion, das Marketing, den Vertrieb und den Kundenservice. Durch die Mitwirkung aller Mitarbeiter sollte die Qualität zu günstigen Kosten kontinuierlich erreicht und verbessert werden, um eine optimale Befriedigung der Bedürfnisse aller Kunden zu erreichen.

Die Qualität ist der Schlüssel zum Markt und zu den Kunden. Um im immer stärker werdenden Wettbewerb bestehen zu können, müssen die Unternehmen immer größeren Wert auf die Qualität legen, um am Markt überleben zu können.

Im Jahre 1987 wurden die internationalen Normen der ISO 9000 ff. erstmalig in den Unternehmen eingeführt. Seit dieser Zeit ist der Bedarf an der Installation leistungsfähiger und zertifizierbarer QM-Systeme laufend gestiegen. Dieser Trend wird bewirken, daß in Zukunft die Strukturen und die Prozesse der betroffenen Unternehmen wesentlich verbessert werden. Für viele Unternehmen ist die Einführung eines QM sehr wichtig, um in Zukunft die Existenz zu sichern.

Die Zulieferer der Automobil-, der Elektronik- und der Chemiebranchen sowie die Spediteure werden in der Zwischenzeit von ihren Kunden meist aufgefordert, ein QM-System aufzubauen. Neben den Produktionsunternehmen erkennen auch die Handels- und Dienstleistungsunternehmen immer öfter, daß die Einführung eines QM-Systems eine wichtige Maßnahme ist, um in Zukunft besondere Wettbewerbsvorteile zu erzielen und um die Existenz langfristig zu sichern.

Der Aufbau eines TQM greift tief in die organisatorischen Strukturen eines Unternehmens ein. Die Unternehmensleitung und die Führungskräfte müssen umdenken und auch ihr Verhalten ändern, um diese neue Konzeption im Alltag zu praktizieren. Eine Reihe von Maßnahmen ist durchzuführen, damit das neue System erfolgreich angewendet werden kann.

2. Welche Grundprinzipien sollten beachtet werden?

Zu den Grundprinzipien des TQM zählen:

- die Identität der Aufgabendurchführung und der Ergebnisverantwortung
- die Prozeßorientierung
- die Prävention
- die Definition der Mitarbeiter als Kunden
- die kontinuierliche Verbesserung

2.1 Identität der Aufgabendurchführung und der Ergebnisverantwortung

Das Prinzip der Identität der Durchführung der Aufgaben und der Verantwortung für die Ergebnisse erfolgt in der Praxis durch die Einführung der Selbstkontrolle. Auf ein unabhängiges und kostenintensives Prüfungswesen wird dann verzichtet.

Da viele Aktivitäten der betrieblichen Leistungserstellung wegen des Umfangs und wegen der Komplexität mehrere Mitarbeiter einschließen, ist eine Selbstkontrolle durch den Einsatz von Problemlösungsgruppen zu ergänzen. Um die übergreifenden Probleme gemeinsam zu analysieren und um Lösungen der Probleme insbesondere in der Produktion, in der Verwaltung und im Vertrieb zu erarbeiten, ist es sinnvoll, Qualitätszirkel zu bilden.

2.2 Prozeßorientierung

Wegen der arbeitsteiligen Prozesse in den Unternehmen sollte die funktionsorientierte Organisation durch eine Prozeßorientierung abgelöst werden. Prozeßmanager haben dann die Verantwortung für eine durchgängige Teilstrecke der Wertschöpfungskette zu übernehmen. Das Prozeßmanagement ist durch den Einsatz von prozeßorientierten Methoden zu unterstützen, die die Lösung von Problemen erleichtern.

2.3 Prävention

Die Aktivitäten der Qualitätssicherung sollten insbesondere in der Entwicklungsphase der Produkte und der Prozesse einsetzen. Qualitätssichernde Maßnahmen sind also zu beschließen, um keine Fehler am Anfang entstehen zu lassen. Auch bei laufenden Produktionsprozessen geht es darum, präventive Maßnahmen einzuleiten, die nicht auf eine Fehlerentdeckung, sondern auf eine Fehlerverhinderung durch eine Qualitätssicherung hinauslaufen.

2.4 Mitarbeiter als Kunden

Zu einem integrierten QM gehört auch, daß sich jeder Mitarbeiter gleichzeitig als interner Kunde betrachtet. Das Ziel dieses Ansatzes besteht darin, daß jeder Mitarbeiter, der seine Leistungen im Unternehmen erstellt, den nachfolgenden Mitarbeiter im Unternehmen, der diese Leistungen erhält, als Kunden ansieht. Dann wird jeder Mitarbeiter bestrebt sein, sich qualitäts- und kundengerecht zu verhalten.

Der Mitarbeiter an der nächsten Maschine muß so behandelt werden, wie ein unternehmensexterner Kunde am Absatzmarkt, der die Leistungen empfängt. Wenn sich jeder Mitarbeiter im Unternehmen an den Kundenbedürfnissen orientiert, werden die Qualitätsstandards strenger beachtet. Die Qualitätsmerkmale lassen sich dann eher einhalten. Auf diese Weise kann verhindert werden, daß das Qualitätsniveau im Unternehmen absinkt.

2.5 Kontinuierliche Verbesserung

Die Einführung eines integrierten Systems der Qualitätssicherung ist eine komplexe Aufgabe. Deshalb muß allen Mitarbeitern eindeutig klar gemacht werden, daß in den Unternehmen eine kontinuierliche Verbesserung in den einzelnen Verantwortungsbereichen durchzuführen ist.

Die Mitarbeiter sollten permanent bereit sein, auf der Basis der erreichten Qualität weitere Verbesserungen anzustreben. Diese Strategie der Weiterentwicklung der Qualität bewirkt, daß das Qualitätsbewußtsein und die Qualitätsverantwortung aller Mitarbeiter verstärkt wird. Die Prozesse der Problemlösungen in den Unternehmen müssen also stets weiterbetrieben werden.

Die Teamarbeit der Mitarbeiter sollte von der Unternehmensleitung stark unterstützt werden. Programmatische Reden der Unternehmensleitung genügen hierzu nicht. Die Unternehmensleitung sollte durch ein entsprechendes Verhalten die Bemühungen der Mitarbeiter fördern, eine ständige Verbesserung der Qualität zu forcieren.

MERKE

Die Grundprinzipien des TQM beinhalten insbesondere die Identität der Aufgabendurchführung und der Ergebnisverantwortung, die Prozeßorientierung, die Prävention, die Mitarbeiter als Kunden und die kontinuierliche Verbesserung.

3. Welche Qualitätskosten werden verursacht?

Die Qualitätskosten, die von einem QM-System verursacht werden, sollten transparent gemacht werden, so daß eine regelmäßige Überprüfung in Zukunft vorgenommen werden kann. Zu den Qualitätskosten zählen alle Kosten für die Vorbeugung, für die Prüfung und für die Fehler selbst.

Abb. 48: Qualitätskosten

3.1 Vorbeugungskosten

Die Vorbeugungskosten entstehen durch die Verhinderung von Fehlern und durch die Beseitigung von Fehlerursachen. Vorbeugungskosten fallen bei folgenden Tätigkeiten an:

1. Qualitätsplanung
2. Überprüfung der Produktanforderungen
3. Designplanung
4. Prototypen
5. Marktanalysen
6. Schulungsmaßnahmen
7. Zugehörige Investitionen

3.2 Prüfkosten

Prüfkosten entstehen durch:

1. Inspektionen
2. Tests
3. Prüfmittel
4. Auswertungen

3.3 Fehlerkosten

Die Fehlerkosten entstehen dadurch, daß ein Produkt oder eine Dienstleistung mit Fehlern oder Mängeln behaftet ist. Bei den Fehlerkosten sollten wir zwischen internen und externen Kosten unterscheiden.

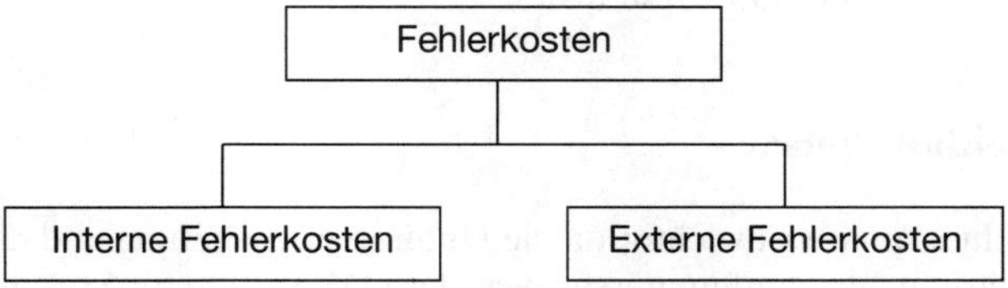

Abb. 49: Fehlerkosten

Zu den internen Fehlerkosten, die durch Fehler verursacht werden, zählen die internen Kosten für die Analyse der Fehler, für die Dokumentation der Fehler und die Kosten für die Beseitigung der Fehler. Durch die Aussortierung und durch die Vernichtung der fehlerhaften Produkte entstehen weitere Kosten.

Die externen Fehlerkosten umfassen alle Kosten, die dem Unternehmen durch Fehler entstehen, die erst beim Kunden entdeckt werden. Auch die externen Fehlerkosten, die durch fehlerhafte Produkte verursacht werden, müssen berücksichtigt werden. Zu den externen Fehlerkosten gehören beispielsweise die Kosten für die Bearbeitung der Reklamationen und für die Rücknahme der fehlerhaften Produkte. Auch die Kosten für Garantieleistungen, die Kosten für den Schadenersatz und die Kosten für die Vertragsstrafen zählen zu den externen Fehlerkosten.

MERKE

Die Qualitätskosten müssen transparent gemacht werden, so daß sie in der Zukunft regelmäßig überprüft werden können. Zu den Qualitätskosten gehören alle Kosten für die Vorbeugung, für die Prüfung und für die Fehler selbst.

Ein Unternehmen mit einem QM-System zeichnet sich im Vergleich zu einem Unternehmen ohne ein QM-System dadurch aus, daß die Vorbeugungskosten und auch die Prüfkosten höher sind. Die Fehlerkosten dagegen werden allerdings entscheidend niedriger ausfallen.

4. Wie ist der Aufbau zu gestalten?

Der Aufbau eines QM-Systems vollzieht sich in vier Schritten:

1. Entscheidungsphase
2. Einführungsphase
3. Zertifizierungsphase
4. Aufrechterhaltung des QM-Systems

4.1 Entscheidungsphase

Die Entscheidungsphase ist wichtig, da die Unternehmensleitung und die Führungskräfte sich Klarheit verschaffen müssen, was das QM-System für Vor- und Nachteile bietet.

4.1.1 Vorentscheidung

Die Unternehmensleitung und die Führungskräfte sollten sich über die Grundzüge des QM, den grundlegenden Aufbau und die wichtigen Eigenschaften des QM-Systems informieren. In Gesprächen mit kompetenten Unternehmensberatern, in Seminaren oder in guten Fachbüchern können sich die Unternehmensleitung und die Führungskräfte einen umfassenden Überblick verschaffen. Über den Ablauf und über den Nutzen eines QM sollte ebenfalls Klarheit bestehen. Die Grobziele und die Rahmenbedingungen sind festzulegen.

4.1.2 QM-Vorstudie

Eine QM-Vorstudie sollte erstellt werden, um die Hauptanforderungen des Unternehmens an ein QM-System zu formulieren. Die wichtigsten Schwachstellen im Unternehmen sind aufzuführen. Der Nutzen für das Unternehmen aus der Einführung des QM-Systems sollte ebenfalls ermittelt werden. Auch eine grobe Schätzung der Kosten ist vorzunehmen.

4.1.3 Entscheidung

Nach einer gründlichen Abwägung der möglichen Vor- und Nachteile eines QM-Systems haben die Unternehmensleitung und die Führungskräfte eine Entscheidung zu treffen, ob ein QM-System eingeführt werden sollte oder nicht.

4.2 Einführungsphase

Die Einführungsphase muß sorgfältig vorbereitet werden. Der Erfolg eines QM-Systems hängt entscheidend von dem systematischen Vorgehen in dieser Phase ab. Eine einwandfreie Planung, eine genaue Kontrolle und eine konsequente Steuerung des QM-Systems sind wegen der Komplexität solcher Projekte unbedingt erforderlich.

4.2.1 Detailplanung

Die Detailplanung sollte genau die einzelnen Schritte festlegen, die für die Einführung eines QM-Systems erforderlich sind. Die wichtigsten Maßnahmen sind:

1. Klare Definition der Ziele und der Rahmenbedingungen des QM-Projektes.
2. Zusammenstellung eines Teams zur Durchführung dieses Projektes. Neben einem kompetenten Projektleiter sollten weitere geeignete Mitarbeiter der betroffenen Verantwortungsbereiche im Team mitarbeiten.
3. Planung aller Aktivitäten, Termine und Ressourcen für das Projekt.
4. Erstellung eines Netzplans wegen der Komplexität des Projektes.
5. Festlegung der Maßnahmen für die Schulung der Mitarbeiter im Team.
6. Verfolgung des Projektes, um entstehende Probleme sofort zu entdecken.

4.2.2 Ist-Analyse

Das Team hat eine detaillierte Ist-Analyse des Unternehmens durchzuführen. Die Ziele, die Strategien und die Produkte sind zu beschreiben. Die Beschaffungsmethoden, der Materialfluß und die bestehende Organisation müssen analysiert werden. Auch die Herstellungs- und Prüfverfahren sind entsprechend den Anforderungen der Normen der ISO 9000 ff. zu untersuchen. Am besten sollte die Untersuchung pro QM-Element stattfinden. Die entdeckten Schwachstellen im Unternehmen sind genau festzuhalten.

Die Ergebnisse der Ist-Analyse sollte der Projektleiter der Unternehmensleitung und den Führungskräften präsentieren. Die weitere Vorgehensweise ist daraufhin zu beschließen.

4.2.3 Soll-Zustand

Der Soll-Zustand pro QM-Element ist dann aufzuzeigen. Eine Ausarbeitung von Verbesserungsvorschlägen hat zu erfolgen. Auch sind Maßnahmen im Rahmen der Soll-Konzeption aufzulisten. Der Entwurf des QM-Handbuchs sollte vom Projektteam erstellt werden.

Ein Stufenplan, der als Grundlage für die Umsetzung der Maßnahmen dienen sollte, ist aufzustellen. Eine Kosten-Nutzen-Analyse kann durchgeführt werden, um für die Unternehmensleitung und die Führungskräfte eine Entscheidungsgrundlage zu haben.

Die Maßnahmen für die Umsetzung müssen von der Unternehmensleitung und von den Führungskräften genehmigt werden. Eine Prioritäten-Skala für die vorbereitenden und begleitenden Maßnahmen im Unternehmen ist aufzustellen.

Bei einer Entscheidung für die Zertifizierung sollte ein Vertrag mit einer Zertifizierungsstelle vorbereitet und abgeschlossen werden. Meist wird dann eine Selbstbeurteilung des eigenen Unternehmens von der Zertifizierungsstelle angefordert.

4.2.4 Implementierung

Die Implementierung des QM-Systems bedeutet, daß die vorgeschlagenen Maßnahmen im Unternehmen umgesetzt werden müssen. Damit keine Zeit verlorengeht, sollten die einzelnen Maßnahmen möglichst in den einzelnen Verantwortungsbereichen des Unternehmens parallel durchgeführt werden. Das QM-Handbuch ist weiter auszuarbeiten und zu vervollständigen.

4.3 Zertifizierungsphase

Die Zertifizierungsphase ist für den Erfolg oder Mißerfolg eines QM-Systems sehr wichtig. Deshalb muß der Projektleiter mit der Zertifizierungsstelle eng zusammenarbeiten.

4.3.1 Beurteilung des QM-Handbuchs

Das erstellte QM-Handbuch wird von der Zertifizierungsstelle beurteilt. Die Anweisungen für die einzelnen Verfahren sind zu überprüfen. Eventuelle Korrekturmaßnahmen müssen geplant und durchgeführt werden. Das QM-Handbuch ist gegebenenfalls zu ändern oder zu ergänzen. Zusätzliche Maßnahmen können erforderlich werden.

4.3.2 Audits

Das QM-System wird durch die Zertifizierungsstelle überprüft. Eventuelle Korrekturmaßnahmen sind nach der Durchführung des Audits zu berücksichtigen.

4.3.3 Beglaubigungszertifikat

Mit dem Beglaubigungszertifikat ist die Zertifizierungsphase abgeschlossen. Die Zertifizierungsstelle stellt ein Zertifikat aus, in dem bestätigt wird, daß das Unternehmen die Normen der ISO 9000 ff. einhält.

4.4 Aufrechterhaltung des QM-Systems

Nach der Zertifizierung müssen die Unternehmen darauf achten, daß das QM-System weiterhin aufrechterhalten wird. Die einzelnen Punkte des QM-Handbuchs sind permanent zu beachten.

4.4.1 Betreuung

Das QM-System muß nach der Zertifizierung laufend in den Unternehmen betreut werden. Um eine einwandfreie Arbeitsweise zu gewährleisten, haben die Unternehmen permanent alle im QM-Handbuch festgelegten Qualitätsaufzeichnungen korrekt durchzuführen. Die Verantwortung für diese Aufzeichnungen liegt jeweils in den einzelnen Verantwortungsbereichen des Unternehmens.

Alle Änderungen in den Verfahren, Abläufen und Prozessen, die aus verschiedenen Gründen erforderlich werden, müssen im QM-Handbuch vermerkt werden, soweit sie relevant sind.

4.4.2 Überwachungs- und Erneuerungs-Audits

Das QM-System sollte durch interne Audits regelmäßig auf seine Effizienz geprüft werden. Auftretende Schwachstellen sind zu beseitigen. Die erforderlichen Korrekturmaßnahmen sollten in Abstimmung mit den einzelnen Verantwortungsbereichen realisiert werden.

Das Zertifikat ist drei Jahre gültig. Zur Erhaltung der Zertifizierung werden von der Zertifizierungsstelle alle 6 bis 12 Monate Überwachungs-Audits vorgenommen.

Vor dem Ablauf des Zertifikats führt dieselbe oder eine andere Zertifizierungsstelle ein Erneuerungs-Audit durch. Bei dieser Prüfung wird festgestellt, ob das Unternehmen das QM-System kontinuierlich weiter gepflegt hat oder nicht.

MERKE

Der Ablauf beim Aufbau eines QM-Systems ist systematisch zu planen, richtig zu strukturieren und schrittweise durchzuführen. Die einzelnen Phasen sollten genau beachtet werden.

Nach der Entscheidungsphase folgen die Einführungsphase und die Zertifizierungsphase. Außerdem ist die Aufrechterhaltung des QM-Systems sehr wichtig. Die einzelnen Punkte sollten noch unterteilt werden, um den Mitarbeitern im Team klarzumachen, auf welche Aspekte besonders zu achten ist.

5. Welche Ergebnisse sind zu erwarten?

TQM geht von einem umfassenden Qualitätsbegriff aus, der nicht auf die Produkte und die Dienstleistungen beschränkt wird, sondern die gesamte Unternehmensleitung, die Prozesse und die Potentiale der Unternehmen umfaßt.

MERKE

Das TQM als Konzeption der Unternehmensführung wird in der Praxis immer häufiger eingesetzt, um in den Unternehmen positive Veränderungen zu bewirken. Bei dieser Konzeption geht es um einen umfassenden Qualitätsbegriff, der nicht auf die Produkte und auf die Dienstleistungen beschränkt ist, sondern die gesamte Unternehmensleitung, die Prozesse und die Potentiale der Unternehmen umfaßt.

Viele Unternehmen fordern ihre Zulieferer auf, ein QM-System einzuführen. Neben den Produktionsunternehmen erkennen auch immer mehr die Handels- und Dienstleistungsunternehmen, daß die Einführung eines QM-Systems eine wichtige Maßnahme ist, um in Zukunft besondere Wettbewerbsvorteile zu erringen und um die Existenz langfristig zu sichern.

26 Shareholder-Value

In den letzten Jahren wurde besonderer Wert auf die Strategien der Unternehmen gelegt. Es ging insbesondere um die Markt- und Kundenorientierung und um das Kostenmanagement. Die Unternehmen konzentrierten sich darauf, langfristige Erfolgspositionen in den Märkten aufzubauen, um in Zukunft höhere Gewinne zu erzielen. Gleichzeitig wurde die Frage gestellt, welchen Nutzen diese Entwicklung der Unternehmen auch für die Aktionäre bringt, die ihr Kapital den Unternehmen zur Verfügung stellen. In früheren Jahren wurde – zumindest in Deutschland – an die Aktionäre als die Eigner der Unternehmen weniger gedacht. Angesichts der Liberalisierung der Kapitalmärkte müssen sich die Unternehmen zunehmend um ihre Attraktivität als Kapitalanlageobjekt kümmern. Dies umfaßt neben einer verbesserten Öffentlichkeitsarbeit und Kommunikation mit den Anlegern (Stichwort Investor Relations) auch eine verstärkte Konzentration auf den Vorteil für die Aktionäre.

Die Umsetzung der Idee des Shareholder-Value bereitete zuerst größere Schwierigkeiten, da in der Öffentlichkeit der Eindruck erweckt wurde, daß die Verwirklichung dieser Konzeption notwendigerweise zum Abbau von Arbeitsplätzen führen müsse. Es wurde behauptet, daß wegen des Shareholder-Value gleichzeitig rigorose Rationalisierungsmaßnahmen in den Unternehmen durchgeführt werden sollen.

Amerikanische Unternehmen haben als erste den Shareholder-Value praktiziert. Gut geführte deutsche Unternehmen beschäftigen sich ebenfalls seit einigen Jahren mit dieser Idee und verwenden zum Teil den Shareholder-Value in den Unternehmen bereits mit großem Erfolg.

1. Was verstehen wir darunter?

Der Shareholder Value stellt den Gesamtwert des Unternehmens dar. Er wird rechnerisch ermittelt, indem die zukünftig zu erwartenden freien liquiden Mittel (Free Cash-flow) errechnet werden. Um die zukünftigen freien Cash-flows auf den Gegenwartswert umzurechnen, werden sie mit Hilfe eines am Kapitalmarkt orientierten Zinssatz abdiskontiert.

Der Shareholder-Value wird in erster Linie zur Bewertung ganzer Unternehmen verwendet. Er kann aber auch zur Beurteilung von Strategischen Geschäftseinheiten, Geschäftsfeldern oder auch einzelner Strategien bzw. Investitionsvorhaben herangezogen werden. Im Rahmen einer wertorientierten Unternehmensführung werden alle Strategien nach ihrer voraussichtlichen Wertsteigerung, d. h. nach der Erhöhung der freien Cash-flows, beurteilt.

Die traditionellen kurzfristigen Steuerungsgrößen wie beispielsweise der Gewinn, das Betriebsergebnis oder der ROI treten wahrscheinlich in Zukunft zugunsten von wertorientierten Größen in den Hintergrund. Entscheidend wird die Frage sein, welcher Wert in einem Geschäftsjahr im Verhältnis zum eingesetzten Kapital geschaffen wird.

Die Bestimmung des Unternehmenswertes und das konsequent am Wert des Unternehmens orientierte Management gewinnt immer mehr an Bedeutung. Die Folge dieser Entwicklung ist eine Welle von Fusionen und Übernahmen von Unternehmen (Mergers and Acquisitions), die zusammen einen höheren Unternehmenswert erwarten lassen, als wenn sie getrennt bzw. als Konkurrenten am Markt auftreten.

Bei der wertorientierten Unternehmensführung kommt es nicht mehr so sehr auf den erwirtschafteten Gewinn an. Der Cash-flow nimmt an Bedeutung zu. Der Shareholder-Value stellt die Summe der mit den risikoadäquat abgezinsten zukünftigen Cash-flows dar.

Der Controller hat die betriebswirtschafliche Kompetenz im Unternehmen und ist für die Unternehmenssteuerung mit Kennzahlen verantwortlich. Der Shareholder-Value als wichtige Kennzahl gehört also als strategisches Instrument in seinen Werkzeugkasten. Der Controller hat auch die Aufgabe, ein wertorientiertes Controlling im Unternehmen einzuführen. Die klassischen Erfolgsmaßstäbe wie die Umsatz-Rentabilität, die Eigenkapital-Rentabilität und der ROI sind um den Shareholder-Value zu ergänzen.

Der Shareholder-Value sollte immer mehr zur Meßlatte von unternehmerischen Entscheidungen werden. Die Optimierung des Unternehmenswertes ist nicht nur für die börsennotierten Unternehmen von großer Bedeutung. Der Controller sollte sich in Zukunft verstärkt mit den zahlungswirksamen Größen anstelle von Kosten und Leistungen befassen.

MERKE

Der Shareholder-Value ist eine Bewertungsgröße für ganze Unternehmen, für Geschäftsfelder und für strategische Geschäftseinheiten. Bei der Bewertung wird unterstellt, daß der Wert (Value) eines Unternehmens für die Aktionäre (Shareholder) durch die Summe der abdiskontierten freien Cash-flows bestimmt werden kann, die in Zukunft in dem Unternehmen erwirtschaftet werden.

Der Shareholder-Value sollte immer mehr zur Meßlatte von strategischen Entscheidungen werden. Der Controller hat sich in Zukunft verstärkt um die zahlungswirksamen Größen anstelle von Kosten und Leistungen zu kümmern. Als zusätzliche Kennzahl sollte der Shareholder-Value in den zukunftsorientierten Unternehmen eingesetzt werden.

2. Wie erfolgt die Wertberechnung?

Die Wertberechnung der Unternehmen wird zumeist nach der Methode des Discounted-Cash-flow vorgenommen. Der Wert des Unternehmens ist der Kapitalwert der zukünftigen Netto-Cash-flows. Es handelt sich also um eine dynamische Investitionsrechnung.

Für den Planungszeitraum werden die Cash-flows detailliert geplant. Die zu planenden Cash-flows sind die Netto-Cash-flows. Mit diesen Zahlungsmitteln können die Eigen- und Fremdkapitalgeber bezahlt werden.

Die Netto-Cash-flows werden mit dem gewichteten gesamten Kapitalkostensatz diskontiert. Dieser Kapitalkostensatz ist ein an der zukünftigen Kapitalstruktur des Unternehmens ausgerichteter gewichteter Mischzinssatz aus Eigen- und Fremdkapitalzinsen.

Durch die Multiplikation der Netto-Cash-flows mit den Diskontierungsfaktoren errechnen wir die Barwerte für die einzelnen Jahre. Die Summe der diskontierten Netto-Cash-flows ergibt den Unternehmenswert.

Der Planungszeitraum umfaßt meist fünf bis zehn Jahre. Der gewählte Zeitraum hängt von der Lebensdauer der einzelnen Strategien ab.

Die Unternehmen beurteilten bisher den Erfolg aufgrund der ausgewiesenen Jahresüberschüsse und der Gewinne, die als Dividende an die Aktionäre ausgeschüttet wurden. Diese Betrachtungsweise hat sich als zu eng erwiesen.

Zur Beurteilung des Unternehmenserfolgs sollte der Cash-flow herangezogen werden. Wir unterscheiden hierbei Brutto-Cash-flow, Netto-Cash-flows und freien Cash-flow. Der Brutto-Cash-flow ist die Differenz aus den Einnahmen und den Ausgaben, die aus der unternehmerischen Tätigkeit resultieren.

	Einnahmen (zahlungsbegleitete Erträge)
–	Ausgaben (zahlungsbegleitete Aufwendungen)
=	Brutto-Cash-flow

Abb. 50: Errechnung des Brutto-Cash-flow (Direkte Methode)

Wir können den Brutto-Cash-flow aber auch mit der indirekten Methode ermitteln. Zu dem Gewinn (Jahresüberschuß) werden die nicht zahlungsbegleiteten Aufwendungen hinzugezählt und die nicht zahlungbegleiteten Erträge abgezogen.

	Gewinn (Jahresüberschuß)
+	Nicht zahlungsbegleitete Aufwendungen z.B. Abschreibungen, Erhöhung der Rückstellungen
–	Nichtzahlungsbegleitete Erträge z.B. Auflösung von Rückstellungen, Erhöhung der Bestände an fertigen und unfertigen Erzeugnissen
=	Brutto-Cash-flow

Abb. 51: Errechnung des Brutto-Cash-flow (Indirekte Methode)

Der Zusammenhang von Brutto-Cash-flow, Netto-Cash-flows und freiem Cash-flow ist aus der folgenden Grafik zu ersehen.

Der Netto-Cash-flows ist die relevante Größe, um den Unternehmenswert zu bestimmen. Dieser Cash-flow kann an die Kapitalgeber verteilt werden, die sich aus den Eigenkapital- und aus den Fremdkapitalgebern zusammensetzen.

Der freie Cash-flow wird ermittelt, indem wir vom Netto-Cash-flows die Zinszahlungen an die Fremdkapitalgeber abziehen. Den Eigentümern steht der freie Cash-flow zur Verfügung. Nach dem Abzug der Fremdkapitalzinsen erhalten wir also den Shareholder-Value (Eigentümer-Wert).

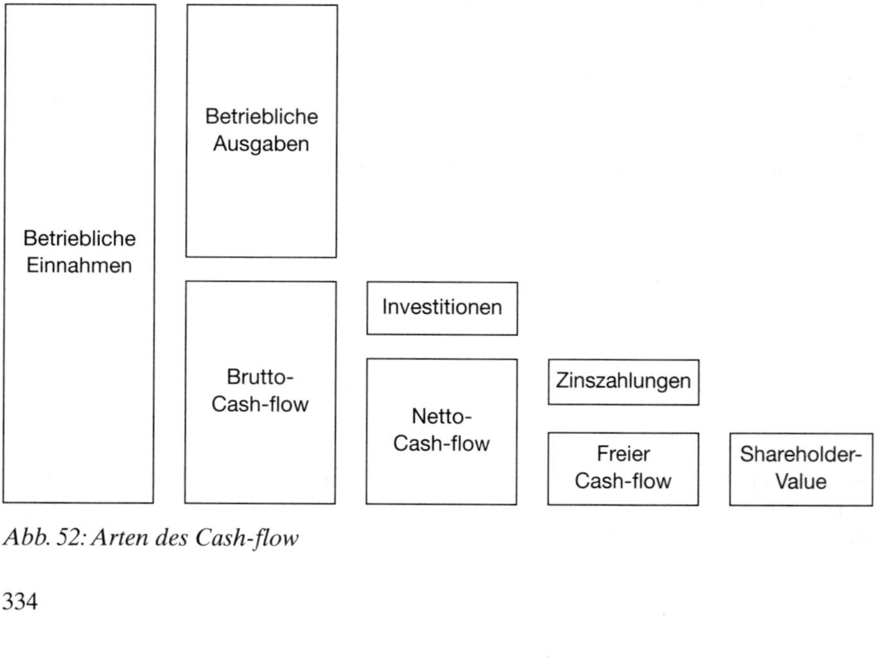

Abb. 52: Arten des Cash-flow

MERKE

Die Wertberechnung der Unternehmen wird nach der Methode des Discounted Cash-flow vorgenommen. Der Wert des Unternehmens ist der Kapitalwert der zukünftigen Netto-Cash-flows.

Der Planungszeitraum umfaßt meist fünf bis zehn Jahre. Der gewählte Zeitraum hängt von der Lebensdauer der einzelnen Strategien ab.

Neben dem Brutto-Cash-flow unterscheiden wir den Netto-Cash-flows und den freien Cash-flow. Der Netto-Cash-flows ist die relevante Größe, um den Unternehmenswert zu bestimmen. Den Eigentümern selbst steht der freie Cash-flow zur Verfügung.

3. Welche Werttreiber kennen wir?

Der Shareholder-Value kann zur Bewertung von einzelnen Strategien herangezogen werden, die eine Wertsteigerung für die Aktionäre bringen. Wir kennen verschiedene Werttreiber (Value-Drivers).

Dabei handelt es sich um Faktoren des operativen Geschäfts, die den Wert des Unternehmens wesentlich beeinflussen. Die Werttreiber sind in der operativen Planung so zu verankern, daß sie die Erreichung der in der strategischen Planung festgeschriebenen Oberziele sicherstellen. Eine fortlaufende und zeitnahe Kontrolle der Zielerreichung gewährleistet, daß eventuelle Abweichungen rechtzeitig zu erkennen sind. Dann können Gegensteuerungsmaßnahmen schnell und effektiv eingeleitet werden.

Wir können bestimmte Werttreiber unterscheiden:

1. Umsatzwachstum

Das Umsatzwachstum bedingt zwangsläufig eine Erweiterung des Anlage- und des Umlaufvermögens.

2. Umsatz-Rentabilität

Die Umsatz-Rentabilität wird errechnet, indem der Brutto-Cash-flow durch den Umsatz geteilt wird. Diese Kennzahl zeigt, welcher Teil des Umsatzes für die Investitionen, für die Zinszahlungen (Kapitaldienst) und für die Ausschüttungen (Dividenden) an die Aktionäre zur Verfügung steht.

3. Investitionen

Die Investitionen in das Anlage- und in das Umlaufvermögen nehmen in der Regel mit erhöhtem Umsatz zu. In diesen beiden Bereichen erfolgt durch Wachstumsstrategien eine zusätzliche Bindung von Kapital.

4. Steuerquote

Diese Größe gibt an, welche Steuerzahlungen in Relation zum Brutto-Cash-flow zu leisten sind. Die Steuerzahlungen beeinflussen ebenfalls den Unternehmenswert.

5. Kapitalkosten

Der Eigen- und Fremdkapitalkostensatz ist auch ein Werttreiber. In den Kapitalkostensatz fließen Informationen über die aus heutiger Sicht für die Zukunft relevanten Eigen- und Fremdkapitalkosten sowie über die Kapitalstruktur ein.

Diese wertsteigernden Faktoren müssen bei den strategischen Entscheidungen berücksichtigt werden. Die Werttreiber bestimmen den zukünftigen Cash-flow. Die Bewertung der Geldflüsse erfolgt mit Hilfe des Diskontierungsfaktors, um die unterschiedlichen Geldflüsse in den zukünftigen Perioden vergleichbar zu machen.

MERKE

Wir kennen verschiedene Werttreiber, die den Shareholder-Value beeinflussen können. Die Werttreiber sind in der operativen Planung so zu verankern, daß sie die Erreichung der in der strategischen Planung festgeschriebenen Oberziele sicherstellen.

4. Wofür sollten wir den Shareholder-Value einsetzen?

Mit dem Shareholder-Value wird der Wert von verschiedenen Strategien gemessen. Diese Methode ist also als Instrument für die strategische Planung einzusetzen. Es wird ermittelt, welche Wertsteigerungen durch das gesamte Unternehmen, durch die Geschäftsfelder oder durch einzelne Geschäftseinheiten voraussichtlich in Zukunft erzielt werden können.

Die Wertsteigerungen führen dazu, das Eigenkapital zu vermehren. Das Ziel der Unternehmensführung sollte es sein, zusätzliche Werte für die Eigentümer der Unternehmen zu schaffen, da diese alle Risiken der Unternehmen tragen.

Der Shareholder-Value ist zur Steuerung der Unternehmen heranzuziehen, denn diese Erfolgsgröße stellt einen objektiven, langfristigen Maßstab für das Management dar, um verschiedene Strategien zu überprüfen und zu bewerten. Jedes Unternehmen sollte regelmäßig überprüfen, wie hoch der Shareholder-Value nach der Umsetzung von verschiedenen Strategien im Unternehmen langfristig sein wird. Deshalb ist der Cash-flow eine zentrale Steuerungsgröße für die wertorientierte Unternehmensführung.

Die Veba AG beispielsweise verfolgt seit Jahren eine Unternehmenspolitik des bewußten Wachstums einerseits und des Verkaufs von den Teilen des Unternehmens, die nicht mehr den Vorstellungen des Managements entsprechen. Der Shareholder-Value-Ansatz, der von der Veba AG konsequent verfolgt wird, hat dazu geführt, daß das Unternehmen – und mit ihm der Aktienkurs – in den letzten Jahren dynamisch und erfolgreich gewachsen ist.

Der Veba-Vorstand versteht unter dem Gedanken des Shareholder-Value eine aktionärs- und kapitalmarktorientierte Strategie, deren Zielsetzung die langfristige Steigerung des Unternehmenswertes ist. Als wichtiges Steuerungsinstrument wurde deshalb vor einigen Jahren das wertorientierte Controlling für alle strategischen Geschäftsfelder eingeführt.

Der Grundgedanke dabei ist, daß die im Konzern vorhandenen finanziellen Ressourcen von der Holding systematisch nur in die Geschäftsfelder gelenkt werden, die über ein großes Potential der Wertsteigerung verfügen. Deshalb werden alle Geschäftsfelder laufend daraufhin untersucht, ob sie aufgrund ihrer augenblicklichen oder zu erwartenden Entwicklung Wert schaffen oder Wert vernichten. Wenn die Rendite eines Unternehmensbereichs nicht mindestens den spezifischen Kapitalkosten entspricht, werden Werte zerstört. Von diesen Bereichen trennt sich die Veba AG dann konsequent.

Das Unternehmen hat sich in den zurückliegenden Jahren durch zahlreiche Zukäufe und Verkäufe von Unternehmen deutlich gewandelt. Akquisitionen wurden durchgeführt, um entweder Synergiepotentiale mit bestehenden Geschäftsfeldern zu nutzen oder um dem Auf- und Ausbau neuer zukunftsträchtiger Aktivitäten zu dienen. Von einigen Unternehmen und sonstigen kleineren Randaktivitäten hat sich die Veba AG gleichzeitig getrennt.

Eine Eigenkapital-Rentabilität von 15 % hat sich die Veba AG zum Ziel gesetzt und fast schon realisiert. Die Aktionäre profitierten bisher vom Shareholder-Value und von der betont ertragsorientierten Ausschüttungspolitik des Unternehmens.

MERKE

Der Shareholder-Value wird zur Bewertung verschiedener Strategien eingesetzt. Die Wertsteigerungen führen dazu, das Eigenkapital zu vermehren. Die Unternehmensführung sollte zusätzliche Werte für die Eigentümer schaffen, die alle Risiken der Unternehmen tragen.

Für das strategische Controlling ist der Shareholder-Value eine bedeutende Kennzahl, um einzelne Strategien zu überprüfen und durchzusetzen. Der Shareholder-Value erlaubt eine Verbesserung der Wettbewerbsposition und erleichtert die sinnvolle Allokation des Kapitals.

27 Stärken- und Schwächen-Analyse

1. Wie sieht eine Stärken- und Schwächen-Analyse aus?

Die Stärken- und Schwächen-Analyse ist ein wichtiges Instrument der strategischen Planung. Mit Hilfe dieser Analyse können wir schnell und einfach herausfinden, welche Meinung die einzelnen Führungskräfte von dem eigenen Unternehmen haben. Durch die gemeinsam durchgeführte Stärken- und Schwächen-Analyse wird das Problembewußtsein des Teams verschärft. Die Teilnehmer erkennen dann schnell die Bedeutung der Stärken und Schwächen des eigenen Unternehmens. Diese Erkenntnis ist besonders wichtig für Verbesserungsvorschläge und Lösungsansätze, die in Zukunft verwirklicht werden sollten.

Die einzelnen Kriterien sind genau zu definieren. Sie sollten für alle wichtigen Verantwortungsbereiche des Unternehmens festgelegt werden. Danach kann eine Checkliste erstellt werden. Die einzelnen Kriterien können auch in einem internen Führungsseminar erarbeitet werden.

Bevor die Stärken- und Schwächen-Analyse durchgeführt wird, sollte also ein Kriterienkatalog erstellt werden. Die Anregungen der Unternehmensleitung und der Führungskräfte können in einer Tabelle aufgeführt werden (vgl. Tabelle 167). Die festgelegten Kriterien können dann noch auf die wichtigsten Verantwortungsbereiche verteilt werden (vgl. Tabelle 168).

Tabelle 165: Erarbeitung eines Kriterienkatalogs

Preis
Produktdesign
Reparaturanfälligkeit
Wartungsfreundlichkeit
Zubehörprogramm
Produktqualität
Preis-/Leistungsverhältnis
Handling
Lebensdauer der Produkte
Verwendungsfähigkeit
Anwendungsmöglichkeiten
Sicherheitsvorschriften
Rohstoffqualität
Rohstoffpreise
Herstellkosten
Service

technischer Stand
Know-how
Marketing
Marktanteil
Image
Lieferzeiten
Distribution
Zahlungsziele
Mahnwesen
Wirtschaftsbeziehungen
Produktivität
Kreativität
Forschung und Entwicklung

Die Kriterien unterliegen einer relativen Beurteilung. Die Skalierung ist sehr unterschiedlich. Sie kann von +3 bis –3 reichen oder nur eine Streuung von 0 bis 3 haben, wobei 0 keine, 1 eine geringe, 2 eine gute und 3 eine maximale Erfüllung bedeuten. Eine andere Bewertungsskala erstreckt sich von 1 bis 9. Der Punkt 1 bedeutet sehr gut, 5 mittelmäßig und 9 sehr schlecht. Die Beurteilung kann auch in nur 3 Kategorien eingeteilt werden. Wir unterscheiden dann nur zwischen stark, mittelmäßig und schwach.

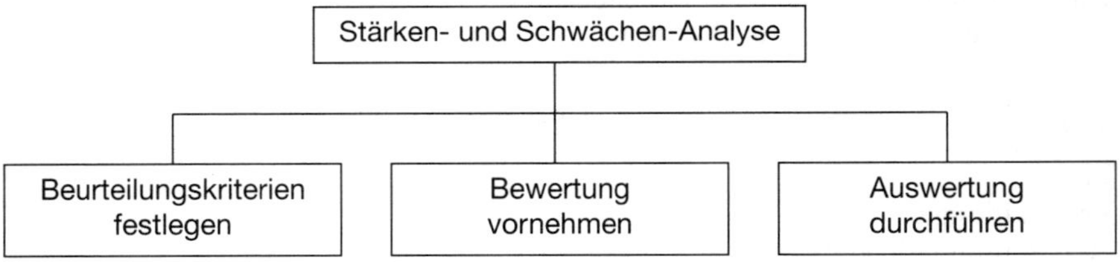

Abb. 53: Stärken- und Schwächen-Analyse

Die Führungskräfte werden dann gebeten, innerhalb von 5 bis 10 Minuten spontan ihre Meinung zu den einzelnen Kriterien zu sagen. Damit jeder Teilnehmer möglichst objektiv sein Urteil über das eigene Unternehmen abgibt, sollten die Formulare ohne Namensnennung ausgefüllt werden.

In manchen Fällen werden auch etwa 10 bis 20 wichtige Kunden gebeten, das Formular ebenfalls auszufüllen. Dadurch erhält die Unternehmensleitung auch einen besseren Einblick, was die bedeutenden Kunden vom eigenen Unternehmen halten. Zusätzliche Informationen bekommen wir, wenn die wichtigen Kunden auch aufgefordert werden, ihre Meinung über die schärfsten Konkurrenten in diesem Formular auszudrücken.

Die einzelnen angekreuzten Punkte werden für jedes Kriterium addiert und durch die Anzahl der Teilnehmer geteilt. Dadurch erhalten wir aussagefähige Durchschnittswerte. Diese Durchschnittswerte sind dann zu verbinden, so daß sich eine Zickzacklinie ergibt.

Nach der Auswertung sollten sowohl die positiven als auch die negativen Werte diskutiert werden. Die Teilnehmer eines internen Seminars haben dann die Möglichkeit, offen Kritik zu üben.

Nach ausführlicher Diskussion insbesondere über die aufgetretenen Schwächen im Unternehmen ist es sinnvoll, neue Ziele festzulegen und Maßnahmenpläne zu erstellen, um die Schwächen möglichst schnell zu beseitigen. Mit dieser Vorgehensweise wurden bisher gute Erfahrungen gemacht.

Die Stärken- und Schwächen-Analyse führt zu einer Verbesserung der strategischen Planung. Die Stärken des Unternehmens können noch weiter ausgebaut werden. Durch gezielte Maßnahmen sind die Unternehmensleitung und die Führungskräfte in der Lage, aus Schwächen Stärken zu machen. Dabei ist darauf zu achten, daß die Unternehmensleitung für die Durchführung der einzelnen Maßnahmen entsprechende Mittel zur Verfügung stellt, damit die Aktionen auch konsequent durchgeführt werden können.

Tabelle 166: Stärken- und Schwächen-Analyse

Kriterien	Beurteilung		
	stark	mittelmäßig	schwach
a) Unternehmensführung			
Führungsstil			
Zielsetzungen			
Entscheidungsprozesse			
Soziale Einstellung			
Erfolgswille			
Dynamik			
Marktorientierung			
Betriebsklima			
Zusammenarbeit			
Delegation			
Motivation der Mitarbeiter			
Planung			
Kostenkontrolle			
Steuerung			

Kriterien	Beurteilung		
	stark	mittelmäßig	schwach
b) Finanzen			
Finanzkraft			
Liquiditätskontrolle			
Gewinnentwicklung			
Investitionsrechnungen			
Investitionsplanung			
Finanzplanung			
c) Marketing und Vertrieb			
Umsatzentwicklung			
Sortimentsgestaltung			
Image			
Distribution			
Marktwachstum			
Marktanteil			
Kundenstruktur			
Kundenservice			
Marketingkonzeption			
Werbung			
Verkaufsförderung			
Tourenplanung			
Anreizsysteme			
Marketing-Mix			
Verkaufspreise			
Vertriebsorganisation			
Auftragsbearbeitung			
Wettbewerb			
Auftragsbestand			
Reklamationen			
Angebotsverfolgung			
Außendienst			
Konjunkturanfälligkeit			
Substitutionsgefahren			
Umwelteinflüsse			
Abhängigkeit von Großkunden			
Verkaufskonditionen			
Vertriebswege			
Absatzplanung			

Kriterien	Beurteilung		
	stark	mittelmäßig	schwach
Marktstellung			
Marketingstrategie			
Termintreue			
d) Produktion			
Produktionsanlagen			
Verfahren			
Technologien			
Qualität			
Flexibilität			
Produktivität			
Kapazitätsauslastung			
Prozeßabläufe			
Kostenkontrolle			
Termineinhaltung			
Lieferbereitschaft			
Optimale Losgrößen			
e) Materialwirtschaft			
Einkaufsoptimierung			
Bezugsquellen			
Lieferantenabhängigkeit			
Qualitätskontrolle			
Lagerhaltung			
Bestandsanzeige			
Lieferantenauswahl			
Bestellüberwachung			
Wareneingangskontrollen			
Sicherung der Materialien			
Überwachung der Bestände			
Logistik			
Optimale Bestellmengen			
f) Organisation			
Einsatz der EDV			
Struktur			
Management-Informations-System			

Kriterien	Beurteilung		
	stark	mittelmäßig	schwach
Ablauforganisation Aufbauorganisation Koordination **g) Rechnungswesen** Kostenerfassung Kostenzuordnung Kostenplanung Umsatzplanung Gewinnplanung Kostenarten Kostenstellen Vorkalkulation Nachkalkulation Planungsrechnung Deckungsbeitragsrechnung Kontrollsystem **h) Personal** fachliche Qualifikation Aus- und Weiterbildung Führungsnachwuchs Ausbildungsmethoden **i) Forschung und Entwicklung** Forschungskompetenz Know-how Prozesse Innovationsfähigkeit kreatives Potential Entwicklungspotential Produktentwicklungsplanung			

MERKE

Eine Stärken- und Schwächen-Analyse muß sich mit den wichtigsten zu erfüllenden Kriterien befassen, um am Markt erfolgreich tätig zu sein. Die einzelnen Kriterien sollten nach Verantwortungsbereichen gegliedert werden.

Die Stärken- und Schwächen-Analyse ist auf jährlicher Basis durchzuführen. Bei der Ermittlung der Stärken und Schwächen sollten alle Führungskräfte im Unternehmen einbezogen werden. Je schneller und genauer die Unternehmensleitung die Stärken und Schwächen des eigenen Unternehmens erkennt, desto eher können Maßnahmenpläne erstellt werden, um insbesondere die Schwäche des eigenen Unternehmens zu beseitigen.

Neben den eigenen Führungskräften sollten auch die wichtigsten Kunden die Checkliste ausfüllen, damit die Unternehmensleitung sehen kann, wie das eigene Unternehmen von den großen Kunden beurteilt wird. Die gleiche Checkliste kann auch zur Bewertung der wichtigsten Konkurrenten herangezogen werden.

2. Was können wir einer Stärken- und Schwächen-Analyse entnehmen?

Die Unternehmen müssen ihre Risiken realistisch einschätzen. Erst dann sind sie in der Lage, die Sicherheit der Unternehmen zu verbessern. Die Voraussetzung für die Reduzierung der Risiken besteht darin, die Stärken und vor allem die Schwächen des eigenen Unternehmens, aus denen Gefahren drohen, rechtzeitig zu erkennen.

Die Erfahrungen lehren, daß mindestens einmal im Jahr eine Stärken- und Schwächen-Analyse durchgeführt werden sollte, um eine Minderung der Risiken zu erreichen. Dadurch wird leicht erkennbar, in welchen Verantwortungsbereichen Gefahren bestehen.

Die Ergebnisse der Stärken- und Schwächen-Analyse bilden dann Ansätze für Verbesserungen im Unternehmen. Es zeigt sich schnell, ob die Unternehmenspolitik geändert werden muß oder nicht. Weiterhin ist zu erkennen, daß eine genauere Planung, eine verfeinerte Kontrolle und eine bessere Steuerung im Unternehmen eingeführt werden müssen. Die Ergebnisse der Stärken- und Schwächen-Analyse machen auch deutlich, ob die Aufbau- und Ablauforganisation zu verbessern sind. Durch sie wird ebenfalls sichtbar, ob das bestehende Management-Informations-

System ausgebaut werden muß, um die Unternehmensleitung und die Führungskräfte rechtzeitig auf Abweichungen von den gemeinsam festgelegten Zielen aufmerksam zu machen.

Zahlreiche Untersuchungen haben gezeigt, daß viele Unternehmen vermeidbaren Gefahren und Risiken ausgesetzt sind, da bisher versäumt wurde, offensichtliche Schwachstellen rechtzeitig zu beseitigen. In der Praxis erkennen wir immer wieder, daß Unternehmen in Schwierigkeiten geraten, weil die Unternehmensleitung nicht erkannt hat, welche Risiken ihre Entscheidungen beinhalten und inwieweit diese Entscheidungen die Sicherheit des gesamten Unternehmens beeinträchtigen. In manchen Fällen hält die Unternehmensleitung auch an der bestehenden Unternehmenspolitik und an bereits überholten Zielen fest, obwohl eine durchgreifende Änderung der Unternehmenspolitik längst notwendig geworden ist.

Die erfolgreichen Unternehmen passen sich schnell an die veränderten Bedingungen am Markt an. Andere Unternehmen sind nicht in allen Bereichen richtig organisiert und informiert. Sie betreiben nicht die Unternehmenspolitik, die ihren Möglichkeiten und Begrenzungen angepaßt ist.

Die häufigsten Schwachstellen finden wir in folgenden Bereichen:

Tabelle 167: Bereiche für häufige Schwachstellen

Unternehmensführung
Finanzen
Marketing und Vertrieb
Produktion
Materialwirtschaft
Organisation
Rechnungswesen
Personal
Forschung und Entwicklung

Deshalb müssen diese Bereiche jährlich systematisch analysiert werden. Checklisten bieten sich für ein systematisches Vorgehen an.

Bei der Suche nach den Stärken und Schwächen müssen alle Führungskräfte der einzelnen Verantwortungsbereiche eng zusammenarbeiten. Sie haben dann die Möglichkeit, bereits erkannte Mängel und Gefahrenquellen in den Checklisten aufzuzeigen. Das Arbeiten mit den Checklisten veranlaßt die Führungskräfte, ein ganzheitliches Denken zu praktizieren. Die Führungskräfte können sich dann auch über mögliche und bisher noch nicht klar erkannte Schwächen Gedanken machen.

Mit der Feststellung der Stärken und Schwächen im Unternehmen ist es allerdings noch nicht getan. Nach der Ermittlung der Probleme in den einzelnen Verantwortungsbereichen müssen die Führungskräfte auch Vorschläge für die Verbesserung der Situation im Unternehmen unterbreiten. Nach endgültiger Verabschiedung der gemachten Vorschläge durch die Unternehmensleitung sind Maßnahmenpläne aufzustellen. Anschließend müssen die Führungskräfte den betroffenen Verantwortungsbereichen beratend und helfend bei der Durchführung der beschlossenen Maßnahmen zur Seite stehen. Dadurch kann der kooperative Führungsstil im Unternehmen verbessert werden. Auch in den Stellenbeschreibungen muß klargelegt werden, welche Führungskräfte die Verantwortung für die Durchführung der einzelnen Maßnahmen tragen und welche Führungskräfte nur eine beratende Funktion für einzelne Verantwortungsbereiche haben.

MERKE

Die Unternehmer müssen die Risiken in ihren Unternehmen rechtzeitig erkennen. Deshalb ist pro Jahr eine Stärken- und Schwächen-Analyse durchzuführen, um die Situation in ihrem eigenen Unternehmen möglichst schnell festzustellen.

Zur Ermittlung der Stärken und Schwächen sollte mit einer Checkliste gearbeitet werden. In einzelnen Verantwortungsbereichen müssen Kriterien festgelegt werden, die dann von allen Führungskräften bewertet werden.

Die Ergebnisse der Stärken- und Schwächen-Analyse bilden die Ansätze für Verbesserungen im Unternehmen. Bei der Ausarbeitung der Verbesserungsvorschläge sollten alle Führungskräfte mitarbeiten. Die erstellten Maßnahmenpläne sind von der Unternehmensleitung zu genehmigen. Die Durchführung der Maßnahmen muß laufend kontrolliert werden, um möglichst schnell Abweichungen zu erkennen.

28 Strategische Lücke

1. Was ist eine strategische Lücke?

Die Unternehmensleitung und die Führungskräfte müssen systematisch untersuchen, wie weit die gewünschte Entwicklung von der voraussichtlichen Entwicklung des Unternehmens langfristig abweichen wird. Die strategischen Ziele bestimmen die gewünschte Entwicklung. Die voraussichtliche Entwicklung dagegen ergibt sich, wenn im Unternehmen keine besonderen Vorkehrungen getroffen und keine neuen Erfolgspotentiale geschaffen werden.

Zu den Erfolgspotentialen gehören beispielsweise neue Produkte, zusätzliche Marktanteile, weitere Märkte oder eine effizientere Organisation. Werden keine neuen Erfolgspotentiale von der Unternehmensleitung aufgespürt und verwirklicht, gehen die Umsatzerlöse in Zukunft langsam oder schnell zurück. Zwischen der langfristig geplanten Entwicklung des Unternehmens und der Entwicklung aufgrund der vorhandenen Erfolgspotentiale ergibt sich dann, wie aus der *Abbildung 54* hervorgeht, eine strategische Lücke.

Bei der strategischen Planung werden die wichtigsten Ziele des Unternehmens für einen längeren Zeitraum festgelegt. Dieser Zeitraum umfaßt bei mittleren Unternehmen 4 bis 5 Jahre. Größere Unternehmen müssen sich mit einem Zeitraum von 5 bis 10 Jahren befassen.

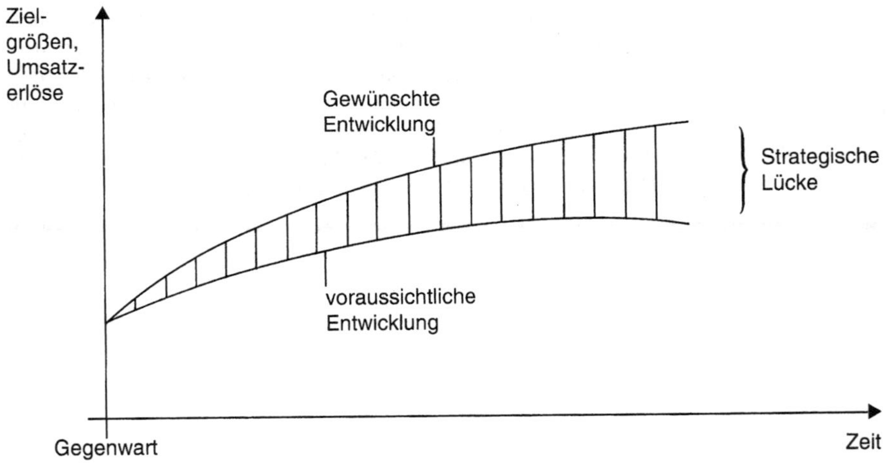

Abb. 54: Strategische Lücke

Ausgangspunkt für den strategischen Planungsprozeß bilden die externe Analyse (Umweltanalyse) und die interne Analyse (Unternehmensanalyse), um die Stärken und Schwächen des eigenen Unternehmens zu ermitteln. Auch eine Konkurrenz-Analyse muß angefertigt werden. Die bedeutenden Veränderungen im Unternehmen und in der Umwelt sind also zu berücksichtigen. Es muß auch eine Analyse der bestehenden Erfolgspotentiale des Unternehmens durchgeführt werden.

Die Unternehmensleitung und die Führungskräfte können auf der Basis dieser Erkenntnisse überprüfen, ob das eigene Unternehmen die gesetzten Ziele mit den gegenwärtigen Strategien erreichen kann oder nicht. Als wichtige Ziele gelten auf längere Sicht die Umsatzerlöse und der Gewinn.

MERKE

In den Unternehmen sollten möglichst pro Jahr die gewünschten und die voraussichtlichen Entwicklungen überprüft werden. Wenn sich langfristig Abweichungen bei diesen Entwicklungen ergeben, liegt eine strategische Lücke vor.

Aufgrund der externen und internen Analyse können die Stärken und Schwächen des eigenen Unternehmens festgestellt werden. Außerdem sollten auch Konkurrenz-Analysen angefertigt werden. Die bestehenden und künftigen Erfolgspotentiale sind ebenfalls zu analysieren.

2. Wie kann die strategische Lücke geschlossen werden?

Überprüfen die Unternehmer die gewünschte Entwicklung aufgrund der festgesetzten Zielgrößen mit der voraussichtlichen Entwicklung des Unternehmens, stellen sie oft eine strategische Lücke (Gap) fest. Es gilt nun, diese strategische Lücke möglichst schnell zu beseitigen.

Die Ermittlung der strategischen Lücke muß dazu führen, neue Strategien zu entwickeln oder vorhandene Strategien zu modifizieren, damit die langfristigen Ziele auch erreicht werden können. Dabei sollten die Instrumente der Produkt-Lebenszyklus-Kurve und der Erfahrungskurve besonders berücksichtigt werden.

Ist die strategische Lücke einmal ermittelt, müssen die Unternehmensleitung und die Führungskräfte überlegen, welche zusätzlichen Erfolgspotentiale geschaffen werden können, um die Lücke zu schließen. Es ist zu untersuchen, wie sich die Umsatzerlöse unter Einbeziehung weiterer Erfolgspotentiale entwickeln werden.

Die neuen Erfolgspotentiale sollten in der strategischen Planung berücksichtigt werden. Die Unternehmensleitung hat darauf zu achten, daß unter Ausnutzung der neuen Erfolgspotentiale die Leistungskurve des Unternehmens weiter steigt und nicht sinkt.

Um die strategische Lücke zu schließen, kann auch die Szenario-Technik herangezogen werden. Die verschiedenen Strategien und die dazugehörigen Maßnahmen werden daraufhin untersucht, ob die zukünftigen Zielgrößen erreicht werden können und welche finanziellen Mittel erforderlich sind, um diese Ziele auch zu realisieren. Bei der Szenario-Technik können Untersuchungen unter optimistischen und pessimistischen Voraussetzungen durchgeführt werden.

Ist die strategische Lücke der Unternehmung bekannt, kann sich die Unternehmensleitung darauf konzentrieren, die bestehenden Erfolgspotentiale zu überprüfen sowie neue Erfolgspotentiale zu suchen und zu realisieren. Die Unternehmensleitung muß dann die richtigen Entscheidungen treffen, damit die neuen Erfolgspotentiale möglichst bald ihre Wirkung zeigen.

MERKE

Die Unternehmensleitung und die Führungskräfte haben die Aufgabe, Konzeptionen und Strategien zu entwickeln, mit denen die Existenz des Unternehmens langfristig gesichert werden kann. Dafür ist es erforderlich, neue Erfolgspotentiale zu suchen und zu verwirklichen.

Nach der Ermittlung der strategischen Lücke müssen neue Strategien entwickelt und vorhandene Strategien modifiziert werden. Neue Erfolgspotentiale sind in der strategischen Planung zu berücksichtigen, um die Leistungskurve des Unternehmens weiter anzuheben. Auch die festgelegten strategischen Ziele sollten überprüft und möglicherweise modifiziert werden, um die festgestellte strategische Lücke möglichst schnell wieder zu schließen.

29 Szenario-Technik

1. Warum sollte die Szenario-Technik eingesetzt werden?

In vielen Unternehmen bekommen die täglichen Arbeiten ein Übergewicht. Die operativen Tätigkeiten können einfach nachvollzogen werden und zeigen meist schnell den Erfolg oder Mißerfolg. Die Unternehmer sollten aber auch einen Teil ihrer Tätigkeit auf die Zukunft ausrichten. Denn nur durch das zukunftsorientierte Denken und Handeln kann die Existenz der Unternehmen langfristig gesichert werden. Die Unternehmer sollten von Jahr zu Jahr plausible Pfade in die Zukunft suchen und begehen.

Für die Wirtschaft wurden zum Teil sehr komplexe und vor allem mathematisch orientierte Modelle entwickelt, die sich in der Praxis nicht immer bewährt haben. Die Trend- und Wahrscheinlichkeitsrechnungen gehen von den Werten der Vergangenheit aus, um mögliche Entwicklungen für die Zukunft zu ermitteln. Es hat sich immer wieder gezeigt, daß prognostizierte Veränderungen langfristig nicht eingetroffen sind, weil einige Einflüsse von außen in den Berechnungen nicht in notwendigem Ausmaß berücksichtigt wurden. Bei den Modellberechnungen wird auch manchmal übersehen, daß die Entwicklungen nicht immer linear, sondern auch in verschiedene Richtungen laufen.

Für die meisten Probleme in den Unternehmen ist eine eigene Strategie erforderlich. Zur Lösung der einzelnen Probleme müssen dann auch besondere Maßnahmen beschlossen und durchgeführt werden.

Die Unternehmen stehen in einem Umfeld, das sich ständig in Bewegung befindet. Die Veränderungen ereignen sich mit großer Geschwindigkeit, so daß geplante Maßnahmen für die Zukunft schon bald wieder überholt sein können. Je nach Produkten oder Dienstleistungen treten insbesondere durch die technologischen Entwicklungen in den einzelnen Marktsegmenten starke Veränderungen auf.

Durch diese Entwicklungen wird die strategische Planung für die Unternehmen unabhängig von der Größe und Branche immer schwieriger. Zur besseren Bewältigung dieser Probleme wurde die Szenario-Technik entwickelt. Durch verschiedene Annahmen für vermutete Entwicklungen erhalten wir alternative Hinweise für die Planung. Die Szenario-Technik ist wegen ihrer komplexen Betrachtungsweise gut dafür geeignet, zusätzliche Überlegungen anzustellen und neue Ansätze zu finden, um die Zukunft besser in den Griff zu bekommen.

Ein *Szenario* ist die Beschreibung einer vorstellbaren zukünftigen Situation für ein Unternehmen. Es wird der Entwicklungsverlauf aufgezeigt, der zu dieser Zukunftssituation führt.

Verschiedene Alternativen werden erarbeitet. Das Szenario-Team geht von pessimistischen und optimistischen Annahmen aus. Daraus können die Unternehmer dann entsprechende strategische Pläne ableiten. Durch den laufenden Vergleich der effektiv erfolgten Entwicklung mit den Aussagen des Szenarios können dann Korrekturen vorgenommen werden.

MERKE

Die herkömmlichen Planungsmethoden reichen für strategische Überlegungen nicht mehr aus. Die Unsicherheiten beispielsweise bei Investitionsentscheidungen sind heute sehr groß. Die möglichen Entwicklungen im Umfeld der Unternehmen und in den Teilmärkten sind wesentlich vielfältiger und komplexer als noch vor einigen Jahren.

Die gängigen Planungsmethoden basieren mehr oder weniger auf der Verlängerung von Trends aus der Vergangenheit in die Zukunft. Diese Methoden begnügen sich mit den Vorhersagen einer wahrscheinlichen Entwicklung und berücksichtigen Brüche in bestimmten Bereichen überhaupt nicht oder nur unzureichend. Die Ölkrise und der Wegfall kontinuierlicher Wachstumsraten haben die Mängel solcher Verfahren und das höhere Risiko für die Unternehmen deutlich gemacht.

Seit dem Ölschock ist die Entwicklung des Umfeldes der Unternehmen nicht mehr durch eine gewisse Stabilität gekennzeichnet. Diskontinuitäten, die schwerer vorhersehbar sind, treten immer stärker in den Unternehmen auf. Der Wandel im Umfeld beeinflußt insbesondere die Potentiale in folgenden Bereichen:

Tabelle 168: Diskontinuitäten in folgenden Bereichen

1. Absatzpotential
2. Produktionspotential
3. Beschaffungspotential

Durch das veränderte Nachfrageverhalten, durch schnellere technische Entwicklungen und insbesondere durch die stärkere Konkurrenz kommt es vermehrt zu Diskontinuitäten, die einen häufigen und gravierenden Wandel im Umfeld verursachen.

Tabelle 169: Ursachen für Diskontinuitäten

1. Verändertes Nachfrageverhalten
2. Schnellere technische Entwicklungen
3. Stärkere Konkurrenz

Bisherige Verfahren für die strategische Planung sind in dieser Situation immer weniger geeignet. Die Unternehmensleitung benötigt neue Instrumente, die eine bessere Auseinandersetzung mit den möglichen Entwicklungen im Umfeld erlauben, um langfristig die Flexibilität zu erhalten und die Existenzsicherung zu ermöglichen.

MERKE

Die Trendberechnungen und Marktprognosen reichen nicht mehr aus, um die wichtigsten Hintergrund-Informationen über qualitative Veränderungen und alternative Entwicklungen zu erhalten. Die Unternehmensleitung benötigt aber im Rahmen der strategischen Planung solche Informationen, um langfristig überleben zu können und kritische Zeiten besser zu überstehen.

2. Was verstehen wir unter Szenario-Technik?

Mit Hilfe der Szenario-Technik wird versucht, mehrere denkbare Entwicklungen in die Zukunft vorwegzuprojizieren. Alle in Frage kommenden Voraussetzungen und Veränderungen der möglichen Einflußbereiche sind zu berücksichtigen und miteinander zu verknüpfen. Die Ergebnisse der Szenario-Technik erlauben es den Unternehmen, daraus bestimmte Schlüsse zu ziehen.

Szenarien zeigen also alternative Entwicklungen auf, die wie in einem Drehbuch beschrieben werden können. Der Verlauf der Entwicklungen wird so dargestellt, daß die Beschreibung mit dem heutigen Zustand beginnt und mit der möglichen Situation in der Zukunft endet.

Die Szenario-Technik beginnt mit einer fundierten Analyse des Ist-Zustandes des Untersuchungsgegenstandes. Alle quantitativen und qualitativen Informationen werden berücksichtigt und verarbeitet. Für die Haupteinflußfaktoren sind Annahmen zu machen. Mögliche Störereignisse werden aufgezeigt. Dann können alternative Entwicklungen für die Zukunft entworfen werden. Dabei ist darauf zu achten, daß alle Vorgänge und Arbeitsschritte transparent gemacht werden.

Das Szenario ist eine wichtige Orientierungshilfe für die strategische Unternehmensplanung. Aus den strategischen Überlegungen können für die einzelnen Szenarien alternative Pläne entwickelt werden. Wenn die Ereignisse dann eintreten, ist ein schnelleres und situationsgerechteres Handeln der Unternehmensleitung eher möglich. Die Ergebnisse der Szenarien sollen dazu führen, unternehmerische Entscheidungen in Zukunft zu erleichtern und zu verbessern.

Zu diesen Entscheidungen gehören beispielsweise:

Tabelle 170: Strategische Entscheidungen

1. Ausbau der Vertriebsorganisation
2. Eigenfertigung oder Fremdbezug
3. Sortimentsgestaltung
4. Markenpolitik
5. Kooperationen
6. Allianzen

MERKE

Ein Szenario ist die Darstellung möglicher zukünftiger Entwicklungen, die sich in den Zahlen der Vergangenheit und Gegenwart zum Teil noch gar nicht niedergeschlagen haben. Mit der Szenario-Technik können frühzeitig Konsequenzen aus der Umwelt (Politik, Wirtschaft, Gesellschaft) und aus der Veränderung der Märkte gezogen werden.

Die Szenario-Technik ist eine Grundlage für die strategische Unternehmensplanung. Teilweise bekannte Arbeitsweisen werden logisch neu kombiniert. Damit wird eine wirksame Planungshilfe geschaffen.

3. Was ist ein Szenario-Trichter?

Die Gegenwart wird insbesondere durch die Infrastruktur, die Gebäude, die Gesetze, die Technik und das Konsumverhalten der Marktpartner festgelegt, die sich kurzfristig kaum verändern werden. Störereignisse spielen meist noch keine Rolle. Die operative Planung wird durch die Strukturen der Gegenwart also weitgehend bestimmt.

Tabelle 171: Festlegung der Gegenwart

1. Infrastruktur
2. Gebäude
3. Gesetze
4. Technik
5. Konsumverhalten

Wenn wir uns mit der Zukunft beschäftigen, nimmt der Einfluß der Gegenwart laufend ab. Das Spektrum der Möglichkeiten öffnet sich wie ein Trichter. Die verschiedenen Zukunftsbilder befinden sich in diesem Trichter.

Wenn die vorhandenen Einflußfaktoren berücksichtigt werden, ergibt sich ein Trend-Szenario, das durch die gestrichelte Linie in Abbildung 55 dargestellt wird. Treten in Zukunft aber weitere Einflußfaktoren auf, kann es zu stark abweichenden Entwicklungen kommen. Dadurch können sich extreme Szenarien ergeben. Diese extremen Szenarien können optimistisch oder pessimistisch sein. Das obere Szenario in der *Abb. 55* stellt die optimistische Version dar. Das untere Szenario in der gleichen Abbildung ergibt das pessimistische Szenario.

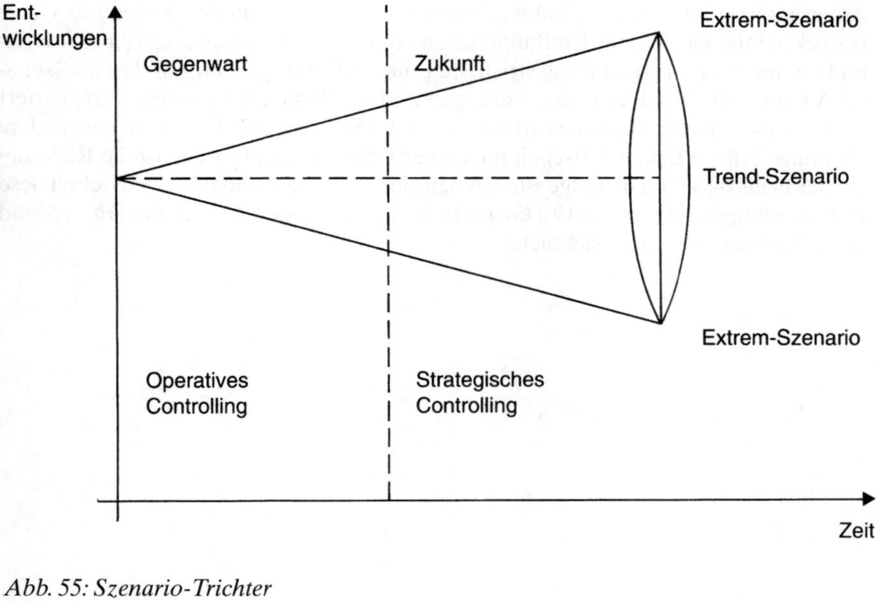

Abb. 55: Szenario-Trichter

Zur Verdeutlichung der Szenario-Technik wird also ein Szenario-Trichter als Denkmodell verwendet. Bei der Szenario-Technik handelt es sich um eine spezielle Prognosetechnik, die sich allerdings von den herkömmlichen Prognoseverfahren unterscheidet. Es werden quantitative und qualitative Informationen verarbeitet. Außerdem sind die Ergebnisse mehrdimensional. Die Vergangenheitswerte dienen nur zum Verständnis des Zusammenhangs. Die Szenarien können dann aus der gegenwärtigen Situation nachvollzogen werden.

Die im Zeittrichter dargestellten Zeiträume gelten für kleinere, mittlere oder große Unternehmen. Die operative Planung umfaßt 1 Jahr. Bei der strategischen Planung geht es meist bei kleineren und mittleren Unternehmen um einen Planungszeitraum von 4 bis 5 Jahren. In Großunternehmen kann die strategische Planung auch bis zu 10 Jahre beinhalten. Dabei kommt es darauf an, in welchen Zeiträumen sich Veränderungen durchsetzen lassen.

Die Planung der Zukunft ist für jedes Unternehmen unsicher. Die Unsicherheiten hinsichtlich des Eintreffens von Voraussagen nehmen zu, je weiter wir uns in die Zukunft hineinbewegen. Deshalb erweitert sich der Trichter immer stärker.

Die Trichterform für die Entwicklungen soll ausdrücken, daß sich Veränderungen innerhalb des Umfeldes mehrdimensional vollziehen können. Ein Unternehmen hat die Möglichkeit, sich horizontal oder vertikal, aber auch diagonal zu entwickeln.

Aufgrund der vorhandenen Einflußfaktoren ergibt sich also ein Trend-Szenario. Unter Berücksichtigung weiterer Einflußfaktoren können wir zu einem anderen Zukunftsbild kommen, das die einfach gestrichelte Linie anzeigt (vgl. Abb. 56). Dieses Szenario A kann sich aber durch ein Störereignis ändern. Wenn ein Störereignis registriert wird, hat dies unmittelbare Auswirkungen auf das Szenario und kann es in eine andere Richtung lenken. Durch Entscheidungen der Unternehmensleitung ist die Richtung wieder beeinflußbar. Die Folge ist, daß beispielsweise das Szenario B entsteht. Diese Entscheidungen führen dann zu Gegensteuerungsmaßnahmen. Aus der *Abb. 56* sind diese Zusammenhänge ersichtlich.

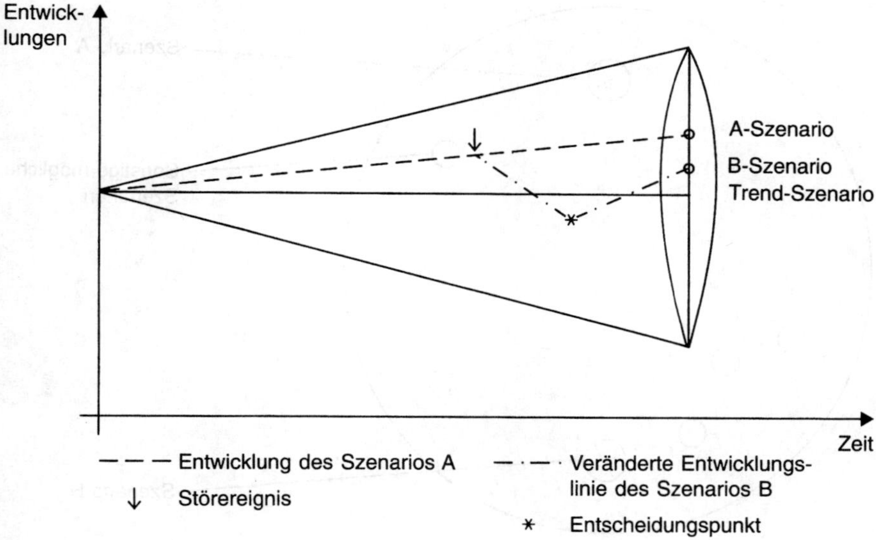

Abb. 56: Szenario-Trichter mit Störereignis

Die Störereignisse können vielfältiger Art sein. Die Ölkrise beispielsweise war ein solches Störereignis. Die Unternehmensleitung hat auf die Störereignisse unverzüglich zu reagieren und muß Korrekturmaßnahmen einleiten. Dadurch entstehen dann neue Szenarien.

Tabelle 172: Langfristige Investitionen

1. Bau einer Produktionshalle
2. Kauf von Maschinen
3. Entwicklung neuer Produkte
4. Erschließung neuer Märkte
5. Aus- und Weiterbildung

Bei langfristigen Investitionen müssen relativ genaue Strategien festgelegt werden. Zu den langfristigen Investitionen zählen beispielsweise der Bau einer Produktionshalle oder der Kauf von Maschinen. Auch die Entwicklung neuer Produkte und die Erschließung neuer Märkte stellen langfristige Investitionen dar. Die Aus- und Weiterbildung erfordert ebenfalls langfristige Investitionen.

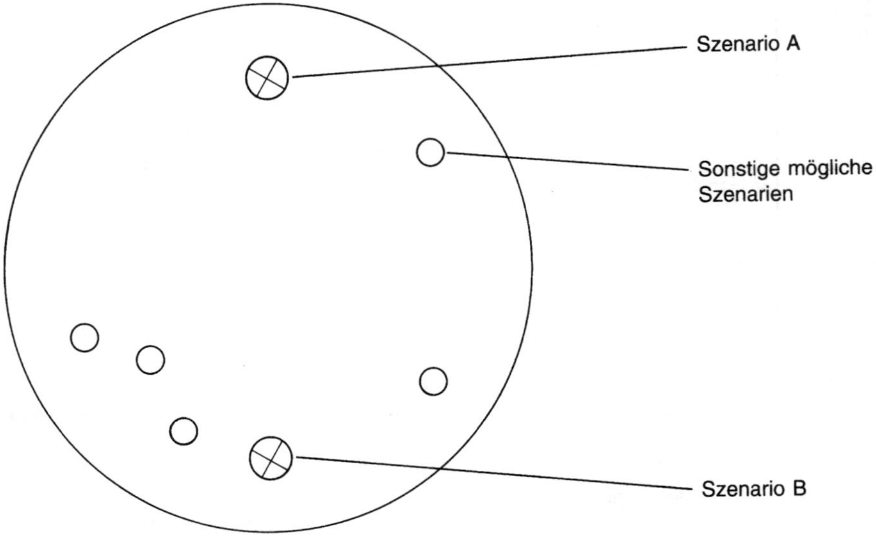

Abb. 57: Zielscheibe für die Zukunft

Die Entwicklungen des Unternehmens können extrem verlaufen, wie die Szenarien A und B in der Abb. 57 deutlich machen. Die Zielscheibe für die Zukunft läßt erkennen, daß einzelne mögliche Entwicklungen innerhalb des Trichters nur geringfügig von einander abweichen können.

MERKE

Zur Verdeutlichung der Szenario- Technik verwenden wir einen Szenario-Trichter. Es werden quantitative und qualitative Informationen verarbeitet. Die Trichterform soll ausdrücken, daß sich die Veränderungen innerhalb des Umfeldes mehrdimensional vollziehen können.

Aufgrund der vorhandenen Einflußfaktoren ergibt sich ein Trend-Szenario. Störereignisse haben unmittelbare Auswirkungen auf ein Szenario und können die normale Entwicklungslinie eines Szenarios verändern. Die Entwicklungen eines Unternehmens verlaufen manchmal auch extrem. Deshalb sollte auch ein Szenario A und B erstellt werden.

4. Wie sollte sich das Szenario-Team zusammensetzen?

Das Szenario-Team sollte sich aus Führungskräften zusammensetzen, die einen guten Überblick über die Marktentwicklungen, über die einzelnen Produkte und über die Konkurrenz haben. Die Mitglieder des Teams müssen in der Lage sein, ihre eigene Meinung den anderen gegenüber klar zu äußern. Fachliche Kritik sollten die Mitglieder ohne große Probleme verkraften können.

Die Gruppe setzt sich aus 6 bis 10 Führungskräften zusammen. Es ist wünschenswert, daß alle Teilnehmer über ein hohes Abstraktionsvermögen verfügen und kreativ tätig werden. Dann können alle nur denkbaren Varianten in der Gruppe diskutiert werden. In der Praxis zeigt sich immer wieder, daß ein externer Moderator die Gruppenarbeit effizient leiten und koordinieren kann.

Das Team muß bis zur Verabschiedung des Szenarios zusammenarbeiten. Wegen der Informationen und Kommunikation ist ein Wechsel im Team nicht sinnvoll. Das Team sollte möglichst auch bei der Umsetzung der Ergebnisse eingesetzt werden.

Die Gruppe hat in vorbereitenden Gesprächen den Umfang des Szenario-Projektes festzulegen und ein Ablaufdiagramm zu erstellen. Die Sitzungen (Workshops) sollten möglichst außerhalb des Unternehmens durchgeführt werden. Die Ergebnisse wären nicht optimal, wenn die Teilnehmer nicht losgelöst vom Tagesgeschehen arbeiten könnten.

Die Sitzungen können einen Tag oder auch zwei Tage umfassen. Dies hängt insbesondere vom Umfang des Szenarios ab. Normalerweise sind mehrere Sitzungen nötig, bevor gute Ergebnisse erzielt werden können.

4.1 Ist ein Moderator erforderlich?

Ein externer Unternehmensberater sollte die Sitzungen moderieren. Aufgrund seiner Erfahrungen kann er den Teilnehmern zuerst die Szenario-Technik erklären. In kritischen Situationen ist der Moderator in der Lage, den Konsens wieder herzustellen.

Die Teilnehmer im Team sind meist nicht geübt, Szenario-Sitzungen erfolgreich und effizient zu moderieren. Auch der Aufbau eines Frühwarnsystems und die Entwicklung neuer Strategien würden viele Teilnehmer überfordern.

4.2 Wie sollten die Teilnehmer geschult werden?

Die Schulung der Teilnehmer vor der ersten Sitzung ist sehr wichtig, da alle Teilnehmer über den gleichen Informationsstand verfügen müssen. Das Team kann am besten in einem gemeinsamen Seminar geschult werden. In diesem Seminar können

Strategische Analysen und Werkzeuge, auch vorbereitende Unterlagen, Checklisten und Literaturhinweise besprochen werden. Die Schulung des Teams geht auch während der Sitzungen weiter. Es findet ein Meinungsbildungsprozeß statt, der ein permanentes Lernen der Teilnehmer beinhaltet.

4.3 Welches Arbeitsklima sollte vorherrschen?

Das Arbeitsklima in dem Team muß gut sein, denn es findet ein gruppendynamischer Prozeß statt. Der Moderator hat darauf zu achten, daß das Team schnell arbeitsfähig ist, um ein hohes Leistungspotential zu entwickeln. Deshalb müssen alle Teilnehmer mit der Szenario-Technik vertraut sein. Mit der Arbeitsfähigkeit nehmen auch die Erfolgserlebnisse zu. Das Teamgefühl sollte sich parallel entwickeln.

Im Team muß eine sehr kreative und leistungsorientierte Stimmung geschaffen werden. Alle Teilnehmer sollten sich als gleichberechtigte Partner ansehen. Die Diskussionspartner haben sich gegenseitig zu achten. Letztlich ist der Konsens der Teilnehmer notwendig. Meinungskonflikte hat der Moderator zu regeln. Für alle Teilnehmer haben die gleichen Spielregeln zu gelten.

MERKE

Der Nutzen eines erarbeiteten Szenarios ist am größten, wenn die Unternehmensleitung und alle Führungskräfte das Szenario kennen. Dann können sie sich über die zukünftigen Entwicklungsmöglichkeiten im Unternehmen eine einheitliche Meinung bilden.

Die Ergebnisse des Szenarios sind deshalb so wichtig, weil bereits bestehende Unternehmensstrategien angepaßt oder neue Strategien erarbeitet werden müssen. Die Zukunftsorientierung der Mitarbeiter im Unternehmen ist für das strategische Denken von großer Bedeutung.

5. Wie sieht der Ablauf des Szenarios aus?

Die einzelnen Arbeitsschritte der Szenario-Technik variieren bei den einzelnen Modellen. Viele Unternehmer brauchen für die strategische Planung eine Orientierungshilfe, um die Planung effizienter durchführen zu können. Ohne die Szenario-Technik ist eine Zukunftsorientierung nur schwer möglich. Die Unternehmensleitung ist ohne Szenarios kaum in der Lage, langfristig erfolgreich zu operieren, da neue

Entwicklungen häufig überraschend auftreten. Deshalb sollten die strategischen Entscheidungen möglichst durch ein systematisches Szenario abgesichert werden.

Die Projektplanung ist sehr wichtig. Ein klarer Überblick über die einzelnen Arbeitsschritte ermöglicht eine entsprechende Terminplanung. Jeder Arbeitsschritt sollte stichwortartig beschrieben werden.

Die Phasen des Szenario-Prozesses laufen nicht immer geordnet ab. Deshalb muß darauf geachtet werden, daß ein erfahrener Moderator den Ablauf des Szenario-Prozesses geschickt steuert.

Folgende Arbeitsschritte sollten bei der Szenario-Technik berücksichtigt werden:

Tabelle 173: Arbeitsschritte der Szenario-Technik

1. Definition des Untersuchungsgegenstandes
2. Identifikation der Umfelder
3. Beschreibung des Ist-Zustandes
4. Annahmen über zukünftige Entwicklungen
5. Ermittlung von Störereignissen
6. Ausarbeitung von Szenarien
7. Formulierung der Unternehmensstrategien

5.1 Definition des Untersuchungsgegenstandes

Gegenstand eines Szenario-Projektes kann ein Unternehmen als Ganzes, ein Produkt oder auch eine Produktgruppe sein. Ein Szenario ist nur dann sinnvoll, wenn eine Überprüfung der bisherigen Entwicklung erfolgen soll, die auch in der Zukunft durchgeführt wird. Das Ziel der Durchführung eines Szenario-Projektes besteht beispielsweise darin, zukünftige Fehlinvestitionen zu vermeiden. Das Projekt soll konkrete und realistische Ansatzpunkte aufzeigen, um zukünftige Strategien der Unternehmen zu verbessern. Das Team muß klären, welches Projekt zu untersuchen ist und in seiner zukünftigen Entwicklung beobachtet werden soll. Es werden die Elemente analysiert, die miteinander in Beziehung stehen und sich auch wechselseitig beeinflussen können.

Der Untersuchungsgegenstand sollte als System betrachtet werden. Folgende Fragen sind zu klären:

Tabelle 174: Fragen zum Untersuchungsgegenstand

1. Was gehört funktional zu diesem System?
2. Was paßt sinnvoll nicht zum System?
3. Aus welchen Elementen setzt sich das System zusammen?
4. Gibt es noch Subsysteme?
5. Welche Funktionen haben die einzelnen Elemente?
6. Wie beeinflussen sich die Elemente und Subsysteme?

Wenn der Gegenstand der Untersuchung komplexer Natur ist, wird die Beantwortung der Fragen schwierig. Dabei ist darauf zu achten, daß nicht alle möglichen Elemente identifiziert werden. Es kommt darauf an, die wichtigsten Elemente herauszufinden, die für das Verhalten des Systems relevant sind. Das Team sollte sich auf etwa 10 Elemente beschränken. Durch den Einsatz der EDV können zusätzliche Elemente untersucht werden.

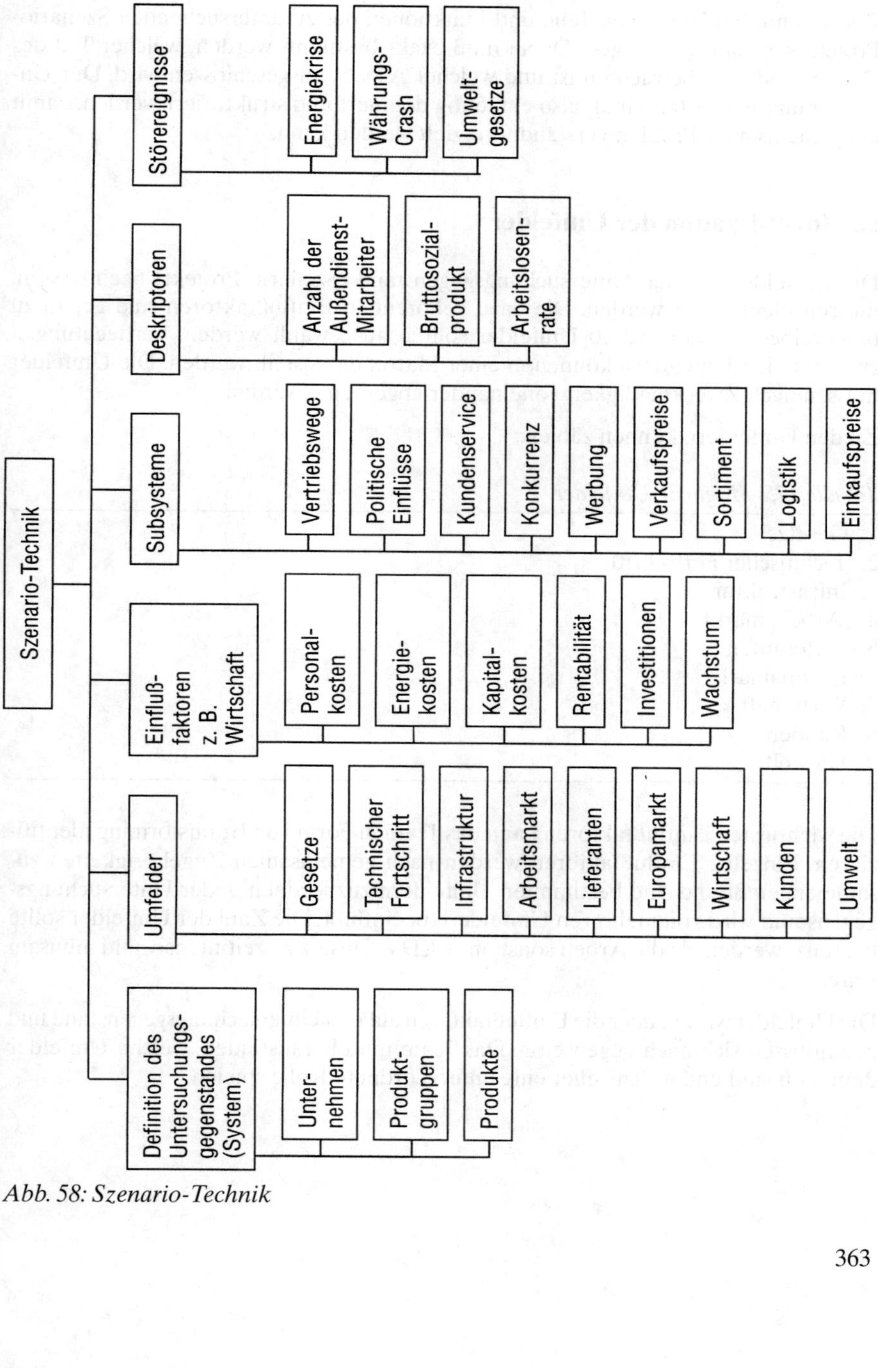

Abb. 58: Szenario-Technik

Zuerst sind die derzeitigen Teile und Funktionen des zu untersuchenden Szenario-Projektes genau festzulegen. Dabei muß exakt bestimmt werden, welcher Teil des Gegenstandes zu betrachten ist und welcher Aspekt ausgeschlossen wird. Der Untersuchungsgegenstand muß also eindeutig definiert und strukturiert werden, damit ein gemeinsames Problemverständnis erzielt werden kann.

5.2 Identifikation der Umfelder

Die Umfelder, die den Untersuchungsgegenstand (Szenario-Projekt) beeinflussen, müssen identifiziert werden. Die dazu gehörenden Einflußfaktoren sind genau zu beschreiben. Etwa 6 bis 10 Umfelder sollten ausgewählt werden. Verflechtungen zwischen den Umfeldern können in einer Matrix dargestellt werden. Die Umfelder müssen nach Zweckmäßigkeit voneinander abgegrenzt werden.

Zu den Umfeldern können zählen:

Tabelle 175: Mögliche Umfelder

1. Gesetze
2. Technischer Fortschritt
3. Infrastruktur
4. Arbeitsmarkt
5. Lieferanten
6. Europamarkt
7. Wirtschaft
8. Kunden
9. Umwelt

Die wichtigsten Einflußfaktoren kann das Team in Form von Brainstorming identifizieren. Einzelne Einflußfaktoren werden nach gemeinsamen Zugehörigkeiten zusammengefaßt und sind bestimmten Umfeldern zuzuordnen. Jeder Untersuchungsgegenstand wird von mehreren Umfeldern beeinflußt. Die Zahl der Umfelder sollte begrenzt werden, da die Arbeit sonst ohne EDV-Einsatz zu zeitintensiv und mühsam wäre.

Die Umfelder wirken über die Einflußfaktoren auf den Untersuchungsgegenstand und beeinflussen sich auch gegenseitig. Das Team muß herausfinden, welche Umfelder dominant sind und welche eher eine untergeordnete Rolle spielen.

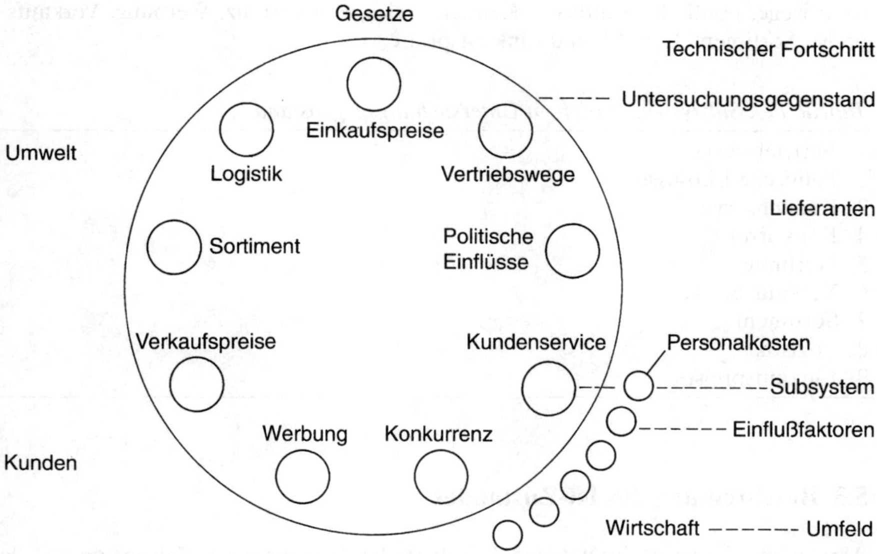

Abb. 59: Untersuchungsgegenstand (Szenario-Projekt), Umfelder, Einflußfaktoren und Subsysteme

Wie die Abb. 59 zeigt, wird der Untersuchungsgegenstand von verschiedenen Umfeldern beeinflußt, die von außen auf das Szenario-Projekt einwirken. Dazu gehören beispielsweise Gesetze, technischer Fortschritt, Lieferanten, Wirtschaft, Kunden und Umwelt. Jedem Umfeld können wichtige Einflußfaktoren zugeordnet werden. Zum Umfeld Wirtschaft gehören beispielsweise folgende Einflußfaktoren: Personalkosten, Energiekosten, Kapitalkosten, Rentabilität, Investitionen und Wachstum.

Tabelle 176: Einflußfaktoren für das Umfeld Wirtschaft

1. Personalkosten
2. Energiekosten
3. Kapitalkosten
4. Rentabilität
5. Investitionen
6. Wachstum

Der Untersuchungsgegenstand wird beispielsweise durch 5 bis 10 Kriterien bestimmt, die auch als Subsysteme bezeichnet werden. Zu diesen Kriterien gehören z. B. Vertriebswege, politische Einflüsse, Kundenservice, Konkurrenz, Werbung, Verkaufspreise, Sortiment, Logistik und Einkaufspreise.

Tabelle 177: Subsysteme für einen Untersuchungsgegenstand

1. Vertriebswege
2. Politische Einflüsse
3. Kundenservice
4. Konkurrenz
5. Werbung
6. Verkaufspreise
7. Sortiment
8. Logistik
9. Einkaufspreise

5.3 Beschreibung des Ist-Zustandes

Am Anfang des Szenarios hat eine detaillierte Ist-Aufnahme zu erfolgen, um für alle Teilnehmer eine gemeinsame Basis zu schaffen. Es kommt öfter vor, daß einzelne Teammitglieder die gegenwärtige Situation recht unterschiedlich beurteilen.

In den Sitzungen müssen quantitative Daten gesammelt und interpretiert werden. Auch die Qualität der Daten ist zu überprüfen. Die Beschreibung des Ist-Zustandes ist besonders wichtig, da alle Teilnehmer einen umfassenden Überblick über den Untersuchungsgegenstand erhalten sollten.

Um die stichwortartig umschriebenen und abgegrenzten Umfelder genauer zu erfassen, werden Deskriptoren verwendet. Die Deskriptoren sind Kenngrößen, mit denen die relevanten Entwicklungen und Veränderungen im Umfeld gemessen werden. Deshalb sollten die Deskriptoren stets quantifizierbar sein.

Die Anzahl der gefundenen Deskriptoren ist einzugrenzen, so daß nur etwa 10 relevante und unabhängige Kenngrößen übrig bleiben. Sichere Deskriptoren können von den Teilnehmern zweifelsfrei beurteilt werden. Diese Kenngrößen werden dann in einer Annahmeliste zusammengefaßt.

Tabelle 178: Deskriptoren (Kenngrößen)

1. Anzahl der Außendienst-Mitarbeiter
2. Bruttosozialprodukt
3. Arbeitslosenrate

Ein Deskriptor kann beispielsweise die Anzahl der Außendienst-Mitarbeiter sein. Das Bruttosozialprodukt ist eine andere Kenngröße, die als Prozentsatz der jährlichen Veränderungen festgehalten wird. Auch die Arbeitslosenrate kann ein Deskriptor sein, die als Prozentsatz der Arbeitslosen am gesamten Arbeitspotential festgestellt wird.

5.4 Annahmen über zukünftige Entwicklungen

Über die zukünftigen Entwicklungen müssen Annahmen gemacht werden, um bestimmte Trends herauszufinden. Aus der Fülle von Annahmen-Kombinationen sind Annahme-Aggregate zu bilden. Die Trends müssen dann zusammengefaßt werden.

Mit Hilfe kreativer Methoden wird die Zukunft beschrieben, die sich in unterschiedliche Richtungen entwickeln kann. Die Szenario-Technik verwendet kaum Trends aus der Vergangenheit. Dadurch werden Fehler, die bei Trendberechnungen auftreten, vermieden. Das Szenario-Team muß sehr kreativ arbeiten und versuchen, sich möglichst von der Vergangenheit zu lösen.

5.5 Ermittlung von Störereignissen

Für das Szenario-Projekt sind die Störereignisse zu ermitteln, die positiv oder negativ sein können. Danach ist eine Auswahl der Ereignisse zu treffen, die relevant und wahrscheinlich sein könnten.

Bei den Störgrößen handelt es sich um vorstellbare Ereignisse. Alle denkbaren Störgrößen sind auf wenige relevante Störereignisse zu reduzieren.

Tabelle 179: Störereignisse

1. Energiekrise
2. Währungs-Crash
3. Umweltgesetze

Ein Störereignis könnte beispielsweise eine Energiekrise sein. Ein Währungs-Crash oder striktere Umweltgesetze könnten ebenfalls Störgrößen darstellen.

Jedes relevante Störereignis sollte in den Szenarien verarbeitet werden. Damit ist für die Teilnehmer ein intensiver Lernprozeß verbunden.

5.6 Ausarbeitung von Szenarien

Die Informationen, die in den einzelnen Arbeitsschritten bearbeitet wurden, müssen zu Szenarien zusammengestellt und formuliert werden. Das Team sollte sich auf die Beschreibung eines optimistischen und eines pessimistischen Szenarios beschränken.

Aufgrund der ermittelten Daten können also zwei mögliche Szenarien mit stark divergierenden Entwicklungen erstellt werden, um alle Eventualitäten in Zukunft zu berücksichtigen. Für die beiden Szenarien sind die wahrscheinlichsten Entwicklungswege unter den getroffenen Annahmen zu beschreiben.

Bei der Erstellung der beiden Szenarien ist stets auf Logik, Plausibilität und Konsistenz zu achten. Die Kreativität der einzelnen Teilnehmer sollte ebenfalls berücksichtigt werden.

Die Beschreibung der Szenarien erfolgt wie in einem Drehbuch. Die Szenario-Beschreibung ist ein entscheidender Arbeitsschritt im Szenario-Projekt. Die Darstellung muß sich auf die Schlüsselideen konzentrieren.

Die Visualisierung der zentralen Aussagen ist besonders wichtig. Dies kann in Form von Tabellen, Skizzen oder Graphiken geschehen. Dadurch wird erreicht, daß die Meinungen über die zukünftige Entwicklung des Untersuchungsgegenstandes klar zum Ausdruck kommen.

Die Szenarien sollten überzeugend dargestellt werden und auch nachvollziehbar sein. Wenn die Szenario-Technik richtig angewendet wird, beinhalten das optimistische und das pessimistische Szenario alle Elemente und Ereignisse, die als sehr wahrscheinlich angesehen werden. Diese beiden Szenarien sollten von allen Teilnehmern aus heutiger Sicht als wahrscheinlich eingestuft werden.

5.7 Formulierung der Unternehmensstrategien

Die Teilnehmer des Teams sollten aus den erstellten Szenarien Schlußfolgerungen für das Unternehmen ziehen. Aufgrund der Szenarien sind zur Verbesserung der strategischen Planung unternehmerische Entscheidungen abzuleiten.

Das Team identifiziert sich meist voll mit den Ergebnissen der Szenarien. Dadurch sind die Teilnehmer auch gut motiviert, die wichtigsten Erkenntnisse im Unternehmen zu berücksichtigen.

Die bisherigen Strategien werden anhand des wahrscheinlichsten Szenarios überprüft. Neue Entscheidungen sollten unter Berücksichtigung aller Ergebnisse dieses Szenarios getroffen werden. Auf der Basis können dann neue Strategien mit hoher Flexibilität entwickelt werden.

Mit Hilfe der Szenario-Technik können neue Erkenntnisse gewonnen werden, die innovative Weichenstellungen im Unternehmen möglich machen. Damit die Ergebnisse des Szenarios besser umgesetzt werden können, ist es sinnvoll, das erarbeitete Szenario für das eigene Unternehmen in Szenario-Leitsätze zu zerlegen.

Die Szenario-Leitsätze sind Schlüsselaussagen, die in einfachen Sätzen den Inhalt des wahrscheinlichsten Szenarios wiedergeben. Diese Leitsätze können sich auf die Existenz des Unternehmens positiv oder negativ auswirken.

Die Leitsätze haben unmittelbaren Einfluß auf die bereits festgelegten Strategien. Wenn die eigenen Strategien den Anforderungen aus den Szenario-Leitsätzen nicht entsprechen, müssen neue strategische Ziele formuliert werden. Eine Änderung der Strategien ist vorzunehmen, wenn einige Szenario-Kriterien bisher nicht berücksichtigt wurden.

Das Szenario-Team sollte ein Frühwarnsystem aufbauen. Dadurch kann bereits frühzeitig aufgrund schwacher Signale die Entwicklung in Richtung der Szenarien A und B aufgezeigt werden. Die Unternehmensleitung ist dann in der Lage, sich auf neue Entwicklungen rechtzeitig einzustellen.

Die Voraussetzungen für neue Strategien sind zu überprüfen, bevor entsprechende Maßnahmen beschlossen werden. Wenn der Ist-Zustand mit dem entwickelten Szenario verglichen wird, können sich auch strategische Lücken ergeben.

MERKE

Die Unternehmensleitung muß grundsätzlich Entscheidungen für die Zukunft treffen und neue Strategien festlegen. Das Szenario-Team hat die Aufgabe, durch Strategien mögliche Brücken in die Zukunft zu bauen. Das Team sollte eine Leitstrategie für den Untersuchungsgegenstand entwickeln, um grundsätzliche und mögliche Wege für die beiden Szenarien A und B aufzuzeigen.

Fortschrittliche Unternehmer fragen heute nach Hintergrundinformationen aus weiteren Umfeldern des Unternehmens. Es werden alternative Entwicklungen und qualitative Veränderungen sowie Wendepunkte gesucht. Viele Unternehmer haben aus diesem Bedarf Konsequenzen gezogen und ihr planerisches Handwerkszeug um das Instrument der Szenario-Technik erweitert.

Alle Entscheidungen können vor dem Hintergrund unterschiedlicher möglicher Entwicklungen auf Chancen und Risiken überprüft werden. Die Szenario-Technik bietet die Möglichkeit, einen Blick in die Zukunft zu werfen. Durch das Schreiben eines Szenarios wird die Komplexität der anstehenden Probleme deutlicher. Die Szenarien, die erarbeitet werden, sind weder Visionen noch Utopien, sondern realistische Bilder der Zukunft.

30 Zielkostenmanagement

1. Wie sieht die Konzeption aus?

Viele Unternehmen arbeiten heute noch weitgehend mit einer Kosten- und Leistungsrechnung, die die angeblich richtigen Kosten für die Produkte ermittelt und die einen gerechtfertigten Verkaufspreis für die Kunden vorgibt. Dabei übersehen manche Unternehmen, daß sie auf Märkten operieren müssen, auf denen sich die Kunden nicht so sehr für die Kosten der Unternehmen, sondern vielmehr für die Verkaufspreise der Unternehmen interessieren.

Die Umsatzerlöse entscheiden darüber, welche Kosten anfallen dürfen. Von den Umsatzerlösen ausgehend wird retrograd ermittelt, wie hoch die Funktionskosten der Produkte sein dürfen. Diesen Ansatz wählt das Zielkostenmanagement für die Produkte. Die Zielkosten werden also aus den am Markt erzielbaren Umsatzerlösen und einem geforderten Gewinn abgeleitet. Beim Zielkostenmanagement wird nicht gefragt, welche Kosten die Unternehmen haben. Vielmehr geht es darum, welche Kosten die Unternehmen haben dürfen, um konkurrenzfähig zu sein.

Am Ende der Konstruktionsphase sind nach sorgfältigen Schätzungen bis zu 80 % der Kosten der Produkte festgelegt. Deshalb müssen sich die Unternehmensleitung und die Führungskräfte darauf konzentrieren, die Kosten bereits in den frühen Phasen der Produktentwicklung genauer zu analysieren und zu gestalten. Wegen der immer kürzer werdenden Produktlebenszyklen lassen sich die Kosten durch Rationalisierungen in der Produktion kaum noch senken. Deshalb muß berücksichtigt werden, daß bei der kurzen Produktlebensdauer der frühe Markteintritt den Erfolg der Produkte entscheidend beeinflussen kann.

Bei der starken Konkurrenz werden die Preise am Markt also kaum noch von den Selbstkosten bestimmt. Vielmehr bilden sich die Preise am Markt selbst.

Die Konsequenz daraus ist, daß die Unternehmen gleichzeitig ihre Leistungen und die vom Markt erlaubten Kosten als Ziele vorgeben müssen. Bereits in der Entwicklungsphase der Produkte werden alle zurechenbaren Kosten geplant. Die Abweichungen können dann bereits frühzeitig erkannt werden. Die Unternehmen sind anschließend in der Lage, Korrekturmaßnahmen frühzeitig einzuleiten.

Das Zielkostenmanagement befaßt sich konsequent mit einer marktorientierten Preis- und Kostenplanung der Produkte bereits in der Entwicklungsphase der betrieblichen Leistungen, denn etwa 80 % der Kosten werden schon in dieser Phase festgelegt. Außerdem sollten die Betrachtungen über den gesamten Produktlebenszyklus berücksichtigt werden. Das Zielkostenmanagement ist also ein Instrument des strategischen Kostenmanagements.

Beim Zielkostenmanagement geht es insbesondere um eine markt- und wettbewerbsorientierte Gestaltung der Produktkosten. Diese Konzeption beinhaltet also ein marktorientiertes Kostenmanagement, das im Gegensatz zu einer kostenorientierten Preisbildung steht. Die Zielkosten werden nach den Funktionen und den Komponenten segmentiert. Dann müssen Maßnahmen zur Schließung der Zielkostenlücken eingeleitet werden. Die Entwicklung und die Konstruktion spielen eine entscheidende Rolle beim produktbezogenen Kostenmanagement. Es wird besonderer Wert auf die Kostenfrüherkennung in den Phasen des Produktplanungsprozesses gelegt.

Zwischen dem Preis und den Kosten besteht ein enger Zusammenhang. In der Kosten- und Leistungsrechnung wurde bisher meist ermittelt, was ein Produkt kosten wird. Der wichtige Unterschied zum Zielkostenmanagement besteht darin, daß jetzt die entscheidende Frage lautet, was ein Produkt kosten darf.

Wenn der Verkaufspreis aufgrund der bestehenden Kosten in den Unternehmen festgelegt wird, dann ergibt sich meist ein zu hoher Verkaufspreis, der einen Verlust an Wettbewerbsfähigkeit mit sich bringt. Deshalb entwickelten zuerst die japanischen Unternehmen das Zielkostenmanagement, das eine andere Vorgehensweise fordert. Zuerst wird ein angestrebter Marktpreis ermittelt. Anschließend legen die Unternehmen einen Zielgewinn fest. Dabei erwarten die japanischen Unternehmen eine Umsatzrentabilität von 20 %. Die Differenz zwischen dem angestrebten Marktpreis und dem Zielgewinn stellt der Betrag dar, der als „erlaubte Kosten" bezeichnet wird.

	Angestrebter Marktpreis (erzielbarer Preis)
./.	Zielgewinn (geplanter Gewinn)
=	erlaubte Kosten (Zielkosten)

Die Zielkosten oder die erlaubten Kosten liegen meist niedriger als die Standardkosten, die auf der Basis der gegenwärtigen Verfahren und Technologien in den Unternehmen anfallen. Um diese Zielkosten zu erreichen, müssen mit Hilfe des strategischen Kostenmanagements unter Berücksichtigung von Innovationen und von besseren Prozessen die Kosten systematisch gesenkt werden.

Für die Anwendung des Zielkostenmanagements müssen auch die kostenrechnerischen Voraussetzungen geschaffen werden. Die Kosten- und Leistungsrechnung hat die Standardkosten zu ermitteln und dem Team zur Verfügung zu stellen. In den einzelnen Phasen des Produktentwicklungsprozesses sind die geeigneten Kosteninformationen bereitzustellen. Gegen Ende der Produktentwicklung sollte auch eine überschlägige Kalkulation durchgeführt werden. Die Anwendung der Prozeßkostenrechnung ist für die Ermittlung der Standardkosten sehr hilfreich.

Das Zielkostenmanagement ist also eine Konzeption, die in Japan entwickelt und in der Praxis realisiert wurde. Diese Methode ist eine marktorientierte Konzeption, die auch Teilaspekte des strategischen Kostenmanagements beinhaltet.

Das marktorientierte Zielkostenmanagement bezieht sich auf die gesamte Wertkette und befaßt sich mit der Gestaltung aller Elemente dieser Wertkette. An erster Stelle steht die Gestaltung der Material- und Prozeßkosten.

MERKE

Das Zielkostenmanagement kann als Teil des strategischen Kostenmanagements interpretiert werden, da der Kern des strategischen Kostenmanagements in der Ausrichtung am Markt liegt. Es geht also insbesondere um die Gestaltung der Produkt- und Prozeßstrukturen in den Unternehmen. Der langfristige Verbrauch der Ressourcen wird untersucht.

Neben der gesamten Wertkette des Unternehmens wird auch unternehmensübergreifend zusätzlich die gesamte Zuliefererkette analysiert. Die Prozesse der Unternehmen sollten neben der Reorganisation in den Unternehmen optimiert werden, um die Zielkosten zu erreichen.

2. Auf welche Kernfunktionen kommt es an?

Das marktorientierte Zielkostenmanagement umfaßt vor allem drei Kernfunktionen, die sich auf die Marktausrichtung, auf die Durchführung des internen Wandels und auf die Gewinnsicherung beziehen. Die Unternehmen müssen sich an den Kunden und am Markt orientieren, um den Wettbewerb erfolgreich zu bestehen.

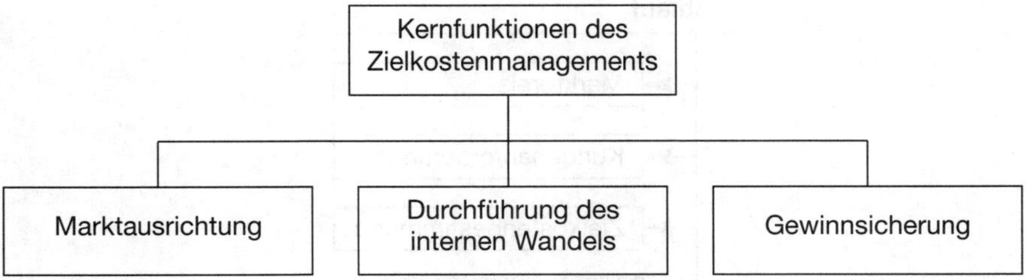

Abb. 60: Kernfunktionen des Zielkostenmanagements

Die Kundenwünsche bestimmen die Zielkosten. Da die bestehenden Standardkosten meist höher als die Zielkosten sind, ist eine Kostenreduktion nur möglich, wenn eine Veränderung insbesondere der Prozesse und der Technologien in den Unternehmen vorgenommen wird. Die Unternehmen können in Zukunft ihre Gewinne nur sichern, wenn sie die vom Markt erlaubten Kosten erzielen.

2.1 Marktausrichtung

Der Kosteneinsatz wird auf die Kundenwünsche ausgerichtet. Die Kundenanforderungen bestimmen also die Zielkosten.

2.2 Durchführung des internen Wandels

Durch die Gegenüberstellung der Anforderungen des Marktes mit der internen Situation der Kosten wird ein Bedarf an Veränderungen in den Unternehmen offengelegt. Es läßt sich deutlich erkennen, daß in den Unternehmen ein Technologie- und Verfahrenswandel durchgeführt werden muß, um weiterhin konkurrenzfähig zu bleiben.

2.3 Gewinnsicherung

Der mögliche Kosteneinsatz wird von Anfang an auf die vom Markt erlaubten Kosten beschränkt. Dadurch kann eine Sicherung des Gewinns sichergestellt werden.

3. Wie sollte der Ablauf erfolgen?

Beim Zielkostenmanagement sollte ein bestimmter Ablauf der einzelnen Schritte beachtet werden. Die Kernpunkte dieser Konzeption sind:

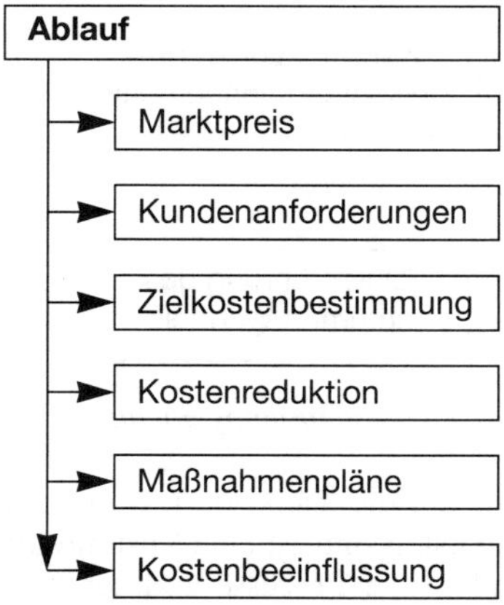

Abb. 61: Ablauf

3.1 Marktpreis

Der Markt bestimmt den Verkaufspreis für die einzelnen Produkte. Deshalb ist es erforderlich, daß evtl. mit Hilfe der Marktforschung ermittelt wird, welche Preise die Kunden zahlen wollen. Das Zielkostenmanagement beschäftigt sich also mit der Frage, was ein Kunde bereit ist, für ein Produkt oder eine Dienstleistung zu bezahlen.

3.2 Kundenanforderungen

Mit Hilfe der Marktforschung wird auch festgestellt, welche Produktmerkmale die Kunden fordern. Aufgrund dieser Informationen wird dann das Produktkonzept festgelegt. Weiterhin kann bestimmt werden, welche Komponenten das Produkt enthalten sollte. Die Marktorientierung des Zielkostenmanagements bedeutet also auch eine Kundenorientierung, die sich an den gültigen Standards am Markt orientiert.

3.3 Zielkostenbestimmung

Auf der Basis der Kundenanforderungen und unter Berücksichtigung der geforderten Komponenten des Produktes werden die Kosten geschätzt. Anschließend sind die Zielkosten zu bestimmen. Außerdem ist zu klären, zu welchem Kostenniveau der beste Wettbewerber in der Lage ist, das gleiche Produkt anzubieten. Weiterhin muß untersucht werden, welches Kostenniveau eine mögliche Best-Practice-Variante besitzt. Benchmarking kann bei diesen Untersuchungen sinnvoll eingesetzt werden.

Zuerst wird der am Markt erzielbare Preis ermittelt. Dann ziehen wir den geplanten Gewinn vom Marktpreis ab, um die vom Markt erlaubten Kosten zu erhalten. Die erlaubten Kosten werden also aus den Marktanforderungen abgeleitet.

Tabelle 180: Erlaubte Kosten

	erzielbarer Marktpreis
./.	geplanter Gewinn
=	erlaubte Kosten

Aufgrund der Kundenanforderungen können die Unternehmen die Standardkosten für das Produkt ermitteln. Von diesen Standardkosten müssen dann die vom Markt erlaubten Kosten abgezogen werden, um den Kostenreduktionsbedarf zu ermitteln.

Tabelle 181: Kostenreduktionsbedarf

	Standardkosten des Produktes
./.	erlaubte Kosten am Markt
=	Kostenreduktionsbedarf

Der Markt ist also der Ausgangspunkt für die Kostenplanung. Die Festlegung der Zielkosten ist markt- und strategieabhängig. Die Zielkosten müssen weiter nach Komponenten aufgespalten werden. Dann kann auch ein Vergleich der Zielkosten mit den Wettbewerbern vorgenommen werden.

Die Zielkosten werden im eigenen Unternehmen mit Hilfe der Wertanalyse überprüft. Gleichzeitig sollten die Kosten der Wettbewerber durch Benchmarking untersucht werden.

Anschließend ist eine Zielkostenspaltung vorzunehmen. Dabei kann die Funktions- und/oder die Komponentenmethode eingesetzt werden. Die Funktionsmethode beruht auf den Kundenvorstellungen, die von einem Produkt bestimmte Funktionen erwarten. Die Zielkosten für die Komponenten werden aus der Nutzenerwartung der Kunden an den Produktfunktionen abgeleitet. Die Funktionsstruktur kann so festgelegt werden, daß harte und weiche Funktionen klar auseinandergehalten werden.

Die Komponentenmethode erlaubt das Herunterbrechen der Zielkosten auf die Baugruppen und das Teilen des Produktes. Die Zielkostenanteile werden also den einzelnen Komponenten zugeordnet. Die Komponenten eines Produktes haben die Aufgabe, die von den Kunden erwarteten Funktionen zu erfüllen.

Die Zielkosten werden also den Kundenwünschen entsprechend festgelegt. Es erfolgt eine Sicherstellung der Kosten für die von den Kunden gewünschten Produktmerkmale zum richtigen Zeitpunkt und im Rahmen der vom Markt erlaubten Kosten. Das Ziel ist erreicht, wenn die vom Markt erlaubten Kosten nicht überschritten werden. Dieses Ziel ist durch die Vermeidung von Verschwendung in den Unternehmen erreichbar, wenn insbesondere bestimmte Punkte beachtet werden. Zu diesen Punkten gehört, daß kein Over-Engineering stattfindet, daß kein von den Kunden nicht gefordertes Überangebot an Produktleistungen erfolgt und daß in den Unternehmen nicht wertschöpfungsbezogene Prozesse eliminiert werden.

3.4 Kostenreduktion

Um die vom Markt erlaubten Kosten zu erreichen, ist eine Kostenreduktion durchzuführen. Deshalb müssen alternative Maßnahmen zur Kostenbeeinflussung untersucht werden. Diese Maßnahmen können sich auf Komponenten, Module, Varianten, Prozesse oder Bereiche beziehen.

Die Möglichkeiten der Kostenbeeinflussung sind in den Unternehmen vielfältig. Die Kostenreduktion sollte bereits in den frühen Phasen der Produktentwicklung einsetzen. Außerdem lassen sich die Kosten durch die Verbesserung der Kostenstrukturen in den einzelnen Funktionsbereichen senken. Weiterhin können die Kosten durch die Optimierung der Produktkosten in nachgelagerten Phasen der Produktion reduziert werden. Die Kostenreduktion kann also durch konsequentes Kostenmanagement mit Erfolg realisiert werden. Die Kostenkontrolle dient der Überprüfung der Zielkostenerreichung.

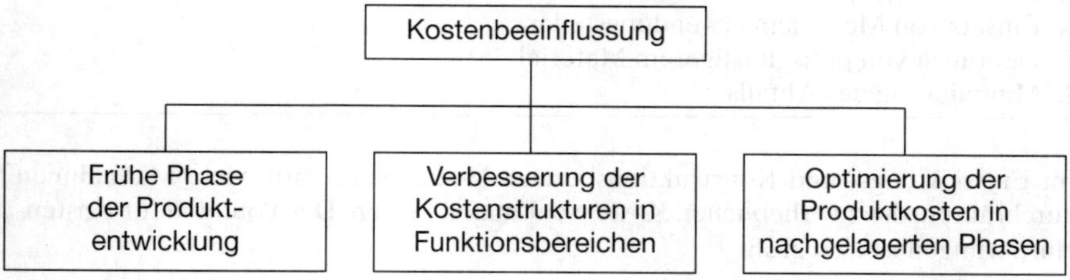

Abb. 62: Kostenbeeinflussung

Der Bedarf an Kostenreduktion wird also vom Markt abgeleitet. Diese Kostenreduktion ist von den Unternehmen selbst zu realisieren. Die Senkung der Kosten kann aber auch auf die Zulieferer verlagert werden, um die von den Kunden erwarteten Kosten zu erreichen.

Je früher die Zulieferer in den Prozeß der Produktentstehung einbezogen werden, desto größer ist auch das Potential für Kostensenkungsmaßnahmen. Neben der laufenden Verbesserung der Kostenstrukturen im eigenen Unternehmen sollten auch die Zulieferer in den Prozeß der Kostensenkung einbezogen werden.

Wenn wir von den Standardkosten des Produktes die vom Markt erlaubten Kosten abziehen, erhalten wir die Zielkostenlücke, die von den einzelnen Verantwortungsbereichen geschlossen werden muß. Zu diesen Verantwortungsbereichen gehören insbesondere der Entwicklungs- und Konstruktions-, der Beschaffungs- sowie der Produktionsbereich. Für diese einzelnen Bereiche sind dann Maßnahmen zu beschließen und durchzuführen.

3.5 Maßnahmenpläne

Zur Schließung der Zielkostenlücke sind in den einzelnen Verantwortungsbereichen Maßnahmenpläne zu erstellen. In den einzelnen Bereichen muß das Team spezifische Maßnahmen erarbeiten und durchsetzen.

Tabelle 182: Entwicklungs- und Konstruktionsbereich

1. Reduzierung der Teile
2. Einsatz von Normteilen
3. Verwendung von preiswerteren Zukaufteilen
4. Produktionsgereche Konstruktion
5. Reduzierung von Arbeitsvorgängen
6. Einsatz von Mehrfachverwendungsteilen
7. Gebrauch von preisgünstigerem Material
8. Minimierung des Abfalls

Im Entwicklungs- und Konstruktionsbereich lassen sich relativ viele Maßnahmen durchführen, die zu erheblichen Kostensenkungen führen. Das Potential für Kosteneinsparungen ist also groß.

Tabelle 183: Beschaffungsbereich

1. Rationalisierung der Beschaffungsprozesse
2. Reduzierung der Verpackung
3. Optimierung des Transportes

Auch im Beschaffungsbereich gibt es verschiedene Möglichkeiten zur Kostensenkung. In vielen Unternehmen sind beispielsweise die Beschaffungsprozesse noch nicht optimiert.

Tabelle 184: Produktionsbereich

1. Reduzierung der Wartezeiten
2. Beschleunigung der Durchlaufzeiten
3. Optimierung der Produktionsprozesse
4. Verminderung der Ausschußquoten
5. Senkung der Nacharbeiten

Der Produktionsbereich bietet für ein effizientes Team verschiedene Möglichkeiten, die Kosten beträchtlich zu senken, um die Zielkostenlücke zu schließen. Die einzelnen Maßnahmen sind klar zu formulieren und konsequent auszuführen.

Da in der Phase der Entwicklung und Konstruktion bereits etwa 80% der Kosten eines Produktes festgelegt werden, sollten die Entwickler und Konstrukteure in den Unternehmen darauf hingewiesen und geschult werden, in Zukunft die Gesichtspunkte der Kosten intensiver zu berücksichtigen. Neben den technischen Problemen sind insbesondere die Kosten bei der Lösung von Problemen zu beachten.

3.6 Kostenbeeinflussung

In den Unternehmen ergeben sich verschiedene Möglichkeiten der Kostenbeeinflussung. Im Bereich der Entwicklung und Konstruktion bieten sich folgende Maßnahmen an:

1. Festlegung des Materialeinsatzes durch die Vorgabe von Spezifikationen
2. Verwendung von Normteilen
3. Einsatz von Baugruppen
4. Bestimmung des Produktionsverfahrens durch die Festlegung entsprechender Anforderungen an die Produktion
5. Eigenfertigung oder Fremdbezug von Komponenten
6. Reduzierung der Teilevielfalt
7. Senkung der Kosten für die Prozeßsteuerung

MERKE

Beim Zielkostenmanagement sollte auf einen bestimmten Ablauf der einzelnen Schritte Wert gelegt werden. Zuerst muß der Marktpreis aufgrund der Kundenanforderungen bestimmt werden.

Danach sind die Zielkosten festzulegen, die meist niedriger sind als die bisher verwendeten Standardkosten. Deshalb muß eine Reduktion der Kosten in Angriff genommen werden.

Vom erzielbaren Marktpreis wird der geplante Gewinn abgezogen, um die erlaubten Kosten zu ermitteln. Der Kostenreduktionsbedarf ergibt sich, indem von den Standardkosten der Produkte die am Markt erlaubten Kosten abgezogen werden.

Die Zielkostenlücke läßt sich schließen, wenn in den einzelnen Bereichen spezifische Maßnahmen erarbeitet und durchgeführt werden. In den Unternehmen ergeben sich verschiedene Möglichkeiten der Kostenbeeinflussung, die systematisch genutzt werden müssen.

4. Welche Ergebnisse sind zu erwarten?

Das Zielkostenmanagement ist eine neue Konzeption, die in den Unternehmen eingeführt werden sollte, weil dadurch neue Ideen in die Unternehmen kommen. Die Einführung des Zielkostenmanagements stellt die traditionelle Denkweise der Mitarbeiter in den Unternehmen auf den Kopf.

Die Kunden und der Markt werden zu Entscheidungstreibern in den Unternehmen. Die Preise für die Produkte und für die Dienstleistungen lassen sich extern ermitteln. Die interne Festlegung der Preise verliert an Bedeutung. Die Kundenwünsche bestimmen darüber, welche Funktionalitäten zu den extern ermittelten Preisen realisiert werden müssen. Alle Aktivitäten der Entwicklung neuer Produkte werden von Anfang an von den Kundenwünschen bestimmt.

Wenn wir von den vom Markt erlaubten Kosten ausgehen, dann wird eine retrograde Kalkulation durchgeführt. Es ist also ein Umdenken erforderlich, da von der bisher üblichen Kosten-Plus-Kalkulation abgegangen werden muß.

Durch ein strategisches Kostenmanagement können die richtigen Entscheidungen in der Vorentwicklung der Produkte getroffen werden. Damit wird sichergestellt, daß die künftigen Marktziele auch erreicht werden. Durch das Zielkostenmanagement können die Unternehmen also einen Vorsprung am Markt erzielen.

Die Preis- und Kostenziele entscheiden darüber, wie ein Produkt positioniert werden kann und welche Rendite zu erwirtschaften ist. Durch Soll-Ist-Vergleiche können die Konzepte der Produkte, der Ausstattung und der sonstigen Bestandteile der Produkte überprüft werden. Zur Zielabsicherung müssen die Produkte längerfristig attraktiv gehalten werden. Für die einzelnen Schritte sind Maßnahmen zu planen und auch umzusetzen.

Das Zielkostenmanagement kann nur durch ein interdisziplinäres Team in den Unternehmen eingeführt werden. Das Management muß dem Team eine gute Rückendeckung gewähren. Die besonderen Erfordernisse und Gegebenheiten der einzelnen Unternehmen sind zu berücksichtigen. Die Abläufe des Zielkostenmanagements müssen standardisiert werden.

Die Beachtung des gesamten Lebenszyklus der Produkte ist erforderlich. Das Simultaneous Engineering sollte von einem Team betreut werden. Außerdem ist die gesamte Wertkette einschließlich der Zulieferer sowie aller direkten und unterstützenden Bereiche in den Unternehmen zu untersuchen.

Das Zielkostenmanagement ist also auch ein wichtiges Instrument im Hinblick auf den ganzen Produktlebenszyklus. Die Zeit von der Entwicklung bis zur Vermarktung der Produkte spielt für den Erfolg eine große Rolle. Es kommt auf die Zielfindung, die Zielumsetzung und die Zielabsicherung an, ob ein Produkt erfolgreich verkauft werden kann oder nicht.

Da etwa 80 % der Produktionskosten in der Entwicklungsphase festgelegt werden, müssen am Anfang der Entwicklung die Zielkosten bestimmt werden. Gleichzeitig sind entsprechende Maßnahmen zur Erreichung der Zielkosten zu beschließen. Wichtige Instrumente sind dabei die Wertanalyse und die Kostentableaus, die zur Schätzung der Kosten für verschiedene Alternativen herangezogen werden können.

Die Wertanalyse kann als ein hilfreiches Instrument beim Zielkostenmanagement eingesetzt werden. Durch die Vorgehensweise der Wertanalyse werden neue Ideen generiert. Zuerst wird von den Funktionen der Produkte aus der Sicht der Kunden ausgegangen. Dann können systematisch in mehreren Schritten die Konzepte der Produkte, die Projektpläne für die Entwicklungen und die Lösungen für die Konstruktion erarbeitet werden.

Die Vorgaben der Zielkosten beziehen sich auf die Einzelkosten, die vor allem das Material und die Löhne umfassen. Gleichzeitig sollten aber auch die Vorgaben für die Gemeinkosten in den indirekten Bereichen ermittelt werden, in denen ein großes Potential an Rationalisierung besteht. In Verbindung mit der Prozeßkostenrechnung ist es möglich, die Strukturen und die Prozesse systematisch zu verändern.

Die Zielkostenlücke ist durch spezifische Maßnahmen zu beseitigen, die zu einer Kostenreduktion führen. Das Zielkostenmanagement zeigt durch die Gegenüberstellung der Standardkosten und der erlaubten Kosten die Notwendigkeit auf, daß in den Unternehmen die Strukturen und Prozesse aufgrund der Anforderungen der Kunden und des Marktes verändert werden müssen, um die Kosten zu senken.

Um die geplanten Zielkosten zu erreichen, sind verschiedene Maßnahmen zur Kostenreduktion durchzuführen. Neben der Optimierung der Produktionsstrukturen und der Vermeidung von Verschwendung sind möglichst Standardmodule zu verwenden. Die Optimierung der Produktionsprozesse und die Vermeidung von Fehlern sowie die Reduzierung der Wartezeiten sind anzustreben. Eine Verringerung der Fertigungstiefe und eine intensivere Zusammenarbeit von Entwicklung, Konstruktion und Arbeitsvorbereitung sollten geplant und durchgeführt werden.

Die Integration der Zulieferer wird immer wichtiger. In vielen Industrien ist deutlich geworden, daß eine immer stärkere Bindung an einzelne Systemlieferanten erfolgen muß, um die Anzahl der Zulieferer zu reduzieren und um erhebliche Kosten einzusparen.

Die Zulieferer spielen also beim Zielkostenmanagement eine immer größere Rolle und sollten als gleichwertige Partner behandelt werden. Die Beziehungen zwischen den Unternehmen und den Zulieferern müssen in vielen Fällen verbessert werden. Die mit den Zulieferern realisierten Senkungen der Kosten sollten auch anteilig den Zulieferern zugutekommen.

Das Zielkostenmanagement sollte durch das Controlling unterstützt werden, das die erforderlichen Informationen zur Verfügung stellen muß. Die Controlling-Instrumente können dazu dienen, die Planung der Zielkosten zu erleichtern, eine laufende Kontrolle der Zielkosten effizienter durchzuführen und eine entwicklungsbegleitende Kalkulation aufzubauen. Die enge Zusammenarbeit von Controlling und Zielkostenmanagement ist besonders wichtig für eine erfolgreiche Realisierung des Zielkostenmanagements.

Auch Benchmarking ist ein hilfreiches Instrument im Prozeß des Zielkostenmanagements. Der Blick auf andere Unternehmen, die Spitzenleistungen vollbringen, kann dazu führen, daß eine Restrukturierung des eigenen Unternehmens erforderlich ist, um die Produktivität zu steigern und um die Kosten zu senken.

Zum Produktvergleich eignet sich auch das Reverse Engineering. Die Produkte der Konkurrenz werden in die einzelnen Teile zerlegt, um die Unterschiede zu den eigenen Produkten herauszufinden. Für einzelne Produkte und für technische Lösungen ist also das Reverse Engineering einzusetzen, um die Zielkosten besser bestimmen zu können.

MERKE

Die Einführung des Zielkostenmanagements stellt die traditionelle Denkweise der Mitarbeiter in den Unternehmen auf den Kopf. Die Kundenwünsche bestimmen die Preise, die eine retrograde Kalkulation erforderlich machen. Das Zielkostenmanagement muß durch ein interdisziplinäres Team eingeführt werden. Das Management sollte dem Team eine gute Rückendeckung gewähren.

Die besonderen Erfordernisse und Gegebenheiten in den einzelnen Unternehmen sind beim Zielkostenmanagement zu berücksichtigen. Die Abläufe des Zielkostenmanagements müssen möglichst standardisiert werden. Die Betrachtung des gesamten Lebenszyklus der Produkte ist erforderlich.

Die Zielkosten müssen am Anfang der Entwicklung der Produkte bestimmt werden, da etwa 80 % der Produktkosten bereits in der Entwicklungsphase festgelegt werden. Aufgrund der Anforderungen der Kunden und des Marktes können die Zielkosten ermittelt werden. Die Zielkostenlücken sind durch spezifische Maßnahmen zu beseitigen, die zu Kostenreduktionen führen.

Die Zielkosten beziehen sich insbesondere auf das Material und die Fertigungslöhne. Die Kosten in den indirekten Bereichen sollten aber ebenfalls beachtet werden.

Das Zielkostenmanagement ist durch das Controlling zu unterstützen. Das Reverse Engineering kann ein hilfreiches Instrument zur Bestimmung der Zielkosten sein. Die Prozeßkostenrechnung sollte als Ergänzung für das Zielkostenmanagement einbezogen werden.

Mit der Einführung des Zielkostenmanagements werden die Strukturen und die Prozesse in den Unternehmen verändert. Die betrieblichen Abläufe können dann besser an den Kunden und am Markt ausgerichtet werden. Die Implementierung des Zielkostenmanagements ist ein Prozeß, der durch eine kontinuierliche Verbesserung weiterentwickelt werden sollte. Durch die Einführung des Zielkostenmanagements wird das strategische Kostenmanagement der Unternehmen ausgeweitet und effizienter gestaltet.

Die Integration der Zulieferer gewinnt immer mehr an Bedeutung. In vielen Unternehmen wird deutlich, daß eine stärkere Bindung an Systemlieferanten erfolgen muß, um die Anzahl der Zulieferer zu reduzieren und um erhebliche Kosten einzusparen. Die Zulieferer sollten als gleichwertige Partner behandelt werden.

Bei der Einführung des Zielkostenmanagements ist eine intensive Schulung aller Mitarbeiter in den eigenen Unternehmen und bei den Zulieferern durchzuführen. Dadurch kann auch die Kommunikation in den Unternehmen verbessert werden.

31 Balanced Scorecard

1. Ist das Informationssystem effizient?

Viele Unternehmen sind mit dem bestehenden Informationssystem unzufrieden, weil es die Führung der Unternehmen nicht verbessert und erleichtert. Es fehlen eindeutige Leistungsindikatoren, die für die Unternehmensleitung und für die Führungskräfte erforderlich sind, um ein Unternehmen erfolgreich führen zu können.

Die Manager kritisieren häufig, daß die eingesetzten Kennzahlen zu finanzorientiert sind. Die finanziellen Leistungsindikatoren sollten auch durch nicht-finanzielle Führungsgrößen ergänzt werden. Neben den harten Kennzahlen werden auch weiche Kennzahlen benötigt. Außerdem vermissen die Führungskräfte oft Informationen über die kritischen Unternehmensprozesse und die strategischen Erfolgsfaktoren. Die für die Entscheidungsprozesse relevanten Faktoren werden auch zuwenig mit den Informationen über den Markt, die Kunden, die Konkurrenz und die individuellen Leistungsergebnisse verknüpft.

Eine wichtige Herausforderung für das Management ist die Ausweitung von Informationssystemen, die die Führung der Unternehmen vereinfachen und erleichtern sollen. Die flexible Bereitstellung von entscheidungsrelevanten und aktuellen Informationen ist in vielen Unternehmen zur effizienten Unternehmenssteuerung erforderlich. Die Umsetzung von Visionen und Strategien in konkrete und transparente Leistungsziele ist nötig, um für die Führungskräfte Handlungsanleitungen zu entwickeln. Neben der strategischen und operativen Planung sind kontinuierliche Kontrollen durchzuführen, um möglichst schnell zu erkennen, ob die einzelnen Ziele erreicht wurden und welche Abweichungen sich ergeben haben. Für die Einleitung von Korrektur-Maßnahmen ist die rechtzeitige Ermittlung von Abweichungen von besonderer Bedeutung. Die Steuerung der Unternehmen kann folglich effizienter realisiert werden. Die Balanced Scorecard läßt sich für diese Aufgaben gut einsetzen.

MERKE

Die Unternehmen benötigen ein Informationssystem, das die Führung der Unternehmen verbessert und erleichtert. Die erfolgskritischen Leistungsindikatoren müssen laufend erfaßt werden, um die Unternehmen erfolgreich zu führen.

Die verwendeten Kennzahlen sind meist finanzorientiert. Die finanziellen Leistungsindikatoren sollten auch durch nicht-finanzielle Führungsgrößen ergänzt werden. Neben harten Kennzahlen werden auch weiche Kennzahlen benötigt, um einen umfassenden Überblick über die Stärken und Schwächen eines Unternehmens zu erhalten.

2. Welche Perspektiven sind zu beachten?

Der steigende Konkurrenzdruck, der permanente Wandel der Märkte und die gestiegenen Anforderungen an Informationen erfordern für die Unternehmensleitung und die Führungskräfte ein effizienteres Steuerungsinstrumentarium in den Unternehmen. Der Erfolg und Mißerfolg der Unternehmen werden meist nach vergangenheitsorientierten und finanzwirtschaftlichen Kriterien gemessen.

Diese Perspektive ist zu eng und muß erweitert werden, um in Zukunft eine erfolgreichere Führung der Unternehmen zu ermöglichen. Die Unternehmen benötigen ein strategisches Führungsinstrument, das alle wichtigen Bereiche des Unternehmens integriert. Es müssen deshalb alle quantitativen und qualitativen Leistungsindikatoren identifiziert werden, die die Zielerreichung im Hinblick auf die Zeit, die Kosten und die Qualität ermöglichen. Ein ausgewogener Berichtsbogen muß also in den Unternehmen eingeführt werden.

Die Leistungsindikatoren dürfen deshalb nicht nur auf internen, vergangenheitsorientierten und quantitativen Informationen beruhen, sondern müssen auch externe, zukunftsorientierte und qualitative Aspekte berücksichtigen. Neben den wertmäßigen Kennzahlen sollten auch mengenmäßige Kennzahlen verwendet werden. Es muß also eine integrierende Konzeption entwickelt werden. Dann sind die Unternehmen in der Lage, auch in Zukunft Erfolgspotentiale schneller zu erkennen und systematisch zu nutzen.

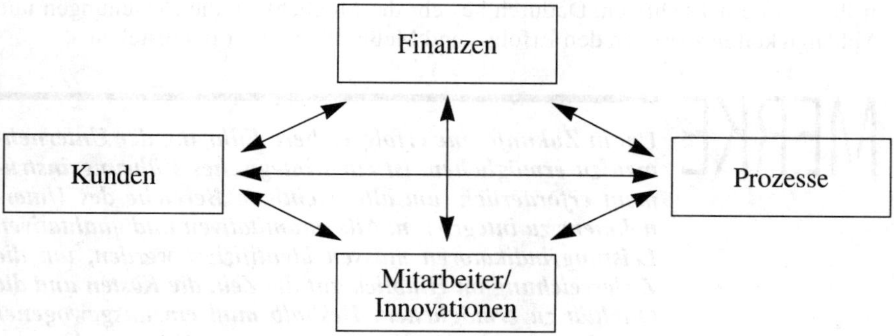

Abb. 63: Perspektiven

Da die finanzwirtschaftliche Betrachtungsweise zu eng ist, muß diese Perspektive um die Kunden, die internen Prozesse und die Mitarbeiter/Innovationen erweitert werden. In den Unternehmen sind erfolgskritische Ziele und Meßgrößen zu ermitteln. Die quantifizierbaren Ziele und Meßgrößen können dann zur Kommunikation und zur Steuerung der Unternehmensergebnisse eingesetzt werden. Außerdem orientieren sich diese Ziele und Meßgrößen an den wesentlichen strategischen Erfolgspositionen der Unternehmen.

Dadurch ist eine Konkretisierung der Strategien und die Ableitung der einzelnen Ziele eher möglich. Damit wird die Basis geschaffen, die einzelnen Strategien auch operativ zu messen. Die Meßgrößen geben weiterhin Auskunft darüber, was die Unternehmensleitung und die Führungskräfte innerhalb des Unternehmens tun müssen, damit alle Ziele des gesamten Unternehmens auch erreicht werden.

Finanz-Perspektive
Ziele Meßgrößen

Abb. 64: Perspektive, Ziele, Meßgrößen

Wenn wir beispielsweise die finanzielle Perspektive betrachten, dann können wir die entsprechenden Ziele und Meßgrößen festlegen. Es läßt sich folglich klären, wie die Unternehmensleitung vor den Kapitalgebern des Unternehmens erscheint, welche Ziele in Zukunft erreicht werden sollten und welche Meßgrößen einzusetzen sind. Ausgehend von den strategischen Erfolgsgrößen und den Kernprozessen eines Unternehmens lassen sich dann wichtige strategische und operative Größen identifizieren, systematisieren und aggregieren.

Neben den finanziellen Erfolgsgrößen sind auch die nicht-finanziellen Erfolgsgrößen zu berücksichtigen. Dadurch besteht die Möglichkeit, die Beziehungen und Abhängigkeiten zwischen den Erfolgs- und Meßgrößen klarer darzustellen.

MERKE

Um in Zukunft eine erfolgreichere Führung der Unternehmen zu ermöglichen, ist ein strategisches Führungsinstrument erforderlich, um alle wichtigen Bereiche des Unternehmens zu integrieren. Alle quantitativen und qualitativen Leistungsindikatoren müssen identifiziert werden, um die Zielerreichung im Hinblick auf die Zeit, die Kosten und die Qualität zu ermöglichen. Deshalb muß ein ausgewogener Berichtsbogen in den Unternehmen eingeführt werden.

Die finanzwirtschaftliche Betrachtungsweise ist zu eng und muß um die Perspektiven der Kunden, der internen Prozesse und der Mitarbeiter/Innovationen erweitert werden. Für die Unternehmen sollten alle wichtigen und erfolgskritischen Ziele und Meßgrößen ermittelt werden.

3. Wie sehen die Ziele und Meßgrößen aus?

Die Unternehmen sollten sich viel intensiver mit ihren Visionen und Leitbildern beschäftigen. Auf der Basis der neuen Visionen sind dann die strategischen Ziele festzulegen. Anschließend müssen auch die operativen Ziele vereinbart werden.

Abb. 65: Visionen und Ziele

Für die einzelnen Erfolgsgrößen können also in Zukunft eindeutige Ziele formuliert und vereinbart werden. Wesentlich schwieriger ist es allerdings, ihnen auch die entsprechende Bedeutung bei der Entwicklung von Strategien beizumessen. Erst wenn auch nicht-finanzielle Größen als individuelle Ziele festgelegt werden, können die Mitarbeiter die vereinbarten Ziele eher erreichen. Die Einschätzung der Kunden, die Beurteilung der Mitarbeiter und die Systeme der Belohnung sind ebenfalls zu berücksichtigen. In Zukunft sollten die Mitarbeiter besonders danach beurteilt werden, ob sie alle vereinbarten strategischen und operativen Ziele auch erreicht haben. Die Anreizsysteme der Unternehmen sind auch enger an die Realisierung der Ziele zu knüpfen.

Die traditionellen Leistungsindikatoren fördern oft die strategischen Entscheidungsprozesse nur schwach, da sie überwiegend finanzorientiert sind. Der Hauptgrund liegt darin, daß in der Vergangenheit die Kunden, die Geschäftsprozesse und die Mitarbeiter/Innovationen nicht in die Betrachtung einbezogen wurden. Diese zusätzliche Orientierung wird bei der Balanced Scorecard-Konzeption berücksichtigt.

Ausgangspunkt dieser Konzeption ist die Finanz-Perspektive. Die Frage lautet, wie das Unternehmen von den Kapitalgebern gesehen wird. Dann erfolgt die Fokussierung auf die Kunden. Die Unternehmen müssen sich fragen, wie sie von den Kunden eingeschätzt und beurteilt werden. Zusätzlich muß die Prozeß-Perspektive betrachtet werden. Es ist die Frage zu klären, wie die einzelnen Geschäftsprozesse ablaufen. Außerdem ist die Mitarbeiter/Innovations-Perspektive zu untersuchen. Bei dieser Perspektive geht es insbesondere um die Qualifikation der Mitarbeiter, die durch neue Innovationen Wettbewerbsvorteile erringen und damit zusätzliche Werte schaffen können.

Die Interpretation der Balanced Scorecard und die Ausbalancierung der einzelnen Perspektiven ist ein wesentlicher Aspekt dieser Konzeption. Die Verbindung der einzelnen Perspektiven mit Ursache-Wirkungs-Ketten und unterschiedlichen Zeitfaktoren im Sinne des vernetzten Denkens bildet die Voraussetzung dafür, daß die Realisierung der einzelnen Ziele nicht zum Nachteil anderer wichtiger Ziele erfolgt.

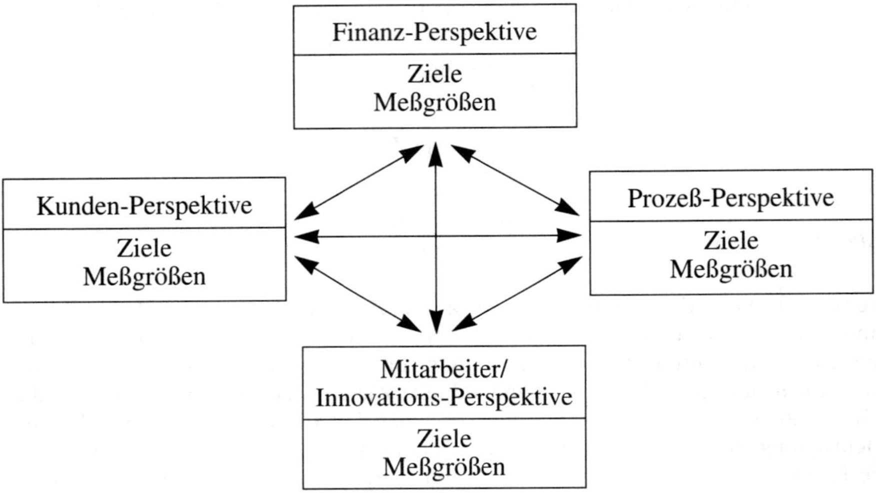

Abb. 66: Balanced Scorecard

Die unterschiedlichen Perspektiven müssen gegeneinander ausbalanciert werden. Für jede Perspektive sind Ziele und Meßgrößen festzulegen. Wenn die eine oder andere Meßgröße vernachlässigt oder ignoriert wird, kann der Erfolg des ganzen Unternehmens gefährdet werden. Für den Erfolg der Unternehmen hat die Entwicklung der Leistungsindikatoren eine besondere Bedeutung. Die kontinuierliche Verbesserung dieser Konzeption ist aber ebenfalls wichtig. Die Unternehmen sollten kontinuierlich die Prozesse und die Allokation der Ressourcen optimieren.

Die Ziele und Meßgrößen sind für jede Perspektive separat zu bestimmen. Mit der Finanz-Perspektive sollte zuerst begonnen werden. Die wertsteigernden Zielvorgaben und Meßgrößen der Finanz-Perspektive müssen dann mit den Zielen und Meßgrößen auf der Kunden-, Prozeß- und Mitarbeiterebene verknüpft werden. Die Verankerung eines durchgängigen Führungs- und Steuerungsinstrumentariums ist also notwendig.

Finanz-Perspektive

Ziele	**Meßgrößen**
Steigerung der Rentabilität	Umsatz-Rentabilität
Erhöhung des Umsatzes	Netto-Umsatz
Sicherung der Finanzkraft	Cash-flow
Erhöhung der Produktivität	Betriebsergebnis pro Mitarbeiter
Reduzierung des Kapitalbedarfs	Anlagevermögen
Erhöhung der Kapitalverzinsung	Return on Investment (ROI)

Die kundenorientierten Leistungsindikatoren nehmen an Bedeutung zu. In vielen Unternehmen wird die Kundenorientierung bereits mit der Qualität erfolgreich verknüpft (TQM). Die Qualität wird als ein strategischer Wettbewerbsfaktor erkannt, der durch den konsequenten Aufbau von nicht-finanziellen Kennzahlen zu einer kontinuierlichen Verbesserung der Marktposition und der Kundenorientierung führt.

Kunden-Perspektive

Ziele	**Meßgrößen**
Zufriedenheit der Kunden	Kundenbefragung
Termintreue gegenüber Kunden	Lieferpünktlichkeit
Erhöhung der Marktdurchdringung	Marktanteile
Steigerung der Produktqualität	Reklamationen
Zufriedenheit der Mitarbeiter	Mitarbeiter-Beurteilung

Wegen der zunehmend prozeßorientierten Gestaltung der Unternehmen ist die interne Prozeß-Perspektive besonders wichtig. Ohne prozeßorientierte Leistungsindikatoren können die erzielten Ergebnisse nicht richtig interpretiert werden. Das Aufzeigen der Ursache-Wirkungs-Beziehungen ist dann ebenfalls nicht möglich. Der Unternehmensleitung und den Führungskräften kann dann auch nicht vermittelt werden, wie diese Ergebnisse zustande gekommen sind und wie sie diese Ergebnisse verbessern können.

Prozeß-Perspektive

Ziele	**Meßgrößen**
Flexibilität der Produktion	Durchlaufzeiten
Verbesserung der Effizienz	Maschinenauslastung
Senkung des Lagerbestandes	Lagerumschlag
Erhöhung der Qualität	Ausschußquote
Steigerung des Vertriebs	Umsatz pro Mitarbeiter
Erhöhung der Auslastung	Lieferfähigkeit
Einhaltung der Termine	Termintreue

Die Mitarbeiter/Innovations-Perspektive gewinnt in vielen Unternehmen immer mehr an Bedeutung. Um Innovationen zu realisieren, muß die Ausnutzung von Wissenskompetenzen der Mitarbeiter in den einzelnen Bereichen erhöht werden. Die Strategie sollte zunächst daraufhin überprüft werden, ob die vorhandenen Kompetenzen und das bestehende Wissen für die Erreichung der Ziele überhaupt ausreicht. Eine entscheidende Größe für den Erfolg der Unternehmen ist also die Qualifikation der Mitarbeiter und die Innovationskraft.

Mitarbeiter/Innovations-Perspektive

Ziele	**Meßgrößen**
Erhöhung der Kompetenz der Mitarbeiter	Weiterbildungskosten pro Mitarbeiter
Verbesserung der Ausbildung der Mitarbeiter	Teilnahme an Schulungen
Erhöhung der Qualität der Produkte	Anzahl der Änderungen
Neue Produkte pro Produktgruppe	Umsatzanteil für neue Produkte
Projektteams	Anzahl der Mitarbeiter
Verbesserung der Motivation	Höhere Leistungsbereitschaft
Entwicklung neuer Produkte	Trefferquote neuer Produkte
Geringere Mitarbeiterfluktuation	Fluktuationsquote

MERKE

Die Strategieaussagen können einfach in Ziele und Meßgrößen in den einzelnen Abteilungen umgesetzt werden. Die neuen Strategien haben dann einen unmittelbaren Einfluß auf die Ziele der einzelnen Führungskräfte. Die strategischen Veränderungen können dann zügig in den Verantwortungsbereichen umgesetzt werden.

In den Unternehmen lassen sich für die vier Perspektiven der Balanced Scorecard die strategischen Ziele und Meßgrößen klar definieren. Die Balanced Scorecard verbindet finanzielle mit nicht-finanziellen Steuerungsgrößen. Dieses Informationssystem kann mit strategischen Anreiz- und Vergütungssystemen verknüpft werden.

4. Werden die Strategien beeinflußt?

Das Besondere der Balanced Scorecard ist die Verbindung der Ziele mit finanziellen und nicht-finanziellen Steuerungsgrößen im Unternehmen. Es erfolgt die Verknüpfung der Finanz-Perspektive mit der Kunden-Perspektive, der Prozeß-Perspektive und der Mitarbeiter/Innovations-Perspektive. Diese Perspektiven orientieren sich an den erfolgskritischen Kernprozessen der Unternehmen. Diese wesentlichen Perspektiven beeinflussen ganz besonders die Unternehmensstrategien.

Die Konzeption der Balanced Scorecard hilft den Unternehmen, ihre vagen Unternehmensstrategien in konkrete und definierbare Ziele und Meßgrößen zu übertragen. Die Unternehmen können sich dann ein transparentes und aggregiertes Bild der Unternehmenslage machen.

Die Balanced Scorecard unterstützt das Management bei der Formulierung und Umsetzung der Strategien. Diese Konzeption verankert im ganzen Unternehmen ein Kommunikations- und Steuerungsinstrument, das eine permanente Überprüfung der Ziele in allen Bereichen des Unternehmens erlaubt.

Der Bedarf an Leistungsindikatoren, die eine Quantifizierung der Zielerreichung ermöglichen, nimmt in den Unternehmen zu. Die Optimierung der Leistungsfähigkeit der Unternehmen sollte sich am Prozeß der Wertschöpfung orientieren. In Zukunft ist ein Steuerungs- und Informationssystem erforderlich, das auf alle relevanten Erfolgsgrößen der Unternehmen ausgerichtet wird.

Die neuen Anforderungen des Umfeldes haben viele Unternehmen dazu gebracht, das Führungsinformationssystem kritisch zu betrachten, zu analysieren und in vielen Fällen zu revidieren. Die üblichen Erfolgs- und Leistungsindikatoren genügen nicht mehr, den zukünftigen Erfolg der Unternehmen über die Frühwarnindikatoren zu gewährleisten.

Eine Vernetzung von quantitativen und qualitativen Leistungsgrößen, die optimale Nutzung interner und externer Informationen, der systematische Aufbau eines Informationssystems und der konsequente Einsatz des Wissens der Mitarbeiter in den Unternehmen sind erforderlich, um den langfristigen Erfolg der Unternehmen zu garantieren.

Die Balanced Scorecard-Konzeption hat sich in vielen Unternehmen als erfolgreiche Konzeption für die Verankerung von Visionen, Strategien, Zielen und Meßgrößen insbesondere in der strategischen Planung bewährt. Die Balanced Scorecard ist also ein Instrument zur ganzheitlichen Unternehmenssteuerung.

MERKE

Die Unternehmen können die Blanced Scorecard erfolgreich implementieren und nutzen, wenn der Aufbau und die Einführung systematisch vorgenommen wird. Die strategischen Veränderungen können dann konsequent vorangetrieben werden.

Mit Hilfe der Balanced Scorecard verstehen die Mitarbeiter die neuen Strategien viel besser und haben dann auch keine Schwierigkeiten bei der Umsetzung. Da die Strategien dann keine Wunschformulierungen mehr sind, finden die Strategien einfach einen Niederschlag in einzelnen Aktionsplänen. Die Balanced Scorecard ist also ein Instrument zum direkten Überführen der Strategien in Aktionen.

Die Balanced Scorecard dient dazu, die Strategien den Mitarbeitern klar zu kommunizieren. Die Wertgeneratoren werden als Führungsgrößen ins Zielsystem eingebunden. Die Balanced Scorecard ermöglicht also, das Wertmanagement in den Unternehmen zu verankern.

5. Wie sollte die Einführung erfolgen?

Die Balanced Scorecard ist ein effizientes Werkzeug für das Controlling. Deshalb müßte gerade der Controller ein großes Interesse daran haben, die Balanced Scorecard im Unternehmen einzuführen. Der Controller sollte als interner Unternehmensberater die Aufgabe übernehmen, die Kommunikation zwischen der Unternehmensleitung, den Führungskräften und den übrigen Mitarbeitern im Unternehmen zu verbessern. Auch dafür eignet sich die Balanced Scorecard hervorragend.

Die Aufgabe des Controllers besteht nicht nur darin, die Zahlen aus der Vergangenheit zusammenzustellen und zu interpretieren. Vielmehr wird von einem kompetenten Controller erwartet, daß er mit Hilfe von Kennzahlen sich mit der zukünftigen Entwicklung des Unternehmens auseinandersetzt. Neben der Zukunftsorientierung geht es insbesondere um eine bessere Motivation aller Mitarbeiter. Der Controller sollte die Zusammenarbeit der Mitarbeiter verbessern und intensivieren sowie eine Organisation schaffen, die auf einer soliden Vetrauensbasis arbeitet.

Mit gut ausgewählten Kennzahlen, die miteinander verknüpft werden können, kann der Controller einen überzeugenden Orientierungsrahmen schaffen, der ein eigenverantwortliches und schöpferisches Arbeiten im Unternehmen möglich macht. Dazu muß der Controller es verstehen, komplizierte Zusammenhänge einfach darzustellen und verständlich zu machen.

Der Controller kann das visionäre Denken im Unternehmen fördern. Die Visionen sind mit der Balanced Scorecard in praktikable und nachvollziehbare Schritte umzusetzen, die die neuen Strategien im Unternehmen für alle Mitarbeiter verständlich machen. Die Entwicklung und die Einführung der Balanced Scorecard sind dann sehr hilfreich, um ein Unternehmen intensiver auf die Zukunft vorzubereiten und um die zu erwartenden Probleme besser in den Griff zu bekommen.

Um eine Balanced Scorecard in einem Unternehmen erfolgreich einzuführen, sollte ein bestimmter Ablauf berücksichtigt werden. Dadurch ist eine konsequente Einführung der Balanced Scorecard möglich.

Tabelle 185: Ablauf

1. Entwicklung von Visionen für die Unternehmenszukunft
2. Formulierung von anspruchsvollen, einprägsamen und realistischen Zielen
3. Ableitung der Strategien aus den Visionen
4. Bestimmung von präzisen Kennzahlen für alle Mitarbeiter
5. Verknüpfung der Perspektiven Finanzen, Kunden, Prozesse und Mitarbeiter
6. Erläuterung der ausgewählten Kennzahlen und Fokussierung auf die strategischen Hauptziele
7. Erarbeitung und Zusammenstellung der relevanten Daten zur Verfolgung der einzelnen Ziele
8. Festlegung von Maßnahmen und der Verantwortlichkeiten zur Zielerreichung
9. Steuerung des Unternehmens auf der Basis der Zielvereinbarungen mit den einzelnen Mitarbeitern
10. Beachtung des Top-Down-Systems zur Implementierung der Strategien

Für die Einführung der Balanced Scorecard sollte ein Moderator zuständig sein, der als externer Unternehmensberater bereits Erfahrungen auf diesem Gebiet gesammelt hat. Eine Einführungsplanung sollte Workshops zur Einführung, Schulungen der Mitarbeiter und die Umsetzung durch die Mitarbeiter umfassen.

Tabelle 186: Einführungsplanung

1. Workshops zur Einführung
   - Ausarbeitung und/oder Überarbeitung der Visionen
   - Ableitung der Strategien
   - Festlegung der Kennzahlen

2. Schulungen der Mitarbeiter
   - Bildung von kleinen Teams
   - Ausarbeitung von Zielen und Meßgrößen
   - Entscheidungen über Maßnahmen
   - Abgrenzung der Verantwortlichkeiten
   - Verbesserung der Motivation

3. Umsetzung durch die Mitarbeiter
   - Festlegung der relevanten Kennzahlen für alle Verantwortungsbereiche
   - Herunterbrechen der strategischen Ziele auf die Mitarbeiter
   - Erstellung von Maßnahmeplänen
   - Verknüpfung der strategischen Ziele mit den operativen Unternehmensplänen
   - Umbau des bestehenden Berichtssystems
   - Anpassung des Berichtssystems aufgrund neuer Erkenntnisse
   - Rückkopplung auf allen Ebenen in regelmäßigen Abständen

Die Einführung der Balanced Scorecard ist kein einmaliger Vorgang im Unternehmen. Vielmehr handelt es sich um einen permanenten Lernprozeß, der laufend fortgeführt werden muß. Mit der Einführung der Balanced Scorecard beginnt also ein interessanter Lernprozeß im Unternehmen, der alle Mitarbeiter betreffen sollte. Nach der erfolgreichen Einführung der Balanced Scorecard kann insbesondere die Kommunikation und die Motivation im Unternehmen wesentlich verbessert werden, so daß ein Unternehmen in Zukunft viel effizienter und effektiver geführt werden kann.

MERKE

Die Balanced Scorecard ist für den Controller ein effizientes Werkzeug. Deshalb sollte der Controller an der Einführung der Balanced Scorecard ein großes Interesse haben. Die Mitarbeiter können dann besser motiviert werden und kreativer tätig sein. Die Kommunikation läßt sich wesentlich verbessern. Mit ausgewählten Kennzahlen, die miteinander verknüpft werden, kann im Unternehmen ein guter Orientierungsrahmen für die strategische Steuerung geschaffen werden.

Der Controller hat das visionäre Denken im Unternehmen zu fördern. Die Ableitung neuer Strategien sollte konsequent erfolgen. Einige aussagefähige Kennzahlen sind zur besseren Steuerung der Unternehmen zu bilden.

Ein bestimmter Ablauf muß beachtet werden, bevor eine Einführungsplanung im Unternehmen erstellt wird. Neben den Workshops zur Einführung sollten auch Schulungen für die Mitarbeiter durchgeführt werden, um eine effektive Umsetzung reibungslos zu verwirklichen.

Literaturverzeichnis

Albach, H. (Hrsg.):	Erfahrungskurve und Unternehmensstrategie, Wiesbaden 1987
Ansoff, H. J.:	Strategic Management, London 1981
Arthur D. Little International (Hrsg.):	Management im Zeitalter der Strategischen Führung, 2. Aufl., Wiesbaden 1986
Barth, H.:	Controlling – ein Instrument zur Gewinnsteuerung, 3. Aufl., Stuttgart 1995
Baumgartner, B.:	Die Controller-Konzeption, Bern/Stuttgart 1980
Becker, H. J.:	Controller und Controlling, 2. Aufl., Stuttgart 1992
Berschin, H. H.:	Wie entwickle ich eine Unternehmensstrategie?, Wiesbaden 1982
Bornemann, H.:	Controlling heute, 2. Aufl., Wiesbaden 1986
Boston-Consulting-Group:	Wandlungen in den Unternehmensstrategien der 80er Jahre, München 1983
Bramsemann, R.:	Handbuch Controlling, 3. Aufl., München 1993
Brecht, H. G.:	Budgetierung, 2. Aufl., Gernsbach 1980
Bromann, P.:	Erfolgreiches strategisches Informationsmanagement, Landsberg 1987
Bühner, R.:	Das Management-Wert-Konzept, Stuttgart 1990
Bundesverband Deutscher Unternehmensberater BDU (Hrsg.):	Controlling, Berlin 1989
Buzzel, R. D./Gale, B. T.:	Das PIMS-Programm – Strategien und Unternehmenserfolg, Wiesbaden 1989
Capra, F.:	Wendezeit – Bausteine für ein neues Weltbild, München 1988
Coenenberg, A. G., Baum, H. G.:	Strategisches Controlling, Stuttgart 1987

Däumler, K. D.: Kostenrechnung 1, 6. Aufl., Herne/Berlin 1996

Däumler, K. D.: Kostenrechnung 2, 6. Aufl., Herne/Berlin 1996

Däumler, K. D.: Kostenrechnung 3, 5. Aufl., Herne/Berlin 1996

Dannenberg, J.: Mikrocomputergestützte Instrumente der strategischen Unternehmensplanung, Wiesbaden 1990

Deyhle, A.: Arbeitshandbuch Gewinnmanagement, 5. Aufl., Landsberg 1985

Deyhle, A.: Controller-Praxis, München 1989

Deyhle, A.: Management- und Controllingbrevier, München 1986

Dunst, K. H.: Portfolio Management, 2. Aufl., Berlin/New York 1982

Egger, A., Winterheller, M.: Kurzfristige Unternehmensplanung – Budgetierung, 2. Aufl., Wien 1983

Franz, S.: Controlling und effiziente Unternehmensführung, Wiesbaden 1989

Friedag, H.R., Schmidt , W.: Balanced Scorecard – Mehr als ein Kennzahlensystem, Freiburg 1999

Gälweiler, A.: Unternehmensplanung, 2. Aufl., Frankfurt/M./New York 1986

Götze, U.: Szenario-Technik in der strategischen Unternehmensplanung, Wiesbaden 1991

Groll, K.-H.: Erfolgssicherung durch Kennzahlensysteme, 4. Aufl., Freiburg 1990

Günther, J.: Handelscontrolling, Frankfurt/M. 1989

Günther, Th.: Unternehmenswertorientiertes Controlling, München 1996

Hagen, K., Weber, P.: Der Controlling-Berater, Freiburg 1997

Hahn, D., Taylor, B. (Hrsg.): Strategische Unternehmensplanung, 4. Aufl., Heidelberg 1986

Hammer, R. M.: Strategische Planung und Frühaufklärung, 2. Aufl., München 1992

Hammer, R. M.: Unternehmensplanung, 6. Aufl., München 1995

Heinrich, L. J., Burgholzer, P.: Informationsmanagement, 3. Aufl., München 1990

Henderson, B. D.: Die Erfahrungskurve in der Unternehmensstrategie, 2. Aufl., Frankfurt/M. 1984

Hentze, H., Müller, K.-D., Schlicksupp, H.: Praxis der Managementtechniken, München 1989

Henzler, H. (Hrsg.): Handbuch Strategische Führung, Wiesbaden 1988

Hinterhuber, K. H.: Strategische Unternehmensführung, 4. Aufl., Berlin 1989

Horvath, P.: Controlling, 6. Aufl., München 1996

Horvath, P.: Target Costing, Stuttgart 1993

Jackson, P., Ashton, D.: ISO 9000, Der Weg zur Zertifizierung, Landsberg 1994

Kaplan, R., Norton, D.: Balanced Scorecard: Strategien erfolgreich umsetzen, Stuttgart 1997

Keller, I.: Identität und Image – Auf dem Weg zur ganzheitlichen Corporate Identity, Wiesbaden 1989

Koinecke, J.: Checklist: Portfolio-Management in Marketing und Vertrieb, Landsberg am Lech 1983

Kotter, J. P.: Erfolgsfaktor Führung, Frankfurt/M. 1989

Kreikebaum, H.: Strategische Unternehmensplanung, 3. Aufl., Stuttgart 1989

Landsberg, G. v., Mayer, E.: Berufsbild des Controllers, Stuttgart 1988

Liebl, W. F.: Marketing-Controlling, Wiesbaden 1989

Lücke, W./Dietz, J. W. (Hrsg.): Innovationen und Controlling, Wiesbaden 1989

Mann, R.: Praxis strategisches Controlling, 5. Aufl., Landsberg 1989

Mann, R., Mayer, E.: Controlling für Einsteiger, 3. Aufl., Freiburg 1990

Männel, W.: Prozeßkostenrechnung – Bedeutung – Methoden – Branchenerfahrungen – Softwarelösungen, Wiesbaden 1995

Masing, W.: Handbuch Qualitätsmanagement, 3. Aufl., München 1994

Nagel, K.: Die 6 Erfolgsfaktoren des Unternehmens, 3. Aufl., Landsberg 1988

Pfeil, B.: Planungshandbuch, 2. Aufl., Landsberg 1987

Porter, M. E. (Hrsg.): Globaler Wettbewerb – Strategien der neuen Internationalisierung, Wiesbaden 1989

Porter, M. E.: Wettbewerbsstrategie, 4. Aufl., Frankfurt/M. 1987

Preißler, P. R.: Controlling im Klein- und Mittelbetrieb, Eschborn 1987

Preißler, P. R.: Controlling, 9. Aufl., München 1997

Probst, G. J. B., Gomez, P. (Hrsg.): Vernetztes Denken: Unternehmen ganzheitlich führen, Wiesbaden 1989

Radke, M.: Handbuch der Budgetierung, Landsberg 1988

Reichmann, T.: Controlling mit Kennzahlen, 4. Aufl., München 1995

Reichmann, T.: Controlling-Praxis, München 1988

Reibnitz, U. von: Szenario-Technik-Instrumente für die unternehmerische und persönliche Erfolgsplanung, Wiesbaden 1991

Roventa, P: Portfolio-Analyse und strategisches Management, 2. Aufl., München 1981

Rupp, M.: Produkt/Marktstrategien, 2. Aufl., Zürich 1980

Schierenbeck, H.: Grundzüge der Betriebswirtschaftslehre, 12. Aufl., München 1995

Schröder, E. F.: Modernes Unternehmens-Controlling, 6. Aufl., Ludwigshafen 1996

Schulte, C.: Personal-Controlling mit Kennzahlen, München 1989

Seidenschwarz, W.: Target Costing – Marktorientiertes Zielkostenmanagement, München 1993

Seghezzi, H. D.: Qualitätsmanagement, Stuttgart/Zürich 1994

Seghezzi, H. D., Hansen, J. R.: Qualitätsstrategien, München/Wien 1993

SG-DGfB e. V.: Reengineering, Stuttgart 1995

Shank, J. K., Govindarajan, V.: Vorsprung durch strategisches Kostenmanagement, Landsberg 1995

Spendolini, M. J.: The Benchmarking Book, New York 1992

Striening, H. D.: Chefsache Gemeinkostenmanagement, Landsberg 1995

Striening, H. D.: Prozeßmanagement, Frankfurt/Main 1986

Taiichi, O.: Toyota Production System: Beyond Large-Scale Production, Cambridge 1990

Töpfer, A., Ahlfeldt, H. (Hrsg.): Praxis der strategischen Unternehmensplanung, 2. Aufl., Landsberg 1987

Ulrich, H., Probst, G. J. B.: Anleitung zum ganzheitlichen Denken und Handeln, 2. Aufl., Bern/Stuttgart 1990

Vester, F.: Leitmotiv Vernetztes Denken, München 1988

Vollmuth, H. J.: Bilanzen, 4. Aufl., Planegg 2000

Vollmuth, H. J.: Finanzierung, München/Wien 1994

Vollmuth, H. J.: Führungsinstrument Controlling, 5. Aufl., Planegg 1999

Vollmuth, H. J.: Gewinnorientierte Unternehmensführung, Heidelberg 1987

Vollmuth, H. J.: Marktorientiertes Kostenmanagement, Planegg 1997

Warnecke, H. J.: Die Fraktale Fabrik. Revolution der Unternehmenskultur, Berlin/Heidelberg 1992

Weber, J.: Einführung in das Controlling, 6. Aufl., Stuttgart 1995

Weber, J.: Logistik-Controlling, 4. Aufl., Stuttgart 1995

Weber, J., Schäffer, U.: Balanced Scorecard & Controlling, Wiesbaden 1999

Wild, J.: Grundlagen der Unternehmensplanung, 4. Aufl., Wiesbaden 1987

Wildemann, H.: Strategische Investitionsplanung, Wiesbaden 1987

Zahn, E.: Marketing- und Vertriebscontrolling, Landsberg 1987

Ziegenbein, K.: Controlling, 5. Aufl., Ludwigshafen 1989

Ziener, M.: Controlling in multinationalen Unternehmen, Landsberg 1985

Stichwortverzeichnis

Notizen